한국교정의
새로운
패러다임

경기대학교 법과대학

법학박사 **박 영 규** 교수

kpc 한국생산성본부

머릿말

우리나라에서 예전에는 행형학이라는 명칭으로 오랫동안 불리어 왔던 교정학이 학문으로서 본격적으로 논의하게 된 계기는 1988년에 본인이 처음으로 경기대학교에 교정학과(현 교정보호학과)를 창설한 후부터였다고 할 수 있습니다.

이어서 1990년에 학계와 실무계가 협력하여 한국교정학회(본인은 창립 멤버로 참여)가 창설되어 각종 세미나와 학술지(교정연구)의 발간을 통하여 교정학이 더욱 발전되었으며, 나아가 중국 감옥학회와 일본 교정협회와의 지속적인 교류를 토하여 학문으로서의 발전이 더욱 가속화 되었습니다.

오늘날 범죄 문제는 심각한 사회문제의 하나가 되었으며, 질적으로 흉포화ㆍ지능화ㆍ연소화ㆍ국제화 현상으로 나타난지 오랜 된 일입니다. 이에 대한 범죄대책에 대한 진지한 검토가 필요하며, 특히 범죄인의 재사회화를 위하여 교정학 전반에 걸쳐 세밀한 재검토가 더욱 필요한 시점에 교정학과 교정행정의 정확한 현 주소를 파악하고 문제점을 도출하여 그 개선방안을 모색해 보고자 하였습니다.

그리고, 사회윤리의 변화에 따라 형형법이 『형의 집행 및 수용자의 처우에 관한 법률』로 명칭이 바뀌었으며, 사회적 처우가 지속적으로 확대되고 있어 교정행정에서도 많은 변화를 맞이하게 되었습니다.

따라서 본서는 한국의 교정에 대한 연구를 위한 길잡이 역할을 할 수 있으리라 기대해 봅니다. 그리하여 본서가 교정학을 공부하는 후학들에게는 학문적 밑거름이 될 뿐만 아니라, 실무에 임하는 교정공무원, 그리고 교정행정에 관심이 있는 일반 국민에게 올바른 지침을 제공하는 기회가 되리라 생각해 봅니다.

　아무쪼록, 여러분의 많은 질책과 조언을 통하여 부족한 부분을 수정·보완해 나갈 생각입니다. 끝으로 본서가 나오기까지 노심초사 도움을 준 한국교정학회 김용수 간사님의 노고에 감사드리며, 본서의 출판에 호의적으로 응낙해 주신 한국생산성본부 정보문화원 박우건 원장님께 감사의 마음을 전합니다.

　여러분의 앞날에 행운이 가득하시기를 기원합니다.

2011년 9월

경기대학교 법학연구소에서
박영규 드립니다

CONTENTS

제1장
교정목표의 새로운 「패러다임」

제1절 머릿말

교정의 목표가 수형자의 사회복귀를 용이하게 하고 수형자를 재사회화하는 데 있다는 것은 오늘날 보편적 원리로 인정되고 있다.[1]

그것은 형벌의 본질과도 관련된다. 그것은 형벌은 응보적·속죄적 기능만 가지느냐 또는 동시에 목적적·교육적 기능도 가지느냐가 항상 논하여지고 있기 때문이다.[2]

형법이론의 전개 과정을 보면 형벌의 본질과 관련하여서는 형벌위하 내지 형벌적용에만 관심이 집중되었고, 교정단계에서 교정목표 내지 처우이념에 주목하여 행형법(형의 집행 및 수형자의 처우에 관한 법률) 등 실정법상 본격적으로 논의된 것은 1977.1.1 독일 행형법의 시행에서 비롯된 것임을 유의할 필요가 있다.[3]

「알렌」(FA.Allen)의 지적처럼 영미의 교정사상에 의하면 교정사조의 주류는 범죄자처우이며, 범죄자처우는 범죄자의 개선과 범죄방지에 있다.[4]

---

1) G. Kaiser/H.J. Kerner/H. Schöch, Strafvollzug. Eineführung in die Grundlagen, 2. Aufl.,1977, S. 55f ; 교정의 주된 목표를 수형자의 「재사회화」에 두고 있는 것은 헌법 제10조에 규정된 국가의 인간존엄성보장의무에 비추어 볼 때 당연한 것이다. 단순히 구금자체에 목적을 두거나 형벌위하만을 일방적으로 강조하는 교정은 인간을 도구화하게 되어 인간존엄을 해치는 결과를 야기하므로 헌법위반이다(한영수, 행형과 형사사법, 세창출판사, 2000, 36면).
2) 교정의 목적은 형벌이론에 따라 다음과 같이 달라진다(송광섭, 법죄학 겸 형사정책, 유스티니아누스, 2005, 432면).
   ① 응보형주의의 입장에서는 그 범죄행위를 용서할 수 없으므로 반드시 처벌하여야 한다. 즉 자유형은 자유박탈에 그 목적이 있다. 결국 교정의 목적은 응보에 있다고 본다.
   ② 목적형주의의 입장에서는 자유형은 범죄인을 사회로부터 격리하여 사회를 방위함과 아울러 범죄자를 보호·개선함을 목적으로 한다. 즉 교정의 목적을 수형자의 재사회화로 본다.
   ③ 교육형주의의 입장에서는 교정의 목적은 수형자의 교육으로 본다.
3) 양화식, 행형에 있어서 형벌목적, 교정, 1994.7, 14면.
4) 森下 忠, 刑事政策の 新展開, 1968, 3面 ; 범죄자를 교화 및 개선하여 사회에 복귀함으로서 범죄로부터 사회를 방위하고자 하는 것은 오늘날 형사정책의 보편적 이념으로 되어 있으며, 이러한 형사정책적 특징을 「알렌」(Allen)은 「교정이념의 지배」라고 하였다(F. A. Allen, Criminal Justice, legal value and the rehabilitative ideal, Journal of Criminology, 50, 1959, pp.226).

범죄자에 대한 「처우」(treatment, Behandlung)의 개념은 19세기 중엽 이후 근대 형법학파의 개선사상과 더불어 탄생하였으며, 이러한 관념이 보편화된 것은 1955년 「제네바」(Genéve)에서 개최된 제1회 「국제연합 범죄방지 및 범죄인처우에 관한 회의」 이후였다[5]. 일반적으로 범죄자처우는 시설내에 수형된 범죄자에 대하여 재범을 방지하고 「사회복귀」[6]를 용이하게 하는 「시설내 처우」로서 이해되어 왔다.

그러나 「사회내에서의 처우」의 중요성이 강조되고 「사법단계에서의 처우」도 중요함을 인식하게 되어 오늘날 범죄자처우의 개념은 이 모든 것을 포함한 광의의 것으로서 이해되고 있다.[7] 이는 국가적 제재는 「형벌위하」, 「형벌적용」 및 「형벌집행」의 3단계가 있다는데서 오는 당연한 결과이다.[8]

---

5) 大谷 實, 刑事政策講義, 1987, 165~166面.
6) 「사회복귀」(Rehabilutation)라는 용어는 미국 범죄자처우에 있어서의 「의학 모델」에서 연유하였다. 즉 범죄자를 환자처럼 취급하여 치유케 하고 수형생활을 입원생활처럼하게 하여 자연스럽게 사회로 되돌아가는 것을 의미하였다.
　한편 독일에서는 「사회복귀」라는 용어 대신에 「재사회화」(Resozialisierung)라는 용어를 사용하고 있다. 「재사회화」라는 것은 수형자가 범죄행위전으로 돌아가는 것이 아니고 오히려 인격의 발달과정에 상응하여 필요한 「사회성」을 몸에 지니고 다시 사회생활에 되돌아 가는 것을 의미한다는 것이다(加藤久雄, 犯罪者處遇の 理論と 實踐, 1984, 14面). 그리하여 그 후 독일에서는 Resozialisierung 이라는 용어 대신에 단순히 Sozialisation(사회화)라는 용어가 적당하다고 하든가 또는 이러한 내용을 보다 명확히 하기 위하여 「보전적 사회화」(Ersatzsozialisation)라든가 「보충적 사회화」(stellvertretende sozialisation)라는 용어가 사용하기도 하였다. 이는 「제2차적 사회화」를 의미한다고 한다. 오늘날 일본이나 한국에서 사용하는 사회복귀라는 용어는 독일에서 사용된 사회화 또는 새사회화와 거의 일치한다고 보아도 좋다(상회식, 행형에 있어서 제사회화목적 상, 교정, 1992.10, 21면 주 2). 한국어로서는 「사회화」보다는 「사회복귀」라는 용어가 보다 적절 하다고 생각할 수도 있다. 「형의 집행 및 수형자의 처우에 관한 법률」 제1조도 교정의 목표를 「수형자의 사회복귀」에 두고 있다.
　이외에도 「사회복귀」를 언급하고 있는 법률로는 「형의 실효 등에 관한 법률」 제1조(전과자의 정상적인 사회복귀를 보장), 「보호관찰 등에 관한 법률」 제1조(보호관찰·사회봉사·수강 및 갱생보호 등 체계적인 사회내처우가 필요하다고 인정되는 자에 대하여 지도·원호를 함으로써 건전한 사회복귀를 촉진), 「성폭력범죄의 처벌 및 피해자보호 등에 관한 법률」 제26조 제2호(성폭력피해자의 신체적·정신적 안정회복과 사회복귀를 도우는 일) 등을 들 수 있다.
7) 박양빈, 교정처우의 개선책 -시설내 처우를 중심으로-, 교정, 1994.4, 18면.
8) H. J. Hirsch, LK, StGB, 10. Aufl., 1979, Vor § 46 Rn. 26 ; C. Roxin, Jus 1966, S.377~381.

제2절 교정목표의 본질

I. 교정목표와 형벌

교정의 목표가 「사회복귀」 또는 「재사회화」 라는 것은 과거의 범죄에 대한 수형자 자신의 속죄와 이를 통한 개선이 전제되어야 한다.9)

그런데 교정의 목표가 수형자의 「재사회화」 라 할 때 형벌의 기능 중 「특별예방적 기능」 만을 교정에 고려하여야 하며, 「응보적 기능」 내지 「일반예방적 기능」 을 배제하여야 하느냐이다. 형벌의 본질 내지 기능과 교정의 목적에 관한 논쟁으로서는 독일에 있어서 형법개정시 「대안이론」 과 독일 행형법 제2조의 해석을 둘러싼 학설과 판례의 대립이 있었다.

이와 같이 형벌과 교정이념과는 불가결한 관계가 있음을 유의할 필요가 있다.10)

그 동안의 형벌의 본질에 대한 고전학파와 근대학파간의 논쟁은 형벌의 기능의 일면만을 강조하였다. 그러나 형벌은 응보적·속죄적 기능과 동시에 목적적·교육적 기능도 가지고 있다는 결론은 오랜 논쟁의 결과이다.

II. 교정목표에 대한 논쟁

독일 행형법 제2조 및 제3조에서는 「교정목표」로서 수형자의 「사회복

---

9) H. Müller-Dietz, Strafzwecke und vollzugsziel, 1973, S. 27.
10) 大塚 仁, 行刑の 現實と 展望, 行刑の 現代的 視點, 1981, 258面.

귀」 내지 「재사회화」를 규정하고 있다.

독일 행형법 제2조에서 「자유형을 집행함에는 수형자가 장래 사회적 책임하에 재범을 하지 아니하고 생활을 영위하여 나갈 수 있는 능력을 가지 도록 하여야 한다. 자유형의 집행은 또한 앞으로의 범행으로부터 공공을 보호하는 데 있다」라고 규정하고 있다.

동법 제3조에서는 「수형자의 생활이 일반의 생활상태에 근접 될 수 있는 대로 하여야 하고 자유박탈의 유해한 침해적 효과를 배제하여야 한다」고 규정하고 있다.

이들 규정은 교정의 목표로서 처우교정 내지 사회화된 교정을 지향하고 있음을 말하여 주고 있다. 이는 또한 응보·일반예방 또는 특별예방이라는 형벌의 기능이 교정의 목표에도 영향을 미치느냐의 문제이기도 하다. 책임 상쇄·속죄·일반예방 또는 특별예방이라는 일반적 형벌목적들이 교정에 서도 영향을 미친다는 것은 일반적으로 시인되고 있다. 그럼에도 불구하고 독일 행형법의 해석에 대하여서는 견해의 대립이 있다.

ⅰ) 독일의 통설에 의하면 독일 행형법 제2조 및 제3조는 교정의 목표 내지 이념이 수형자의 「재사회화」임을 명백히 규정하고 있다고 한다.[11] 따라서 제2조 제2문의 「공공의 보호」는 제1문의 교정목표와 제3조의 재사 회화에 대한 한계를 짓는 기능을 할 뿐이라고 한다.

이 견해에 의하면 동법 제2조는 교정의 목표 내지 이념으로서 특별예방 외에 응보 내지 일반예방 등 형벌의 일반목적을 고려하여서는 안 된다는

---

11) Vgl., G. Kaiser/H. J. Kerner/H. Schöch, a.a.O., S. 86f. ; Müller-Diez, Grundfragen des strafrechtlichen Sanktionssystems, 1979, S. 114f ; Calliess/Müller-Diez, Strafvollzuggesetz, 1983, § 2 Rn. 1.

소극적 의의를 가진다고 본다.

ii) 통설과는 달리 독일 연방재판소나 소수의 견해에 의하면 독일 행형법 제2조는 「재사회화」가 교정의 유일한 목표가 아니라고 한다. 그것은 동법 제2조의 표제가 「교정의 과제들」(Aufgaben des Vollzuges)이라고 표기되어 있으며, 제2조 제1문의 「교정목표」(vollzugsziel)와 「교정의 과제들」은 구별되어야 하며, 또 제2문의 보안과제는 「교정의 과제들」의 예시라고 한다. 더욱이 연방 헌법재판소는 무기수의 휴가결정에 재사회화목적과 책임상쇄목적을 아울러 고려하여야 한다고 하며 각 주 상급법원도 교정완화(제11조), 개방집행에의 이송(제19조) 및 소년교정에도 이를 원용하고 있다. 특히 무기수가 아닌 장기수에 대하여서도 이를 원용하고 있음은 유의할 필요가 있다고 한다.

이리하여 독일에서 형벌목적들이 교정에 어떠한 영향을 미치는가에 대하여서는 아직 「미해결의 장」으로 남아 있으며 특히 행형법 제2조와 관련하여 계속 논란되고 있는 실정이다.

우리나라에서도 수형자의 「사화복귀」내지 「재사회화」이외에 「보안」이 교정의 목표로 볼 수 있는가 하는 것이 문제될 수 있다. 자유형의 집행은 수형자를 사회로부터 「격리」시킴으로써 보안목적을 달성하여 일반인을 보호하고자 하는 목표도 갖고 있다고 볼 수도 있다.

그러나 우리 「형의 집행 및 수용자의 처우에 관한 법률」제1조의 문언상 교정의 본질적 목표는 수형자의 「재사회화」에 있으며 수형자의 「격리」는 재사회화라는 교정의 목표에 종속된 개념이라고 보아야 한다. 수형자를 격리시킴으로써 그 부수적 효과로서 일반인의 보호가 이루어지기는 하지만, 이것이 곧 교정의 궁극적 목표일 수는 없다.12)

한편 정부(법무부)는 2005. 9월에 행형법을 전면적으로 개정하여 시안을 발표하여 행형법의 명칭을 「형의 집행 및 수용자의 처우에 관한 법률」로 바꾸고, 목적도 「이 법은 수형자의 교정교화와 건전한 사회복귀를 도모하고, 수용자의 처우와 권리 및 교정시설의 운영에 관하여 필요한 사항을 규정함을 목적으로 한다.」고 하였다(제1조).

그런데 목적조항에 「교정시설의 운영」이라는 「관리법」적인 것과 「교정시설에 수용된 자의 처우와 관리」라는 「처우법」적인 것이 혼재되어 규정되어 있다.

물론 교정시설의 적절한 관리도 역시 불가결한 긴요사항이며, 「처우법」으로서의 신법이 「관리법」으로서의 일면을 고의로 배제하는 것이어서는 안 된다. 불필요한 강제 내지 과잉경비는 물론 피해야 하지만, 유효한 처우는 적절한 시설의 관리를 기반으로 해서 이루어질 수밖에 없다는 것도 잊어서는 아니된다. 그렇다 하더라도 교정의 본질적 목표가 「수형자의 재사회화」에 있다고 한다면 적어도 목적조항에 「관리법」적인 것과 「처우법」적인 것이 혼재하는 것은 정당하다고 볼 수 없다.13)

---

12) 수형자의 격리를 통한 일반인의 보호는 수형자의 「재사회화」(사회복귀)와 동열에 서 있는 교정의 목표는 아니지만, 경우에 따라서 수형자의 「재사회화」라는 교정의 목표는 일반인의 보호라는 관점에서 제한될 수 있다. 예를 들면 개방처우의 일환으로 수형자에게 귀휴를 허가하려고 할 때 다른 일반인의 법익이 침해될 여지가 없도록 해야 한다(한영수, 전게서, 36면).

13) 조준현, 전통적 형벌에 대한 대안적 제재의 근거와 형사정책적 문제점 소고, 2005, 교정연구 28, 14면.

제3절 교정목표의 구현

I. 교정목표의 단계별 구현

교정의 목적이 범죄자의 「재사회화」라는 것은 「인간의 존엄과 가치 및 행복추구권」이라는 헌법 제10조의 가치이념에서 도출될 수 있다.14) 교정목적이 수형자의 「재사회화」라면 수형자에 대한 교정처우도 이러한 교정의 가치이념에 지배되어야 함은 물론이다.

그런데 행형15) 즉 교정처우는 시설내에서의 교정처우만이 아니라 사회내에서의 처우의 중요성도 자각하게 되었고, 나아가서 형집행전의 사법절차 단계에서의 처우도 범죄자의 재범방지와 사회복귀에 중요하다는 사실을 인식하게 이르렀다.16)

교정처우의 내포와 외연이 이러한 것이라면 교정목표의 구현도 이것과 평행적으로 검토되어야 한다.

---

14) 교정의 목표는 사회(복지)국가원칙으로부터도 도출해낼 수 있다. 자유를 박탈당한 수형자는 한편으로는 처벌의 대상이지만, 다른 한편으로는 국가의 도움을 필요로 하는 원조의 대상이기도 하다. 즉 사회(복지)국가원칙에 따라 국가는 수형자가 다시 자유로운 사회에서 건실한 생활을 할 수 있도록 적극적으로 도와줄 의무가 있다(조준현, 행형의 이념으로서 교정에 관한 연구, 교정연구 제1호, 1991, 12면 이하).

15) 「교정」(Strafvollzug)의 의미는 다의적으로 사용되고 있다. 「협의의 교정」(Strafvollzug)은 자유형의 집행만을 의미하며 「광의의 교정」(Strafvollstreckung)은 자유형만이 아니라 재산형의 집행도 포함된다고 한다(박재윤, 수형자의 법적 지위에 관한 연구, 성균관대 박사학위논문, 1990, 1면 참조 ; 박양빈, 수형자의 법적 지위, 교정, 1992.2, 15면 (주1)참조). 한국에서는 행형이라는 용어 대신 「교정」(correction) 또는 「처우」(treatment)라는 용어가 사용되고 있으며, 일본에서도 이의 영향을 받아 제2차 세계대전후 교정 내지 처우라는 용어를 사용하면서 소년원 내지 부인보도원에 있는 수용자도 포함시켜 행형보다도 넓은 의미로 사용하고 있다. 특히 최근에는 처우는 실질상 행형과 전혀 같은 의미로 사용하고 있다.

16) 박양빈, 교정처우의 개선책 ―시설내처우를 중심으로―, 교정, 1994.4, 18면.

Ⅱ. 사법적 처우단계에서의 교정의 목표

사법적 처우(Juridical Treatment)에서도 그 단계마다 처우이념은 달리한다.

범죄자에 대하여서는 사회복귀를 이념으로 하는 재사회사상이 강조된다. 그러나 범죄의 예방을 위하여서는 이러한 특별예방만이 아니고 일반예방기능도 아울러 고려함으로써 범죄예방 내지 사회질서유지에 필요함은 물론이다. 다만 수사단계에서는 일반예방과 특별예방에 의한 처우의 필요성이 강조되고, 재판단계에서는 일반예방 이외에 재범의 방지라는 측면에서 처우의 개별화도 중요시되지만 오히려 「응보적 정의」에 의한 「공정한 처우」가 중시된다.17)

사법적 처우단계에서도 재판단계가 그 핵심임은 물론이다. 그리하여 사법적 처우단계에서의 구체적인 교정목표로서는 「유예제도의 효율화」 18) 와 「재판의 적정」 등을 들 수가 있다.

유예제도」로서는 검찰단계에서의 유예제도인 기소유예와 재판단계에서의 유예제도인 선고유예와 집행유예가 있다. 이들 제도는 형벌의 폐해를 회피하고 범죄자의 재사회화를 목적으로 한다는 점에서 공통되지만, 특히 집행유예제도는 단기자유형의 폐해를 방지한다는 의미에서 「재사회화사

---

17) 大谷 實, 刑事政策講義, 1987, 166面.
18) 「재사회화사상」이 「사회(복지)국가원칙」을 기초로 하고 있으므로 기본적으로 국가의 후견자적 역할을 강조할 수 있다. 그러나 「수형자의 재사회화」를 위한 국가의 역할은 여타 사회단체나 사인의 그것에 비추어 볼 때 결코 우월하다고 말할 수 없다. 따라서 교정의 목표가 「수형자의 재사회화」에 있다고 하여 그것이 곧 국가의 적극적인 형사개입을 지지하고 있다고 해석하여서는 안 된다(한영수, 전게서, 36면).

상」의 전형적인 제도이며[19] 현행 형법에 있어서 가장 중요한 형사정책적 개선의 결과라고 일컬어지고 있다.[20]

검사에 의한 기소유예는 기소에 따르는 사회복귀상의 폐해를 회피하고 범죄자의 갱생을 도모함으로써 재범을 방지하게 한다. 그것은 결국 처벌할 필요가 없는 범죄를 재판전에 처리하여 「낙인화」(Labeling)작용에 의한 폐해를 회피하고 범죄자의 사회복귀를 용이하게 한다는 「다이버젼」 (Diversion)[21]의 일종으로 이해된다. 물론 기소유예는 검사로 하여금 법관의 역할을 한다는 비판적 견해도 있지만, 이는 고소인에 대한 불기소처분의 통지 및 재판상의 준기소절차 등에 의하여 견제될 수 있다.

한편 법관에 의한 유예에는 선고유예와 집행유예가 있다.

선고유예라 함은 범정이 경미한 범죄자에 대하여 일정기간 형의 선고를 유예하고 그 유예기간을 경과한 때에는 면소되는 것으로 간주하는 제도이다(형법 제59조). 선고유예는 형법이 인정하고 있는 제재가운데서 「가장 가벼운 제재」이다.[22] 우리나라에서는 당초 소년범에 대하여 이 제도가 보호관찰과 결합되어 있었고 그후 개정형법에서 성인범죄까지 확대하였다. 이는 결국 범죄자에 대한 형사상의 처분을 다양화하여 처우의 개별화이

---

19) Baumann/Weber, Strafrecht, AT, 9. Aufl., 1985, S. 690 ; Dreher/Tröndle, StGB, 42. Aufl., 1985, Vor § 56, Rn. 1 (S. 333); Schönke/Schröder/Stree, StGB, 23. Aufl., 1988, § 56, Rn. 1 (S. 652).

20) Maurach/Gössel/Zipf, Strafrecht, AT, Tb. 2, 6. Aufl.,1984, S. 505 ; K. Lackner, StGB, 15. Aufl., 1983, s. 244.

21) 「다이버젼」은 범죄의 증가와 정책상의 빈곤을 해소할 목적으로 설치된 미국대통령자문위원회가 발표한 1967년 보고서에서 처음 등장된 개념이다(大谷, 前揭書, 174面). 이 제도의 취지는 형사사법절차의 범위를 축소하고 비공식절차 내지 행정적 처리의 범위를 확대하여 형사사법기관의 부담을 경감하고,「낙인화」의 폐해를 회피하자는 것이다. 교통범칙금 · 기소유예 · 선고유예 · 집행유예 및 보호관찰 등이 이에 속한다.

22) H. H. Jescheck, Lehrbuch des Strafrechts, AT, 4. Aufl., 1988, S. 764 ; K. Lackner, StGB, 15. Aufl., 1983, s. 249.

념에 합치하고 범죄자의 개선·사회복귀에 이바지하게 된다고 한다.

이상의 장점에도 불구하고 선고유예제도에 대하여서는 다음과 같은 비판이 제기되고 있다.

선고유예에도 「판결의 선고유예」와 「형의 선고유예」가 있다. 「판결의 선고유예」는 유죄냐 무죄냐를 명백히 하지 않으므로 「낙인화」(Labeling)의 단점을 회피하는 장점은 있다. 그러나 선고유예자에게 보호관찰이 부과되면, 정식으로 유죄선고가 없는 범죄자에게 보호관찰이 부과되는 결과가 되어 「적정절차」(Due Process)위반의 문제가 발생한다. 현행 우리나라 제도인 「형의 선고유예」는 이러한 단점은 없지만 일반예방적 효과가 전혀 없고 범죄자에 대한 심리적 강제도 약하다고 볼 수밖에 없다.

한편 법관에 의한 「형의 집행유예」라 함은 형을 선고함에 있어서 일정한 기간 형의 집행을 유예하고 취소 또는 실효됨이 없이 유예기간을 경과한 때에는 형의 선고효력을 상실케 하는 제도이다.

집행유예제도는 영미법계의 선고유예 제도를 그후 대륙에서 계수하면서 집행유예로서 발전하였다. 특히 1830년 이래 미국의 「프로베이션」(Probation)은 「형의 선고」(Sentence)를 하지 않고 「유죄판결」(Conviction)만으로 범죄자를 보호관찰에 부치는 것을 의미하였다. 이는 영미와 같이 유죄판결과 형의 선고가 분리되어 있는 소송구조에서만 가능하다.

따라서 이 제도가 대륙에 계수되면서 두가지 형태로 발전되었다.

첫째는 「프랑스」식 「조건부 유죄판결주의」(System der bedingten Verurteilung)이고, 둘째는 독일식 「조건부 특사제도」(System der bedingten Begnadigung)인 데, 전자는 집행유예기간이 경과하면 형선고의 효력이 상실하는 제도이고, 후자는 기간이 경과하면 행정기관의 사면처분에 의하여 형의 집행만이 면제되는 제도이다. 그 후 독일은 1953년 형법개정에 의거 「법원의 사면처분에 의한 조건부 특사제도」로 변경되었으며, 현재 우리나라는 「조건부 유죄판결제도」로 되어 있다(형법 제62조 내지 제65조).

다음 「재판의 적정」으로서는 「공판절차의 적정」· 「적정한 판결」 및 「형의 양정」의 적정화를 들 수가 있다.

공판절차의 불적정한 절차는 범죄자에게 저항감을 발생케 하고 결국 교정처우 내지 사회내처우를 곤란하게 한다. 또 적정성을 결여한 재판은 사법에 대한 국민적 신뢰감을 저하시킴으로써 형사사법 전반에 대한 중대한 폐해를 가져 온다. 또 불적정한 판결은 범죄자에게 불균형감을 갖게하고 이 역시 사회복귀의 장애요인이 된다.[23]

「형의 양정의 적정화」에 대하여 살펴보자.

양정의 일반적 기준으로서는 「범죄자의 책임」이 가장 중요하지만 「범죄의 억제 및 범죄자의 개선·사회복귀」라는 일반예방 및 특별예방이라는 형사정책적 고려도 하여야 한다. 이런 의미에서 불필요한 형벌을 과하여서는 안 되며 책임이 있으면 반드시 처벌하여야 한다는 「적극적 책임주의」는 배척되고 책임의 한도 내에서 양형의 일반적 기준에 따른 「행위책임」 내지

---

23) 박양빈, 현대행형의 과제, 교정연구 제9호, 한국교정학회, 1999. 11.

「양형에 의한 책임주의」만이 정당시 될 수 있다. 그리고 행위책임이라 하더라도 일반예방 및 특별예방을 고려하여야 한다. 이러한 양형의 기초로서는 범죄의 동기·방법 등 범죄사실에 속하는 범정과 범인의 연령·성격 등 범죄사실에 속하지 않는 범정 즉 협의의 범정이 있는 데, 전자는 일반예방적 관점에서 중요하며 후자는 특별예방적 관점에서 중요하다.

「형의 양정」이라는 법관의 재량은 기소유예라는 검사의 재량과 더불어 「법률상 처우의 개별화」로서 형사정책상 중요한 의의를 가진다. 그러나 이러한 재량권행사의 불적정으로 인하여 법원·법관 및 지역에 따라 심한 불균형이 있다면 「법 앞의 평등」이라는 견지에서 문제가 되며, 이는 곧 범죄자의 개선·사회복귀에 장애요인으로 될 수 있다. 이런 의미에서 이른바 「양형의 계량화」는 금후 심도있는 검토가 요망된다.[24]

Ⅲ. 시설내처우 단계에서의 교정의 목표

재사회화라는 교정목표로서 「시설내 처우」에서는 수형자처우의 법률화·사회화 및 개별화로 구현된다.

① 처우의 법률화

수형자처우의 법률화, 즉 「교정의 법률화」는 수형자의 인권을 말한다.

---

24) 「양형의 계량화」라 함은 어떤 사건에 대하여 평균적인 법관의 양형을 사전에 계량적으로 명백히 하는 것을 의미한다. 미국에서는 사회복귀사상의 퇴조와 부정기형이 비판되면서 「응보모델」과 더불어 공평한 양형의 문제가 제기되고, 이른바 「양형기준표」(Sentence Gueidlines)의 도입이 시도되고 있다. 한편 독일의 다수설이며 판례가 근거하는 이론으로서, 법관은 한편으로는 행위책임을, 다른 한편으로는 재사회화라는 교정의 목표를 함께 고려하는 「판단여지이론」(Spielraumtheorie)이 제창되고 있다(한영수, 전게서, 48면). 이 이론의 문제점으로는 재사회화를 위해 요구되는 기간(형기)이 어느 정도 인가 정확히 측정할 수 없다는 점이 지적되고 있다.

수형자의 인권보장은 교정목적을 달성하기 위하여서도 필요하다.

수형자의 인권을 존중하고 동시에 수형자 자신이 교정목적에 협력함으로써 보다 효과적인 교정목적을 달성할 수 있다는 것은 형사정책적 요청이기도 하다. 독일 행형법이 제2조에서 교정목표로서 「재사회화」를 내세우고 동법 제3조에서 유해한 자유박탈의 금지를 선언함과 동시에 제4조에서 「수형자는 처우의 형성과 교정목표의 달성을 위하여 협력한다」라고 규정한 것도 이러한 의미이다.

우리 헌법 제12조 제1항 후단에서 「…법률과 적법한 절차에 의하지 아니하고는 처벌·보안처분 또는 강제노역을 받지 아니한다」고 규정하고 있다.

이것은 헌법상의 기본권은 일반 국민뿐만 아니라 수형자에게도 보장되어야 하며, 수형자에 대한 권리제한은 헌법이나 법률의 유보로서 인정되는 경우에만 가능하며, 그 제한의 경우에도 「노예적 구속」이나 「잔혹한 형벌」은 금지된다는 것을 의미한다.

이는 헌법 제10조가 「인간의 존엄과 가치」는 존중되어야 한다거나, 동법 제37조에서 「국민의 자유와 권리는 헌법에 열거되지 아니한 이유로서 경시되지 아니하며」(제1항), 권리제한의 경우에도 「자유와 권리의 본질적인 것을 제한하여서는 안 된다」(제2항 후단)는 데서 오는 당연한 결론이다.

실질적 법치주의를 사상적 배경으로 하는 이러한 헌법상의 규정은 형사입법이나 형사사법 뿐만 아니라 교정에서도 적용되는 이른바 「교정법률주의」를 천명한 것이라 할 수 있다.

② 처우의 사회화

처우의 사회화는 시설내 처우에 있어서의 보안상의 요청에 의한 격리와 엄격한 규율을 완화하여 일반 시민생활에 접근시킴으로써 사회에로의 적응을 용이하게 하는 처우방식을 의미한다.

독일 행형법 제3조가 「기본법」(Grundgesetz)상의 「사회국가원리」(Sozialstaatsprinzip)에 기초하여 수형자의 생활조건을 가능한 한 일반사회의 수준과 같이 하여야 한다고 규정하고 있다.

재사회화사상이 실정법에 명시되어 있다는 사실은 규범적인 관점에서 매우 중요한 의미를 지닌다. 즉 수형자의 재사회화를 도모해야 한다는 당위성은 단지 이론적·선언적 의미만을 지닌 것이 아니다. 모든 교정의 내용과 활동은 바로 이와 같은 교정목표를 실현하기 위하여 이루어져야 한다. 따라서 수용시설내의 모든 작업과 교정·교화활동은 「수형자의 재사회화」를 지향하여야 한다.25)

현재 문명국가의 교정사조는 「시설내처우로부터 사회내처우」로 방향을 전환하고 있다. 특히 미국에 있어서는 과잉구금에 따르는 교도소의 실무사정, 시설내 처우에 수반하는 여러가지 폐해, 폐쇄시설에 있어서의 사회적응 곤난성 및 석방후의 사회에 의한 「스티그마」(Stigma) 등의 이유로서 범죄자를 가급적 사회내에서 처우하여야 한다는 주장이 제창되고 있다. 이러한 사조의 일환으로서 현재 주목되는 것은 시설내처우와 사회내처우를 절충한 중간처우제도이다.26) 개방처우가 여기에 해당된다.

---

25) 현행 「형의 집행 및 수형자의 처우에 관한 법률」제1조는 수형자를 단순한 교정의 객체, 교정교화의 대상, 기술교육의 대상으로만 인식하고 있다. 독일 행형법 제2조는 수형자 자신을 주어로 표현하여 수형자가 앞으로 책임있는 사회생활을 영위할 수 있는 능력을 함양하는데 교정의 주된 목표를 설정하고 있다. 즉 수형자의 주체성을 강조하고 있다(한영수, 전게서, 57면).

26) 시설내처우와 사회내처우가 의미하는 바는 외국의 법제에 따라서 다양하고 유동적이며 중간처우도 물론 그 예외는 아니다(藤本哲也, 刑事政策槪論, 1990, 252面). 일반적으로 중간처우도 사회내처우에 기초한 중간처우와 시설내처우에 기초한 중간처우의 두 유형이 있다. 전자는 우리나라에서 그 예를 볼수 없으며 후자는 광의의 개방처우이다. 처우의 사회화를 시설내처우의 「카테고리」(Kategorie)에서 설명하는 것도 이러한 이유이다.

우리나라서의 개방처우는 1961년 수원 중간교도소를 효시로 하여 1988년 천안 개방교도소로부터 본격화되었다.

처우의 사회화라는 교정목적에도 불구하고 개방처우에 대하여서는 다음과 같은 문제점이 제기되고 있다.

첫째, 개방처우냐 폐쇄처우냐의 판단기준은 흔히 「보안·도주의 위험」인 데, 이는 본인의 보호환경의 차이에 크게 의존하게 되어 수형자의 처우에 있어서 「평등의 원칙」에 위반된다는 문제가 제기된다.

둘째, 「개방처우는 구금형인가」라는 형벌개념의 문제와 국민의 정서가 이를 용납하느냐의 문제가 제기된다.

③ 처우의 개별화

수형자의 재사회화를 위하여서는 개개의 수형자의 인격적 특성 및 환경적·사회적 문제에 상응하여 가장 필요하고 적절한 처우를 하는 것이 필요하다. 동시에 누진적으로 처우에 차이를 설정하고, 처우의 누진적 차이에 상응하여 단계적으로 수형자의 생활을 사회생활에 접근하게 함은 당연한 요청이라 할 수 있다. 이를 「개별처우의 원칙」이라고 한다.27)

이러한 「처우의 개별화」를 위하여서는 「교정의 과학화」의 요청으로서 「분류처우」(classification of prisoners))와 「누진처우」(Progressive Stage System)의 문제가 제기된다.28)

---

27) 大谷, 前揭書, 222面.
28) 현재 선진제국에서는 「처우의 개별화」라는 처우이념에 따라 시설내 처우중 「분류처우」와 「누진처우」가 핵심적 과제로 된다.

먼저 분류처우는 수형자를 「그룹」(Group)으로 분류하여 그 「그룹」별로 계획적인 개별처우를 하는 제도인 데,29) 이는 개별처우의 당연한 요청이기도 하다. 「관리분류」의 효시는 1595년의 「암스텔담」(Amsterdam)의 감옥에 까지 거슬러 올라 갈 수 있지만, 개별처우를 위한 「분류처우」로서 확립된 것은 1920년대 미국에서 「의료모델」(Medical Model of Intervention)이 제시된 때라고 할 수 있다. 그 후 과학적인 개별처우 또는 집단처우로서 각국이 도입하였으며, 1955년 국제연합의 「범죄방지 및 범죄자처우회의」에서 결의된 「피구금자처우에 관한 최저기준규칙」(Standard Minimum Rules For the Treatment of Prisoners)(제67조~제69조)에서 집단처우의 원칙을 채택하였다.

처우의 개별화라는 이상에도 불구하고 분류조사에 따르는 수형자의 인권문제와 분류처우에 따른 불평등의 문제가 제기되고 있다.30)

한편 자유형집행의 전 과정을 수개의 단계로 나누어서, 수형자의 개선효과에 즉응하여 순차로 상급으로 올라가면서 형벌의 엄정성을 완화하고 우대와 특전을 부여하며, 그 완화의 정도에 즉응하여 책임을 가중시키는 처우

---

29) 「분류」(Classification)라함은 범죄자의 재사회화를 위하여 일정한 기준에 따라 분류하여 개별적 처우를 하는 일련의 조치를 의미하며, 개선이라는 목적을 위하여 시설내에서의 모든 「개입」(Intervention)도 분류라고 하는 미국의 경우(Sutherland/Gressey, Criminology, 10th., 1978, pp. 538)도 이러한 개념에 속한다(신양균, 현행 수형자 분류제도에 관한 검토, 교정연구, 1993, 113면). 이러한 넓은 의미의 분류도 나시 수형사의 성별·연령 및 쇠실 등을 기준으로 보안을 목적으로 하는 「관리분류」(Management Clasification)와 재사회화를 목적으로 하는 「처우분류」(Treatment Clas-sification)로 나누이는 바, 독일의 경우 「분류」를 「보안과 처우」의 관점에서 분류(Müller/Diez, Grundfragen des strafrechtlichen Sanktionssystems, 1979, S. 172)하고 있다(신양균, 전게논문,114면). 처우분류의 경우에도 미국 및 독일은 「개별화」(Individualization)의 방식을 취하는데 대하여, 국제연합의 「피구금자처우를 위한 최저기준규칙」(제67조) 및 유럽은 「집단적 분류」(Gruppierung)의 방식을 취한다.

30) 분류처우에 대하여 가장 본질적인 문제로서 인간관계의 형성문제를 제기하는 경우도 있다(前野育三, 犯罪者의 處遇, 澤登俊雄外, 新.刑事政策, 1993, 241面참조). 즉 동질자로 구성된 집단보다는 이질자로 구성된 집단이 인간관계의 「다이내믹」(dynamic)한 형성을 위하여 바람직하다는 것이다. 그러나 이는 무엇이 「다이내믹」한 인간관계인가하는 새로운 문제를 제기하게 된다.

방법을 「누진처우제도」(Progressive Stage System)이라고 한다.31)

누진처우제도는 그 제도의 이상에도 불구하고 많은 문제가 제기된다.32) 특히 누진처우제도의 가장 큰 문제점은 수형자에 대한 정확한 진단과 예측에 의한 사회복귀를 촉진하는 것 보다는 교도소내의 행상의 양부에 따른 「선인선과·악인악과」라는 응보적 원리에 의하여 질서유지를 도모하고 동시에 수형자 개개인의 인격조사와 특성에 의한 처우라기보다는 전 수형자를 동질적으로 평가함으로써 처우의 사회화 내지 개별화에 반한다는 것이다.33)

Ⅳ. 사회내처우 단계에서의 교정목표

교정의 본질적 목표가 수형자의 「재사회화」에 있다면 교정단계에는 무엇보다 「처우의 사회화와 개방화」를 통한 수형자와 사회와의 접촉과 교제의 가능성을 확대 하는 것이 필요하다. 일반사회와 철저히 격리되고 단절된 곳은 「보안」이라는 부차적인 효과를 거둘 수 있는 장소일지는 몰라도 「수형자의 재사회화」라는 이념에 배치된다.34)

「사회내처우」는 보호관찰·갱생보호·가석방·사회봉사명령·특사 및 시효 등이 그 예인 데, 보호관찰 및 갱생보호가 그 중심적 제도라 할

---

31) 누진처우는 영국의 유형지 호주에서 「마코노키」(A. Maconochie)가 진급방법으로서, 이른바 「점수제」(Mark System)를 그 이전에 이미 존재하고 있던 가석방과 결합한 것이 그 효시라 할 수 있다. 그 이후 이 제도는 영국에서 독거구금·잡거구금 및 가석방이라는 삼단계의 「잉글랜드」(England)제로 발전하였고, 다시 「크로프톤」경(Sir W. Crofton)에 의하여 제1단계는 「시험단계」(probationary stage), 제2단계는 점수제단계, 제3단계는 「중간단계」(intermediate stage) 그리고 제4단계는 「조건부 석방」(conditional relrase)이라는 4단계의 「아일랜드」제(Irisch System)가 탄생하였는 데, 이것이 바로 오늘날 누진처우의 창시라 할 수 있다.
32) 森本益之, 受刑者の 分類と 累進處遇, 森下 忠外 , 刑事政策, 1989, 189面 ; 前野, 前揭書, 235面.
33) 大塚 仁, 行刑の 現實と 展望, 大塚 仁外, 行刑の 現代的 視點, 1981, 294 面.
34) 한영수, 전게서, 52면.

수 있다.

보호관찰이라 함은 범죄자 및 비행소년의 개선·사회복귀를 위하여 정
상적 사회생활을 영위하면서 준수사항을 지키도록 지도·감독하고, 필요
한 원조를 하는 처우방법으로서「프로베이션」(Probation)[35] 및「패로울」
(Parole)[36]이 핵심적 제도라 할 수 있다.

「프로베이션」은 범죄자를 교정시설에 수용하는 것을 유예하고 사회내에
서 지도·감독·원조하면서, 조건위반의 경우 교정시설에 수용한다는 심
리적 강제에 의하여 개선·사회복귀를 도모하는 제도이다.「패로울」은 시
설수용의 기간만료 전에 가석방하여, 그 가석방기간 중 사회내에서 지도·
감독·원조를 하고, 조건위반의 경우 시설에 수용한다는 심리적 강제에
의하여 개선·사회복귀를 도모하는 제도이다. 그리고 심리적 강제를 수반
하지 않는 종국처분으로서의 지도·감독·원조를 하는 보호관찰도 독립된
별도의 제도로서 존재한다.[37]

갱생보호는 형기만료후의 출소자에 대하여 본인의 신청 또는 동의가

---

35) Probation이란 용어는 미국에서 처음 사용하였는데, 그 어원은 Probatio(증명)에서 유래하였는데,
교회회원에 의하여 치러지는 시험에 관한 종교상의 용어이다(大谷, 前揭書, 294面 參照).

36) Parole은 흔히 가석방이라고 번역되고 있지만, 그 어원은「Parole d'honneur」(명예의 선서)로서
미국에서 처음 사용된 용어로서, 가석방허가와 그 후의 감독을 포함하는 의미이다. 영국에서는
Parole에 해당하는 용어로서 conditional release on license가 있었는데, 1967년 형사재판법에서
처음으로 Parole이란 용어를 사용하였다. 독일어로는 vorläufige Entlassung, 불어로는 liberation
conditionelle가 Parole에 해당하는 용어이다. 여기서 유의할 것은 영미의 경우에는 오래 전부터
가석방의 경우 조건부석방과 함께 일정기간 유권적 보호관찰을 붙이는 것을 원칙으로 하기 때문에
단순한「조건부석방」만을 의미하는「Conditional Release」라는 용어는 거의 사용하지 않고「조건
부석방」과「보호관찰」모두를 포함하는「Parole」이라는 용어만을 주로 사용한다. 물론 미국의
경우「조건부석방」만을 인정하는 경우도 있지만, 이는 전체 출소자의 0.1퍼센트 이하이다.

37) 보호관찰이라는 용어는「프로베이션」과「패로울」을 총칭하는 것으로서 일본과 우리나라 특유의
명칭이다. 심리적 강제를 수반하지 않는 종국처분으로서의 지도·감독과 원조를 하면서 국가공권
력에 의하지 않는 제도로서「사후보호」(After-care)가 있다. 이는 임의적 갱생보호를 말하는
데, 우리나라에서는 1961.9.30 공포된 갱생보호법에 의한 갱생보호(갱생보호법은 1995.1.5 법률
제4933 보호관찰 등에 관한 법률에 통합)가 이에 속하며「리하빌리테이션」(Rehabilitation) 또는
「프리즈너 애이드」(Prosoner's Aid)」라고도 한다.

있는 경우에 한하여 시행하는 보호활동으로서 「임의적 · 비유권적 갱생보호」(Voluntary After-care)만을 의미한다.38)

갱생보호제도는 자연법사상과 계몽주의의 영향아래 발전되었다. 특히 영미법계에서는 기독교적 박애사상과 결합하여 민간기구로부터 발달하여 「사후보호」(After-care)와 함께 민간의 주도하에 발전되었다.39) 영미법계에서 민간인에 의하여 갱생보호제도가 발달하여 국가적 제도로 변천한 것과는 달리, 대륙법계에서는 당초부터 국가적인 제도로서 발전하였다.

갱생보호사업은 공법인인 '한국법무보호복지공단'40)에서 담당 · 집행하고 있다. 이 공단은 서울에 소재하고 있는 본부 이외에 전국 대도시에 12개의 지부가 있고, 각 교도소 · 구치소 · 소년분류심사원 등의 지소를 두고 있으며, 각 지부에는 민간독지가가 갱생보호위원(민간범죄예방위원)으로 위촉되어 갱생보호업무를 돕고 있다. 그 밖에 7개의 민간생생보호법인이 법무부장관의 허가를 받아 갱생보호사업을 수행하고 있다.41)

---

38) 갱생보호사업 중 숙식제공 및 여비지급 등 「직접보호」는 임의적 갱생보호임에는 틀림없다. 그러나 통신 · 면접 · 방문 등에 의하여 선행을 지도하는 「관찰보호」는 대상자의 죄질 · 학력 · 연령 · 가정사정 등을 고려하여 본인의 신청이나 동의없이 갱생보호회가 하므로 유권적 갱생보호의 성격을 지니지만, 실제로는 대상자의 의사에 반하지 않는 경우에 실시하므로 기본적으로는 임의적 갱생보호라 할 수 있다.
39) 갱생보호사업의 실태와 활성화방안, 한국형사정책연구원, 1990, 15면.
40) 1995.6.1부터 갱생보호회가 한국 갱생보호공단으로, 2009.3.26 한국 법무보호복지공단으로 기관 명칭이 변경 되었다.
41) 허주욱, 교정보호학, 법문사, 2010, 917면.

제 2 장
교정과 회복적 사법

제1절 머릿말

교정의 목적이 범죄자의 「재사회화」라는 것은 「인간의 존엄과 가치 및 행복추구권」이라는 헌법 제10조의 가치이념으로부터 도출될 수 있다고 본다.[1] 교정목적이 수형자의 재사회화라면 수형자에 대한 교정처우도 이러한 교정의 가치이념에 지배되어야 함은 물론이다. 이러한 목적을 실현하기 위하여서는 이러한 기능을 담당하는 국가기관의 노력이 필요하다. 이것이 바로 시설 내에서의 교정처우, 사회 내에서의 처우 및 형 집행 전의 사법절차 단계에서의 처우라 할 수 있다.

그러나 이러한 것만으로는 충분하지 않고 시민의 이해와 협력이 필요하다. 그것은 범죄자가 사회 구성원의 협력이 없이는 재사회화가 불가능하기 때문이다.[2] 범죄자처우 중 특히 시민의 이해와 협력이 필요한 것은 사회내 처우이다. 그리하여 민간참여의 분야로는 보호관찰·갱생보호·선도조건부 기소유예 및 독지방문이 있다.

한편 이와는 반대로 오늘날 교정의 목적이 수형자를 재사회화하는 데 있다는 것에 대한 회의론이 존재한다.

현대 교정의 전형이라 할 수 있는 재사회화의 실현에 앞장서고 있던 미국에서 비록 전반적 조류라고 볼 수는 없지만 1960년대 후반부터 1970년대

---

1) 교정의 목표는 사회(복지)국가원칙으로부터도 도출할 수 있다. 자유를 박탈당한 수형자는 한편으로는 처벌의 대상이지만, 다른 한편으로는 국가의 도움을 필요로 하는 원조의 대상이기도 하다. 즉 사회(복지)국가원칙에 따라 국가는 수형자가 다시 자유로운 사회에서 건실한 생활을 할 수 있도록 적극적으로 도와줄 의무가 있다(조준현, 행형의 이념으로서 교정에 관한 연구, 교정연구 제1호, 1991, 12 면 이하.).
2) (四) 「社會內 處遇に おける 民間協力者」 刑事政策(宮澤森下藤本理論の 集大成, 現代司法試験講座 10), 東京法學研究會.井上法律總合研究所), 1986, 119面.

에 이르러 재사회화이념에 반대하는 이른바 신응보형론이 대두하였었다. 1950년대 각광을 받았던 재사회화의 이상은 일시적이나마 「쇠태하고 있다」고 한때 말하여지고 있었다. 처우사상에 의문을 가지게 되는 현상을 「형사정책의 위기」라고 우려하는 사람[3]도 있었다.

그러나 결코 「재사회화는 위기」라고 할 수는 없다.[4] 교정의 목적이 수형자를 개선하고 재사회화하는 데 있다는 것에 대하여서는 오늘 보편적 원리로 인정되고 있다. 시설 내에 수용되고 있는 범죄자에 대하여 자립할 수 있는 동기부여의 필요성, 그 작용의 근저에 있는 「처우의 사상」 내지 「재사회화사상」은 많은 논자에 의하여 지지되고 있다.

이는 독일 형법개정에 있어서 범죄자의 재사회화를 목적으로 하는 이른바 「대안」이 이를 말하여 주고 있으며, 독일 현행형법에서 특별예방과 개선사상이 전면에 나타났다는 것도 그러한 사실을 말하여 주고 있다. 또 독일행형법 제2조의 해석과 관련하여서도 「재사회화이념」을 강조하는 견해가 그 주류를 이루고 있다는 사실을 주의할 필요가 있다.

아무튼 교정의 목적은 수용자를 효과적으로 교정·교화함으로써 법공동체에 재통합시키는 것이지만, 교정처우의 현실은 그 이념을 완전히 구현하지 못하고 있다. 그것은 자유형이 수형자의 재사회화에 충분히 기여할 수 없다는 비관적 평가가 말하여 주고 있다. 특히 단기자유형의 경우에는 그 폐해가 더욱 심각하다.[5] 1980년대부터 나타난 「회복적 교정」

---

3) Hans- Heinrich Jescheck, Die Kriese der Kriminalpolitik, ZStW Bd. 91, 1979, S. 1037 ff.
4) Albin Eser, Resozializierung in der Kries ? Gedanken Zum Sozialisationsziel des Strafvollzugs. Einheit und Vielfalt des Strafrechts, Festschr. f. Karl Peters, 1974, S. 505 ff. ; Günter Benmann, über das Ziel des Strafvollzugs, Festschrift für Paul Pockelmann, 1979, S. 891 ff.
5) 김용세·류병관, 교정단계에서의 회복적 서법의 가능성, 연구총서, 06-43, 한국형사정책연구원, 10면.

(restorative correction)의 문제도 이러한 전통적인 재사회화의 한계를 극복하려는 노력의 일환으로 이해될 수 있을 것이다. 교정처우의 새로운 「패러다임」으로서의 「회복적 사법」의 문제가 바로 여기에 있다.

교정의 목적은 범죄자의 갱생과 재사회화에만 관심을 기울이는 것이 아니라, 피해자의 재활 내지 피해회복을 통하여 법공동체의 평화를 회복하고 가해자의 재통합을 추구하는 회복 지향의 교정처우이어야 한다는 것이다. 이러한 새로운 대안적 사법모델은 종래의 「응보적 사법」(retributive justice)에 대하여 「회복적 사법」(restorative justice)이라고 명명되고 있다.[6] 서구 선진국은 회복적 사법의 이론적 정당성을 인정하고 이미 회복적 사법실무를 도입하고 있다. 이들 국가에서는 다양한 내용의 다이버젼(diversion)과 결합되어 그 효과를 증대시키는 수단으로 활용되고 있다.

회복적 사법하에서는 피해자와 가해자가 중심적 역할을 하기 때문에 범죄의 처벌에 초점을 맞추는 것이 아니라 범죄로 인해 깨어진 모든 관계를 회복하고 치유하기를 시도한다. 한국사법제도에서의 교정목적의 새로운 패러다임은 이러한 회복적 사법과 방향을 같이 하여야 한다.[7]

---

6) 「회복적 사법」에서 추구하는 「회복적 정의」(restorative justice)는 「회복하다」라는 뜻의 「동사」「restore」에서 나온 말로써, 현재의 형법제도를 사회정의의 달성을 위한 「응보적 심판제도」(retributive punishment)로 보고 이와 비교되는 의미를 지니고 있다(이호중, 한국의 형사사법과 회복적 사법, 과거, 현재, 그리고 미래, 학회창립 50주년기념 학술대회 자료집, 한국형사법학회, 2006, 317면 ; 이승호, 회복적 사법과 우리나라의 형사제재체계, 학회창립 50주년기념 학술대회 자료집, 한국형사법학회, 2006, 346면),

7) 이미 우리나라의 형사절차에도 오래전부터 「가해자-피해자-화해제도」와 유사한 이른바 「가해자-피해자-합의」가 비공식적으로 인정되어 왔다. 「친고죄」나 「반의사불벌죄」의 경우에는 「화해」가 절대적인 의미를 지닐 수 있거니와, 그 밖의 경우에도 흔히 「합의」라고 불리는 가해자와 피해자의 「화해」는 기소단계에서 「양형」에 이르기까지 형사절차의 모든 단계에서 실질적인 의미가 인정되고 있다(김용세, 한국의 형사사법체제와 회복적 사법, 형사법연구 제20호, 한국형사법학회, 2003, 363면~365면).

제2절 회복적 사법과 우리나라 사법제도의 현황

I. 전통적 형사사법과 회복적 사법

전통적 형사사법은 응보와 재사회화의 개념이 상호 결합하고 대립하면서 기능하여 왔다.[8]

이러한 전통적 형사사법은 형사사법에 있어서 피해자의 지위에 대한 배려가 이루어 질 수 없고, 가해자와 피해자간의 갈등해결이 형사사법의 주요 과제로 설정되지 못한다는 것이다.

여기서 새로나 등장한 대안적 형사사법이 「회복적 사법」이다. 즉형벌 실행과 관련하여 이해관계를 가진 대립당사자를 범죄인과 국가가 아니라 범죄인과 피해자 혹은 범죄인과 공동체사회로 설정하는 것이다. 환언하면 형사사법의 목적을 범죄인과 피해자(혹은 공동체사회) 간의 갈등해결을 통한 신뢰회복에 두게 되는 것이다.[9]

그리하여 회복적 사법은 갈등해결을 위해 사용하는 제재내용으로 범죄인으로 하여금 피해자 및 사회에 끼친 피해를 물질적 내지 상징적으로 회복하도록 하는 원상회복을 선호한다. 원상회복은 민사상의 손해배상과 형사상의 벌금형을 결합시킨 것과 유사한 제도이면서도, 전자와는 법적 성격이 형사제재라는 점에서 다르고, 후자와는 수형자가 피해자(내지 공동체사

---

8) 이승호, 회복적 사법과 우리나라의 형사제재체계, 형사법학회창립 50주년기념 학술대회 자료집, 2007, 345면.
9) 회복적 사법에 대해서는 각국의 입법이 명확한 개념정의를 하지 않고 있으며, 대부분의 프로그램이 비공식적 성격을 띠고 있어서 통일적 개념정립이 어려운 것으로 설명된다(도중진·원혜욱, 보호관찰단계에서의 회복적 사법이념의 실천방안, 한국형사정책연구원, 2007, 11~13면).

회)라는 점에서 구별된다. 아울러 물질적인 회복만이 아니라 사회봉사 등과 같은 상징적 회복도 내용에 포함한다는 점에서, 원상회복은 손해배상 및 벌금형을 모두 뛰어넘는 제3의 제재로 설명되는 것이다.10)

이렇게 볼 때 회복적 사법은 전통적 형사사법과는 전혀 그 궤를 달리하는 새로운 패러다임이라고 할 수 있으며, 범죄피해자보호와 사법경제성의 제고 등에 의한 갈등해결방식이라고 할 수 있다.

돌이켜 생각하면 회복적 사법이란 1970년대 이후 북미와 유럽에서 시행되고 있는 다양한 형태의 「피해회복 및 형사화해 프로그램」 (victim-offender-mediation program)을 통한 새로운 범죄대응방식이다. 현대적 의미의 회복적 사법은 1974년 캐나다 「온타리오」(Ontario)주 「엘마이라」(Elmira)시에서 소년범죄사건의 가해자와 피해자 조정의 형태로 처음 실천된 후, 1976년에는 「인디애나」(Indiana)주 「엘카아트」(Elkhat) 「카운티」(County)의 「메노나이트」(Mennonites) 교단을 통해 미국으로 확산되었고 1980년대 들어서 북미와 유럽각지에서 널리 수용되기 시작했다.11) 1970년대 시작되어 1980년대 이후 세계적으로 관심이 고조된 회복적 사법의 발전상을 상징적으로 표현하는 것이 바로 미주와 유럽각국에서 활동하는 화해중재기관의 수이다. 미국 연방법무성 범죄피해자대책실의 지원을 받아 「회복적 사법과 피해자-범죄자-조정센

---

10) 회복적 사법에 대한 「마에노 이쿠조」(前野育三)의 견해 ; 피해자에의 배려를 결여한 형사사법 및 소년사법이 과연 범죄자의 개선갱생 및 비행소년의 교육과 복지에 진정으로 기여하는 것이 가능한 가에 라는 의문을 제기하면서 첫째, 배상 및 사죄는 형벌과는 무관계인 것으로 치부되어도 괜찮은가 ? 피고인이 반성을 보이기 위하여 재판관에게 대하여 사죄하는 것은 부자연스럽지 않은 가 ? 사죄한다고 한다면 피해자에 대하여 해야 하지 않은가 ? 사죄 및 배상을 얻는 것에 가장 깊은 관심을 가질 것인 피해자가 직접 절차의 전면에 나서는 것이 허용되어야 하지 않는가 ? 등의 의문을 제기한다(마에노 이쿠조(前野育三) 「修復的 司法이란 ?」 한국피해자학회 2005 춘계학술회의 자료집, 2005, 17~18 면에서 발췌).

11) 김용세 외, 형사화해제도 도입을 위한 입법론적 연구(연구보고서01-29), 형사정책연구원, 2001, 33면 이하.

터」(The center for Restorative Justice and Mediation in the US)에 따르면 1996년 현재 북미지역에는 315개의 화해중재프로그램이 운영되고 있으며, 유럽에도 712개(독일 348개소, 핀란드130개소, 프랑스 73개소, 노르웨이 44개소, 영국 43개소 등)의 중재프로그램이 활동하고 있다.[12]

가해자 중심의 전통적 제재시스템에 내재된 모순을 비판하고, 형사절차에서 피해자 지위를 강화하는 동시에 피해회복의 기회를 부여해야 한다는 주장이 널리 받아들여진 것은 1940년대 후반부터 크게 발전한 피해자학으로부터 힘입은 바 크다. 이러한 형사사법의 발전과정은 대체로 다음의 세단계로 나누어 설명할 수 있다.

첫째, 1950년대 중반부터 60년대에 걸친 범죄피해자 지원체제 구축 단계다.[13]

둘째, 1960년대부터 70년대에 추진되었던 형사절차법 개혁이다. 이 시기 북미와 유럽각국은 전통적인 형사소송절차가 오직 피의자와 피고인의 인권만 강조해 온 점을 반성하면서 형사절차상 피해자의 권익보호를 위한 제도개혁에 나서기 시작한다.[14]

셋째, 회복적 사법모델 도입을 통한 형사사법제도 개혁의 단계다. 전통적인 제재시스템에는 범죄자에 대해 형벌을 부과함으로써 법질서의 실존을 증명하고 불법 행위자를 사회로부터 영구히 격리하거나 반성을 촉구함으로써 건강한 사회인으로 복귀하도록 교화한다는 생각이 전제되어 있다.

---

12) Umbreit, M.S. National Survey of Victim-Offender Mediation Programs in the United States, U.S. Department of Justice Office for Victim of Crime(OVC), 2000.4 S.3.
13) 김용세 외, 민간단체에 의한 피해자 지원의 현황과 전망, 피해자학연구, 제11권 2호, 2003.9.
14) 김용세, 경찰의 범죄피해자보호대책, 치안연구소 2002.12. 192면 이하 .

이에 반해 회복적 사법은 가해자가 피해를 배상하고 사죄함으로써 자기의 행위로 인한 피해를 회복시켰다면 형벌을 면제하거나 감경해 주자는 발상에 기초하고 있다.

II. 우리나라 사법제도의 현황

우리나라의 경우 피해자학이 처음 소개된 것은 1970년대 초의 일이다. 그러다가 1987년 새로 마련된 헌법에 「범죄피해자구조청구권」(제30조 -타인의 범죄행위로 인하여 생명·신체에 대한 피해를 받은 국민은 법률이 정하는 바에 의하여 국가로부터 구조를 받을 수 있다)과 형사재판절차상 「피해자 의견진술권」(제27조 5항-형사피해자는 법률이 정하는 바에 의하여 당해 사건의 재판절차에서 진술할 수 있다)이 신설되고, 이어서 동년11월에 신헌법의 피해자보호규정을 실천하기 위해 「범죄피해자구조법」의 제정과 형사소송법의 개정이 있었다.

사실 현행법상으로도 「피해자 중심적 사고」나 「회복적 사법의 이념」에 기초한 것이 아니지만, 종래부터 가해자와 피해자 사이의 「합의」에 대해서는 비록 제한적이나마 형사상 의미가 부여되고 있었으며, 1981년부터는 배상명령제도도 시행되고 있었다. 그러나 이는 극히 상징적인 의미만을 지니고 있기 때문에 실질적인 피해자보호시책으로서 기능하지 못하고 있다.

1990년대 말 이후로는 「피해자 중심적 사고」나 「회복적 사법의 이념」에 기초한 논의가 학계나 실무계는 물론 입법론으로 활발하게 진행되

었다.[15]

법무부는 범죄피해자에 대한 종합적인 보호·지원대책의 필요성에 따라 2004.9.1.로 「범죄피해자보호·지원강화를 위한 종합대책」을 수립·발표하고, 「범죄피해자보호법」 (2005.12.23.법률제7731)을 제정하는 한편, 대검찰청과 연계하여 전국55개 검찰청·지청 관할별로 민간지원봉사단체인 「범죄피해자지원센터」를 설치한 바 있다. 범죄피해자지원센터는 현재 범죄피해자에 대한 피해상담·응급조치나 신변보호, 형사절차 안내 등과 같은 지원활동 이외에 형사사건에 있어 범행당사자간의 조정·화해를 유도하는 업무를 수행하고 있다.[16] 특히 대검찰청은 증가하고 있는 민사적 분쟁 성격의 고소사건을 합리적으로 처리한다는 목표하에 고소사건에 대한 형사조정제도[17]를 실시하고 있다.[18] 이 형사조정제도는 부분

---

15) (피해자 중심적 논문)
장규원, 범죄피해자의 지원제도 - 스위스, 독일 및 일본을 중심으로 -, 피해자학연구(7), 1999, 425～459면.
오경식, 범죄피해자 구조제도에 대한 연구, 경기법학논총(창간호), 2001, 71～90면.
원혜욱, 형사절차에서의 피해자보호, 형사절차에서의 범죄피해자보호, 인하대 법학연구(4), 2001, 271～296면.
김용세, 범죄피해자구조제도에 관한 소고, 비교형사법연구(4/2), 2002, 523～552면.
도중진, 형사절차에서 범죄피해자에 대한 재고찰, 피해자학연구(10/1), 2002, 173～210면.
박미숙, 형행법상 범죄피해자 지원방안, 피해자학연구(10/2), 2002 143～168면.
(회복적 사법에 기초한 논문)
이진국, 독일형법 제46a조 :자율적 범행원상회복, 비교형사법연구 창간호, 1999, 409～430면.
박미숙, 회복적 사법과 피해자보호, 피해자학연구(8), 2000, 201～225면.
이진국, 독일형법의 제재체계상 상징적 원상회복, 비교형사법연구(2/1), 2000, 253～270면.
이진국, 독일 형법상 원상회복 옹호론과 비판론, 형사정책(12/1), 2000, 91～104면.
이진국, 행형단계에서 원상회복의 가능성과 문제점, 교정연구(13), 2001, 311～330면.
16) 이를 위하여 대검찰청에서는 그 규범적 근거로서 「범죄피해자 보호 및 지원에 관한 지침」을 두고 있다. 범죄피해자지원센터는 2006년도 한 해 동안 총 2,553건에 대하여 화해중재를 실시한 바 있다고 한다.
17) 이를 위하여 대검찰청은 「고소사건 형사조정 실무운용 지침」 (2007.1.8.)과 「범죄피해자자치지원센터 형사조정위원회 운영지침」 (2007.1.8.)을 제정하여 실무에서 운용하고 있다.
18) 우리나라에서 형사조정제도는 2006.4부터 2006.10까지 서울남부지검 등 4개청에서 시범시행된 바 있으며, 2007. 4.부터는 전국 35개 검찰청 및 지청에서 형사조정을 시행하고 있다. 2006.4.부터 10.까지 6개월 동안에 형사조정이 시범실시된 것을 보면, 총 310건이 조정의뢰되어 그 중 206건이 조정을 이룸으로써 66.5%의 조정성공률을 보인바 있다고 한다(최영승, 현행 형사화해제도의 실태 및 문제점, 피해자학연구 제15권 제1호(2007.4), 81면).

적으로 회복적 사법을 실천하기 위한 프로그램으로서의 성격을 가지고 있지만, 본질적으로 회복적 사법의 이념에 의한 것이라고 볼 수 없고, 다만 피해회복의 측면에서 결과에 있어서 회복적 사법의 이념에 도달할 수 있을 뿐이다.

또한 입법의 영역에서는 2005.12.14. 「소송촉진등에 관한 특례법」의 개정에 의하여 이른바 「형사재판상 화해」(동법 제36조 내지 제40조)제도가 생겼다.[19] 그러나 형사재판상의 화해제도는 사건당사자의 사적 합의를 통해 발생한 권리의무에 관하여 집행력이라는 소송법적 효과를 부여한다는 의미를 가지고 있을 뿐, 회복적 사법에서 의미하는 범죄로 인한 가해자와 피해자간의 갈등해소나 화해에 중점이 두어져 있는 것은 아니다. 이러한 의미에서 배상명령이나 형사재판상 화해제도는 그 본질은 회복적 사법과 아무런 관련성이 없다. 다만 결과에 있어서 회복적 사법의 결과를 이루었을 뿐이다.

또한 2007.1.부터 3.까지의 형사조정의 실무를 보면, 형사조정이 의뢰된 사건은 총 736건이었으며, 이 중에서 445건이 종결되었고 291건이 조정절차에 계속 중인데, 종결된 사건 중 233건에 대하여 조정이 성립되어 조정성립률은 52.4%였으며, 61건의 소환불능 사건을 종결사건에서 제외하면 순수 조정성립률은 60.7%에 달한다고 한다(송길룡, 형사조정의 새로운 이해, 법조 2007 ·5(608호 179~180면).

19) 「형사재판상 화해」란 형사피고사건의 피고인과 피해자가 해당 피고사건에 관련된 피해에 관한 민사상 다툼과 관련하여 합의한 경우, 피고사건이 계속된 제1심 법원 또는 항소심법원에 공동으로 공판조서에 그 내용의 기재를 구하는 신청이 가능하도록 하고, 그 공판조서에 대하여는 재판상 화해와 같은 효력을 부여하는 제도를 말한다. 우리나라의 형사재판상 화해절차는 일본의 「범죄피해자 등의 보호를 위한 형사절차상 부수조치에 관한 법률(2000.5)」과 거의 동일하다(이진국, 범죄피해자와 회복적 사법, 학회창립 50주년기념 학술대회 자료집, 한국형사법학회, 2006, 372면).

Ⅲ. 교정과 회복적 사법

ⅰ) 교정과 회복적 사법의 범위

회복적 사법의 이념은 범죄에 대한 인식 및 갈등해결에서 기존의 형사사법체계와는 전혀 다르기 때문에 회복적 사법을 종래의 형사사법체계와 어떻게 연계시킬 것인가가 문제된다. 회복적 사법은 수사단계·재판단계 및 재판의 집행단계의 세 가지로 나누어 볼 수 있다.

첫째, 수사단계에서 회복적 사법은 「다이버젼」과 결합할 수 있다. 현행 형사절차에서 검사는 회복적 사법 프로그램에 사건을 위탁하고 그 합의에 따라 검사는 기소유예처분을 할 수 있다.[20]

둘째, 재판단계에서의 회복적 사법 프로그램이다. 재판이 진행중인 단계에서 피고인이 자백을 하는 경우 법관이 회복적 사법 프로그램에 회부하고, 그 합의에 따라 재판을 종결하거나 재판에서 유죄가 인정된 이후에 법원이 양형의 전단계로서 당사자의 동의하에 회복적 사법 프로그램을 활용하는 것이다.[21]

셋째, 형선고 이후의 단계에서는 징역형 등 자유형의 집행과정에서 수형자 교정프로그램으로 하는 방안[22]과 보호관찰의 집행과정에서 보호관찰로서 회복적 사법의 방법에 의하는 것이다.[23]

---

20) 김용세, 한국의 형사사법체제와 회복적 사법, 형사법연구 제20호, 2003.12, 368면.
   김성돈, 형사법상 회복적 사법의 가능성과 과제, 21세기 형사사법개혁의 방향과 대국민 법률서비스 개선방안(Ⅱ), 한국 형사정책연구원, 2004.12, 347면.
21) 이호중, 형법상의 원상회복에 관한 연구, 서울대학교 박사학위논문, 1997, 204면.
22) 김용세/류병관, 교정단계에서 회복적 사법의 가능성, 한국형사정책연구원, 2006.12, 62~68면.
23) 이창한, 보호관찰에 있어 회복적 사법 적용가능성 검토, 피해자학연구 제12권 제2호, 2004.10, 75면.

ii) 교정의 목적과 회복적 교정

「형의 집행 및 수용자의 처우에 관한 법률」 제1조는 교정의 궁극목적이 사회복귀에 있다는 점을 분명히 하고 있다. 사회복귀란 수용 자가 정상적인 사회생활로 복귀하여 더이상 법질서 위반행위를 범하 지 아니하는 상태, 즉 사회와의 재통합(reintigration)을 의미한다. 이를 위해서는 수형자가 석방 후 주체적 인격과 사회적 책임하에 재범을 범하지 아니하고 생활을 영위해 갈 능력을 함양하도록 개선·교육할 필요가 있다.

사실 교정의 목적은 시대상황에 따라 지속적으로 변화하여 왔다.24) 교정단계에서는 수형자의 사회복귀를 위한 개선·교화를 추구한다고 본다.25) 물론 양형단계에서 '예방목적'을 고려할 것인지에 관하여는 여전히 첨예한 의견대립이 존재하지만, 적어도 교정단계에서는 특별예방이 가장 중요한 요소라는 점에 관한 한 의견이 일치한다.26)

도중진/원혜욱, 보호관찰단계에서 회복적 사법이념의 실천방안, 한국형사정책연구원, 2006.12, 221~222면.

24) 주희종, 교정이념의 변천과정과 교정정책의 방향, 교정연구(제9호), 한국교정학회1999, 281면 이하.

25) 이 문제는 형벌의 목적과도 긴밀하게 관련되어 있다. 형벌의 목적에 관한 결합설은 응보와 일반예 방 및 특별예방을 동시에 고려해야 한다고 본다. 결합설 내에서도 어느 쪽에 중점을 두는가에 따라 다양한 차이가 있긴 하지만, 형벌에는 행위자의 책임에 상응하는 응보의 속성이 내재되어 있으며 그것은 동시에 일반예방과 특별예방의 목적에 기여할 수 있어야 한다는 점에 관해서는 의견이 일치하고 있다. 그리하여 형벌은 형사입법단계에서는 일반예방을 향한 위하의 기능을 수행하고, 재판단계에서는 행위자의 책임에 상응하는 정당한 응보를 지향하며, 교정단계에서는 수형자의 사회복귀를 위한 개선·교화를 추구한다고 본다.

26) 특별예방, 즉 범죄자가 석방 후 법공동체에 재진입하여 범행 전의 생활관계를 최대한 재건·유지 해 나가도록 지도·교육하는 것(재통합)을 교정의 궁극이념으로 파악하는 경우에, 일반예방을 비롯한 여타의 형벌목적(예컨대 응보 또는 속죄를 통한 책임상쇄)은 어떻게 구현되어야 할 것인지 가 문제된다.

행위자의 사회복귀라는 특별예방목적이 가장 중요한 교정 목표라는 점에 관하여는 대체로 의견이 일치하고 있지만, 재사회화 목적만이 유일한 절대 이념이 될 수 없음은 물론이다. 사회복귀 이외에 일반예방·응보·무해화 또는 억제 등 전통적인 교정목적도 완전히 포기할 수는 없다. 즉 법질서 를 방위하고 사회윤리적 형벌효과를 제고한다는 측면에서 일반예방의 목적 또한 포기할 수 없는 가치를 지니며, 행위자의 능동적인 책임인수와 진심어린 회오, 그리고 책임에 상응하는 불이익처 분을 통한 속죄도 역시 성공적인 사회복귀를 위한 불가결한 전제라 할 것이다(김일수, 한국형법Ⅱ, 박영사, 1997, 648면 참조).

특별예방을 교정의 제1차적 목표로 파악하는 한 교정기관은 우선 수용자가 사회에 복귀하여 항구적으로 공동체에 적응하기 위한 능력을 함양할 「개선프로그램」을 운영하여야 한다. 종래 수형자 개선·교화의 목적을 효율적으로 달성하기 위한 다양한 내용의 처우모델이 소개되어 왔지만,[27] 이른바 절대주의적 형벌이론에 기초한 응보모델 이외의 모든 실무프로그램이 궁극적으로는 재범 방지를 위한 수용자의 재사회화(재통합)를 추구한다는 점에 관한 한 이론의 여지가 없다. 수용자의 진정한 사회복귀를 위해서는 그들의 자발적 참여가 필수적이다. 여기서 그들은 단지 처우의 객체에 그치는 것이 아니라 자발적으로 처우 프로그램에 참여하여 교정관계자 또는 지역사회와의 신뢰를 구축함으로써 법공동체 내부로 재진입하고자 하는 주체적 참여자로 취급되어야 한다.

iii) 종래의 교정제도와 회복적 교정

이상과 같이 교정의 궁극 목적은 수용자를 효과적으로 교정·교화함으로써 법공동체에 재통합시키는 것이지만, 종래 자유형 집행은 수형자를 개선 교화하여 재사회화 가능성을 높이는 것이 아니라, 오히려 장기간의 수감생활로 사회적응력을 약화시키거나 범죄학습의 기회를 제공할 뿐이었다. 단기자유형의 경우에는 그 폐해가 더욱 심각하다.

우리나라를 포함한 거의 모든 국가의 교정당국이 공식적으로는 재사회화 이념을 지향하는 인도적 처우를 표방하고 있지만, 그 실질적 내용은 정치 사회적 환경이나 행정조직의 특수성 또는 교정기관의 인적·물적 설비에 따라 크게 달라질 수 밖에 없다. 특히 재정적 한계로 인하여 교정기관

---

27) 이윤호, 「교정학개론(개정판)」, (박영사, 2002), 16~45면 참조.

의 인적·물적 설비도 부족한 한국의 현실에서는 재사회화라는 이념이 별로 효과적이지 못하였다.28) 「회복적 교정」의 문제가 여기서 제기된다.

결국 회복적 교정은 전통적인 재사회화 프로그램의 한계를 극복하려는 노력의 일환으로 이해될 수 있을 것이다.

환언하면 회복적 교정은 범죄자의 갱생과 사회복귀에만 관심을 기울이는 것이 아니라, 피해자의 재활 내지 피해 회복을 통해 법공동체의 평화를 회복하고 가해자의 재통합을 추구하는 회복 지향의 교정처우 모델이다. 여기서는 교정시설에 수용되어 있는 범죄자와 그 피해자를 직·간접적으로 접촉하게 함으로써 피해자의 재활과 손해의 회복 및 법공동체의 평화 회복을 도모하고 수용자의 성공적인 재사회화를 추구한다. 「가해자의 자발적인 책임인수를 통한 법공동체의 평화 회복과 재통합」이라는 회복적 사법의 이념은 가해자의 갱생과 원활한 사회복귀라는 교정의 이념과 매우 잘 조화될 수 있는 것으로 보인다.

그렇다고 해서 회복적 교정이 교육과 훈련을 포함한 전통적인 처우수단을 포기하는 것은 물론 아니다. 전통적인 처우 프로그램과 함께 회복적 사법의 실무 프로그램을 적극 활용함으로써 수용자의 사회복귀를 보다 효율화한다는 의미이다. 회복적 교정도 교정처우의 모델인 이상 그 궁극적 목적은 역시 범죄자의 교정과 재사회화에 향해져 있다.

---

28) 이미 오래 전부터 다양한 형태의 재사회화 처우프로그램을 실험해 온 서구 선진국에서조차 교육중심의 교정효과가 실증적으로 확인되지는 않고 있다. 그리하여 1980년대 이후 입법에서는 중벌화의 경향이 뚜렷해지고, 교정에서는 한 때 장기구금을 통한 무해화를 중시하는 응보적 교정이념의 유용성이 주목받기도 하였다. 그로 인한 과밀수용의 문제와 재정부담을 해소하기 위한 방편으로 교정처우의 민영화가 추진되고 있기도 하다. 그러나 범죄자에 대한 응보적 대응이 범죄문제 해결을 위한 적절한 수단이 될 수 없음은 형사사법의 오랜 역사 속에서 경험적으로 확인되어 온 바이다.

Ⅳ. 회복적 사법 및 회복적 교정의 수단

① 회복적 사법

「회복적 사법」의 수단은 일반적으로 「조정」(Mediation) 「회합」
(Conference) 및 「써클」(Circle)로 유형화할 수 있는 데,29) 우리나라에
서는 주로 조정모델과 회합모델이 논의되고 있다. 그리하여 성인사범에
대해서는 조정모델, 소년사범에 대하여는 회합모델이 논의된다.30)

조정은 우선 친고죄와 반의사불벌죄에 적용되고 그 외에 개인적 갈등범
죄에 적용될 수 있다. 보통 조정은 경찰단계에서 이루어지는 데, 조정이
이루어지면 그것으로 사건을 종결하게 된다.31)

다음 개인범죄에서는 검찰단계와 법원단계에서 이루어지는데, 검사의
기소유예처분 혹은 법관의 양형에서 형감면사유로 고려하도록 제도적 뒷
받침이 있어야 한다고 주장한다.32)

한편 소년사범에서는 회합모델이 논의된다. 즉 소년사법시스템에서는
「가족회합프로그램」(Family Group Conference)의 도입이 논의 된다.

② 회복적 교정

회복적 교정이란 교정에 회복적 사법의 이념을 적용한 교정처우 모델을
의미하므로 그 실무프로그램도 회복적 사법의 수단과 동일하다. 수형자의

---

29) 각 프로그램의 유형과 특성에 대해서는, 김성돈, 전게논문, 21세기 형사사법개혁의 방향과 대국민
　　법률서비스 개선방안(Ⅱ), 한국형사정책연구원, 2004.12, 259~290면.
30) 박상식은 우리의 현실에서 성인범죄에는 조정모델이, 소년범죄에는 회합모델이 이상적이라는
　　입장이다(박상식, 회복적 사법에 관한 연구, 경상대학교 박사학위논문, 2004, 172면).
31) 김성돈, 형사절차상 피해자-가해자 조정(Victim-Offender Mediation) 제도의 도입방안, 피해자
　　학연구 제9권 제1호, 2001.4, 178~179면.
32) 김성돈, 상게논문, 182~183면.

성공적인 사회복귀를 위하여 가해자와 피해자 또는 지역사회의 관계를 회복시키려 한다는 점에서는 차이가 없기 때문이다. 세계 각국에서 매우 다양한 회복적 교정프로그램이 실시되고 있지만, 그 내용은 크게 피해자와의 「대면접촉 프로그램」과 「비대면접촉 프로그램」으로 구분할 수 있다.

많은 경우 회복적 사법이 「비대면 접촉 프로그램」에 속하지만, 형사화해 알선 프로그램은 전형적인 「대면접촉 프로그램」에 해당한다.

그런데 회복적 사법의 실무가 반드시 가해자와 피해자의 「대면접촉」(face to face conversation)을 요하는 것은 물론 아니다. 그렇지만 회복적 교정프로그램은 교정시설 수용자를 대상으로 한다는 점에서 판결 확정 전에 실시되는 회복적 사법프로그램과는 다른 특징을 지닐 수밖에 없다.

수용자와 피해자의 직·간접적인 접촉을 내용으로 하는 대면프로그램은 서구 제국에서 실험된 다양한 실무모델 중 어느 것이 우리의 현실에 적합한지에 관하여는 심사숙고할 필요가 있다.

생각건대 지역민들이 대등한 발언권을 가지고 대화와 협상을 통해 자율적으로 범죄사건을 해결하는 공동체사법의 전통이 미미한 우리나라의 현실에서 피해자 등과의 「회합」(conference, circle)은 초기모델로서는 적합해 보이지 않는다. 향후 회복적 교정 프로그램에 관한 경험을 축적한 후에는 「가해자-피해자 회합」 프로그램을 운영할 수 있을 것이다.

제4절 맺는말

I. 현황

현행 「형의 집행 및 수용자의 처우에 관한 법률」은 물론이고 소년원법도 회복적 사법의 이념을 수용하거나 피해자 관계적 고려를 강조한 규정은 전혀 없다.

한편 「가석방 심사 등에 관한 규칙」은 수형자가 자신의 범행으로 인한 손해를 배상하였거나 손해를 경감하기 위하여 노력하였는가의 여부도 검사하여야 한다(제11조)하고 있다. 또 「보호관찰 등에 관한 법률」도 소년에 대한 보호관찰 처분에 있어서 법원은 조사사항에는 피해변상의 여부 및 피해자의 감정도 포함된다(동법 시행령 제12조2항3호)라고 하고 있다.

그렇지만 이 규정들은 모두(형법 제51조제2호와 마찬가지로) 「가해자의 정상」 또는 「개전의 정상」을 판단할 자료로서 피해자에 관한 사항을 고려하도록 규정하고 있을 뿐 회복적 사법의 이념에 기초한 한 것은 결코 아니다.

II. 금후 추진방향

① 추진대상

판견 전 회복적 사법 프로그램의 경우에는, 대상에 포함되는 사건 수가 지나치게 많아서 아직 경험과 인력이 부족한 시작단계에서부터 중범죄에 대해서까지 회복적 사법을 적용하기 어려운 면도 있고, 가해자가 회복적 사법 프로그램에 참여하는 것만으로도 유죄를 인정하는 것과 같은 인상을 줄 우려가 있기 때문에 일정기간 동안은 주로 소년사건이나 경미한 범죄사건에 한하여 회복적 사법실무를 실험 적용해 볼 필요가 있을 것이다. 소년사건에 대해 회복적 사법을 도입하기 위한 소년법의 화해권고에서 (제25조의3 - 화해권고), 법원의 심판단계에서의 화해권고에 제한한 것도 이런 의미에서 이해가 간다.

그러나 교정처우의 경우 회복적 교정의 실무프로그램을 도입하는 경우에도 처음부터 소년이나 경미범죄자로 대상을 한정할 필요는 없을 것으로 판단된다.

회복적 교정의 경우에는 이미 판결이 확정된 사건을 대상으로 할 뿐 아니라 반드시 피해자와의 접촉이 이루어지지 않더라도 회복적 사법 프로그램을 수형자 교화를 위한 프로그램의 일환으로 실시하는 것도 가능할 것이기 때문이다.[33]

② 형사법운영의 개선 내지 개정의 필요성

「회복적 교정」 도 교정처우의 모델인 이상 그 궁극적 목적은 역시 「범죄자의 교정」 과 「재사회화」 에 향해져 있다. 피해의 회복은 범죄자의 재사회화를 위한 주요 수단 내지 부수효과일 뿐 그 자체가 목적이 될 수는

---

33) 북미와 유럽 제국에서는 이미 1980년대부터 다양한 형식의 회복적 교정 프로그램이 운용되어 왔지만, 그 대부분은 소년사건이나 상대적으로 경미한 범죄사건을 중심으로 발전되어 온 것이 사실이다. 그러나 캐나다의 「랭글리 프레이저지구 공동체 사법기구 연합회」 (CJI)라든가, 「오타와 공동체사법기구(Collaborative Justice Program in Ottawa, Ontario)에서 실험적으로 운용되었던 중범죄에 관한 형사화해알선 프로그램」 (Victim Offender of Serious Crime Program)이 명백한 성공을 거둠에 따라 더 이상 중범죄자를 회복적 교정의 대상에서 제외시킬 이유가 없어졌다고 할 수 있다.

없다. 따라서 회복적 교정은 교정의 이념과 우리나라의 교정시스템의 특수성을 충분히 고려하여 도입되어야만 한다. 이러한 의미에서 「회복적 교정」은 그 자체로서 매우 중요한 의미를 지닐 수 있다. 그러나 이를 위해서는 우리나라의 사회와 사법 및 교정시스템 속에서 뿌리 내릴 수 있는 실무프로그램의 내용과 방법에 관한 충분한 사전검토가 필요하다

그러나 현행 「형의 집행 및 수용자의 처우에 관한 법률」은 물론이고 소년법도 회복적 사법의 이념을 수용하거나 피해자 관계적 고려를 강조한 규정은 전혀 없다. 또 「가석방 심사 등에 관한 규칙」이나 「보호관찰 등에 관한 법률」도 회복적 사법의 이념을 수용하거나 피해자 관계적 고려를 강조한 규정은 전혀 없다.[34] 우리나라도 피해자와 가해자의 권리를 공정하게 보호함으로써 형사사법의 정의를 구현하고 형사사법에 대한 시민사회의 신뢰를 회복하기 위하여 회복적 사법을 도입할 필요가 있다.[35] 다행히 소년사건에 대해 제25조의3(화해권고)를 신설함으로써 회복적 사법의 이념을 실현하고자 하고 있다.[36]

---

34) 「가석방 심사 등에 관한 규칙」(2006.10.31.부령 제600호)은 재사회화 가능성을 판단할 근거로서 피해자 및 그 가정과 본인 및 그 가정과의 감정관계(동규칙 제6조5호), 가정과 본인과의 감정관계(동조 제4호), 석방 후에 돌아갈 곳(동조 제6호)을 심사항목에 포함시키고 있으며, 가석방을 허가할 때에는 지역사회의 감정도 고려하여야 하며(제10조), 수형자가 자신의 범행으로 인한 손해를 배상하였거나 손해를 경감하기 위하여 노력하였는가의 여부도 심사하여야 한다(제11조)고 규정하고 있다. 또 「보호관찰 등에 관한 법률」(2005.12.29.제7796호)도 소년에 대한 보호관찰 처분에 있어서 법원은 보호관찰소장에게 범행의 동기·직업 등과 아울러 피해회복의 여부 등을 조사하도록 요구할 수 있고(동법 제19조1항), 수용기관의 장도 보호관찰소장에 대해 수용자의 범죄 또는 비행의 동기와 피해회복 여부 등을 포함한 환경조사를 의뢰하도록 하고 있다(동법 제26조2항). 이 조사사항에는 피해변상의 여부 및 피해자의 감정도 포함된다(동법 시행령 제12조2항3호). 그렇지만 이 규정들은 모두 가해자의 정상 또는 개전의 정을 판단할 자료로서 피해자에 관한 사항을 고려하도록 규정 하고 있을 뿐, 회복적 고려에 기반한 것이 아니다.

35) 2000.5. 대대적인 법률 개정을 통해 형사절차상 피해자 보호조치를 강화한 일본에서도 회복적 사법실무를 도입하지는 못했다.

36) 원혜욱은 회복적 사법 도입의 필요성에 대하여 다음과 같은 근거를 제시하고 있다(원혜욱, 법무부 소년법개정안의 개요, 법무부 소년법개정법률안공청회 자료, 2007.4.20 6면)
첫째, 소년범죄의 재범율이 30% 이상 지속적으로 유지되고 있어 소년사법체계에 대한 근본적인 변화가 요구된다.
둘째, 기존의 형사사법체계에서 피해자에 대한 인식 부족으로 가해자와 피해자의 갈등이 해결되

그런데 화해권고는 법원의 심판단계에서의 화해권고이다. 소위 당사자 사이의 갈등 조정을 법원의 심판단계에서만 인정하고 있고, 화해에의 참가가 결국은 강제된다는 점에서 진정한 의미에서의 회복적 사법의 도입이라고 말하기는 어려울 것 같다.[37]

회복적 사법은 범죄를 처리함에 있어 매우 이상적인 「패러다임」에는 의문이 없지만 진정한 회복적 사법을 추구하기 위하여는 많은 장애가 있다.

사실 회복적 사법의 이념은 종래의 전통적인 형사사법에 비하여 그 범위가 넓다. 전통적인 형사사법이 「범죄자의 처벌, 사회복귀 및 범죄예방」이 그 이념이라면, 회복적 사법은 「범죄자의 사회복귀, 피해자의 피해회복 및 사회공동체의 평화」가 그 이념이다.

특히 본 논문의 핵심과제인 「회복적 교정」은 형선고 이후의 단계에서의 회복적 사법의 문제로서 금후 보다 심층적으로 검토될 것이 요망된다. 하지만 우선 그 운영의 개선으로서 회복적 사법의 이념을 구현할 수 있다.

우리나라에서는 회복적 교정의 실무 운용에 관한 사전 연구가 사실상 전혀 없는 상태이다. 북미와 유럽 여러 나라에서는 이미 20여년 전부터 회복적 교정 실무를 운용하여 실질적 성과를 거두었다고 하므로 이의 「벤치마킹」(benchmarking)에 우선 관심을 가져야 한다.

지 않아 범죄가 반복되어 사법체계에 대한 변화가 요구된다.
셋째, 대부분의 피해소년이 방치되고 있는 실정에서 피해자에 대한 보호가 요구된다.
넷째, 「응보형 모델」과 「사회복귀모델」이 재범방지에 효과적이지 않다는 비판에 근거하여 제3의 대안으로 「회복적 사법모델」에 대한 연구가 진행되고 있다.
37) 회복적 사법이 소년사건처리에 있어서 갖는 의의를 고려한다면 화해권고를 소년사건처리의 각 단계에서 도입해볼 필요는 없는지를 좀 더 검토해 보아야 할 것이다(박미숙, 토론문 「법무부 소년법개정안 공청회 토론문」, 소년법개정법률안공청회자료, 법무부, 2007.4.20. 63면). 또 소년법원에서 조사 및 심리과정에 피해자를 소환하거나 피해자에게 진술기회를 주는 것이 피해자에게 별도의 이차적 피해가 되지 않도록 해야 함은 물론 심판대상인 소년에게 부당한 압박이 되지 않도록 해야 할 것이다. 또한 피해자와의 화해권고의 결과가 보호처분의 종류·정도의 결정뿐만 아니라 불처분의 결정에도 활용되어야 할 것이다(최병각, 법무부 소년법개정안 공청회 토론문, 소년법개정법률안공청회자료, 법무부, 2007.4.20. 34면).

첫째, 회복적 사법 운영조직의 활성화이다.

회복적 교정의 활성화는 모든 교정기관이 통일적인 시스템 하에서 협조해야 한다. 모든 교정기관(교도소·구치소·소년원·보호관찰소 및 치료감호소 등)이 상호 협조하여야만 정착단계에서의 효율적인 교정프로그램 운용이 가능하다.

현행 교정행정 체계는 교정본부·범죄예방정책국 및 인권국으로 되어 있어 유기적인 업무협조가 곤란하다. 따라서 회복적 교정의 효율화를 위하여서는 제3의 독립적인 조직이 담당하도록 하는 것이 바람직하다.

둘째 회복적 사법 전문직원의 확보이다.

회복적 교정의 활성화를 위하여서는 심리학 등 피해자 문제에 관한 전문적 식견을 갖춘 전담직원의 확보가 필요하다.

셋째, 민간참여방식의 활성화이다.

회복적 교정에는 반드시 지역사회 구성원의 참여가 필요하다. 민간자문기구 등을 구성하는 일반적 방법에 따라, 단지 지역의 명망가나 토속재력 등 인맥을 중심으로 민간참여자를 선별하는 것은 바람직하지 못하다. 그것은 민간참여자도 범죄 및 피해자 문제에 관한 최소한의 전문적 소양을 갖추어야 하기 때문이다.

넷째, 우리나라 사회와 사법 및 교정시스템에 맞는 실무프로그램의 내용과 방법에 관한 충분한 사전검토가 필요하다.[38]

---

38) 재판전 단계에서의 개선방안, 즉 검찰 단계의 처리방법은 대부분 조건부 기소유예가 될 것인데 이에 대해서는 법적 근거가 없다. 따라서 조건부 기소유예를 회복적 사법의 법적 효과로 활용하기 위해서는 그에 대한 법적 근거의 검토가 요구되었다. 다행히 소년법 개정안은 검사에 의한 처분전 조사와 조건부기소유예에 관한 명문의 규정을 소년법에 도입하고 있다(제49조의2, 제49조의3). 처분전 조사는 검사가 선의권을 행사함에 있어 범죄사실의 경중에 치우쳐 요보호성의 감안에 소홀하다는 지적에 대응하여 법무부 소속의 보호관찰소·소년분류심사원·소년원 등에 조사를 요구하여 그 결과를 활용할 수 있도록 한 것이다.

이 새로운 시안에 대하여 최병각 교수는 다음과 같은 비판적 견해를 피력하고 있다. 즉 「처분전 조사와 조건부기소유예 그 자체는 「다이버전」의 취지에 비추어 충분히 수긍할 수 있지만, 검사 선의주의의 유지를 전제하고 있다는 점에서 소년보호이념에 철저할 수 없다고 하겠다. 왜냐하면 검사가 조사를 이유로 소년사건의 처리를 지연시키거나 조건 불이행을 이유로 기소유예를 취소 할 경우 처음부터 보호사건으로 소년법원에 송치했을 경우에 비하여 매우 부적절한 결과를 초래 할 수 있기 때문이다. 특히 비록 법률의 근거에 더하여 소년의 동의는 물론 소년의 법정대리인의 동의까지 요건으로 하고 있지만, 검사의 재량으로 기소유예를 하면서 사실상 보호처분을 부과하 는 것은 헌법상 「적법절차의 원칙」(제12조 제1항)과 「재판을 받을 권리」(제27조 제1항)에 위배하는 측면을 지워버릴 수 없다. 아무래도 법원선의주의를 채택하는 것이 많은 문제를 해소할 수 있을 것이나 그럴 경우에도 검사에 의한 「다이버전」의 통로는 열어두어야 할 것이고, 다만 검사가 조건부 기소유예로 처리할 경우 조건의 부과와 실시에 대하여는 법원의 사전 또는 사후 통제를 받도록 해야 할 것이다」(최병각, 법무부 소년법개정안 공청회 토론문, 소년법개정법률 안공청회자료, 법무부, 2007.4.20. 31~32면).

재판단계에서는 피고인이 자백하는 경우 회복적 사법 프로그램에 회부하거나(원혜욱, "외국의 회복적 사법제도의 고찰을 통한 우리나라 소년사법정책의 방향", 피해자학연구 제14권 제1호, 2006.4, 322면). 양형의 전단계로서 당사자의 동의 하에 회복적 사법 프로그램을 활용하는 방안 이 있다(이호중, 형법상의 원상회복에 관한 연구, 서울대학교 박사학위논문, 1997, 204면).

형선고 이후의 단계에서는 징역형 등 자유형의 집행과정에서 수형자 교정교화프로그램의 일환으 로 회복적 사법의 이념에 입각한 프로그램을 실시하는 방안(김용세/류병관, 『교정단계에서 회복 적 사법의 가능성』, 한국형사정책연구원, 2006.12, 62~68면)과 보호관찰의 집행과정에서 보호 관찰의 내용으로 회복적 사법 프로그램을 활용하는 방안이 있다(이창한, "보호관찰에 있어 회복 적 사법 적용가능성 검토", 피해자학연구 제12권 제2호, 2004.10, 75면 ; 도중진/원혜욱, 『보호 관찰단계에서 회복적 사법이념의 실천방안』, 한국형사정책연구원, 2006.12, 221~222면).

제 3 장
교정과 민간참여

제1절 머릿말

I. 교정의 사회화

금세기에 있어서 「교정의 현대화」는 새로운 국면에 돌입하였다. 바로 교정의 인도화와 합리화이다.

먼저 「교정의 인도화」는 「수형자의 권리」라는 문제가 제기되며, 「수형자의 합리화」는 「수형자의 과학적 분류」내지 「처우의 개별화」로서 「교정의 과학화」라는 문제가 제기된다.[1]

다른 한편 수형자의 처우는 전통적인 「폐쇄주의·밀행주의의 교정」에 대하여 「사회화·개방화」가 요청되게 된다. 이러한 교정의 경향은 「교정의 인도화(법률화)와 합리화(과학화)」라는 데서 「교정의 사회화」라는 문제가 새롭게 제기된다.

결국 「교정의 현대화」는 「교정의 법률화와 과학화」를 통해서 수형자의 인권보장을 확립함과 동시에 재사회를 위한 처우를 하게 된다. 이는 동시에 수형자에 대한 인권이 자유권적 의미만이 아니고 사회권적 의미도 된다는 것이다.

요컨데 「교정의 사회화」는 교정의 목표를 위한 실질적인 담보이며 교정의 사회화 없이 수형자의 인권보장이 있을 수 없다는 것이다.

그렇다면 「교정의 사회화」야말로 오늘의 교정에 있어서 가장 중요한

---

1) 森本益之, 行刑の 現代的 展開, 監獄法 改正 と 行刑の 社會化 1985, 220面.

과제라 할 수 있다.

하지만 「교정의 사회화」라는 개념자체가 반드시 명확하지 않다. 따라서 우선 「교정의 사회화」라는 지표에 관련된 영역에서 이 용어가 함의하고 있는 의미를 알아야 한다.

첫째, 수형자의 생활수준의 사회화이다.

둘째, 시설과 사회사이에 있는 장벽을 제거하고 시설과 사회와 교류를 활성화시킨다는 의미에서의 사회화이다.

셋째, 시설에 대한 사회로부터의 관여, 이른바 민간참여의 문제이다. 이러한 형태에 있어서 사회화가 없이는 첫째와 둘째의 의미에 있어서 사회화도 만족하게 실현될 수 없다.

결국 「교정의 사회화」는 시설을 사회의 밖에 둘 것이 아니라 사회 그것 자체속에 내재화시키지 않으면 아니된다는 것이다. 교정에 있어서의 민간참여의 의미가 바로 이것이다.

II. 형사사법에서의 민간참여

모름지기 국민은 범죄의 문제를 스스로의 문제로서 이를 적극적으로 해결하지 않으면 안 된다. 이런 의미에서 형사사법에 있어서 국민의 협력과 참가는 당연하며 필요한 것이라고 볼 수 있다.[2]

오늘날 범죄와 형벌을 둘러싼 이론과 실천의 현황은 「형사정책의 시

---

2) 重松一義, 刑事政策講義, 1990, 258 面.

대」로서 특징지워 진다. 「범죄론」으로부터 「형벌론」으로의 관심으로 이행된 것은 사실이다.3)

바야흐로 「현대 복지국가」의 전개에 대응하는 새로운 범죄대책이 인식되게 되었다. 환언하면 신파적인 「사회방위사상」의 현대적 변용이 전개되고 있다. 예컨데 프랑스의 「마르크 앙셀」(Marc Ancel)이 제창한 「신사회방위론」은 그 전형적 예라고 할 수 있다. 이 이론에서는 사회방위의 「키워드」(keyword)로서 교정에 대한 민간참여가 중시되고, 「범죄의 방지 및 범죄자의 처우에 관한 국제연합회의」의 의제로도 채택되었다. 교정정책에 관계되는 당사자는 국가·공공기관과 범죄자 내지 범죄적 위험자 뿐만 아니라, 오히려 지역주민·민간인이 이바지하는 역할이 기대되고, 이른바 「community based correction」이 구호(slogan)로 제창되었다.4)

그리하여 형사사법에 있어서의 민간참여는 다음과 같이 4단계로 구분할 수 있다.5)

첫째, 수사에의 민간의 협력이다. 인구가 증대·유동하는 대도시에서는 경찰과 민간과의 밀착도는 점점 희박하여지고 민간과의 접촉의 기회도 점점 적어져 이른바 공동화현상이 생긴다. 따라서 경찰과 민간과의 협조가 요망된다.

둘째, 범죄와 비행에 대한 대책을 「지역의 문제」로서 이해하는 것이다.

지역의 범죄와 비행의 처리에 관하여는 「범죄화와 지역적 처리」라는 선택문제가 있다. 즉 이러한 문제를 경찰에 통보하여 법률문제화 하는가

---

3) 森本益之, 前揭書, 35 面.
4) 上揭書, 35面.
5) 上揭書, 258~261面 참조.

아니면 지역내에서 처리하는 말하자면 정규의 범죄처리 「루트」(Route)를 일탈하는 방법, 즉 일종의 「다이버젼」(Diversion)을 취하는 가이다. 어느 것이 타당한가는 그 주민의 양식·허용도에 있다.

셋째, 이른바 프론티어(Frontier)활동과 그 역할이다. 여기서 프론티어 는 시설내 처우·시설외처우에 있어서의 민간협력자를 의미한다. 「시설 내 처우」에 있어서는 교도소·소년원에서의 독지가에 의한 상담을 하는 것으로서 영국의 「프리즌 비지터」(Prison Visitor)제도에서 유래한다. 「시설외 처우」에서는 갱생보호 및 BBS(Big Brothers and Sisters Movement)회의 활동을 의미한다.

넷째, 민간이 재판 등에 관여하는 제도이다. 민간이 재판에 참여하는 영미의 「배심제도」(Jury) 등이 그것이다.6)

교정과 민간참여는 형사사법에서의 민간참여 중 셋째의 카테고리 (Kategorie)에 속하는 문제이다.

III. 민간참여 의의

1. 주체로서의 민간

교정에서 민간참여(Civil Participation) 또는 공중참가(Public Particip ation)는 민간인 및 민간단체가 교정활동 전반에 주도적인 당사자로 되 어야 한다는 것을 의미한다.

---

6) 2008.1.1. 부터 「국민의 형사재판 참여에 관한 법률」[제정 2007.6.1 법률 제8495호]이 시행되었 다. 동법 제1조 (목적)에서는 「이 법은 사법의 민주적 정당성과 신뢰를 높이기 위하여 국민이 형사재판에 참여하는 제도를 시행함에 있어서 참여에 따른 권한과 책임을 명확히 하고, 재판절차의 특례와 그 밖에 필요한 사항에 관하여 규정함을 목적으로 한다」라고 규정하고 있다.

교정의 목표는 수형자를 개선·갱생시켜 사회복귀를 가능하게 하는 것이라 할 수 있다. 이러한 목적을 실현하기 위하여서는 이러한 기능을 담당하는 국가기관의 노력이 필요함은 물론이다. 그러나 이러한 것만으로는 충분하지 않고 시민의 이해와 협력이 필요하다. 수형자가 사회에 복귀하기 위하여서는 사회구성원의 협력이 없이는 불가능하기 때문이다.7) 수형자 처우 중 특히 시민의 이해와 협력이 필요한 영역은 사회내처우이다.8)

종래 교정이라고 하면 국가적 활동만을 지칭하였으며 교정학은 국가관료의 학문으로서 생각되어 왔다. 따라서 민간인 또는 민간단체는 이러한 교정의 주체가 아니고 활동을 자극하여 고무되어지는 객체에 불과하다고 생각하였다. 이에 대하여 교정학이 국가관료의 학문이 아니라 시민의 학문으로서 이해한다면 범죄방지를 위한 활동에 종사하는 민간인 및 민간단체는 교정의 객체로부터 주체로 전환되는 것이다.

영미의 교정사상(rehabilitative ideals)에 의하면 교정사조의 주류는 「범죄자처우」(Treatment of Offenders)이며 범죄자처우는 범죄자의 개선과 범죄방지에 있다.9) 이러한 범죄자처우의 개념은 오늘에 와서는 폭넓게 사용되고 있다. 당초 범죄자처우는 시설내에서의 교정처우만을 의미하였다. 즉 시설내에 수용된 수형자 및 소년범에 대하여 재범을 방지하고 사회복귀를 용이하게 할 목적으로 하는 사회학적·교육학적·의료적·심리적

---

7) (四)「社會內 處遇に おける 民間協力者」刑事政策, 宮澤.森下.藤本理論の 集大成, 現代司法試驗講座 10, 東京法學硏究會.井上法律總合硏究所, 1986, 119面.
8) 1985년 일본 범죄백서는 「재범방지와 시민참가」라는 부제로 특집을 만들고 범죄자처우에의 시민참가에 관하여 독립된 장을 설정하고 있는 것도 이러한 의미에서 이해가 간다 할 것이다. 여기에서 경찰, 교정(시설내처우) 및 갱생보호(사회내처우)의 각 단계에 있어서의 시민참가실정을 상세히 소개하고 있다. 즉 범죄자의 갱생 및 재범방지를 위하여서는 가일층 시민의 이해와 협력이 필요하다는 것을 강조하고 있다.
9) 森下 忠, 刑事政策大綱 I, 1987, 128面 : 森下 忠, 刑事政策の 新展開, 1968, 3面.

조치를 의미하였다. 그러나 그 후 시설내에서의 교정처우만이 아니라 사회내에서의 처우의 중요성도 자각하게 되었고 나아가서 형집행전의 사법절차 단계에서의 처우도 범죄자의 재범방지와 사회복귀에 중요하다는 사실을 인식하게 이르렀다.10)

2. 민간참여의 영역

현대국가에서의 범죄자처우는 다음과 같이 광의로 분류할 수 있다.11)

첫째, 사법적 처우(Juridical Treatment)와 교정처우(Correctional Treatment)이다. 사법적 처우는 범죄의 인지로부터 시작하여 형의 집행이 종료하는 일련의 형사사법절차 중 범죄자의 처우를 결정하는 재판단계까지의 범죄자처우를 의미한다.

둘째, 교정처우는 다시 시설내처우(Institutional Treatmnt)와 사회내처우(Community based Treatment)로 분류할 수 있다.

시설내처우는 범죄자를 일정한 강제수용시설에 수용하여 처우함을 의미하는 데, 여기에는 형사시설·감호시설 및 보호시설이 있다. 형사시설은 형의 선고를 받은 자를 수용하기 위한 시설로서 교도소를 의미하며, 감호시설은 정신장애자 및 상습범죄인에 대한 보안처분(Sicherungsmassnahme)을 집행하기 위한 시설로서 감호소가 있으며,12) 그리고 보호시설은 소년의

---

10) 박양빈, 교정처우의 개선책 −시설내 처우를 중심으로−, 교정, 1994.4, 18면 및 행형의 이론과 실제, 교정연구 제4집, 1994, 180면.
11) 大谷 實, 刑事政策講義, 1987, 162면 ∼172면 參照.
12) 사회보호법 폐지법률(법률 제7656호, 공포일자 2005년 8월 4일)에 의거, 현재 우라나라는 감호소가 없다(폐지이유 − 사회보호법상의 보호감호처분 등은 피감호자의 입장에서는 이중처벌적인 기능을 하고 있을 뿐만 아니라 그 집행실태도 구금위주의 형벌과 다름없이 시행되고 있어 국민의 기본권을 침해하고 있고, 사회보호법 자체도 지난 권위주의시대에 사회방위라는 목적으로 제정한 것으로 위험한 전과자를 사회로부터 격리하는 것을 위주로 하는 보안처분에 치중하고 있어 위헌적인 소지가 있기 때문에 이를 폐지하여 국민의 기본권을 보장하려는 것임).

보호처분을 위한 시설로서 소년원을 의미한다.

사회내처우는 범죄자를 시설 내에 수용하지 않고 사회 내에서 정상적인 생활을 하면서, 지도·감독 등에 의하여 개선·사회복귀를 도모하는 제도로서 보호관찰·갱생보호·가석방·선고유예 및 집행유예 등을 들 수 가 있다.

범죄자처우의 내포와 외연이 이러한 것이라면 「교정에서의 민간참여」도 이것과 평행적으로 검토되어야 함은 물론이다. 다만 범죄자처우의 내용과 방법도 다양화되고 있다. 즉 시설내 처우에 있어서는 분류처우와 같은 「개별화처우 프로그램」, 의학적·심리적·사회적 측면을 고려하는 「과학적 처우 프로그램」 및 개방처우·외부통근 등 과 같은 「사회처우 프로그램」과 사회내 처우에 있어서는 「지도·감독적 처우 프로그램」, 「보도·원호적 처우 프로그램」, 「물질적·복지적 원호처우 프로그램」 및 「정신적·원호적 처우 프로그램」이 있다.

이들 다양한 처우 중 시설내 처우에 있어서의 「사회화 처우 프로그램」과 사회내 처우에 있어서의 「지도·원호적 처우 프로그램」이 특히 공중참여의 문제로서 제기되고 있다.13)

(3) 교정의 사회화

교정의 사회화,14) 즉 교정에 대한 사회의 측으로부터의 관여가 「교정과

___

13) 박재윤, 범죄예방과 범죄인 교화를 위한 민간분야의 역할, 범죄예방과 범죄인 교화, 한국 범죄방지 재단, 1995.5, 8면.

14) 교정의 사회화야말로 오늘날의 교정에 있어서 최중요과제이지만 그 개념자체가 반드시 명확하다고는 말하기 어렵다. 첫째 고려되는 것은 수형자의 생활수준의 사회화이다. 1955년의 국제연합 피구금자처우 최저기준규칙에서 「교도소 생활과 자유로운 생활간의 어떠한 차이를 최소화하기 위해 노력하지 않으면 아니된다」고 한다거나 왕년의 서독 행형법도 역시 「집행중인 생활은 가능한 한 일반의 생활상태에 가까워야 한다」 (3조)는 기본원칙이 이 경우이다. 둘째 고려되는 것은

민간참여」의 문제이다. 이 경우에도 사회복귀에 향하여서만 협력하는 형태(이른바 사회자원의 활용)와 개인 내지 조직대표자가 보다 광범위하게 교정에 관여하는 형태 즉 교정전반에 관한 공중의 측으로부터의 감독기능을 중시하는 제3자 위원회(교정옴부즈맨-Ombudsman)의 제도가 있다. 여기서의 「교정과 민간참여」는 전자의 경우만을 의미한다.[15]

「교정의 사회화」는 결국 교정의 모든 것을 한정된 전문가집단에게만 위임하는 것이 아니라, 수형자가 복귀하게 되는 사회의 측이 자기들에게 직접 관계되는 문제로서 당사자의식을 가지고 받아들이는 체계(system)를 확립하는 것에 의해서 비로소 가능하다는 것이다.

제2절 배경

교정의 역사를 보면 민간참여의 맹아는 아주 먼 옛날로부터 시작되었다는 것을 알 수 있다. 그리하여 이러한 맹아는 교정관의 전환이라는 새로운 지평을 열게 된다.[16] 결국 수형자에 대한 처우에는 민간인의 활동이 중요한 역할을 하였다는 것을 알 수 있다.[17]

교도소와 일반사회간에 있는 보이지 않는 벽을 가능한 한 걷어내고, 사회와 교도소간의 교류를 활발화시킨다는 의미에서의 사회화이다. 국제연합기준규칙은 「피구금자는 신문, 정기간행물 혹은 시설의 특정간행물을 열독하거나 라디오 방송을 청취하기나 강연을 듣거나 혹은 당국이 허가 혹은 감독하는 그외의 유사수단에 의해서 비교적 중요한 소식(news)을 정기적으로 알아야 한다(39조)」거나 1973년 개정한 유럽기준규칙은 이것에 TV방영을 추가하고, 「비교적 중요한」이라는 문언을 삭제하여 수형자가 계속해서 정보에 접근할 수 있는 권리를 확대하고 있는 것(45조)이 이경우이다. 세번째 경우로서 교정에 있어서 일반사회의 측으로부터의 관여, 이른바 공중참가의 문제이다

15) 후자의 형태로의 공중참가는 논자에 의해서 교정의 사회화, 공중참가의 최고형태로 평가되고 있다. 즉 여기에서는 교정기관의 「마강권한」(almighty)이 외부의 손에 의해서 「견제」(check)된다는 점에 그 가장 중요한 역할이 기대되고 있다(森本益之, 前揭書, 229面).

16) 船山泰範, 刑事政策觀의 轉換 - 市民參加를中心に -, 刑事政策의 現代的 課題(小川太郎 古稀論文集), 1977, 35面.

I. 민간참여의 필요성

전통적으로 국가권력작용에 의한다는 시설내 처우의 실시에 관하여서도 민간인의 협력은 빼놓을 수가 없다.

최근 자유형의 새로운 방식으로서 채택되는 개방처우·귀휴제 및 외부 통근제도도 민간인의 협력이 불가결하다.18) 이러한 제도를 실시하기 위하여서는 제1단계로서 지역사회의 주민이 시설 및 수형자에 대한 편견 내지 적대감정을 제거할 필요가 있으며, 제2단계로서 그러한 제도를 사회와의 교류창구로서 민간인의 적극적 참여가 필요하다. 결국 이러한 제도는 「사회로부터의 격리」에 대신하여 「사회에 기초한 교정정책」(Community Based Correction)을 추진하는 것이라고 평가되고 있다.19) 국제연합이 채택한 「피구금자처우 최저기준규칙」 제63조 제2항에도 "도주에 대비한 물적 경비수단보다도 수형자를 신뢰하고 그의 갱생을 도모하는 것이 가장 바람직한 조건이다"라고 한 것도 개방처우가 교정에 대한 민간참여와 더불어 교정효과가 크다는 것을 지적한 것이라고 볼 수 있다.

II. 민간과 공무원

이상 민간에 의한 교정에의 참가 내지 교정에서의 지역사회의 주체성에 관한 개혁을 개관하였다. 이는 또한 교정 분야에 있어서 민간참여를 도입하

---

17) 上揭書, 31~32面.
18) 船山泰範, 前揭論文, 36~37面.
19) 藤木英雄, 現代 刑事政策の 課題, 宮澤·西原·中山·藤木 編 刑事政策講座 第1卷, 1987, 14面.

여야 하는 강한 가능성을 확인한 것이라고 볼 수 있다. 결국 교정의 중요한 부분은 학자 및 관료의 두뇌만으로서는 성공할 수 없고 민간인에 의한 창설·유지 및 발전에 기대되는바 크다는 것을 의미한다. 「민간참여의 교정」을 논하는 것은 결코 돌발적 발상이 아니고 오히려 교정의 원류에서 연혁된다는 것을 이해하여야 한다.

특히 오늘날 범죄의 증가는 「범죄예방과 범죄인 교화를 위한 민간인의 역할」의 중요성을 새삼 인식하게 이르렀다. 1970년 8월 일본 「교토」(京都)에서 개최된 「제4차 국제연합 범죄방지 및 범죄인 처우에 관한 회의」에서 「범죄와 비행방지 및 통제에 있어서의 민간참여」(public participation in the prevention and control do crime and delinquency)라는 주제가 제2 의제로서 채택·토의된 것을 계기로 민간참여 또는 공중참가(Public Participation)라는 용어가 학자와 실무자 사이에서 널리 사용되게 되었다.[20]

우리나라에서도 1960년대 초에 결성된 이른바 「비비에스」(BBS)[21] 연맹이 청소년범죄의 예방과 범죄소년의 갱생·복귀를 위하여 기여하여 왔으며, 동시에 1960년대 초의 갱생보호위원회제도[22] 및 1970년대 초의 독지방문위원제도는 교정시설 내외에서의 범죄인 교화에서 민간인 또는

---

20) 박재윤, 전게논문, 3면 ; 동, 우리나라 형사정책에 있어서 공중침여의 현황과 그 개선방향, 심기누 교수 화갑기념 논문집, 1980, 319면.
21) BBS는 Big Brothers and Sisters Movement의 약자로서 비행소년의 좋은 「친구」가 되고 형제·자매의 입장에서 갱생·원조활동을 행하는 것을 주요한 활동목표로 하는 민간단체이다. 환언하면 범죄 내지 비행이 없는 명랑한 사회의 실현을 목표로 비행방지활동을 하는 단체이다. 이는 미국에서 시작된 운동으로서 일본은 1946년 「교도」에서 시작된 이래 그 후 각지에 확산되어 현재는 방대한 전국적 조직망을 가지고 있다((四)「社會內 處遇に おける 民間協力者」刑事政策(宮澤.森下.藤本理論の 集大成, 現代司法試驗講座 10), 東京法學研究會.井上法律總合研究所), 1986, 119면).
22) 우리나라 갱생보호사업에 관하여서는 「갱생보호사업의 실태와 활성화방안, 한국 형사정책 연구원 1990, 15면 : 박양빈, 전게논문, 207~210면 참조.

민간단체의 눈부신 활약을 보여 주었다.

제3절 외국의 현황

I. 프로베이션, 패로울 및 아프터 · 캐어

범죄자처우에 있어서 민간참여가 영국 및 미국에서 연원하였다. 특히 그러한 제도로서 특기할 만한 것이 보호관찰과 갱생보호이다.

보호관찰이라 함은 범죄자 및 비행소년의 개선 · 사회복귀를 위하여, 정상적 사회생활을 영위하면서 준수사항을 지키도록 지도 · 감독하고 필요한 원조를 하는 처우방법으로서 영미 제국에서 발달한 「프로베이션」 및 「패로울」이 중심적 제도라 할 수 있다.

프로베이션(Probation)은 범죄자를 교정시설에 수용하는 것을 유예하고 사회내에서 지도 · 감독 · 원조하면서, 조건위반의 경우 교정시설에 수용한다는 심리적 강제에 의하여 개선 · 사회복귀를 도모하는 제도이다. 패로울(Parole)은 시설수용의 기간만료 전에 가석방하여, 그 가석방기간 중 사회내에서 지도 · 감독 · 원조를 하고, 조건위반의 경우 시설에 수용한다는 심리적 강제에 의하여 개선 · 사회복귀를 도모하는 제도이다. 그리고 심리적 강제를 수반하지 않는 종국처분으로서의 지도 · 감독 · 원조를 하는 보호관찰도 독립된 별도의 제도로서 존재한다.

갱생보호제도는 자연법사상과 계몽주의의 영향아래 발전되었다. 특히 영미법계에서는 기독교적 박애사상과 결합하여 민간기구로부터 발달하여 사후보호(After-care)와 함께 민간의 주도하에 선고유예·집행유예 및 가석방 등과 결합된 프로베이션 및 패로울의 형태로 발전되었다.[23]

현재 미국은 우리나라와 제도 및 체제 등이 크게 다르지만 교정·교화·활동에 다양한 형태로 자원봉사활동을 하고 있다. 동시에 교정·교화활동을 위한 프로그램이 다양하여 실로 민간인이 참여하지 않는 교정·교화활동은 없는 정도이다.[24] 재정지원에 있어서도 연방정부·주정부 및 카운티(County)의 지원을 받는 경우 또는 순수한 민간분야(독지가나 기업 또는 자선단체)의 지원을 받는 경우 등 다양하다.[25]

II. 개방처우

범죄자처우 중 특히 민간의 이해와 협력이 필요한 것은 사회내 처우이다. 현재 주목되는 것은 시설내처우와 사회내처우를 절충한 중간처우제도이다. 개방처우가 여기에 해당된다.[26]

광의의 개방처우라 함은 협의의 개방처우와 반자유처우를 포함하는 것이 통례이다. 협의의 「개방처우」(Open Treatment)라는 용어는 폐쇄시

---

23) Parole은 흔히 가석방이라고 번역되고 있지만, 그 어원은 「Parole d'honneur」(명예의 선서)로서 미국에서 처음 사용된 용어로서, 가석방허가와 그후의 감독을 포함하는 의미이다. 영국에서는 Parole에 해당하는 용어로서 conditional release on license가 있었는데, 1967년 형사재판법에서 처음으로 Parole이란 용어를 사용하였다. 독일어로는 vorläufige Entlassung, 불어로는 liberation conditionelle가 Parole에 해당하는 용어이다. 여기서 유의할 것은 영미의 경우에는 오래 전부터 가석방의 경우 조건부석방과 함께 일정기간 유권적 보호관찰을 붙이는 것을 원칙으로 하기 때문에 단순한 「조건부석방」만을 의미하는 「Conditional Release」라는 용어는 거의 사용하지 않고 「조건부석방」과 「보호관찰」 모두를 포함하는 「Parole」이라는 용어만을 주로 사용한다. 물론 미국의 경우 「조건부석방」만을 인정하는 경우도 있지만, 이는 전체 출소자의 0.1퍼센트 이하이다.

24) 최인섭, 범죄인 교화와 민간인 참여, 범죄예방과 범죄인교화, 한국범죄방지재단, 1995, 88면.

25) 상게논문, 88면.

26) 개방처우는 현재 국제적 관심사이다. 1950년 「헤이그」(Hague)에서 개최된 「국제형법 및 형무회의」 및 1955년 「제네바」(Geneva)에서 개최된 「범죄의 방지 및 범죄자처우에 관한 국제연합회의」에서도 처음으로 이를 긍정적으로 검토한 바 있다.

설(Closed Correctional Facilities)에서의 폐쇄처우(Closed Treatmnt)에 대응하여 개방시설(Open Correctional Facilities)에서의 처우의 의미로 사용되며, 반자유처우는 주말구금(Weekend Sentences). 외부통근제 (Workand Educational Furlough). 귀휴(Furlough). 석방전처우센타(Pre Release Center)와 사회내 자원의 동원(Mobilization of Community Resources)인 독지가방문(Voluntary Visitor System) 및 외부전문가의 시간제(Part-Time) 등이 있다.27)

개방처우는 수형자로 하여금 사회내에 존재하는 교정기여적 시설 내지 자원에 접근하게 하여 교정·교화적 처우효과를 나타내게 하는 처우를 의미하며, 이러한 개방처우를 위하여 설치된 특수시설을 개방시설이라고 한다.28)

이상의 제도 중 사회내자원의 동원이라 함은 시설내의 수형자에 대한 처우에 있어서 그 교정·교화에 적극적으로 기여할 사회내자원을 시설내에 유입시켜 그 교화목적에 기여하는 활동을 의미한다.29) 이 중 독지방문제라 함은 수형자 중 방문할 가족이 없거나 가족이 방문하기 힘든 원거리에 있는 경우 사회내의 독지방문인으로 하여금 수시 또는 필요한 때에 방문케 하여 교화상의 목적에 이바지하게 하는 제도이다.

이러한 제도도 사회사업이라는 개인적 활동에 그쳤는 데 그 후 국가적 입장에서 적극적 개발이 요망되었다. 이에 관한 최초의 조직적 활동은 1787년 미국 필라델피아(Philadelphia)주에서 발족한 「수형자의 고통을 덜어주기 위한 필라델피아 협회」(The Philadelphia Sosiety for Alleviating the Miseries of Public Prisoners)가 그 조직내에 자문위원회

---

27) 前野育三, 犯罪者の 處遇, 澤登俊雄外, 新刑事政策, 1993, 244面.
28) 신진규, 전게서, 677면.
29) 이 문제는 흔히 「교정에 대한 외부원조」라는 이름으로 논의되기도 한다.

(visiting commitee)라는 것을 두었는 데, 이것도 결국 사회사업적 활동에 불과하였다.

그 후 각국에서는 독지방문제(voluntary visitor system)를 공적 제도로서 활용하는 문제가 고려되었었다. 이의 최초 시행은 1950년 초 영국과 불란서이고 1954년에는 일본에서 시행되었고, 1971년에는 우리나라에서 독지방문위원제도라는 이름으로 시행되었다. 이 제도는 사회내의 정신의학자 · 심리학자 · 사회사업가 · 교육자 · 언론인 및 갱생보호관계인 등에서 교정 · 교화에 관심이 있는 사람을 독지방문위원으로 위촉하고 수시로 수형자의 신청에 따라 방문 · 면접 하는 제도이다.

제4절 우리나라의 현황

I. 사회 내 처우에서의 민간참여

1. 보호관찰

1958년 소년법 제정당시에는 소년범에 대한 보호처분으로서 보호관찰제도는 존재하지 아니하였다. 1963년 가사심판법의 제정과 더불어 보호관찰을 이른바, 「6호처분」으로서 추기히였었다. 그러나 보호관찰의 구체적인 실시방법 내지 실시기구에 대한 세부규정의 결여로 거의 실시를 하지 못하고 비행소년에 대하여서는 소년원송치가 일반적이었다. 이는 소년범에 대한 소년원송치는 보호처분의 「최후의 수단」이어야 하며 「보호관찰처분에 의한 사회내교정처분」이란 현대의 교정사조에 반한다는 지적이 있었다 . 그 후 소년법개정(1988.12.31 법률 제4057호)과 동시에 보호관찰법(198812.31 법률제 4059)이 제정되고 이어서 동법시행령(1989.6.23 대통령령 제12736호)과 동법시행규칙(1989.7.1 법무부령 제326호)이 제정됨으로써 소년범에 대한 소년법상 독립된 보호처분으로서의 보호관찰제도가 시행됨과 동시에 소년범에 대한 형법상의 「프로베이션」 형 및 「패로울」 형 보호관찰제도가 본격적으로 시행되게 이르렀다. 그리고 개정형법에 따라 현재는 선고유예·집행유예 및 가석방시 성인범에게도 보호관찰을 붙일 수 있다.30)

한편 사회안전법(1975.7.16 법률 2769)의 시행으로 만기석방되는 반국가사범에 대하여 보안처분의 성격을 지닌 보호관찰제도를 도입하였으며,31) 그후 사회안전법도 보안관찰법(1989.6.11 법률 제4132호)의 제정으로 폐지되고 종래 사회안전법에서 인정하던 보호관찰, 주거제한 및 보안감호 중 보호관찰만을 그 내용을 일부 수정하여 보안관찰이라는 용어로서 존치시켰다.

보호관찰의 담당자는 물론 국가공무원인 보호관찰관이지만, 법무부장관에 의하여 위촉된 범죄예방자원봉사위원은 보호관찰대상자에 대한 지도·원호와 교정시설의 수형자에 대한 환경조사·환경개선활동 등을 함으로써 보호관찰관을 보좌하고 있다. 특히 범죄예방자원봉사위원은 보호관찰

---

30) 선고유예, 집행유예 및 가석방시 종래에는 소년범에 대하여서만 보호관찰을 붙일 수 있었던 데, 1996.7.1 부터 시행된 개정형법에 따라 성인범에게 까지 그 범위가 확대되었다. 다만 보호관찰의 시행시기는 1997.1.1 부터이다.

31) 한 때 사회보호법(1980.12.18 법률 제3286)의 제정으로(현재 폐지) 가출소되는 보호처분대상자에 대한 보호관찰제도가 시행되었다. 다만 제정당시의 사회보호법에는 피보호관찰자에 대한 집행기구와 절차에 관한 규정의 결여로 일시적으로 경찰서장이 대행하였으나 그후 사회보호법의 개정(1989.3.25 법률 408호)으로 보호관찰법이 적용됨으로써(사회보호법 제42조의 2) 보호관찰법상의 보호관찰관 및 보호위원이 담당하게 되었었다.

대상자와 동일한 지역에 거주하므로 수시 접촉이 용이하며 또 민간인이기 때문에 대상자나 그 가족들로부터 거부감이 없다는 장점이 있다.

2. 갱생보호

갱생보호는 민간갱생보호위원의 활동이 필요하며 특히 출소자의 사회복귀를 돕는데는 지역사회의 유지가 보다 유익하다는데도 그 필요성이 인정된다.

현재 범죄예방자원봉사위원이라고 호칭되는 (구)갱생보호위원32)은 출소자 보호사업에 관심과 경험이 있는 독지가중 법무부 장관이 위촉하며 이들은 다음과 같은 일을 한다.

첫째, 피보호자와의 면담·지도, 둘째 피보호자의 취직알선·생계보조, 셋째, 갱생보호직원에 대한 자문 등이다.

3. 선도조건부 기소유예

선도조건부 기소유예제도는 1978.4.1 광주지검에서 창안한 것으로서 1981년 이래 법무부 훈령에 의거 전국적으로 실시되기 시작한 우리나라 특유의 유사보호관찰제도로서 소년선도보호를 범죄예방자원봉사위원(소년선도위원)의 선도를 조건으로 하는 검사의 기소유예제도를 의미한다.

이 제도는 1981년 전면실시 이래에 상당한 효과를 거두고 있으며 범죄예

---

32) 개정된 보호관찰등에 관한 법률에 의거 보호선도위원이 범죄예방자원봉사위원으로 명칭이 변경된 것과 같이 갱생보호위원의 명칭도 범죄예방자원봉사위원으로 변경되었다. 그리고 범죄예방자원봉사위원의 활동에 관하여 법무부훈령(제363호, 1996.6.12)으로 「범죄예방자원봉사기본규정」을 제정하고 이전의 「검찰소년선도위원」, 갱생보호공단의 「갱생보호위원」 및 보호관찰소의 보호선도위원3자(이들 3자는 전부 범죄예방자원봉사위원이라고 호칭됨)를 통합하여 검찰청에 사무실을 두고 있다.

방자원봉사위원(선도위원)은 법무부 장관이 위촉하는 상임 선도위원과 담당 검사가 수시로 위촉하는 비상임위원으로 구별되며 이들은 검사의 권고에 의하거나 또는 자진하여 선도보호책임을 인수하고 기소유예된 범죄소년을 선도한다.[33]

이 제도는 소년범의 전과자로의 낙인과 단기 자유형의 폐해[34]를 회피할 수 있는 장점을 지니고 있다.[35]

그럼에도 불구하고 그 동안 다음과 같은 문제가 제기되어 왔다.[36]

첫째, 법령의 근거없이 기본권을 제한할 수 있는가이다. 다행히 이번에 검찰의 다이버젼의 유형인 조건부 기소유예에 대한 규정이 소년법에 신설되었다(2007.12.21.법률8722호 시행일2008.6.22).

둘째, 종래의 기소유예 처분 외에 다른 통제장치가 추가된다는 것이다.

셋째, 무죄추정의 원리 및 적법절차의 원칙에 위반된다는 것이다.

넷째, 전문성이 결여된 무보수 명예직 범죄예방자원봉사위원(선도위원)의 활동에 대한 실효성문제이다.[37]

다섯째, 형평성 담보의 문제이다.[38]

33) 박양빈, 현대행형의 과제, 교정연구, 제9호, 1999, 30면.
34) 단기자유형의 폐해로는 첫째 형기가 너무 짧아 교정과정에서 직업훈련·성격개선 등 사회복귀를 위한 개선 교화의 효과를 거둘 시간적 여유가 없다는 것, 둘째 전과자로서의 낙인이 찍히므로 석방 후 사회로 복귀하는 데 여러 가지 곤란을 겪게 되어 마침내 재범을 저지르지 않을 수 없게 될 위험이 있다는 것, 셋째 다른 범죄자들로 부터의 범죄적 폐해감염 등이 야기되어 도리어 범죄원인을 조성할 염려가 있다는 것등이 지적 되고 있다; 신진규, 범죄학 겸 형사정책, 1988, 582~583면 ; 정영석 신양균, 형사정책, 1994, 328-332면 참조.
35) 이수성, 비행소년에 대한 사회내처우의 평가와 전망, 청소년 범죄연구(제8집), 법무부, 1990, 13면.
36) 강영철, 선도조건부 기소유예제도의 문제점과 개선방안, 교정연구 제6호, 1996, 134면~135면.
37) 정진호, 「검찰에 있어서 소년범죄처리실태와 그 방안」, 청소년범죄연구(제5집), 법무부, 1987, 142~143면 ; 심영회, 「비행소년에 대한 사회내 처우의 종류와 그 평가」,청소년범죄연구(제6집), 법무부, 1988,218면; 오영근·최병각, 선도주건부기소유예제도에 관한 연구, 한국형사정책연구원, 1994, 89~99면.

Ⅱ. 시설 내 처우에서의 민간참여

1. 독지방문제

우리나라에서의 독지방문제는 1971년부터 법무부 예규에 의거 실시되었고, 그 후 독지방문위원을 교화위원과 종교위원으로 분류하여 운영하고 있다가, 현재 교정위원이라는 명칭으로 운영되고 있다.[39] 이들은 모두 법무부 장관에 의하여 위촉되는 데, 그들의 임무는 다음과 같다.

첫째 교정위원(교화위원)은 재소자에 대한 상담, 교육, 특별활동지원, 자매결연 및 취업알선 등.

둘째 교정위원(종교위원)은 종교상담, 교리지도 및 종파별 교회의 주관 등.

이러한 제도는 사회내자원의 동원으로서 교도소내의 수형자에 대한 처우에 있어서 그 교정·교화에 적극적으로 기여할 사회내 자원을 교도소내에 유입시켜 그 교화목적에 기여하는 활동을 의미한다. 특히 이는 수형자 중 방문할 가족이 없거나 가족이 방문하기 힘든 원거리에 있는 경우 사회내의 독지 방문인으로 하여금 수시 또는 필요한 때에 방문케 하여 교화상의 목적에 이바지하게 하는 제도이다.

이 이외에 사회 내 자원의 동원으로서는 외부 전문가의 시간제활용을 들 수 있는 데, 수형자의 직업훈련·학과교육·서예 및 음악 등의 지도를

---

38) 정진호, 상계논문, 142~143면 ; 심영희, 상계논문, 218면; 오영근·최병각, 상계논문, 89~99면.
39) 독지방문제는 당초 1971년부터 법무부 예규(교관 838 -1891 1970.12.19)에 의거 시행되었다. 그후 독지방문위원을 교화위원과 종교위원으로 분류한 것은 1983.2.23 법무부 교관 839-2769에서부터이다. 그리고 현행 교정위원으로 명칭이 통일된 것은 1999.1.22 법무부 교화 61493-10 「법무부 교정위원 중앙위원회 회칙 총부」의거 시행되었다(이의 시행은 1998.11.26 법무부 교정위원 중앙협의회의 발족에 기인하였다).

하고 있다.

2. 외부통근

「형의 집행 및 수용자의 처우에 관한 법률」(일부개정 2008. 12. 11) 제68조 제1항에서는 "수형자의 건전한 사회복귀와 기술습득을 촉진하기 위하여 필요하면 외부기업체 등에 통근작업하게 하거나 교정시설의 안에 설치된 외부기업체의 작업장에서 작업하게 할 수 있다"고 규정하고, 제2항 에서는 "외부통근작업 대상자의 선정기준 등에 관하여 필요한 사항은 법무 부령으로 정한다"라고 규정하고 있다.

제5절 개선방안

범죄자처우 내지 범죄인교화에 있어서 민간참여를 보다 활성화하기 위 하여서는 우선 참여인원의 확대가 필요하다. 그러나 자원봉사자원이 절대 적으로 부족한 현실에 있어서는 지역사회의 유지에게 위촉하는 것이 일반 적이다. 이들은 보통 나이가 많고 극히 바쁘기 때문에 열의가 없고 오히려 교화위원 내지 종교위원자격을 이용함으로써 토착비리의 온상이 될 위험 마저 없지 않다.40) 이들은 공무원이 아니며 전문가도 아니므로 효과적인 교정·교화기법을 사용할 수 없다는 한계가 있는 것도 사실이다.

한편 국민참여를 확대하기 위하여서는 국가도 권위주의적 자세를 지양 하여야 한다. 그리하여 민간인을 단순히 이용한다는 자세에서 상호협조

---

40) 박재윤, 전게논문, 18면.

한다는 인식의 전환이 요망된다. 이러한 의미에서 보호관찰 등에 관한 법률 제18조 제3항에서 "범죄예방위원의 명예와 이 법에 의한 활동은 존중되어야 한다"라고 규정한 것도 이해가 간다.

동시에 민간 내지 일반 시민도 본래 그 속성이 이기적이므로 시민단체 내지 언론기관과 연대하여 국민참여의 필요성을 홍보할 필요가 있다. 이제 개선방법을 구체적으로 제시하여 보기로 한다.

I. 사회내 처우에서의 개선방안

1. 보호관찰

① 범죄예방위원의 증원과 업무수행능력향상

범죄예방위원의 증원이 요망된다. 현재 『보호관찰 등에 관한 법률시행규칙』이 예정하고 있는 인구 1,000명당 1인이라는 기준에서 볼 때에도 많이 못미치는 인원이다.[41] 범죄예방위원은 대부분이 그 지역사회에서 경제적 여력이 있는 유지들을 중심으로 위촉되고 있다. 반면에 범죄인의 재범방지를 위한 지도와 감독·원호업무는 고도의 전문성이 요구되는 분야이다.

따라서 이들의 업무수행능력을 향상할 수 있는 전문적 교육이나 워크숍·세미나 등의 기회가 마련되어 이들이 자신감과 사명감을 가지고 업무를 수행할 수 있는 여건의 조성이 긴요하다고 본다.[42]

② 우수한 범죄예방위원의 확보

---

41) 대한민국 인구 48,000,000명에 대비해 볼 때 48,000명이 동규칙의 기준에 적합하다.
42) 김화수, 우리나라 보호관찰제도의 실시현황과 그 개선방안, 교정연구 제18호, 2003, 83면.

종래 범죄예방위원의 위촉과정을 보면 이미 위촉된 범죄예방위원 내지 관계기관의 추천에 의하는 것이 일반적이었다. 그러나 사회봉사단체의 추천 또는 대중매체를 통한 홍보에 의하여 선발하는 것이 보다 바람직하다. 그것은 자원봉사활동에 경험이 있는 사람이 범죄예방위원이 되는 것이 범죄자에 대한 보다 효과적 지도를 할 수 있음은 물론, 일반 시민에 대한 홍보의 효과도 있어 궁극적으로 범죄예방위원의 사기를 진작시키는 결과가 되기 때문이다. 그리고 위촉시에도 형식적 서류심사를 지양하고 철저한 면접심사를 통하여 봉사활동에 관심있는 사람을 선별하여야 한다.

③ 위원의 효과적 활용

우수한 범죄예방위원을 확보하였다 하더라도 이들의 보다 효과적 활동을 위하여서는 다음과 같은 조치가 필요하다.

첫째, 범죄예방위원의 전문화를 위한 보다 철저한 연수훈련
둘째, 효과적 활동을 위한 국고지원의 확충
셋째, 공무원에 준하는 처우
넷째, 범죄예방위원의 위상제고를 위한 보다 적극적 홍보

④ 보호관찰관의 대폭 증원

보호관찰관은 보호관찰대상자를 지도·상담하는 외에 범죄예방위원에 대한 지도·평가도 담당한다. 범죄예방위원은 심리학 내지 사회학 등의 전문가라기보다는 보호관찰대상자에 대한 생활 전반을 상담하는 「이웃사람」이라고 보아야 한다.43) 따라서 전문직원으로서의 보호관찰관을 대폭

증원하는 것은 종국적으로 범죄예방위원의 활동에도 이바지된다고 볼 수 있다.

2. 갱생보호

갱생보호에 있어서 시민참여의 개선책을 보면 다음과 같다.

① 범죄예방위원에 대한 연수의 강화

② 피보호자에 대한 취업알선의 활성화

③ 범죄예방위원에 대한 적절한 대우

④ 가급적 여유있는 사람에게 위원을 위촉할 것

⑤ 연임의 금지

3. 선도조건부 기소유예

① 제도상의 개선점

가) 법적 근거의 마련

특별법의 제정, 형사소송법과 『보호관찰 등에 관한 법률』에의 통합44) 또는 소년법에의 추가45)등을 생각할 수 있다.

『보호관찰 등에 관한 법률』은 사회방위를 주된 목적으로 한다면 소년법은 국친사상에 입각한 보호주의를 주된 목적으로 하는 것이므로 소년법에의 추가가 바람직하다.46)

검찰의 다이버젼의 유형인 조건부 기소유예에 대한 규정이 소년법에 신

---

43) 船山泰範, 前揭論文, 42面 參照.

44) 오영근·최병각, 전게논문, 90면.

45) 강영철, 전게논문, 165면.

46) 상계논문, 165면 : 오영근·최병각, 전게논문, 103면.

설되었다(2007.12.21.법률8722호시행일2008.6.22). 즉 소년법 제 49조의3(조건부 기소유예)에서 검사는 다음 각 호에 해당하는 선도 등을 받게 하고 피의사건에 대한 공소를 제기하지 아니할 수 있다. 이 경우 소년 및 소년의 친권자·후견인 등 법정대리인의 동의를 받아야 한다고 규정하고 있다.

  i) 범죄예방자원봉사위원의 선도.
  ii) 소년의 선도 ·교육과 관련된 단체·시설에서의 상담·교육·활동 등.

소년법의 목적은 범죄에 대한 처벌보다는 교육이나 선도가 중심이 되어야 하며 수사단계에서 적극 고려할 필요가 있다. 소년범의 재범율이 30%를 넘는 현실에서 실제적인 선도조치가 활성화되기 위해서는 다양한 기관·단체·시설 등과 연계하여 시행되어야 할 것이 필요하다. 따라서 소년법 제 49조의3 (조건부 기소유예)외에 제4호에 소년복지지원 제15조에 따른 교육적 선도를 추가할 것이 요구되고 있다.47)

  나) 선정기준의 확립과 운영방식개선
  기소유예처분대상자를 선도조건부 기소유예대상자로 처리될 가능성을 봉쇄하기 위하여 대상자의 명확한 선정기준을 정립하여야 한다.48)
  이런 의미에서 기소유예·선도조건부 기소유예·소년부송치 등 검찰처분의 기준을 명확히 하기 위해 소년의 성행·환경 등을 사전에 면밀히 조사

---

47) 김석병, 비행·일탈청소년 통합적 지지체제 구축필요, 소년법개정법률안 공청회자료, 법무부, 58면.
48) 신동운, 전게논문, 89면.

할 수 있는 「검사의 결정전조사제도」를 명문화하는 것이 요구된다.49)

(2) 운영상의 개선점

① 위원의 위촉에 있어서 기존 위원에 의한 추천방법에만 치중하지 말 것

② 선도활동의 활성화를 위하여 교육자·종교인·정신과 의사 및 사회복지 사업가 등 전문인을 위촉할 것

③ 위원에 대한 연수기회의 부여

④ 당국(검찰)도 위원에 대한 보다 적극적 사기진작책을 강구할 것

2. 시설내처우에서의 개선점

(1) 독지방문

독지방문에서는 다음과 같은 것이 요망된다.

① 교정위원의 위촉에 있어서 「유지형·전문가형」과 「시민형·참여형」이 조화를 이루도록 위촉의 적정을 기하는 것

② 일부 위원에 편중됨이 없이 전 위원이 함께 참여할 수 있게 하는 것

③ 교육분야·복지분야 및 기타 분야 등 활동영역을 구분하는 것

④ 자매결연을 활성화하는 것

⑤ 위원의 자질향상을 위한 연수교육을 활성화하는 것

⑥ 위원의 사기진작을 위한 대책을 강구하는 것

(2) 민간교정협력자로서의 외부통근

---

49) 김용운, 소년법개정안의 몇 가지 문제점에 대하여, 소년법 개정법률안 공청회자료, 법무부, 72면.

외부통근제는 수형자를 일반사회의 공장 등에 통근시키고 통상의 노동자와 함께 노동에 종사시키는 것으로서, 시설내의 교도작업과는 달리 사회적 비난의 현실적 의미를 느낄 수 있는 점에서 개전을 촉진하는 효과가 크다. 외부통근에 있어서는 작업의 종류도 교정시설 내에서와 같이 한정적이지는 않고, 작업기술에 관해서도 최신의 것을 몸에 익히기 쉽다는 등의 잇점이 있다.

그런데 외부통근제가 성공적이 위하여서는 무엇보다도 수형자를 받아들이는 기업관계자 등의 적극적인 협력이 불가결하다. 그들에게는 민간교정 협력자로서 따뜻하고, 그러나 엄하게 수형자를 지도해야 할 입장에 있다. 그리고 외부통근을 한 수형자가 석방된 후 당해 기업에 그대로 취직되는 편의가 제공된다면 재사회화의 가능성이 현저하게 높아진다는 것은 말할 필요도 없다.50) 교도소 당국과 기업관계자와의 적극적 협력이 요망되는 이유가 여기에 있다.51)

---

50) 大塚 仁, 行刑의の 現實と 展望, 大塚 仁: 平松義郎 編, 行刑の 現代的 視點, 1981, 298 面
51) 조병인, 수형자처우에 대한 시민감시제도연구, 한국형사정책연구원, 2004, 52면.

제4장 「형의 집행 및 수용자의 처우에 관한 법률」의 주요내용과 개선방안

제1절 주요내용

I. 처우

1. 목적

구 행형법(이하 구법이라 한다)은 제1조에서 교정의 목적에 대하여 「이법은 수형자를 격리하여 교정교화하며 건전한 국민사상과 근로정신을 함양하고 기술교육을 실시하여 사회에 복귀하게 하며 아울러 미결수용자의 수용에 관한 사항을 규정함을 목적으로 한다」고 규정하고 있다.

여기서 문제되는 것은

첫째, 구법 제1조의 목적조항의 내용이 「교정의 목적」 인지 「행형법의 목적」 인지 분명하지 않다.[1]

둘째, 구법 제1조 본문에서 「사회복귀와 미결수용에 대한 규정」 은 상호 모순된다. 미결수용자의 수용에 관한 사항을 규정하는 것은 행형법의 목적일 뿐 교정의 목적은 아니기 때문이다.[2]

셋째, 「격리」 는 「교정교화와 사회복귀」 를 위한 수단인지 아니면 「보안」 의 목적을 설정한 것인지 불분명하다.[3]

그리하여 그 동안 개정의 필요성이 수차 강조되었다. 목적조항은 「수형자의 권리장전」 이라는 사실에 유의하여야 한다. 따라서 목적조항도 헌법

---

1) 정진연, 행형법 개정과 헌법원칙, 교정31호, 2006, 159~160면 ; 신양균, 행형법상 수용과 처우에 대한 일반적 검토, 형사정책, 2006 제18권 제1호, 89면.
2) 배종대·정승환, 행형학, 홍문사 2002, 51면 주1.
3) 상게서, 51~52면.

의 지도이념에 입각하여 한다.[4]

2. 집필의 자유

구법에서는 소장의 사전허가를 받아 집필하도록 하는 「집필 사전허가제」였으나(구법 제33조의3), 신법은 이를 폐지하여 수용자가 문예 및 창작활동을 보다 자유롭게 할 수 있도록 하였다(제49조).

그 동안 「집필 사전허가제」는 헌법 제21조의 「표현의 자유」및 헌법 제22조의 「학문과 예술의 자유」와 배치된다는 비판이 있었다. 따라서 구법 제33조의 3에서 규정하는 집필의 허가제를 폐지하여야 한다는 주장이 제기되었다.[5]

3. 종교의 자유

구법은 종교를 교회의 차원에서 규율함으로써(구법 제31조) 수용자의 종교의 자유 보장이라는 차원에서 규율하지 않고 있으며,[6] 실무상으로도 자유시간 내의 예배 등의 편의를 제공하고 있지 않았다. 수용자에게 개인예배, 종교행사에의 참여, 개별적인 종교교회의 권리를 보장하여야 한다.

이와 함께 교회(敎誨)의 이름을 빌어 종교행사의 참가를 직접·간접으로 강제하지 못하도록 주의규정을 두어야 한다.[7] 그런 의미에서 신법이 종교의 자유와 관련한 처우를 확대 보장하였음(제45조)은 의미가 크다.

구법이 「제7장 교육과 교회의 장」에서 규정하였는 데, 신법이 「제6장

---

4) 양화식, 개정행형법(제7차 개정)에 대한 비판적 검토, 교정연구, 재 11호, 2000, 34면.
5) 정진연, 전게논문. 159~160면.
6) 신양균, 현행 행형법과 그 개정방향(Ⅱ), 교정 제4호, 1994, 57면.
7) 상게논문, 57면.

종교와 문화의 장」으로 하였음은 종교·문화활동으로 심성을 순화하는 효과는 실로 크다.8) 특히 국가인권위원회의 권고9) 이후 소수가 신봉하는 종교의 집회와 미결수용자의 종교행사 참석이 허용되고 있다.

4. 차별금지의 강화

구법에서는 수형자의 인권에 대하여 「… 국적·성별·종교 또는 사회적 신분 등에 의한 수용자의 차별은 금지된다」 라고 추상적으로 규정하였던 것을, 신법에서는 「 … 성별·종교·장애·나이·사회적 신분·출신지역·출신국가·출신민족·용모 등 신체조건, 병력(病歷), 혼인 여부, 정치적 의견 및 성적(性的) 지향 등 …」 이라고 하여 보다 구체적이고 합리적으로 규정하였다(신법 제5조). 이는 「국가인권위원회법」 에 규정된 차별금지 조항(국가인권위원회법 제2조 제4호)을 반영하였다.

5. 순회점검 목적의 강화

법무부장관의 순회점검 관련규정이 「임의규정」 (구법 제5조) 이던 것을 매년 1회 이상 점검하도록 「강행규정」 으로 하고, 특히 교정시설의 운영과 교도관 등의 복무실태 점검 외에 수용자 인권실태 조사를 순회점검의 목적에 규정하여 직무감찰 뿐 아니라 수용자인권에 관하여도 점검하도록 하였다(제8조).

이는 「UN 피구금자 처우에 관한 최저 기준 규칙」 (이하 최저기준규칙

---

8) 조준현, 행형의 이념·목적과 행형법의 개정방향, 교정연구, 제29호, 2005, 23~25면.
9) 기독교·불교·천주교 등 3대 종교가 아닌 여호와의 증인과 같은 소수종교를 신봉하는 수용자들에 대하여도 종교집회를 허용할 것(2002. 10. 14. 권고), 미결수용자에 대해 종교집회 및 종교교육에 참여하지 못하도록 하는 관행을 개선 할 것(2004. 1. 30. 권고)

이라 한다)과 독일 행형법(제108조 제2항)을 반영하였다.

6. 여성수형자 및 사회적 약자규정

여성수형자에 대하여는 여성의 신체적·심리적 특성을 고려하여 처우하도록 하고 이에 대한 구체적인 내용으로 건강검진 항목에 부인과 질환의 포함, 생리 중인 수용자에 대한 위생물품의 지급, 미성년인 자녀와의 개방접견, 임산부수용자에 대한 정기적인 검진 등을 규정하였으며, 여성수용자에 대한 성폭력 방지를 위하여 여성교도관이 여성수용자를 전담하여 처우하도록 하는 등의 유의사항을 신설하였다(제50조~제53조).

고령수용자와 장애인수용자에 대하여는 나이·건강상태·장애의 정도 등을 고려하여 적절한 배려를 하도록 하고, 외국인수용자에 대하여는 언어·생활문화 등을 고려하여 적정한 처우를 하도록 함으로써 사회적 약자의 인권이 특히 보호되도록 하였다(제54조).

7. 작업면제

구법에서는 부모·배우자·자녀 또는 형제자매의 사망통지를 받은 때에만 작업을 면제 하였으나(구법 제37조), 본인은 물론 배우자의 직계존속의 사망통지를 받은 때에도 작업을 면제하도록 그 범위를 확대하였으며, 수형자에게 부상·질병 등 특별한 사정이 있는 경우에도 작업을 면제할 수 있다(제72조). 작업면제사유인 친족의 사망 범위에 배우자의 직계존속을 포함시킨 것은 헌법상의 양성평등에 기초하고 있다.

8. 미결수용자의 무죄추정 및 사형확정자 처우

미결수용자는 수형자와 법적지위가 다르다. 미결수용자의 자유제한은 증거인멸방지와 신변확보를 위한 것이므로 필요한 최소한의 조치만을 하여야 한다.[10] 신법은 이러한 미결수용자의 처우에 대하여 「무죄의 추정을 받으며 그에 합당한 처우를 받는다」 (제79조)고 하였다.

또 신법은 「사형확정자는 독거수용을 원칙으로 하며, 다만 자살방지, 교육·교화프로그램, 작업, 그 밖의 적절한 처우를 위하여 필요한 경우에는 혼거수용할 수 있고, 심리적 안정 및 원만한 수용생활을 위하여 교육 또는 교화프로그램을 실시한다」 (제89조, 제90조)고 하였다.

9. 수용자 신체검사 시 유의규정 신설

수용자의 신체검사시 불필요한 고통이나 수치심을 유발하지 아니하도록 하고, 특히 신체를 면밀히 검사할 필요가 있는 경우에도 다른 수용자가 볼 수 없는 차단된 장소에서 실시하도록 하여 인간의 존엄성이 훼손되지 않도록 하였다(제93조). 이는 경미한 범죄혐의를 받고 경찰서 유치장에 수용된 여자피의자에 대한 알몸신체검사가 그 한계를 일탈하여 위법이라고 하는 대법원 및 헌법재판소의 판례와[11] 알몸신체검사의 요건에 관하여 규정하고 있는 독일 행형법(제84조 제2항)을 참고하여 수용자 신체검사의 한계를 제시한 것이다.

---

10) 박상열, 행형법 전부개정 법률안에 대한 비판적 검토, 교정연구 34, 2007, 16면.
11) 대법원 2001. 10. 26. 선고 2001다51466. 헌법재판소 2002.7.18.2000헌마327.

10. 수용자 포상규정 신설

수용자가 사람의 생명을 구조하거나 도주를 방지한 때, 응급용무에 공로가 있는 때, 시설의 안전과 질서유지에 뚜렷한 공이 인정되거나 수용생활에 모범을 보이거나, 건설적이고 창의적인 제안을 하는 경우에 포상할 수 있도록 하여 수용자의 자력개선의지가 고취될 수 있도록 하였다(제106조).

11. 중요사항 가족통지 규정신설

교정시설에 신입 또는 이입된 자가 있는 때에는 그 사실을 가족에게 지체없이 통지하도록 하고, 수용자의 외부의료시설 진료시 등에도 원칙적으로 그 가족에게 통지하도록 함으로써 가족과의 교통권이 원활하게 유지되도록 하였다(제21조, 제37조 제3항). 수용자가 원하지 아니하는 경우에는 예외로 한다.12)

12. 외부전문가 수형자 상담 등의 근거 신설

수형자의 교화 또는 사회복귀를 위하여 외부전무가로 하여금 수형자에 대한 상담·심리치료 또는 생활지도 등을 할 수 있도록 하였고, 또 수형자의 교화개선을 실질적으로 지원하고자 교육학·범죄학·사회학·심리학·의학 등에 정통한 외부전문가를 적극적으로 활용할 수 있도록 법적 근거를 마련하였다(제58조).

---

12) 조준현, 전게논문, 19면.

13. 위로금·조위금 수급권의 보호규정 신설

수용자의 위로금·조위금을 지급받을 권리는 양도·담보제공 또는 압류할 수 없도록 함으로써 수용자 또는 그 상속인의 재산권이 보호될 수 있도록 하였다(제76조).

14. 구분수용 및 독거수용의 예외

구법상의 구분수용 원칙 하에서도(구법 제2조) 예외적으로 구분수용하지 않을 수도 있다(구법 제3조).

한편 신법은 제11조 제1항에는 19세 이상의 수형자는 교도소에, 19세 미만의 수형자는 소년교도소에, 그리고 미결수용자는 구치소에 각각 구분하여 수용하도록 하고, 제12조 제1항에서 교도소에 미결수용자를 수용할 수 있다는 예외규정을 두고 있다(제11조). 이는 구법(구법 제3조)과 동일하지만 신법은 예외사유를 새로이 열거하고 있다(제12조).

구법은 수용자는 독거수용한다. 다만 필요한 경우에는 혼거수용할 수 있으며(구법 제11조 제1항), 신법도 독거수용을 원칙으로 하면서 예외적 혼거를 규정하고 있으므로(제14조) 이 점에서는 동일하다. 다만 신법은 단서에서 혼거수용사유를 구체적으로 열거하고 있다.

15. 처우전담시설 운영규정 신설, 분류전담시설 및 분류처우위원회 운영규정 신설 및 교정자문위원회 신설

학과교육생·직업훈련생·외국인·여성·장애인·노인·환자 그 밖에 별도의 처우가 필요하다고 인정되는 수형자는 법무부장관이 특히 그 처우를 전담하도록 정하는 시설, 즉 「전담시설」에 수용하여 그 특성에 알맞은 처우를 받도록 하였다(제57조 제5항).

수형자에 대한 과학적인 분류와 체계적인 처우계획을 수립하기 위하여 법무부장관으로 하여금 수형자의 인성·자질·특성 등을 조사·측정·평가하는 분류심사를 전담하는 교정시설을 지정·운영할 수 있도록 하였고, 각 교정시설에 5인 이상 7인 이하의 위원으로 구성되는 분류처우위원회를 설치하여 운영하도록 하였다(제61조).

또한, 분류처우위원회는 법률에 규정함이 타당하다고 보아 「수형자분류처우규칙」(제83조, 제84조)에 규정되어 있는 「분류처우회의」의 명칭을 변경하여 법률상의 기구로 격상한 것이다(제62조).

5인 이상 7인 이하의 순수 외부인사로 구성되는 교정자문위원회를 교정시설별로 설치하여 교정시설 운영 및 수용자 처우 등에 관한 소장의 자문에 응할 수 있도록 하였다(제129조).

II. 관리

1. 신설 교정시설의 규모 및 교정시설 기준

신법은 교정시설을 신설하는 때에는 가능한 한 수용규모가 500명이 초과되지 아니하도록 하여야 한다고 규정하고 있다(제6조 제1항). 「최저기준규칙」이 교정시설을 500명 이하로 할 것을 권고하고 있다(최저기준규칙 제63조제3항).

교정시설의 거실·작업장·접견실 그 밖에 수용생활을 위한 설비는 각각 그 목적과 기능에 맞도록 설치하도록 하고, 특히 거실은 수용자의 건강한 생활이 가능하도록 적정한 수준의 공간과 채광·통풍·난방을 위한 시설을 갖추도록 하였다(제6조 제2항). 「최저 기준규칙」(제10조) 및 독일 행형법(제144조)을 참고하였다.

2. 수용자 보건위생

「수형자의 두발과 수염을 짧게 깎는다」고 구법에 규정되어 있다(구법 제23조). 신법은 「수용자는 두발과 수염을 단정하게 유지하여야 한다」고 규정되어 있다(제 32조 제2항). 수형자의 두발을 본인의 의사에 반하여 강제적으로 짧게 깎는 것이 치욕적일 수 있다.13) 두발과 수염을 단정하게 유지하여야 한다는 신법은 이러한 비판을 수용하여 규정한 것이다.

한편 운동 및 목욕을 신법에서 규정하고 있다(제33조). 운동과 목욕을 권리로서 인정하는 입법형식을 취하는 것은 합당한 규정이다.14) 이러한 환경적 권리는 수용자에게도 제공해야 할 권리로서 인정되어야 할 것이다. 「최저기준규칙」이 인정하고 있는 권리이다(최저기준규칙 제10조, 제11조 및 제13조).

3. 법무부장관 이송승인권의 위임

구법상 법무장관의 고유권한으로 되어 있는 수용자 이송승인권(구법 제12조)의 일부를 지방교정청장에게 위임할 수 있도록 하여 긴급한 경우에 신속한 이송시행 등이 가능하게 함으로써 이송업무의 효율성을 높이고 수용자의 불안감도 최소화될 수 있게 하였다(제20조).

---

13) 김양택, 전게논문, 159면.
14) 조준현, 전게논문, 20면.

제2절 개선방안

I. 목적

구법 하에서 문제되었던 목적조항은 신법 하에서도 해소되지 않았다. 목적조항이란 법률의 적용대상을 기술하는 것인 데, 신법 제1조 (목적)는 「이 법은 수형자의 교정교화와 건전한 사회복귀를 도모하고, 수용자의 처우와 권리 및 교정시설의 운영에 관하여 필요한 사항을 규정함을 목적으로 한다」고 하여, 「수용자의 처우와 권리 및 교정시설의 운영에 관하여 필요한 사항을 규정함을 목적으로 한다」라는 행형법 본래의 목적과 함께 「수형자의 교정교화와 건전한 사회복귀를 도모하고」라는 교정 자체의 목적을 함께 규율함으로서 목적조항이 애매하다 할 수 있다. 따라서 신법의 목적과 교정의 목적을 나누어서 별개의 조항으로 규정하는 것이 필요하다.[15][16]

교정의 궁극적 목적은 수형자의 사회복귀, 즉 「재사회화」임을 명백히 하고, 격리를 통한 「보안」 목표는 재사회화를 위한 수단임을 명시하여야

---

15) 배종대·정승환, 전게서, 51면 ; 정진연, 전게논문, 161면.
16) 한편 신법에 대하여 다음과 같은 견해가 있다.
    첫째의 견해 −신법도 처우이념과 시설의 면을 모두 규정하여 목적으로 하고 있는 데 처우목적과 시설운영원칙은 다소 이질적이어서 이질적 요소를 한 조문에 포함할 바에는, 구법대로 「교정·교화하여 긴진한 국민정신과 근로정신을 함양하고 기술교육을 실시하여 사회에 복귀하게 하며, 미결수용자의 수용에 관한 사항을 규정함을 목적으로 한다」는 규정도 상관없으나, 「국민정신」이라는 용어는 현대사회에서 적절하지 않다고 하면서, 이를 「건전한 시민정신」으로 할 수도 있고, 아예 「국민정신과 근로정신」을 모두 삭제하는 방법도 있는 데 신법에서 바로 이러한 입장을 취한 것이다(조준현, 전게논문, 16면),
    둘째의 견해 − 행형법이라는 명칭을 수용자처우 등에 관한 법률로 개정함으로써 교정행정전반을 전환 하려는 취지가 보이고, 이는 격리와 보완의 차원에서 재사회화와 인권의 존중을 중시하는 방향으로 법 개정이 된 것으로 판단된다고 봄이 적당하다(오경식, 행형법 개정안 토론요지, 21세기 행형법의 과제와 전망, 한국형사정책학회, 2006. 2.17, 55면).
    셋째의 견해 − 제1조를 적용범위에 관한 조항으로 변경하고 신법 제1조의 전단을 삭제하는 것이 바람직하다는 견해(신양균, 행형법상 수용과 처우에 대한 일반적 검토, 89면).

할 것이다.17)

목적조항은 교정의 규율범위를 정하고 별개의 조문을 통하여 교정목적이
나 처우의 원칙에 대해 명시하는 형태로 전환하는 것이 필요할 것이다.18)19)

Ⅱ. 집필의 자유

「집필 사전허가제」는 헌법 제21조의 「표현의 자유」 및 헌법 제22조
의 「학문과 예술의 자유」와 배치되며 동시에 집필활동은 헌법이 보장하
는 인격권·행복추구권과 표리의 관계가 있다. 따라서 구법 제 33조의 3에
서 규정하는 집필의 허가제를 폐지하여야 한다는 주장이 그동안 줄기차게
제기되었다.20) 그런데 여기서 문제는 신법도 구법과 같이 「시설의 안전
또는 질서를 해할 명백한 위험이 있다고 인정하는 경우」에는 예외를 인정
하고 있다(제49조 제1항).

「명백한 위험의 개념」은 엄격하고 극히 제한적으로만 해석되어야 한
다.21) 동시에 국가인권위원회의 폐지 권고도22) 있다는 것에 유의할 필요가
있다.

---

17) 배종대·정승환, 전게서, 54면 ; 정진연, 전게논문, 161면.
18) 신양균, 「행형법 개정과 수형자의 인권보장」, 87면 ; 정진연, 전게논문, 161면).
19) 교정에 관한 입법형식은 행형의 이념·목적을 구체화하는 독일 방식과 시설의 의미를 설명하는
    일본의 구 감옥법 방식으로 나누어 볼 수 있다(조준현, 전게논문, 16면). 구법이나 신법의 「목적
    조항」은 「일본 형사시설법안」의 제1조 목적조항을 그대로 참고한 것이다(일본형사시설법안
    제1조 참조 ; 일본은 구 감옥법을 2005년 5월 18 개정하여 이름과 내용을 대대적으로 개정한 「교
    정시설 및 수용자처우등에 관한 법」을 통과시킨 바 있다).
20) 정진연, 전게논문, 164면.
21) 박상열, 전게논문, 11~12면.
22) 「수용자는 소장의 허가를 받아 문서·도화 등을 집필할 수 있다」는 「행형법」 제 33조의 3은
    언론·출판에 대한 허가나 검열을 금지하는 헌법원 취지에 비추어 위헌의 소지가 있으므로
    집필에 관한 허가제를 폐지하는 방향으로 개정할 것(2003. 8.25. 권고)

III. 사회적 약자에 대한 규정

사회적 약자·소수자인 고령수용자·장애인수용자 및 외국인수용자 등에 대한 적정한 배려와 처우의 구체적인 내용은 개정 법률의 위임에 따라 향후 법무부령으로 정하게 되는 데(제54조), 국민기초생활 보장수준·국가재정 및 국민의 감정 등을 종합적으로 고려하여 가장 적정한 수준이 되도록 하여야 할 것이다. 특히 외국인 수형자의 처우와 고령범죄자에 대하여는 여러 문제가 제기되고 있어 이에 대한 합리적 대책이 요망되고 있다.

IV. 개별처우의 원칙 확립 및 교정시설의 경비등급화

신법은 분류심사 결과에 따라 수형자를 그에 적합한 교정시설에 수용하고 해당 수형자에 대한 개별처우계획을 수립하며 그 계획에 따라 개별적인 특성에 상응한 처우를 받을 수 있도록 하였다(제56조). 이는 「수형자분류처우규칙(법무부령)」 제1조의 규정을 법률화한 것이다.

한편 구법은 교정시설은 중구금시설로 획일화되어 있었다.[23] 신법은 교정시설은 도주 방지 등을 위한 수용설비와 계급정도에 따라 개방시설·완화경비시설·일반경비시설·중경비시설로 구분하고 있다(제57조 제2항).

이는 현재 중구금시설로 획일화되어 있는 교정시설을 등급화함으로써 수용자의 개별적 특성에 따라 처우를 개별화·다양화하기 위한 취지로 마련된 규정이다.

---

23) 박상열, 전게논문, 8면

그러나 4단계로 구분되는 시설의 설비, 계호의 정도에 대해서는 신법은 단지 「필요한 사항은 대통령령으로 정한다」 라고 하고 있는 데(제57조 제2항), 이런 사항은 법률로 명시하여야 한다. 완화경비시설과 일반경비시설로 구분하는 것은 일반수형자를 다시 두 개의 등급으로 나누어 수용하는 결과가 되므로, 이를 일원화하고 중경비시설도 수형자의 조건이나 처우에 대한 불리한 제한은 최소한에 그치도록 법률에 명시하여야 한다.24) 그리고 신법 57조 제2항에는 경비등급별 수용을 규정하기에 앞서 처우는 원칙적으로 개방처우이어야 한다고 규정하여야 한다.25)

V. 교정자문위원회

각 교정시설은 시설의 운영 및 처우 등에 관하여 외부 인사를 참여하게 위한 교정자문위원회를 설치하고 있다(제129조). 그 동안 교정업무가 중앙집권화 되어있었는데 법률로 모든 시설마다 이러한 위원회를 설치하였다.

한편 교정자문위원회를 설치하고 교정시설의 운영 및 수용자처우 등에 관한 소장의 자문에 응하기 위하여 교정시설에 교정자문위원회를 둘 수 있다고 하여 임의적 설치기관으로 되어 있다. 자문의 역할을 충실히 하기 위하여는 임의적 기관보다 필수적 기관으로 하여야 할 것이다.26)

---

24) 신양균, 행형법상의 수용과 처우에 관한 일반적 검토, 95면.
25) 상게논문 94면.
26) 박상열,전게논문, 26면

제 5 장
수형자의 권리

제1절 수형자의 권리의 제도적 의의

I. 헌법적 요청

우리 헌법 제12조 제1항 후단에서 「… 법률과 적법한 절차에 의하지 아니하고는 처벌·보안처분 또는 강제노역을 받지 아니한다 …」고 규정하고 있다.

이것은 헌법상의 기본권은 일반 국민뿐만 아니라 수형자에게도 보장되어야 하며, 수형자에 대한 권리제한은 헌법이나 법률의 유보로써 인정되는 경우에만 가능하며, 그 제한의 경우에도 「노예적 구속」이나 「잔혹한 형벌」은 금지된다는 것을 의미한다.

이는 헌법 제10조가 「인간의 존엄과 가치」는 존중되어야 한다거나, 동법 제37조에서 「국민의 자유와 권리는 헌법에 열거되지 아니한 이유로서 경시되지 아니하며」(제1항), 권리제한의 경우에도 「자유와 권리의 본질적인 것을 제한하여서는 안 된다」(제2항 후단)는 데서 오는 당연한 결론이다.

실질적 법치주의를 사상적 배경으로 하는 이러한 헌법상의 규정은 형사입법이나 형사사법 뿐만 아니라 교정에서도 적용되는 「교정법률주의」를 천명한 것이라 할 수 있다.

그리하여 수형자의 기본권은 다음과 같이 구분할 수 있다.27)

첫째, 자유형의 본질상 당연히 박탈 또는 제한되는 기본권으로서 거주이

---

27) 刑事政策, 東京法學硏究會, 井上法律總合硏究所 編著,1986, 89面 參照.

전의 자유(헌법 제14조), 직업선택의 자유(헌법 제15조)를 들 수가 있다.

둘째, 법률에 의하여서도 박탈될 수 없는 기본권으로서 양심의 자유(헌법 제19조), 종교의 자유(헌법 제20조)를 들 수 있다.

셋째, 법률에 의하여서만이 박탈 또는 제한할 수 있는 기본권으로서 통신의 비밀(헌법 제18조), 재산권의 보장(헌법 제23조) 등을 들 수 가 있다.

II. 자유형의 순화

수형자의 법적 지위의 확립은 「자유형의 순화」(Reinhaltung der Freiheit Strafe) 라는 관점에서도 요청된다.[28]

자유형은 자유박탈을 본질적 요소로 하는 형벌이므로 자유박탈 이외의 일체의 침해적 효과를 배제하여야 한다.[29]

그러므로 자유형은,

첫째, 생명형과 구별되어야 한다. 그럼에도 불구하고 자유형의 집행으로 수형자의 사망률이 일반사회보다 높았다는 과거의 역사적 사실은 자유형이 이른바 「생명형적」이었다는 것을 입증하는 것이다.

둘째, 수형자에게 정신적·육체적 고통을 주어 생리적 장애를 주는「신체형적」 이어서는 안 된다. 형벌의 수단으로서 수형자에게 「매질」을 하는 것은 현행 형법상 존재하지 않는 체형이다.

셋째, 자유형은 수형자의 명예를 훼손하여서는 안 된다. 그러나 자유형집

---

28) 朝創, 前揭論文, 168~169面 參照.
29) 正木亮, 新監獄學, 1968,141~145面 參照.

행의 부수적 효과로서 명예가 손상 되는 것은 불가피하다. 석방후의 전과자로서의 불명예가 그것이다.

넷째, 「재산형적」 이거나 전근대적인 「가족형적」 이어서는 안 된다. 따라서 가족과의 면회가 금지되거나 작업보상비를 몰수하는 등은 있을 수 없다.

Ⅲ. 교정목적의 달성

수형자의 인권보장은 교정목적을 달성하기 위하여서도 필요하다.

교정목적이 수형자의 권리확립과 조화될 수 있는가의 문제는 오늘날에도 제기될 수 있다. 그것은 수형자의 권리가 교정목적에 의하여서도 제약될 수 있기 때문이다. 교정목적이 응보로부터 교육개선으로 이행되면서부터 수형자에 대한 인도주의적 고려라든가 법률관계론이 제기 되었지만 그 양면성은 아직도 존재한다.

교육개선주의를 강조하면 수형자가 처우의 객체로 될 가능성이 있고, 인권의 보장을 강조하면 처우교정을 부정하는 허무주의에 빠질 가능성이 있다.[30]

수형자의 인권보장을 전제로 함으로써만이 수형자 처우의 목적을 달성할 수 있으며, 수형자 자신이 교정목적에 협력함으로써만이 교정목적을 보다 효과적으로 수행할 수 있다.

---

30) 石原 明, 「受刑者の 法的地位考察の方法論」, 刑法雜誌, 21卷, 1976, 1號, 2面.

Ⅳ. 제도적 의의

교정목적은 사회복귀, 즉 수형자의 「재사회화」(Resozializierung)를 의미한다. 독일 행형법이 제2조에서 교정목표로서 「재사회화」를 내세우고 동법 제3조에서 유해한 자유박탈의 금지를 선언함과 동시에, 제4조에서 「수형자는 처우의 형성과 교정목표의 달성을 위하여 협력한다」라고 규정하고 있다.

동시에 법치국원리에 의한 수형자의 권리보장이 「소극적 방어적 지위」를 규정하는 것이라면, 사회국가원리는 이에 대한 대응형태로서의 수형자의 「적극적인 사회통합적 지위」를 규정한 것이라 할 수 있다.31) 신법에도 교정의 사회화가 다양한 측면에서 고려되어야 하며, 특히 「수형자의 사회화」는 교정목적이라는 관점에서도 불가결한 것이라 할 수 있다. 독일 행형법 제3조가 「기본법」(Grundgesetz)상의 「사회국가원리」(Sozialstaatsprinzip)에 기초하여 수형자의 생활조건을 가능한 한 일반사회의 수준과 유사하게 하여야 한다고 규정한 것도 그러한 맥락에서 이해할 수 있다.

제2절 수형자의 권리

Ⅰ. 권리 일반

신법에도 제1조의 목적조항에 교정이념에 대하여서만 규정하고 있을

---

31) 신양균, 현행 행형법과 그 개정방향, 교정학회 제8회 학술발표, 1994.6.25, 38면.

뿐 그 법적 지위에 대하여 명확한 규정이 없다.

신법에 수형자의 법적 지위가 헌법이 제시하는 원칙에 적합하지 않으면 아니된다. 우선 현행 헌법은 수형자의 지위에 관해서 어떤 규정을 두고 있는가가 고찰되지 않으면 아니된다. 그것은 그러한 취지의 규정이 없는 신법에 있어서 수형자의 법적 지위를 인식하기 위여서도 중요하다.

헌법 제12조 제2항에 「모든 국민은 … 법률과 적법절차에 의하지 아니하고는 … 처벌·보안처분 또는 강제노역을 받지 아니한다」는 규정은 형법·형사소송법 뿐만 아니라 신법에 관한 「법정주의」를 정한 것으로 이해해야 한다.

이것은 수형자의 법적 지위에 관한 제 규정을 포함한 자유형집행의 기본원리는 협의의 법률에 의해서 정하지 않으면 아니된다는 것이다. 수형자의 권리·의무에 관한 기본적 사항은 어디까지나 협의의 법률에 의해서 명시되어야 하지만, 처우상의 미세한 사항에 관해서는 하위법규에 위임하는 것은 허용되며 이것이 신법과 형법·형사소송법과는 다른 특색이 라 할 수 있다.

그런데 수형자가 자유형의 집행에 의해서 박탈될 수 있는 자유는 어떠한 것이어야 하겠는가가 문제된다.

수형자가 자유형의 집행으로서 형사시설에 구금되는 이상 「거주이전의 자유」(헌법 제14조) 및 「직업선택의 자유」(헌법 제15조)가 박탈되는 것에는 문제가 될 수 없다. 「선거의 자유」(헌법 제24조) 내지 「표현의 자유」가 제약되어야 하는 것도 당연하지만, 그 범위가 무한이라고는 말할 수 없다. 「통신의 자유」(헌법 제18조)가 제한을 받는 것은 도주 등의 위험을 배제하기 위해서 부득이하다. 「교육을 받을 권리」(헌법 제31조)도 제한되지만 전면적으로 박탈되는 것은 허용되지 않는다. 그것은 교육에는 수형자의 재사회화에 유익한 면이 적지 않으므로 사정이 허용되는 한 오히려 적극적으로 받아들일 필요가 있기 때문이다.

「근로의 권리」(헌법 제32조)는 제약을 받고 있다 하더라도, 교도작업은 징역형 수형자에게는 의무가 되고 있지만 동시에 권리로서의 면도 인정할 수 없는 것은 아니다. 직업선택의 자유가 박탈당하는 이상 교도작업의 종류·내용에 관해서 수형자의 완전한 자유로운 선택은 있을 수 없지만, 교정시설측은 수형자의 희망을 고려해서 가능한 한 적합한 종류·내용의 작업을 부여하도록 노력해야 한다. 또한 금고형 수형자가 작업에 임하는 것을 청원하는 때에는 특별한 사정이 없는 한 이것을 허용하지 않으면 아니된다. 또 교도작업 시 상해사고에 대한 재해보상 등에 관해서는 수형자에게도 일반노동자에 준한 취급이 이루어져야 하지만, 그 이론적 근거는 교도작업의 성격에서 구하는 것이 가능하다.

한편 자유형의 집행에 의해서도 박탈될 수 없는 자유로서는 「양심의 자유」(헌법 제19조)와 「종교의 자유」(헌법 제 20조)를 들 수 있다. 이러한 기본권은 사람의 정신생활의 면에 있어서 자유이므로 형벌로서의 구금에 의해서도 박탈할 수 있는 성질의 것은 아니다.

또한 「청원권」(헌법 제 26조) 내지 「재판청구권」(헌법 제 27조) 등이 수형자에게 유지되어야 하는 것도 당연하다.

자유형 내용의 적극적인 면으로 이해되는 헌법의 규정으로서는 「모든 국민은 건강에 관하여 국가의 보호를 받는다」는 제36조 ③항을 예로 들 수 있다. 여기에서 말하는 「국민」에는 자유형 수형자도 포함되어 있으며,

교정시설내에 있어서 수형자는 「건강하게 생활을 영위할 권리」를 가진다. 또한 제 34조 제1항 및 제2항에서는 「모든 국민은 인간다운 생활을 할 권리를 가진다」「국가는 사회보장사회복지의 증진에 노력할 의무를 진다」고 규정하고 있는 데, 이는 교정시설의 자세를 규정한 것으로 이해할 수 있다. 수형자에 대한 급식 내지 위생·의료, 그 외에 관해서 부단하게 향상·증진이 도모되지 않으면 아니된다는 것을 말하여 준다고 할 수 있다.

그리고 「인간의 존엄과 행복추구권」이 자유형 수형자를 제외하는 것은 아니다.

형벌에 의한 자유의 박탈은 수형자의 인격의 부정은 아니며, 수형자의 주체적 인격을 인정하고 자발적·적극적인 개선·재사회화를 기대하면서 실시되지 않으면 아니된다. 즉 수형자는 단지 수동적인 교정의 객체가 아닐 뿐 아니라, 교정에 대해서 자발적·능동적인 협력관계에 설 것이 요청된다.32)

근로의 권리의 반면으로서 수형자에게는 헌법 제32조 제2항이 정하는 근로의 의무도 받아들여야 한다. 신법이 징역형 수형자에게 과하고 있는 「정역」은 의무로서의 작업을 중심으로 하는 것이다.33)

신법에 있어서도 수형자의 권리·의무에 관한 제 규정은 헌법상의 제

---

32) 石原教授가 「처우관계에 있어서 수형자의 법적 지위의 기초는 인간을 매개로 하는 조언, 설득—동의·납득의 관계이므로 형사시설은 전체로서 counseling적인 치료공동체이어야 한다」고 하고, 또한 「수형자는 결코 처우의 객체는 아니며, 처우의 주체로서의 지위를 가진다」고 하는(전게논문 11면) 것은 너무나도 관념적인 교정론이라는 비판이 있다. 즉 수형자가 주체적으로 교정에 참가해야 한다는 것은 행형법의 이상으로서 당연하지만, 현실의 수형자는 그와 같은 법의 요청에 응하지 않는 자도 적지 않으므로 그들에게는 참가를 강제하고 그들 자신의 자발성을 촉진하지 않으면 교정이 무위로 끝나는 사태도 없지 않다고 하겠다. 또한 교정시설은 단지 치료공동체에 머무는 것이 아니라 수형자의 주체적인 개전을 기대하는 인격연마의 장이지 않을 수 없다(大塚 仁, 行刑의 現實と 展望, 大塚 仁, 平松義郎, 行刑의 現代的 視點, 1991, 275面).

33) 仲里達雄, 『刑務作業의의 本質에 대해서의 硏究』, (法務硏究報告書 44輯 4號)1958, 164面 以下 參照.

원칙에 적합하도록 배려해야 한다.

그리하여 헌법상 자유형 수형자에게도 당연히 보장되고 있는 것 내지 자유형의 본질로부터 필연적으로 박탈되어야 할 권리에 관해서는 거듭해서 규정할 필요는 없지만, 자유형 집행상 어느 정도의 제한은 피할 수 없으며, 완전히 박탈할 수 없는 제 권리에 관해서는 특히 그 범위·한계를 명시할 것이 필요하다.

II. 급식·의류·침구

수형자의 급양에는 일상생활에 필요한 양식·의류·일용품 등에 관해서 「건강하고 문화적인 최저한도의 생활을 영위하기」에 필요한 만큼 지급될 것을 요한다. 「모든 국민은 건강에 관하여 국가의 보호를 받는다」는 헌법 제36조 제3항의 규정도 이러한 취지라고 생각된다.

그런데 (구)행형법시행령 제78조의 「수형자에게 급여하는 음식물은 주식·부식·음료 기타 영양물로 하되 필요한 영양을 보급할 수 있는 정도의 것이어야 한다」에서 「필요한 영양을 보급할 수 있는 정도」가 문제되었다. 수형자에게 언제나 「평균적인 생활수준」을 유지하는 것이냐, 아니면 「최저생활수준」을 의미하느냐이다. 「평균적인 생활수준」보다는 낮고 최저생활수준」보다는 높다고 보는 것이 정당하다고 하였다.[34]

---

34) 일본 법무성교정국의 자료에서는 「국민의 평균적인 생활수준」에 의한 것이냐 「최저생활수준」에 의한 것이냐 문제가 되고 있었다(법무성교정국편 『자료·감옥법개정』, 1977, 28, 29면) 전자에 의할 때에는 국민감정상 반발이 있다고 한다. 그렇다고 하여 자유형의 집행이 그 내용으로서 「최저생활수준」을 요구하고 있다고 는 인정할 수 없다고 한다. 그리하여 「평균적인 생활수준」보다도 약간 낮은 정도의 기준을 채용하는 것이 온당하다는 견해도 있다(大塚 仁, 前揭論文, 277面).

신법에서는 「소장은 수용자에게 건강상태·나이·부과된 작업의 종류, 그 밖의 개인적 특성을 고려하여 건강 및 체력을 유지하는 데에 필요한 음식물을 지급한다」고 하여 보다 구체적으로 규정하였다.[35]

한편 수형자에게는 건강유지에 적합한 의류·침구, 그 밖의 생활용품을 지급한다[36]고 하여, 종래 (구)행형법상(제20조 제1항)의 「수형생활에 필요한 식기 기타 물품」을 「건강유지에 적합한 의류·침구, 그 밖의 생활용품」으로 개선하였다. 국제연합의 「피구금자 처우에 관한 최저기준규칙」에 의하면 「수형자의 의류·침구는 기후에 맞고, 건강을 보호하기에 충분한 것을 주지 않으면 아니되며」, 또한 식사는 「통상의 식사시간에 건강 및 체력을 지키기에 충분한 영양가가 있고, 위생적인 품질인 동시에 잘 조리되어 익힌 식량을 공급하지 않으면 아니된다」고 규정하고 있다.[37]

마지막으로 한때 수형자에게는 음주 또는 흡연이 허가되지 않는다는 명문의 규정이 있었으나 그 후 폐지되었다(시행 2000.3.29, 2000년3.28 대통령령 제 제16759호). 아무튼 주류는 그 성질상 구금시설내의 질서를

---

35) 신법 제23조 (음식물의 지급) ① 소장은 수용자에게 건강상태·나이·부과된 작업의 종류, 그 밖의 개인적 특성을 고려하여 건강 및 체력을 유지하는 데에 필요한 음식물을 지급한다.
36) 신법 제22조 (의류 및 침구 등의 지급) ① 소장은 수용자에게 건강유지에 적합한 의류·침구, 그 밖의 생활용품을 지급한다.
37) 「피구금자 처우에 관한 최저기준규칙」 제17조
  ① 자기의 의류를 입도록 허용되지 아니하는 피구금자에 대하여는 기후에 알맞고 건강유지에 적합한 상태로 간수되어야 한다. 내의는 위생을 유지하기에 필요한 만큼 자주 교환되고 세탁되어야 한다.
  ② 모든 의류는 청결하여야 하며 적합한 상태로 간수되어야 한다. 내의는 위생을 유지하기에 필요한 만큼 자주 교환되고 세탁되어야 한다.
  ③ 예외적인 상황에서 피구금자가 정당하게 인정된 목적을 위하여 시설 밖으로 나갈 때는 언제나 자신의 사복 또는 너무 눈에 띄지 아니하는 의복을 입도록 허용되어야 한다.
  제19조 모든 피구금자에게는 지역 또는 나라의 수준에 맞추어 개별침대와 충분한 전용침구를 급여하여야 하며, 침구는 지급될 때 청결하고 항상 잘 정돈되어야 하고 또 그 청결을 유지할 수 있도록 충분히 자주 교환되어야 한다.
  제20조
  ① 당국은 모든 피구금자에게 통상의 식사시간에 건강과 체력을 유지하기에 충분하고 영양가와 위생적인 품질을 갖춘 잘 조리된 음식을 급여하여야 한다.
  ② 모든 피구금자는 필요할 때에 언제나 음료수를 마실수 있어야 한다.

위하여 금지하는 것이 정당하다. 그러나 끽연은 고려의 여지가 있다. 화재 예방이 유일한 금지이유로 되어 있다. 유럽 각국의 교정사정을 보면 배급제라는 제한은 있지만 끽연을 허가하는 경향이 있다.38) 또 교정시설에서 수형자에게 지급 혹은 대여되는 것 이외에 일정한 범위 내에서는 수형자 자신에 의한 물품의 자비구매도 허용되어야 한다. 거실을 쾌적한 분위기로 하려는 것은 수형자의 심정을 안정시키고, 인간적 정조를 키우는 것에 의해서 개선을 촉진하는데 유효하다고 생각한다. 다만 난잡하게 늘어놓아 질서를 해치거나 혹은 생명·신체에 대한 침해의 위험이 큰 장식품 등의 사용이 금지되어야 하는 것은 물론이다. 또한 의복에 관해서는 개방처우를 받고 있는 수형자에게는 일과시간외 등에는 종류를 한정해서 사복의 착용을 허용해야 할 것이다. 처우에 지장이 없는 한 수형자에게는 될수록 일반사회에 있어서와 같은 생활을 하게 할 것이 기대되기 때문이다.

따라서 신법에서는 「수용자는 소장의 허가를 받아 자신의 비용으로 음식물·의류·침구, 그 밖에 수용생활에 필요한 물품을 구매할 수 있다」 (동법 제24조 제1항[물품의 자비구매])고 규정하고 있다.

한편 물질적인 급양을 충실히 하고 수형자의 생활조건을 향상시키는 것은 유용하지만, 그것만이 수형자의 개선·재사회화에 연결되지 않다는 것을 충분히 인식하지 않으면 아니 된다. 도를 넘는 생활조건의 완화는 자유형의 본래 취지에 반하거나, 수형자의 개선·재사회화에 있어서 오히려 유해한 면이 있기 때문이다 . 따라서 음식물·의약품 및 의료용품 등을

---

38) 정진연, 수형자의 인권에 관한 문제와 법적 구제, 오선주 정년기념 「한국형사법학의 새로운 지평」, 561~562면 ; 양화식, 「수형자의 법적 지위와 생활조건에 관한 연구」(법무부자료제 120집), 「행형의 과제와 실험」, 법무부, 1989, 66면 ; 교정시설내의 금연을 유지하게 된 것은 일본 교정의 오랜 전통이며, 이제와서 외국의 예에 따라서 고쳐야 할 것은 아니다라는 것이다.(피수용자의 흡연에 관한 적극론·소극론에 관해서, 법무성 교정국편·「자료·감옥법개정」,1977, 59, 60면)

허용하면서도 자비구매물품의 품목·유형 및 규격 등은 시행령 제31조(자비 구매 물품의 기준)에 어긋나지 아니하는 범위에서 소장이 정하되, 수용생활에 필요한 정도, 가격과 품질, 다른 교정시설과의 균형, 공급하기 쉬운 정도 및 수용자의 선호도 등을 고려하여야 한다고 하고 있다.[39]

Ⅲ. 징벌

교정시설은 자유형의 집행으로서 수형자에게 집단생활을 영위하게 하는 장소이므로 규율·질서가 엄정히 유지되지 않으면 아니된다. 그리고 수형자 중에는 자기중심적인 데서 인내심이 부족하고, 사회생활로의 적응능력이 부족한 자도 적지 않으므로 처우에 있어서도 규율이 있는 공동생활을 행하고 이것을 참아내는 훈련을 실시하여 타인과의 협조성을 함양하는 것이 긴요하다. 다만 과도한 규율을 요구하는 때에는 일반사회의 현실과 실제로 단절된 이상환경을 만들게 되고, 수형자가 석방된 후에 반동적으로 다시 방자한 생활에 들어갈 염려가 있다. 그러므로 규율은 수형자의 개선·재사회화의 기초위에서 유익한 것인 동시에 교정시설내에 있어서 집단생활의 질서유지상 필요한 한도에 머물러야 한다.

---

39) 신법 시행규칙 제16조(자비구매물품의 종류 등)
　① 자비구매물품의 종류는 다음 각 호와 같다.
　　1. 음식물
　　2. 의약품 및 의료용품
　　3. 의류·침구류 및 신발류
　　4. 신문·잡지·도서 및 문구류
　　5. 수형자 교육 등 교정교화에 필요한 물품
　　6. 그 밖에 수용생활에 필요하다고 인정되는 물품
　② ①항 각 호에 해당하는 자비구매물품의 품목·유형 및 규격 등은 영 제31조에 어긋나지 아니하는 범위에서 소장이 정하되, 수용생활에 필요한 정도, 가격과 품질, 다른 교정시설과의 균형, 공급하기 쉬운 정도 및 수용자의 선호도 등을 고려하여야 한다.

아무튼 교정시설에 있어서 규율질서를 유지하는 수단으로서는 수형자에게 일정사항의 준수를 강제하고, 위반자에게는 징벌을 과할 수 있는 제도를 채용하지 않을 수 없다.

징벌은 질서유지를 위한 간접강제의 수단으로서 행정법상의 질서벌(행정처분)로 본다. 징벌은 부과 자체로서 자유형을 가중시키는 것이므로 보통의 질서 벌과 같이 무제한으로 행정적 재량에 맡길 수는 없다.

따라서 징벌은 i) 요건과 처벌의 대상이 되는 행위 및 제재 등에 관해 법률로써 엄격히 규정되어야 하며, ii) 징벌은 다른 방법으로는 보안·질서 유지 및 재사회화 목적을 달성할 수 없다고 인정되는 경우에 한해 최후수단으로 투입되어야 하며, iii) 징벌을 부과하는 경우에도 그 내용은 필요한 최소범위를 준수하여야 하며, iv) 징벌의 목적과 침해되는 수형자의 권리 간에는 균형이 유지되어야 한다.

그리고 징벌도 넓은 의미에서의 국가적 제재의 일종이므로 그 적용은 신중히 이루어져야 하며, 죄형법정주의에 준해서 미리 징벌에 상당하는 규율위반행위와 그 행위에 대응하는 징벌의 종류·내용을 명시하여 수형자에게 알리는 것이 필요하다.

징벌을 과해서 준수를 요구하는 사항은 가능한 한 일률적으로 정해야 하지만, 각 교정시설에 수용되는 수형자의 종류 내지 처우의 내용이 상이한 이상 각각의 시설마다 다른 것도 부득이한 면이 있다. 그러므로 도주라든가 직원에의 반항 등과 같이 모든 교정시설에 공통된 규율위반행위는 법률 자체에 규정되어야 하지만, 그 이외는 일정한 기준과 함께 각 시설마다 다른 준수사항을 정할 수 있다고 하지 않으면 아니된다.

Ⅳ. 권리구제

수형자의 권리는 이론적인 「원리의 문제」가 아니고 실천적인 「적용의 문제」40)이다. 따라서 권리구제제도는 수형자의 권리를 보장하기 위한 「최후의 보루」로서 간주되고 있다. U.N.의 「피구금자 처우에 관한 최저기준규칙」도 권리구제에 관하여 동 규칙 제35조 및 제36조에 상세한 규정을 두고 있다. 41) 독일의 경우에는 헌법소원도 가능하다.42)

1. 사법적 구제

독일의 경우 행형법(제108조~제121)에 의거 수형자의 권리침해에 대한사법적 구제가 인정되고 있으며 일반법원의 행형부(Strafvollstrec-kungskammer)가 관할하고 있다.43)

우리나라의 경우 한때 수형자의 권리침해에 대하여 사법적 심사의 대상이 될 수 없는 경우로 보는 견해도 있었지만, 1982년44) 대법원판결을 계기

---

40) Cohen, The Legal Challenge to Correction, 1969, p.69.
41) 제35조 ① 모든 피구금자는 수용과 동시에 자기가 속하는 범주의 피구금자에 대한 처우 규칙, 규율을 위한 의무사항, 정보를 구하고 불복을 신청하는 정당한 수단 및 권리와 의무를 이해하고 시설내 생활에 적응하기 위하여 필요한 모든 사항에 대하여 서면에 의한 정보를 제공받을 권리를 갖는다.
　② 피구금자가 문자를 해독할 수 없을 때에는 전항의 정보는 구술로 알려주어야 한다.
　제36조 ① 모든 피구금자에게는 평일에 소장 또는 그를 대리할 권한을 가진 직원에게 청원 또는 불복신청을 할 기회가 주어져야 한다.
　② 피구금자는 자신에 대한 조사중에 조사관에게 청원 또는 불복신청을 할 수 있어야 한다. 피구금자에게는 소장 또는 기타 직원의 참여 없이 담당조사관 또는 다른 조사관에게 진술할 기회가 주어져야 한다.
　③ 모든 피구금자는 내용의 검열을 받지 않고 적합한 형식에 맞추어 허가된 경로에 따라 중앙교정당국, 사법관청 또는 기타 관청에 청원하거나 불복 신청하도록 허용되어야 한다.
　④ 모든 요구 또는 불복은 그것이 명백하게 사소한 것이거나 근거 없는 것이 아닌 한 즉시 처리되고 지체 없이 회답되어야 한다.
42) 獨逸聯邦憲法裁判所法 제90조 이하 참조(우리 憲法도 가능하다. 憲法裁判所法 제68조).
43) Vgl. Kaiser, "Das deutsche Strafvollzuggesetz in international vergleichender Sicht",ZfStrVo 1987, S. 213.

로 사법적 심사의 대상에 들어가게 되었다.

2. 비사법적 구제

사법적 구제의 방법을 지나치게 강조하면 교정의 전문성을 저해할 뿐만 아니라 많은 비용과 시간 등으로 수형자가 쉽사리 이용할 수 없는 것도 사실이다. 따라서 비사법적 권리구제의 방법이 수형자에게 「비용」·「시간」·「절차」의 면에서 유익한 경우가 있을 수 있다.

비사법적 구제로는 행정심판·청원·소장면회 및 「옴부즈만」 (Ombudsman) 제도 등이 있다.

신법에 규정이 없다 하더라도 청원권이 헌법상 보장된 국민의 기본권이란 점에서 일반적인 의미에서 수형자가 청원할 수 있음은 물론이다.45)

「U.N. 피구금자 처우에 관한 최저기준규칙」은 수형자에게 평소 소장 또는 그 대리인과의 면담기회를 주어야 한다고 규정하고 있다.

「옴부즈만」 (Ombudsman)제도는 공무원의 위법·부당한 행위로부터 국민을 보호하기 위하여 입법부나 행정부가 임명한 독립적인 준사법기관으로서46) 북구 스칸디나비아식 「의회형 옴부즈만」과 미국식 「행정형 옴부즈만」이 있다. 그러나 양자 모두 비사법적 방법으로 수형자의 권리구제에 기능하고 있다는 점에서는 동일하다.47)

우리나라에서는 민원봉사실 및 행형법상의 순열관 등 유사의 제도는 존재하지만 제3자적 독립적 「옴부즈만」 (Ombudsman)과는 근본적으로 상

---

44) 대판 1982.7.27, 80 누 86.
45) 신옥식, 새 행형학,1988, 83면 참조.
46) 김호진, 「각국 옴부즈만 제도의 비교분석」, 한국행정학보 제3호, 1979, 147면 이하 참조.
47) 이보영, 「행형과 수형자의 인권보호」, 교정, 1990.7,58면 이하 참조.

이하다.

신법에서는 비사법적 구제로서 다음과 같은 획기적 조치를 취하였다.

① 순회점검 목적의 강화

법무부장관의 순회점검 관련규정이 (구)행형법에서는 「임의규정」이 던 것을 신법에서는 매년 1이상 점검하도록 「강행규정」으로 하고, 특히 교정시설의 운영과 교도관 등의 복무실태 점검 외에 수용자 인권실태 조사 를 순회점검의 목적에 규정하여 직무감찰 뿐 아니라 수용자 인권에 관하여 도 점검하도록 하였다(신법 제8조). 이는 「UN 피구금자 처우에 관한 최저 기준 규칙」과 독일 행형법48)을 반영하였다.

② 소장면담제도와 지방교정청장 청원제도

소장면담이 특정 수용자의 전유물이 되는 것을 방지하기 위하여 「면담 사유를 밝히지 아니하는 때」, 「법령에 명백히 위배되는 사항을 요구하는 때」, 「동일한 사유로 반복하여 면담을 신청하는 때」, 「교도관의 직무집 행을 방해할 목적으로 하는 때」에는 소장이 면담에 응하지 않을 수 있도록 하고, 특별한 사정이 있으면 소속 교도관으로 하여금 면담을 대리할 수 있도록 함으로써 수용자의 불만사항이나 고충사항을 신속하게 처리할 수 있도록 하였으며, 면담한 결과 처리를 요하는 사항이 있는 경우에는 그

---

48) 「UN 피구금자 처우에 관한 최저 기준규칙」 제55조(교정시설과 업무는 권한 있는 관청에 의하 여 임명되고 자격과 경험을 갖춘 감독관의 정기적인 감독을 받아야 한다. 감독관의 임무는 특히 이러한 시설이 현행법령에 준거하여 형벌집행 및 교정과 교정업무의 목적을 달성할 목적으로 관리 운영되도록 하는 것이어야 한다), 「독일 행형법 제108조 제 2항」 (제108조 [항고권] ② 감독관청의 대표가 교도소를 순시하는 경우에는 수형자가 그 자신이 관련된 사건을 그 대표에게 청원할 수 있도록 보장되어야 한다).

처리결과를 수용자에게 통지하도록 함으로써 소장면담의 권리구제 기능을 강화하였다(제116조).

한편 구법상의 장관 및 순회점검공무원에 대한 청원제도(구 행형법 제6조) 외에 지방교정청장에 대한 청원제도를 도입함으로써, 수용자가 다양한 방법으로 자신의 권리를 구제받을 수 있도록 하였다(제117조).

제 6 장
수형자의 외부교통권

제1절 머릿말

「외부교통」(Aussenverkehr)내지 「외계와의 접촉」(Aussenkontakt)
이라는 용어는 수형자와 교도소의 외부세계와의 교섭을 가리켜 사용되고
있지만, 이 개념의 중심을 차지하고 있는 것은 면회(面會)와 통신(通信)이
다(「형의 집행 및 수용자의 처우에 관한 법률」 제5장에서 접견・서신수
수 및 전화통화를 규정하고 있다.) 그런데 「외부통근(外部通勤)」 또는
「귀휴(歸休)」 가 외부교통으로서 논의되고 있는 경우도 있다. 또한 보다
넓게, 신문・잡지・도서의 구독, 라디오・TV 등의 시청 내지 수형자의 저
작의 외부에 대한 발표 내지 출판 등도 포함시켜 논의되기도 한다.1)

그러나 「외부통근 내지 귀휴」 등에 관해서는, 「사회내 복귀」 와의
접점을 이룬다는 의미에서 「중간처우(中間處遇)」 라든가 「반자유 처우
(半自由處遇)」 라는 측면에서 검토되는 것이 바람직하고, 「신문 등의 구
독」 및 「저작 발표」 에 관해서는 「알 권리」 의 보장 내지 「독서의 자유
・표현의 자유」 등의 관점에서 논할 필요가 있다.

일반적・보편적으로 「외부교통」 이라는 용어는, 「수형자와 시설외의
인물과의 교통」 즉 「접견과 서신」 의 문제를 주로 의미한다.

수형자의 외부교통은 2가지의 제도적 의의가 있다.2)

---

1) 최병문, 미국의 수용자 인권, 교정연구, 2000, 146~152면; 조병인・원혜욱・민수홍・이경제, 수
  용자 외부교통확대방안연구, 한국형사정책연구원, 2004, 48~75면; 박재윤, 수형자의 권리와 권리
  구제제도, 1996, 88~94면; 平野龍一 『矯正保護法』, 法律學全集, 1963, 87面 以下; 石川才顯,
  「自由刑(3)─受刑者の 法的 地位, 宮澤浩一 外編 『刑事政策講座 2卷・刑罰』 1972, 111面 以下;
  朝倉京一,「受刑者の 法的 地位」, 森下忠・・須須木主一 編 法學演習講座, 刑事政策, 1980年,
  161面 以下.

첫째 형사정책적 의의이다. 타인과의 접촉 및 교류는 인간의 생애를 통하여 성장하는 데 필요불가결한 것이다. 그런데 형사시설에서의 수형자의 생활은 일반사회의 생활에 비하여 큰 차이가 있다. 구금생활중에서도 사회적인 인간으로서의 성장을 확보하여야 함은 물론이다. 그러므로 시설내에서의 생활과 일반 사회 내에서의 생활과의 차이를 최소화하기 위하여서는 수형자와 일반사회와의 접촉 및 교류를 적극적으로 추진할 필요가 있다. 수형자를 외부사회와 격리하여 고독중에 반성이라는 이념이 지배하던 과거에는 외부교통을 논할 여지가 없었다. 그러나 교정의 목표가 수형자의 사회복귀라고 승인되는 오늘에 있어서는 외부교통이 필수적이라 할 수 있다.

둘째, 소송법적 의의이다. 수형자가 재심를 청구하는 경우, 형사시설의 위법한 처분에 대한 사법적 구제 내지 개인적인 사법상의 문제를 해결하기 위하여 행정소송 및 민사소송을 준비·수행하는 경우 또는 여죄수형자가 방어권을 행사할 경우, 재판을 받을 권리를 실질적으로 보장하기 위하여서는 소송대리인과의 비밀교통을 위한 외부교통은 불가결하다.

다만 오늘날의 교정이론에 있어서 기본적 문제중의 하나로 독일이나 일본 등 선진 외국에서 문제삼는 것도 바로 수형자의 외부교통권이다.

---

2) 前田忠弘, 第3部 犯罪者의 處遇, 3-6 外部交通; 擇登俊雄·所一彦·星野周弘·前野育三 編著, 新·刑事政策, 1993. 263~264 面.

제2절 외부교통에 대한 현행법의 태도

I. 헌법적 요청

수형자에 대한 외부교통권의 보장은 헌법적 요청이다.

우리 헌법 제12조 제1항 후단에서 「모든 국민은 법률과 적법한 절차에 의하지 아니하고는 처벌·보안처분 또는 강제노역을 받지 아니한다」고 규정하고 있다. 이것은 헌법상의 기본권은 일반국민 뿐만 아니라 수형자에게도 보장되어야 하며, 수형자에 대한 권리제한은 헌법이나 법률의 유보로써 인정되는 경우에만 가능하다는 것을 의미한다. 또 이는 헌법 제10조가 「인간의 존엄과 가치」는 존중되어야 한다거나, 동법 제37조에서 「국민의 자유와 권리는 헌법에 열거되지 아니한 이유로서 경시되지 아니하며」(제1항), 권리제한의 경우에도 「자유와 권리의 본질적인 것을 제한하여서는 안된다」(제2항 후단)는 데서 오는 당연한 결론이다.

실질적 법치주의를 사상적 배경으로 하는 이러한 헌법상의 규정은 형사사법 뿐만 아니라 교정에서도 적용되는 이른바, 「교정법률주의」를 천명한 것이라 할 수 있다.

II. 외부교통권의 제한에 대한 현행법의 규정

수형자의 자유가 제한되고 형사시설에 수용되는 것에 관해서는 우리 형법에 아무런 규정이 없다.[3] 「형의 집행 및 수용자의 처우에 관한 법률」에도 제1조의 목적조항에 교정이념에 대하여서만 규정하고 있을 뿐, 그 법적 지위에 대하여 명확한 규정이 없다[4].

헌법 제12조 제1항 후단에 「모든 국민은 … 법률과 적법절차에 의하지 아니하고는 … 처벌·보안처분 또는 강제노역을 받지 아니 한다」는 규정은 형법·형사소송법뿐만 아니라 「형의 집행 및 수용자의 처우에 관한 법률」에 관한 법정주의를 정한 것으로 이해해야 한다.

수형자의 권리에 관한 이러한 규정을 포함한 자유형집행의 기본원리는 협의의 법률에 의해 정하지 않으면 안된다. 다만 처우상의 미세한 사항에 관해서는 하위법규에 위임하는 것이 적당하며[5] 이 점이 「형의 집행 및 수용자의 처우에 관한 법률」과 형법·형사소송법과는 다른 특색이다.

그리하여 「형의 집행 및 수용자의 처우에 관한 법률」에 있어서도 수형자의 권리·의무에 관한 제 규정은 헌법상의 제 원칙에 적합하도록 배려해야 한다.

따라서 「형의 집행 및 수용자의 처우에 관한 법률」에 있어서는 헌법상 자유형 수형자에게도 당연히 보장되고 있는 것(양심의 자유와 종교의 자유) 내지 자유형의 본질로부터 필연적으로 박탈되어야 할 권리(거주이전의 자유 및 직업선택의 자유)에 관해서는 중복하여 규정할 필요는 없지만, 자유형 집행상 어느 정도의 제한은 불가피하고, 완전히 박탈할 수 없는

---

3) 박양빈, 21세기 교정의 진로와 과제, 21세기 교정비전과 처우의 선진화방안 」,한국형사정책연구원 연구보고서, 2003-16, 93면 ; 박양빈, 수형자의 권리, 법조, 2002, 57 면.

4) 일본형법에는 규정이 있고, 또한 그 자유박탈의 내용도 일본 감옥법에 정해져 있다. 그러나 그 규정이 단지 「징역은 감옥에 구치하여 정역에 복무한다」(12조 ②항), 「금고는 감옥에 구치한다」(13조 ②항), 「구류는……구류장에 구치한다」(16조)로 되어 있을 뿐이라고 하면서 또 감옥법에 제시된 것도 반드시 명확하다고는 말할 수 없을 뿐만 아니라, 이미 오늘날의 시대감각에 적합하지 않다고 비판받고 있다(大家 仁, 行刑의 現實と 展望, 大家 仁· 平松義郎 編, 行刑의의 現代的 視點, 1981, 272面).

5) 平野, 前揭書, 60 面 參照.

권리에 관해서는 특히 그 범위·한계를 명시할 것이 필요하다.

자유형의 속성인 자유의 구속이 단지 행동의 자유를 「제한」할 뿐만 아니라 외부와의 교통을 「차단」하는 것까지 포함한다고 생각하면 면접·서신 등 외부와의 교통은 일체 특전일 따름이지 권리는 아니라고 보게 되겠지만, 자유형이 단지 행동의 자유를 제한하는 것일 뿐이라고 생각하면 외부와의 교통은 원칙적으로 자유이며 권리라고 보게 될 것이다.6)

U.N. 「최저기준규칙」 제61조에 「수형자의 처우는 사회로부터의 배제가 아니라 사회와의 계속적인 관계를 유지하는 것이야 한다」7)고 규정되어 있는 바와 같이 오늘날 후자의 입장이 교정의 사회화 요구에 의하여 지지되고 있다.

이와 같은 추세에 따라 독일행형법은 외부교통에 관한 원칙으로서 독일행형법의 범위내에서 외부와 교통하는 것이 수형자의 권리임을 명백히 규정함과 아울러 교정당국에 대하여 수형자의 외부교통을 조장할 의무를 부과하고(제23조)8), 구체적으로 접견·서신에 의한 교통과 중대한 사유가 있을 경우의 휴가·외출 등에 관하여 상세히 규정하고 있다(제24조~제36조). 이밖에 독일행형법상 외부통근(제11조), 정기휴가(제13조) 및 신문·잡지의 구독(제68조)과 라디오·TV시청(제69조)도 넓은 의미에서는 외부교통에 관한 규정이라고 할 수 있으나, 외부통근과 휴가는 모든 수형자에게 인정되는 것이 아니므로 접견과 서신에 의한 외부교통권이 교정목표

---

6) 福田雅章, 受刑者の 法的地位と 監獄法改正(一)」, 法律時報 55卷 2號, 1983.2, 52面 參照.

7) Standard Minimum Rules for the Treatment of Prisoners U.N.(피구금자 처우에 관한 최저기준규칙) 61 「The treatment of prisoners should emphasize not their exclusion from the community, but their continuing part in it. ···」

8) § 23 [Grundsatz] 「Der Gefangene hat das Recht, mit Personen außerhalb der Anstalt im Rahmen der Vorschriften dieses Gesetzes zu verkehren. Der Verkehr mit Personen außerhalb der Anstalt ist zu fördern」.

(제2조)와 교정원칙(제3조)에 기초를 두는 최소보장규정으로서의 의미를 갖는다.9)

III. 접견과 서신

접견과 서신의 자유는 인간존재의 생물학적 · 정신적 발달을 위한 기본적 전제이며10) 이의 보장은 교도소 내의 긴장완화에 공헌할 뿐만 아니라 수형자의 원만한 사회복귀에 불가결한 요소가 된다.11) 이러한 권리의 법적 기초는 헌법 제10조의 「행복추구권」에서 구할 수 있으며, 특히 가족과의 교통은 혼인과 가족생활을 보장하는 헌법 제36조에서, 종교인 · 정치단체 · 보도기관과의 교통은 「신앙 · 양심의 자유」와 「표현의 자유」를 보장하는 헌법 제19조 내지 제21조에서 찾을 수 있다.

이와 같은 관점에서 1955. U.N. 「최저기준규칙」은 「피구금자는 필요한 감독하에 일정한 기간을 두고 그 가족 또는 믿을 만한 친구와 통신 또는 접견에 의하여 교통하는 것이 허가되어야 한다」(Prisoners shall be allowed under necessary supervision to communicate with their family and reputable friends at regular intervals, both by correspondence and by receiving visits.)(제37조)고 규정하고 있다.

---

9) Kaiser, Günther=Kerner, Hans−Jürgen=Schöch, Heinz, Strafvollzug. Eine Einführung in die Grundlagen, 2.Aufl., 1977. S149(Schöch).
10) 양화식, 개정행형법(제7차 개정)에 대한 비판적 검토, 교정연구, 2001, 11면.
11) 福田雅章, 前揭論文, 52面 以下 參照.

1. 접견

가. 독 일

독일행형법 제23조는 교도소 외부에 있는 사람과의 교통을 권리로서 보장하며, 뿐만 아니라 교도소당국은 수형자와 외부인과의 교통을 조장할 의무까지 지고 있다.

독일행형법은 최소한 월 1시간 정기적인 접견을 수형자의 권리로 규정하며, 접견의 대상자에는 아무 제한이 없으며(제24조 제1항), 또한 수형자의 처우 또는 사회복귀에 도움이 되거나 수형자가 직접 해결해야 할 개인적·법적·사업상의 용무를 위해 필요한 경우에는 최소시간을 초과하는 그 이상의 접견도 허용된다(제24조 제2항).[12]

다만 수형자의 접견권은 접견이 「시설의 안전 또는 질서」를 위태롭게 할 때 또는 수형자에게 「유해한 영향」을 미치거나 사회복귀를 「방해할 우려」가 있을 때에는 제한될 수 있다(제25조). 그러나 가족과의 접견은 혼인과 가족생활에 대한 헌법적 보호라는 관점에서 수형자에게 유해한 영향을 미치거나 사회복귀를 방해할 우려가 있을 때라도 금지하지 못하도록 규정하고 있다. 동시에 가족과의 접견은 물론 변호인의 접견은 감시를 받지 아니한다(제27조 제3항). 그리고 접견의 감시에는 가시거리내에서의 감

---

12) § 24 [Recht auf Besuch]
    (1) Der Gefangene darf regelmäßig Besuch empfangen. Die Gesamtdauer beträgt mindestens eine Stunde im Monat. Das Weitere regelt die Hausordnung.
    (2) Besuche sollen darüber hinaus zugelassen werden, wenn sie die Behandlung oder Eingliederung des Gefangenen fördern oder persönlichen, rechtlichen oder geschäftlichen Angelegenheiten dienen, die nicht vom Gefangenen schriftlich erledigt, durch Dritte wahrgenommen oder bis zur Entlassung des Gefangenen aufgeschoben werden können.
    특히 수용자의 갱생보호를 위하여 민간의 개인 또는 단체와 협력할 것을 규정한 독일행형법 제145조 ②항에 따라 사회복지단체나 갱생보호기관에서 파견하는 독지방문가의 접견을 많이 허용해야 한다. 그러나 판례는 독지방문가가 너무 많이 와서 더 이상의 접견이 필요치 않다는 이유로 접견신청을 거절한 사례에 대하여 재량상 하자가 없다고 판시한다(OLG Celle Zfstrvo SH 1978, 20).

시, 즉 「시각에 의한 감시」와 가청거리내에서의 감시, 즉 「청각에 의한 대화 감시」가 있으나, 통상적으로는 시설의 안전과 질서유지를 위한 감시가 시각에 의한 감시로써 충분한 이상 이에 의하며, 대화감시는 불가결한 때에 한하여 예외적인 경우에 이를 행하고 있다.13)

나. 미 국

미국의 판례는 면회는 특전이지 권리는 아니고 가족이나 우인과의 면회를 거절하여도 헌법상의 문제로는 되지 않는다고 판시하고 있다.14) 다만 부모에게는 자기 아들과 연락할 수정헌법 제1조의 권리가 있기 때문에 연락의 거절이 주(州)의 정당화될 수 있는 목적과 합리적인 관련이 있거나 또는 이를 위한 합리적 필요성이 없는 한 수형자의 면접권은 거부될 수 없다고 한 판례가 있을 뿐이다.15)

한편 보도관계자와 그가 지명하는 피수용자와의 직접 면회를 금지하고 있는 교도소규칙이 헌법수정 제1조의 위반 여부가 문제된 사건에서, 연방대법원은 수형자에게 「수형자로서의 지위 또는 교정조직의 정당한 형벌학적 목적에 모순되지 않는 수정헌법제1조의 권리」를 인정하면서도, 그 사건에 있어서는 시설의 보안상 엄격한 통제가 필요하고 보도관계자와의 접촉을 원하는 피수용자는 우편이용과 같은 대체적 통신방법이 부정되지 않고 있다는 이유로 수형자의 주장을 기각했다.16)

그 후 연방사법성이 1980년에 작성한 「연방수용자구치소표준」

---

13) Vgl. OLG Celle ZfStrVo 1980, 187f.
14) Lynott v. Hendersom, 610 F. 2d 340. Krantz, Corrections and Prisoners Rights, 2nd., 1983, p143f.
15) Mabra v. Schmidt, 356 F. Supp. 620. krantz, ibid., pp. 143~144 .
16) Pell v. Procunier, 471 U.S. 817(1974).

(Federal Standardsfor Prisons and Jail)에는 「사생활」 을 보호해주고, 대화를 엿듣지 않으며, 보안상의 위험이 없으면 접견인과의 「신체적접촉」 도 허용하며, 「미국교도소협회」 (The America Prison Association) 는 접견을 통해 가족과 접촉을 유지하는 것이 「가석방」 성공에 필수적이라고 보고 있다.17)

한편 1981년의 「미국변호사협회의 수용자 법적지위표준」 (A.B.A. Standards Rel—ation to the Legal Status of Prisoners)과 1975년의 「통일주법위원회의 모범양형 교정법」 (Uniform State Law Commissioners, Model Sentencing and Corrections Act)은 「접견의 권리」 를 인정하는 제정법을 권고하고 있다.18)

다. 일 본

일본의 (구)감옥법(제45조, 제50조)은 친족과의 접견(면회)은 허가사항으로 규정하고 있으며, 그 이외의 자와의 접견은 원칙적으로 금지하며, 접견에는 교정공무원의 입회를 요하고 있다. 일본의 「형사시설법안」 은 친족 기타 일정범위의 사람과의 면회를 수형자의 권리로 규정하고 있는 점은 (구)감옥법에 비하여 크게 진일보한 것이지만 친족 등 이의외 자와의 면회가 원칙적으로 금지되어 있고 친족 등과의 면회에도 시설직원의 입회를 요구하는 등 제한이 많이 있다(제92조 내지 94조).

이에 대하여 일본에서는 헌법상의 자유권보장원칙에 위배되며 자유형의 순화라는 관점에서도 용인될 수 없을 뿐만 아니라 국제적 동향에도 역행한

---

17) 최병문, 미국의 수용자 인권, 교정연구, 2000, 146면.
18) 상게논문.

다는 비판이 가해지고 있다.[19]

이에 일본 (구)감옥법 제45조 제2항이 친족이외의 자와의 접견을 원칙적으로 금지하고 있는데 대하여 일본판례는 헌법위반이 아니라고 판시하였다.[20]

한편 최근 일본 법무성의 「형사시설 및 수형자의 처우 등에 관한 법률안」에 대한 2005.3.18 「일본변호사협회의 의견서」에서는 「외부교통은 수형자의 권리이며 면회의 입회와 서신의 검열은 원칙적으로 금지한다」라고 규정하고 있다.

라. 우리나라
① 접견일반

(구) 행형법에서는 수용자는 소장의 허가를 받아 다른 사람과 접견할 수 있었다. 종래 소장은 교화 또는 처우상 특히 부적당한 사유가 없는 한 이를 허가한다고 규정하여, 접견은 원칙적으로 소장허가제였다(구행형법 제18조제1항·제2항).

「형의 집행 및 수용자의 처우에 관한 법률」 제41조 제1항은 "수용자와 외부인 접견은 수용자의 기본적 권리"라는 원칙 아래 접견을 제한할 수 있는 경우를 구체적으로 명확하게 규정하고, 그러한 경우에 해당하지 않으면 원칙적으로 접견은 허용되어야 한다고 하고 있다. 따라서 수용자의 접견은 하나의 권리로 인정하고 있다.

---

19) 福田雅章, 前揭論文, 46面.
20) 鴨下, 前揭論文, 300面. 이 판결에 대한 비판으로서 石川才顯, 在監者と外部の者との接見, 前揭論文, 148面.

또한 친족이 아닌 일반인에게도 동법 제41조①항 각호의 어느 하나에 해당하는 경우를 제외하고는 원칙적으로 허가되고 있다. 그리고 어떠한 경우에도 형사피고인·피의자와 변호인과의 접견은 제한되지 않는다(형사소송법 제34조, 제91조).

수형자의 접견횟수는 매월 4회를 원칙으로 한다. 접견시간은 30분 이내로 하되, 변호인과의 접견은 예외로 하며, 수용자의 접견은 공무원 복무규정에 따른 근무시간 내에서 하며(동법 시행령 제58조), 교화상 또는 건전한 사회복귀를 위하여 특히 필요하다고 인정하면 접견 시간대 외에도 접견을 하게 할 수 있고 접견시간을 연장할 수 있다(동 법시행령 제59조 제1항).

미결수용자가 변호인과 접견하는 경우를 제외하고는 수용자의 접견은 접촉차단시설이 설치된 장소에서 하게 된다(동법 제4항),

처우급 1급 수형자 또는 개방시설에 수용 중인 자는 법무부장관이 정하는 바에 의하여 접촉차단이 설치된 장소 이외의 적당한 곳에서 접견을 실시할 수 있다(동법 시행규칙 제88조).

소장은 i) 범죄의 증거를 인멸하거나 형사법령에 저촉되는 행위를 할 우려가 있는 때, ii) 수형자의 교화 또는 건전한 사회복귀를 위하여 필요한 때, iii) 시설의 안전과 질서유지를 위하여 필요한 때에는 교도관으로 하여금 수용자의 접견내용을 청취·기록·녹화하게 할 수 있다(제41조②항).

② 전화통화제도

「형의 집행 및 수용자의 처우에 관한 법률」 제44조에서 전화통화에 대하여 "소장은 교정시설의 외부에 있는 사람과 외부와의 통화를 허가할 수 있다"고 규정하면서, 수용자의 전화통화의 허가는 통화내용의 청취 또는 녹음을 조건으로 할 수 있다고 규정하고 있다. 수용자의 전화통화는 수용목적의 달성에 지장을 주는 범위, 즉 i) 범죄의 증거를 인멸할 우려가 있을 때, ii) 형사법령에 저촉되는 행위를 할 우려가 있을 때, iii) 접견·서신수수 금지결정을 하였을 때, iv) 교정시설의 안전 또는 질서를 해칠 우려가 있을 때, v) 수형자의 교화 또는 건전한 사회복귀를 해칠 우려가 있을 때를 제외하고는 소장의 허가사항으로 규정하고 있다(동법 시행규칙 제25조①항).

실무에서는 전화통화가 더욱 제한적으로 허용되고 있는 데, 예컨대 모범수형자에 대한 상우(賞遇)의 취지로 전화통화를 허용하고 있는 데, 이는 현행법이 규정하고 있는 전화통화에 대한 본래의 입법취지와 모순된다고 할 수 있다.[21]

이러한 모순에도 불구하고 전화통화는 새로운 접견제도로 그 효율성이 인정되고 있는 데, 전화통화제도가 도입된 이후 전화통화를 이용하는 수용자들이 심적 안정을 찾는데 기여한 것은 사실이다. 전화통화제도는 가족과의 단절감을 해소함으로써 교정·교화에도 도움을 줌으로써 교정의 선진화를 도모하는 제도로 평가되고 있다.

③ 화상접견제도

원격화상접견제도란 수용자의 가족이나 민원인이 수용자와의 면회를 위해 원거리를 왕래할 필요 없이 거주지 인근 교정시설에서 원거리에 수용된 수용자와 화상을 통하여 수용자의 모습을 보면서 대화도 가능하게 하는 접견제도이다.[22]

---

21) 배종대/정승환, 행형학, 2002, 214면; 조병인·원혜욱·민수홍·이경재, 수용자외부교통확대방안연구, 한국형사정책연구원, 2004, 85면 참조.
22) 미국은 1972년 Cook 군순회법원에서 보석심리절차 중 영상매체를 활용한 것이 최초이며 1994년

화상접견제도는 2000년 수원교도소와 김천소년교소에서 최초로 시범적으로 운용되었으며, 단계적으로 확대 실시되어 2001년에는 영등포교도소 · 부산교도소 · 청송교도소 · 광주교도소 · 청주교도소 등 5개 기관에 확대 설치하여 운영되다가 2003년 3월 3일 전국기관으로 확대 실시되었다. 아직 이를 효율적으로 운용할 수 있는 인적 · 물적 여건의 확충은 미비한 상태이다.23)

다만 현재 실시되고 있는 화상접견제도에 대해 여러 가지 문제점이 지적되고 있음에도 불구하고 이 제도가 접견의 활성화를 통한 수용자의 심적 안정을 도모할 수 있는 장점이 크기 때문에 문제점을 보완한 확대 · 실시방안에 대한 연구가 중요하다 할 것이다.

④ 가족접견제도

가족접견제도는 부부접견제도를 확대한 개념이다. 「부부접견제도」 란 배우자가 있는 수형자에게 배우자와의 접견을 허용하는 제도로서 접견기간 중 수형자는 교정시설 내의 일정한 장소에서 수일 또는 상당시간을 배우자와 함께 생활할 수 있도록 하는 제도이다. 즉 접견의 한 형태로서 부부

미국 전역에 확대되었다. 독일은 1998.4.3「형사절차상의 증인신문에 있어서 증인보호와 피해자 보호의 개선을 위한 법률Gesetz zum Schutz von Zeugen bei Vernehmungim Strafverfahren und zur Verbesserung des Opferschutz(ZSchG) 」이 발효되어 시행에 이르렀다. 한편 일본에서도 1996 민사소송법 개정에서 법원은 원격지에 거주하는 증인을 신문하는 경우에 대법원규칙이 정하는 바에 의하여 격지자가 영상과 음성의 송수신에 의하여 상대방의 상태를 상호 인식하면서 통화할 수 있는 방법에 의하여 신문할 수 있도록 하였다. 이러한 경향에 따라 호주 및 싱가폴의 일부 사법관할 지역에서도 수용자들이 화상(畵像)으로 가족과 대화할 수 있게 하는 제도를 시행하고 있다. 이 제도는 우리나라의 화상접견제도와 마찬가지로 가족과 원거리에 수감된 수용자나 교도소까지 여행하는데 어려움이 있는 수용자 가족에게 접견을 원활히 하게 하기 위한 제도로 운영되고 있다. 다만 우리나라와 다른 점은 그 국가를 구성하는 인구의 특성상 호주의 경우에는 원주민과 관련하여 그리고 싱가폴의 경우에는 말레이지아인들과 관련하여 화상접견제도를 운영하고 있다(조병인 · 원혜욱 · 민수홍 · 이경제, 전게논문, 89~90면에서 발췌 · 요약).
23) 이순길, 교정환경의 변화와 미래대응전략(上), 교정 제309호, 법무부 교정국, 2002.1, 14면.

접견시에는 직원의 입회를 생략하고 그 접견을 자유롭게 한다든지 또는 특별한 접견실에서 접견을 하도록 함으로써 부부간의 애정의 자유를 보호하려는 제도이다.

부부접견제도는 미국에서 시작되어 남미제국의 엘살바도르·멕시코·콜롬비아·아르헨티나·브라질 등에서 성공적으로 운영되고 있는 교정의 사회화처우제도로서 우리나라는 1999년 6월에 처음 도입하였다.[24]

이 제도는 교도소 내의 성 문제, 즉 남자수형자들의 성적 긴장감을 해소하는 방법으로 고안된 것이며, 교도소 내의 각종 불상사가 이 성적 긴장감에 기인한다고 보는 견지에서 이 제도의 채택을 많은 학자들은 적극적으로 주장하고 있다. 그러나 이 제도의 실시로 성적 긴장감이 오히려 고조된다고 하여 일반예방정책상 적절하지 않다는 주장도 있지만 오늘날에는 많은 나라가 이 제도를 시행하고 있다.

「부부만남의 집 운영지침」에서는 배우자뿐만 아니라 가족, 즉 직계존·비속까지 허가할 수 있도록 규정하고 있다(부부만남의 집 운영지침 2, 6). 따라서 현재는 부부접견제도는 가족접견제도로 확대 운영되고 있다.

---

24) 부부만남의 집 운영지침은 1999. 5. 25 법무부 예규 제514호로 제정되었고, 2000. 4. 1 법무부 예규 제529호로 개정되어 오늘에 이르고 있다.
    우리나라는 출소후 사회복귀에 가장 중요한 요소인 가족과의 유대관계 유지 및 강화라는 명분아래 교정시설 구외부지에 부부만남의 집을 설치하여 이 곳에서 배우자 등 가족들과 함께 숙식을 하면서 지낼 수 있도록 하는 사회복귀처우 프로그램의 하나로 시행하고 있다. 이 시설은 각 지방교정청별로 1개 기관씩 선정하여 1999년 5월 대구·대전·안양·광주교도소 등 4개 교정기관에 부설한 이후 마산교도소(2000년 8월)와 청주교도소(2001년 11월)에 추가로 설치하여 현재 6개 소에 이르고 있다(교도소 주변 부지에 침실·부엌·욕실과 전화 등 주거에 필요한 비품이 갖춰진 13평 규모의 일반 가정집 형태의 단독주택으로서 음식물의 반입과 취사가 허용되며 전화사용 등 자유로운 생활이 보장되고 있다고 한다). 이용대상자는 징역 5년 이상 수형자 중 일정기간을 복역한 누진2급 이상의 모범수형자 또는 가족과의 만남으로 부부·자녀·형제자매 등 가족문제의 해결이 필요한 수형자에게 허용하고 있으며, 이들에게 5인 이내 가족과 함께 최장 2박3일 동안 숙식을 함께 하면서 지낼 수 있도록 하고 있다(법무부 교정국 교정과 편집, 「국민의 정부 교정행정의 개선」, 2003, 67~68면).

2. 서신

가. 독 일

독일행형법은 제28조 제1항의 규정에 의하여 「접견권」(Recht auf Besuch)보다 더 광범위한 「서신권」(Recht auf Schriftwechsel)을 인정한다. 즉 「수형자는 제한없이 편지를 발송하고 접수할 수 있다」.25) 다만 「수형자에게 해로운 영향」을 미치거나 「시설의 안전이나 질서」를 위태롭게 할 때에는 특정한 사람과의 서신왕래를 금지할 수 있다(제28조 제2항). 교정목적을 위태롭게 할 경우라도 가족과의 서신왕래를 금할 수 없다. 문서수발의 검열은 모든 경우에 허용되는 것은 아니고 처우상 또는 시설의 안전이나 질서를 유지하기 위한 근거가 있을 때만 허용된다(제29조 제3항). 또 변호인과의 문서수발, 연방 및 주의 의회와 의원에 대한 수형자의 서신은 검열대상에서 제외된다(제29조 제1항,제2항). 서신수발이외에 독일행형법은 수형자가 외부와 교통하기 위하여 전화와 전보를 이용하거나(제32조) 소포를 수령할 수 있도록(제33조) 허용한다.

나. 미국

미국교정협회의 편람에는 「서신은 가급적 장려되어야 하고 그 유일한 제한은 직원의 취급능력의 한계뿐이다」(편람406면)고 기술되어 있으며26) 대부분의 주 교도규칙은 발신회수의 제한을 철폐하고 있다.27) 검열

---

25) Calliess/Müller/Dietz, Strafvollzugsgesetz, 5. Aufl., 1991. Rdnr. 28. ; Kaiser, Günther=Kerner, Hans-Jürgen=Schöch, Heinz, Strafvollzug. Eine Einführung in die Grundlagen, 2.Aufl., 1977. S. 154.
26) 平野龍一, 前揭書, 88面.
27) ABA, "The legal Status of Prisoners", 14, American Criminal Law Review, 377, 495 참조.

에 관하여 연방대법원은 일반공중과의 서신에 대한 검열은 허용되지만 그 행사에서는 구체적인 제약이 따른다는 입장을 취하고 있다. 즉 도망계획을 포함하는 서신의 검열은 허용되지만 교도소에 대한 못마땅한 의견이나 부정확한 사실의 주장 또는 선동적인 인종적·정치적·종교적 견해를 배제할 것만을 목적으로 하는 검열은 허용되지 않으며 서신을 제한함으로써 교도소의 안전과 질서가 유지되고 수형자의 사회복귀가 촉진된다는 증명이 없으면 안 된다는 것이다.28)

다. 일본

일본의 (구)감옥법에 의하면 서신도 접견과 마찬가지로 교도소장의 허가사항이며, 수발서신에 대하여는 검열을 요한다. 일본의 판례는 구금제도의 목적에서 그 목적을 달성하기 위한 필요최소한의 합리적 제한의 범위내에서는 수형자에 대한 서신의 자유를 제한할 수 있다는 전제아래 교도소장에 의한 검열은 일반적으로 허용되고 일정한 경우 사법적 조치로서의 서신 수발금지도 용인되나(미결구금자의 경우), 행정적 조치에 의한 수발금지는 필요최소한에 그쳐야 하며 예외적으로 명백하고 현존하는 위험이 인정되는 경우에는 금지할 수 있다는 태도를 나타내고 있다.29)

한편 「형사시설 및 수형자의 처우등에 관한 법률안(약칭 「신법안」)」이 법무성에 의하여 추진되었고 1992.2.21 일본변호사연합회가 「형사피구금자의 처우에 관한 법률안(약칭 「일변연형사처우법안」)」을 발표하고, 이어 2005.3.18 신법안에 대한 일본변호사연합회의 의견이 발표되었

---

28) Procunier v. Martinez, 416 U.S 396(1974). Krantz, op. cit., pp 125~128
29) 澤登俊雄 「書信の 受發」(菊田幸一 編, 判例 刑事政策演習(矯正處遇 編), 1987, 155 面 참조.

다. 동 의견서에서는 「외부교통은 수형자이 권리이며, 서신의 검열은 원칙적으로 금지한다」라고 규정하고 있다.

라. 우리나라

'서신'이란 서면을 통하여 외부와 교통하는 것을 말하며, 용지상에 표현한 의사표시의 방법이다. (구)행형법에서는 수용자는 소장의 허가를 받아 다른 사람과 서신을 주고 받을 수 있으며, 소장은 교화나 처우에 특별히 부당한 사유가 없는 한 서신을 주고 받는 것을 허가한다고 하였으나(구행형법 제18조 제1항·제2항), 「형의 집행 및 수용자의 처우에 관한 법률」에서는 (구)행형법상에 규정된 소장허가제를 폐지하여, 수용자의 서신수수권이 기본적 권리로 규정하여 예외적으로 서신수수가 제한되는 경우를 명확하게 규정하여 그 권리가 침해되지 않도록 하였다(형의 집행 및 수용자의 처우에 관한 법률 제43조 제1항). 또한 같은 교정시설의 수용자간에 서신을 주고 받으려면 소장의 허가를 받아야 한다(동법 제43조 제2항). 수용자의 서신수수는 법령에 어긋나지 아니한 횟수를 제한하지 않는다(동법 시행령 제64조).

수용자가 주고 받는 서신의 내용은 예외적으로 검열을 받게 되는 것을 구체적으로 명확하게 규정된 이외의 경우에는 검열받지 아니한다(제43조 제4항).

서신의 경우에는 면회에 비하여 시설내 일과시간에 미치는 영향이 적으므로 보다 광범위하게 인정할 필요가 있으며, 독일 행형법이 제28조 제1항이 「수형자는 제한없이 문서를 수발할 권리를 가진다」고 규정한 것도 이러한 취지라고 할 수 있다.

그러나 친족이나 변호인과의 서신교환에 대해서는 이를 금지하거나 내용을 검사할 수 없도록 명문규정을 두어야 할 것이다.

또 외부교통은 수형자의 권리로서의 측면을 가지고 있으므로 외부교통에 대해 자세한 사항을 시행령으로 정하는 방식(제18조 제4항 참조)은 바람직하지 못하고, 권리로서 보장되어야 할 사항들에 대해서는 법률에 명시해야 할 것이다.

제4절 문제점과 개선방안

법치주의 이념 하에서는 시설의 안전이나 질서유지를 위해 필요한 경우가 아니라면 외부와의 교통은 수형자의 기본권으로서 인정되어야 하고 그 제한은 법률에 의해서만 가능하다.

수형자의 접견 및 서신의 자유는 인격의 자유로운 발현과 인간존재의 생물학적·정신적 발달을 위한 기본적 전제이며 그 보장은 교정의 사회화와 수형자의 사회복귀라는 측면에서도 매우 중요한 의미를 가진다. 세계인권선언은 제12조에 「그 누구도 프라이버시, 가족, 가정 또는 서신 왕래에 대해 임의적인 간섭을 받아서는 안 된다」고 규정하고 있으며 「시민적 및 정치적 권리에 관한 국제규약」은 제10조에 「자유를 박탈당한 모든 사람을 인도적으로, 인간의 타고난 존엄성을 존중하여야 한다」고 규정하고 있으며, 동 규약 제23조에서는 「가족은 자연적이고 기본적인 사회 집단의 단위이며 사회와 국가의 보호를 받을 권리가 있다」고 규정하고 있다.

1. 접견

접견과 서신에 관한 수형자의 권리도 근본적으로는 헌법 제10조에 의한 인간의 존엄과 행복추구권의 보장규정에 그 법적 기초를 들 수 있으며, 접견·서신에 관한 「형의 집행 및 수용자의 처우에 관한 법률」상의 규정들은 헌법정신을 최대한 구현하도록 노력하여야 할 것이다.

이러한 관점에서 UN 「최저기준규칙」 제37조는 「피구금자는 필요한 감독하에 일정한 기간을 두고 그의 가족 또는 믿을 만한 친구와 접견 또는 서신에 의하여 교통하는 것이 허가되어야 한다」고 규정하고 있으며, 독일 행형법 제23조는 교도소외부에 있는 사람과의 교통을 「권리」로서 보장하며, 뿐만 아니라 교도소당국은 수형자와 외부인과의 교통을 조장할 의무까지 지고 있다. 따라서 교정당국은 시설외부의 사람과의 교통에의 장애요인이 자유박탈로부터 초래되는 것을 가능한 범위에서 제거하는 데 이바지하여야 할 의무가 이로부터 도출된다.[30]

자유형의 내용을 이루는 수형자의 자유의 박탈이 단순히 그 행동의 자유를 제한하는 데에 있을 뿐 외부와의 교통을 차단하는 것까지를 포함하는 것은 아니라고 볼 때, 외부와의 접촉은 구금시설외에로 외출하여 직접적으로 접촉하는 이외의 방법으로써, 시설내에서의 접견 및 서신등의 방법으로 하는 한 원칙적으로 자유롭지 않으면 아니 된다. 다만 시설의 안전 및 질서유지와 수형자의 교정목적 등의 관점에서 유해로운 접촉만을 필요한 한도 내에서 제한하면 족하다고 본다. 이점은 「수형자의 처우는 사회로부터의 배제가 아니라 사회와의 계속적 관계를 강조하는 것이어야 한다」는 UN

---

30) Calliess/Müller/Dietz, Strafvollzugsgesetz, 5. Aufl., 1991. § 25 Rn.2

「최저기준규칙」(제61조)의 원칙표명처럼, 오늘날의 추세인 교정의 사회화요청에 기인하는 것이다.

이러한 의미에서 접견에 관한 현행법을 다음과 같이 개선하는 것이 바람직하다.

1. 접견일반

첫째, 현행법은 접견에 대하여 소장의 허가제를 폐지하였지만, 예외사유로 「형사법령에 저촉되는 행위를 할 우려가 있는 때」(제41조 제1항 단서 1호), 「형사소송법 기타 법률에 따른 접근금지 결정이 있는 때」(단서2호), 「수형자의 교화 또는 건전한 사회복귀를 해칠 우려가 있는 때」(단서3호), 및 「시설의 안전 또는 질서를 해할 우려가 있는 때」(단서4호)로 구체화하였다.

여기서 1·2호 사유는 해석상 당연히 예외사유에 해당한다. 단서4호에 대해서는 교도소에서 수용자의 권리를 제한할 수 있는 일반적인 제한규정으로 당연히 인정된다는 견해[31]가 있다.

그런데 단서3호는 「수형자의 교화 또는 건전한 사회복귀를 해칠 우려가 있는 때」와 단서4호 「시설의 안전 또는 질서를 해칠 우려가 있는 때」라는 표현은 극히 포괄적인 것이므로 보다 구체화 되어야 할 것이다.

둘째, 접견의 상대방은 사회복귀를 위해 장애가 되거나 시설의 안전이나 질서유지에 특별히 문제되는 자가 아니라면 폭넓게 허용하는 것이 타당하다. 즉 교정시설은 수형자의 사회복귀를 위해 이용할 수 있는 유효하고 적절한 원조수단을 모두 이용해야 한다는 취지에서 누구든지 접견할 수

---

31) 박상열, 행형법 전부개정 법률안에 대한 비판적 검토, 교정연구34, 2007, 18면.

있도록 함이 바람직하다.[32]

특히 친족에 대해서는 규칙적인 접견을 보장할 필요가 있으며, 그 이외의 자에 대해서는 최소한도의 질서유지도 되지 않고 시설의 안전을 침해하는 경우에 제한할 수 있도록 해야 한다. 다만 수형자라 하더라도 자신의 법률 사무와 관련된 변호인과의 접견은 친족의 경우와 마찬가지로 보장할 필요가 있다.[33]

셋째, 접견의 시간·횟수·장소 등에 대해서도 법률에 최소한의 보장규정을 둘 필요가 있다.[34] 즉 현재의 시행령처럼 접견의 시간·횟수·장소 등을 제한하는 형태로 규율할 것이 아니라, 접견권의 보장이라는 차원에서 최대한의 시간·횟수를 정하고 장소에 대해서도 접촉차단 시설이 없는 장소에서 실시하도록 하는 규정을 두어야 한다. 그리고 이와 함께 처우를 위해 필요한 때에는 접견을 권장하도록 하는 일반규정을 두는 방안도 고려

---

[32] U.N. 「피구금자 처우에 관한 최저기준규칙」 제59조가, 「이 목적을 위하여 시설은 적절하고 가능한 치료적, 교육적, 도덕적, 정신적 및 기타의 능력과 여러 형태의 원조를 모두 이용하여야 하며·(To this end, the institution should utilize all the remedial, educational, moral, spiritual and other forces and forms of assistance which are appropriate and available·)」 라고 규정하거나, 독일 행형법 제24조가 「처우 또는 사회복귀를 촉진하기 위한」 면회를 인정하고 있는 것도 이러한 취지라고 할 수 있다.

[33] 재소자 중 미결수용자에 대해서는 변호인과의 접견교통권을 거의 제한 없이 인정하고 있지만, 수형자의 경우에도 변호인과의 접견교통권이 제한없이 보장되어야 하는지에 대해서는 견해가 대립되고 있다. 우선 판례는 헌법 제12조 ④항 본문과 형사소송법 제30조 ①항의 규정에 의해 변호인의 조력을 받을 권리를 보장받는 주체는 「피고인 또는 피의자」 에 한정된다고 하면서 형사절차가 종료되어 교정시설에 수용중인 수형자는 원칙적으로 변호인의 조력을 받을 권리의 주체가 될 수 없으며, 다만 변호인 선임을 위한 일반적인 접견·서신권이 보장될 뿐이라고 한다 (대판 1998.4.28. 96다48831; 헌법재판소 전원재판부 1998.8.27, 96 헌마 396). 이러한 판례의 태도에 대해 헌법 제12조 ④항의 「체포 또는 구속된 자」 를 미결구금의 경우로만 해석하는 것은 문언의 의미를 지나치게 좁게 해석하는 것이라는 비판이 있다. 즉 형이 확정된 수형자라 하더라도 자유가 박탈당한 구금상태에서 민사소송이나 형사소송을 진행하게 되면 정상적인 공격과 방어활동을 수행할 수 없기 때문에 수형자에게도 변호인의 조력을 받을 권리가 보장되어야 한다는 것이다(한영수, 행형과 형사사법 2000, 278면) 이와 관련하여 「시민적 및 정치적 권리에 관한 국제규약(B규약)」 제14조 ①항은 공평한 재판은 수형자에게도 보장되어야 하는데, 이를 위해 변호인과의 제한없는 접견교통이 필수적으로 요구된다고 규정하고 있다. 이 사건은 변호사가 교도소측으로부터 수형자에 대한 접견신청을 불허당하자 손해배상청구 소송을 제기한 사건에서, 법원은 변호사의 접견권이 침해되지 않았다고 판시한 것이었다.

[34] 조병인·원혜욱·민수홍·이경재, 전게논문, 114면.

해 볼 수 있다.

넷째, 접견의 방법에 대해서도 법률에 명시하여, 변호사와의 접견은 감시 없이 허용하고 그 이외의 자와 접견하는 경우에는 시각에 의한 감시만을 원칙으로 하며, 처우나 시설의 안전을 위해서 예외적으로 청각에 의한 감시를 허용하도록 함이 타당하다.[35]

적어도 접견방법은 개방접견이 원칙임을 기본법에 명시하는 것이 바람직하다.

(구)행형법에서는 접견에 교도관 참여시 청취와 기록만 한다고 하고 있는 데(구행형법 제18조 제3항, 시행령 제58조 제1항), 「형의 집행 및 수용자의 처우에 관한 법률」에는 이에 추가하여 일정사유를 신설하고 이 사유가 있을 시 녹음·녹화까지 할 수 있도록 하고 있다.

그런데 청취는 기록과는 달리 사생활의 비밀과의 관점에서 신중한 접근이 요구된다.

다섯째, 제42조는 접견의 중지를 규정하고 있는 데, 제4호의 「수용자의 처우 또는 교정시설의 운영에 관하여 허위사실을 유포하는 때」에 접견을 중지시키는 규정은 남용되거나 악용될 우려가 있다는 점에서 삭제하는 것이 타당하다고 생각한다.

또한 제42조6호는 「시설의 안전 또는 질서를 해하는 행위를 하거나 하려고 하는 때」대신에 「시설의 안전과 질서에 해를 끼칠 우려가 있다고

---

35) 정진수, "수형자처우의 선진화를 위한 행형법 정비방안, 21세기 교정비전 처우의 선진화방안", 한국형사정책연구원 연구보고서, 2003-16, 821면 ; 헌법과 형사소송법에 근거한 미결수용자의 접견권 보장과는 달리 형이 확정된 수형자에 대해서는 소송수행을 위한 변호사와의 접견에 대해서 아무런 규정을 두고 있지 않다. 그리하여 실무에서는 형이 확정된 수형자에 대해서는 변호사의 접견을 일반 접견과 동일하게 취급하여 왔다(최종술, 행형의 목적과 수용자인권, 교정연구, 제21호, 2003, 75면).

명백히 인정되는 경우」로 구체화하여야 한다고 생각한다.36)

2. 전화통화제도

제44조 제5항은 전화통화허가의 범위, 통화내용의 청취·녹음, 통화요금의 부담 등 수용자의 전화통화에 관하여 필요한 사항을 법무부장관이 정하도록 하고 있는데, 법률에서 모든 수형자에 대하여 통화를 허가할 수 있도록하고 , 통화대상 내지 통화허가의 범위 그리고 통화내용을 청취할 수 있는경우에 대해서도 법률에 명시적인 규정을 두는 것이 바람직할 것이다.37)

독일 행형법은 제32조에서 「수형자에게 장거리 통화를 하거나 전보를치는 것이 허용될 수 있다. 기타 접견에 관한 규정이 장거리 통화에 준용되며, 전화통화의 감시가 필요한 경우 수형자의 상대방에 대해 집행기관 혹은수형자가 이를 통고해 주어야 한다. 수형자에게는 전화통화를 시작하기 이전에 의도적인 감시와 통고의무에 대해 통보해야 한다」고 규정하고 있다.

여기서 유의할 점은 다음과 같다.

첫째, 독일에서는 「전화통화에 대해 접견에 관한 규정을 준용」 하도록 하고 있다. 이는 접견 제한사유가 전화통화에도 준용된다는 것을 의미한다.38)

---

36) 조준현, 행형의 이념·목적과 행형법의 개정방향, 교정연구29, 2005, 22면.
37) 신양균, 행형법개정과 수형자의 인권보장, 형사정책, 제12권 제2호, 한국형사정책연구원, 2000년, 95면.
38) 독일은 행형법의 규정에 근거하여 전화통화를 위해 특별한 접견실을 설치하여 운영하고 있으며, 보안을 위해 특별한 경우가 아니면 전화통화를 제한할 수 없다. 또한 폐쇄교도소의 경우에는 안전과 질서유지의 필요에 의해 동전을 사용하는 전화설치의 요구는 당연한 법적 요구사항으로서 설치에 대한 거부는 적정하지 않는다고 한다. 이와는 달리 무제한의 통화를 위한 카드전화의 설치와 무료전화의 설치는 당연한 법적 요구사항은 아니라고 한다. 그러나 이러한 전화설치가 수형자의 당연한 법적요구사항이 될 수는 없다고 하여도 그러한 설치가 근원적으로 제한되는 것은 아니다. 즉 교도소의 재량사항으로 설치를 허용할 수 있는 것이다(calliess/Müller-Dietz, Strafvollzugsgesetz, 8. Auflage, C.H.Beck, 2000, § 32 Rdnr. 1). 그 이외에도 독일에서는 전화통화를 외부와의 교통을 위한 중요한 수단으로 인정하면서, 서신의 대체수단으로 인정할 수 있다고

둘째, 독일에서는 전화통화 상대방의 정보권을 보호하는 측면에서 「전화통화의 감시」가 필요한 경우 상대방에게 이를 통고해야 한다고 규정하고 있다.

독일의 행형법 규정을 참고하여 우리나라 「형의 집행 및 수용자의 처우에 관한 법률」에서도 전화통화를 제한할 수 있는 기준을 규정해야 할 것이며, 상대방에 대한 정보보호권에 대해서도 규정해야 할 것이다. 그밖에 전화사용은 현대사회에서 일상적인 용도로 사용되고 있고 수형자의 전화통화는 대화내용을 청취하는 것을 조건으로 할 수 있으므로 수형자의 외부교통을 촉진한다는 차원에서 전화통화를 폭넓게 허용할 필요가 있다.[39]

3. 화상접견제도

이 제도가 접견의 활성화를 통한 수형자의 심리적 안정을 도모할 수 있는 장점이 크기 때문에 많은 문제점에도 불구하고 이를 확대·실시방안에 대한 연구가 요구된다. 그리하여 접견을 담당하는 전담직원의 증원, 화상접견 기기 및 화상접견실 부족의 해소와 화상장비의 노화를 개선함으로써 일반 인터넷망의 활용을 촉진하고, 향후 인터넷망을 이용한 화상면회시스템으로의 발전을 도모하여야 하며, 수형자의 인권신장과 변호인의 접견권 보장을 위해 변호인과의 접견에 화상접견시스템을 구축하여 변호인의 접견을 활성화하는 방안이 요청된다.

한다. 다만 전화통화에서 문제로 제기될 수 있는 점은 긴급한 가족과의 통화 혹은 변호인과의 통화가 경우에 따라서는 제한될 수 있다는 것이다(Schwind, Strafvollzugsgesetz, § 32 Rndr. 2). 따라서 이에 대한 해결방안을 모색하고 있다(조병인·원혜욱·민수홍·이경제, 전게논문, 89면에서 재인용).

39) 정진수, 전게논문, 824면.

첫째, 교정인력의 증원이 요망된다. 새로운 수용자처우의 시행에 있어서 가장 큰 문제는 절대적인 교정직원의 부족에 있다. 이외에 음성자동판독기와 같은 전자시스템을 설치하고 접견대화 내용을 자동으로 녹취하는 무입회 접견방식을 도입하게 되면 인력의 문제가 해결될 수 있다.

그밖에 전문성도 해결해야 할 중요한 과제라 할 것인 데, 자질과 능력을 갖춘 교정공무원을 선발하여 적절한 교육을 통해 전문적 지식과 기술의 습득, 전문직업인으로서의 지위 확보 등 교정공무원의 전문성이 확보되어야 할 것이다.[40]

둘째, 일반 인터넷망의 활용이다. 인터넷망을 활용할 경우의 장점으로는, 저렴한 통신비로 서비스의 극대화를 도모할 수 있으며, 사동별 화상 면회 및 접견소 설치가 가능하여 교정인력의 절감효과를 기대할 수 있다. 단점으로는 보안문제가 발생할 가능성이 있다는 것이다.

보안유지의 문제만 해결된다면 인터넷망을 활용하는 방안이 전용망을 이용하는 경우보다 많은 장점을 지니고 있으므로 그 도입이 요망된다.

4. 가족접견제도

첫째, 현재 가족만남의 집은 안양·대구·대전·광주·마산 및 청주교도소 등 6개소에 설치되어 있어, 이외의 교도소에 수용된 수형자의 경우에는 먼 거리를 직원의 계호하에 호송차량을 이용하는 불편을 감수해야 하기 때문에 직원이나 심지어 수형자 자신에게도 별로 인기가 없는 실정이다.[41]

---

40) 박양빈, 21 세기 교정의 진로와 과제, 21세기 교정비젼과 처우의 선진화방안 」,한국형사정책연구원 연구보고서, 2003-16, 105 면.
41) 가족만남의 집이 설치되지 않은 교도소의 수용자가 이용하는 불편의 정도는 지역에 따라 다를 수밖에 없다. 결국 이 문제는 각 교도소마다 가족만남의 집을 설치·운영하는 데서 그 해결책을 찾아야 한다고 본다. 이렇게 될 때 가족만남의 집을 이용하는 수형자도 확대될 수 있고 모든

둘째, 가족만남의 집을 이용하는 경우 계호직원이 배치되어 수형자와 그 가족의 동태를 감시하고 있고 계호직원은 출입문까지 외부에서 시정하도록 하고 있다.

이와 같이 직원에 의한 감시·감독하에 이루지는 경우 이용자나 그 가족이 받는 심리적 압박감 때문에 자유로운 분위기 조성이 어려울 것으로 본다.[42]

셋째, 현재 이용기간은 1박 2일을 원칙으로 하고 있다. 물론 이 기간도 일반수용자의 접견시간이 1회에 10분내지 30분에 그치고 있는 것에 비하여 대단한 혜택이라고 할 수 있겠지만, 이용대상자의 형기가 5년 이상인 자에 한정되고 있는 점에 비추어 볼 때 특히 10년 이상 복역한 수용자나 그 가족 모두에게 너무 짧은 기간이 되고 있다. 기간의 연장이 요망된다.

II. 서신

독일행형법 제28조 제1항은 접견권보다 더 광범위하게 서신권을 인정한다. 수형자는 정기적으로 그리고 제한된 범위내에서가 아니라, 언제나 범위나 회수에 제한없이 서신을 「발송」 하고 「수령」 할 수 있다.[43] 다만 접견의 경우와 마찬가지로 교정시설의 안전과 질서를 위태롭게 할 수 있는 경우나 또는 수형자에게 유해한 영향을 미치거나 사회복귀에 지장을 줄 염려가 있는 경우 특정인과의 서신왕래를 금지할 수 있다(제28조 제2항).

수형자에게 가족접견의 혜택을 골고루 부여할 수 있을 것으로 기대된다(허주욱, 교정학, , 2004, 384 면에서 재인용).

42) 허주욱, 전게서, 384면에서 재인용.

43) Calliess/Müller-Dietz, Rdnr. 28 zu§28 ; Kaiser/Kerner/Schöch, a.a.O., S. 154.

그러나 가족과의 서신왕래는 위의 이유로도 제한할 수 없음은 접견의 경우와 마찬가지이다(제28조 제2항). 서신수발의 검열은 모든 경우에 허용되는 것은 아니며 처우상 또는 시설의 안전과 질서유지를 위한 근거가 있을 때에 한하여 허용된다(제29조 제3항). 그러나 변호인과의 문서수발, 연방 및 주의 의회와 의원에 대한 수형자의 서신은 제외된다(제29조 제1항,제2항). 서신의 압류는 헌법상의 표현의 자유와 독일행형법 제28조에 보장된 서신권에 대한 중대한 침해이므로 압류사유에 관하여는 상세한 규정을 두고 있다(제31조).

생각건대 교정의 목적을 수형자의 인권보호와 사회복귀의 촉진에 두는 오늘날의 교정이념에 비추어 볼 때 수형자에게 외부인과의 접견·서신권을 부여하고, 교도소의 안전과 질서를 위태롭게 할 수 있는 경우나 수형자의 사회복귀를 방해가 염려가 있는 때에 한하여 예외적으로 접견·서신을 금지시키는 독일행형법의 입법태도가 바람직하다고 본다.

서신에 관한 현행법을 다음과 같이 개선하는 것이 바람직하다.
(구)행형법은 서신수수를 소장의 허가사항으로 규정하였으나, 「형의 집행 및 수용자의 처우에 관한 법률」은 수용자의 서신수수권을 권리로서 인정하고 있다. 따라서 원칙적으로 서신수수에 대하여 검열 없음을 규정하고 있고 예외적으로 서신검열을 하는 경우에도 그 사유를 구체적이고 제한적으로 규정하고 있다(제43조 제4항).

그런데 검열허용사유를 법률로 정하고 있으면서(제43조 제4항 단서1

호,2호,3호), 제4호 「대통령령으로 정하는 수용자간의 서신인 때」 라고
규정하고 있는 것을 법률에서 구체적으로 정해야 할 것이다.

제43조 제2항은 같은 교정시설의 수용자간에 서신을 주고 받으려면 소
장의 허가를 받아야 한다고 규정하고 있는 데, 이는 다른 교정시설에 수용
된 자와는 외부인과 동일하게 취급하고 있는 것과 비교해 볼 때 형평성에
있어서 문제가 제기된다.
친족이나 변호인과의 서신교환에 대해서는 이를 금지하거나 내용을 검
사할 수 없도록 명문규정을 두어야 할 것이다.
또한 제43조 제1항의 '서신수수'의 금지사유와 동법 제43조 제4항의
발신 및 수신의 금지대상이 되는 사유로 규정되어 있는 「수형자의 교화
또는 사회복귀를 해칠 우려가 있는 때」 , 「시설의 안전 또는 질서를 해칠
우려가 있는 때」 라는 사유는 그 의미가 광범위하므로 보다 구체적으로
개정하거나 삭제하는 것이 타당하다고 생각한다.

제 7 장
수형자의 외부통근

제1절 머릿말

외부통근은 수형자의 「사회내 처우의 이상」을 실현할 권리로서 외부교통권에 속한다.1)

그런데 외부통근은 자유형의 본질에 반한다는 이유로 원칙적으로 허용되지 않았으나 교정의 사회화에 따라 수형자의 사회복귀를 위한 수단으로서의 외부통근제도가 도입되었다. 그리하여 외부통근에 대하여서는 「사회내 복귀」와의 접점을 이룬다는 의미에서, 「중간 처우」라든가 「반자유(半自由) 처우」라는 측면에서 검토되고 있다.

외부통근(또는 외부통근작업)은 수형자가 계호없이 시설외에서 작업을 하고 야간과 휴일에는 시설에서 생활하는 제도라는 점에서 교도관의 계호와 감시감독을 받는 구외작업(構外作業)과 다르며, 또 야간에 시설로 복귀한다는 점에서 자유노역제와는 다르다고 하는 견해도 있다. 2) 그러나 외부통근은 나라마다 그 제도가 다양하며 우리나라에서도 그 정의가 천차만별이다. 즉 주간에 시설외에서 작업하는 것3), 행장이 양호한 수형자가 교정공무원의 계호없이 시설외에서 작업하는 것4), 주간에 계호없이 시설외에서 작업하는 것으로서 주로 주간가석방제도라는 것5) 등이 그것이다.6)

---

1) 넓은 의미에 의한 외부교통권에 의하면, 「외부통근」 외에 「접견 및 서신」에 의한 「사회내 복귀이념」을 실현할 권리 및 신문 등의 구독 내지 저작발표에 의하여 이른바 「알 권리」의 보장 내지 「독서의 자유·표현의 자유」를 보장할 권리 등을 포함한다.
2) 조병인·원혜욱·민수홍·이경제, 수용자외부교통확대방안연구, 한국형사정책연구원, 2004, 65면.
3) 박성래, 교정행정에 대한 국민의식조사, 한국형사정책연구원 연구보고서, 2003-32, 40면,
4) 박상기·손동권·이순례, 형사정책, 한국형사정책연구원, 2003,458면.
5) 정영석·신양균, 형사정책, 2002, 519면.
6) 이러한 외부통근제를 대학 등 학교에의 출입으로 허가할 때에는 이를 「외부통학제」(study-release)라 부른다.

이러한 외부통근제는 단순한 직업의 보도만을 위하여 운용되지 않고 사회내 물정에 밝게 하여 그 적응능력을 개발하는 방안, 즉 개방처우의 일환으로 운용되었다.

제2절 입법례

I. 영미

1. 미국

미국에서 외부통근(work release)이라 함은 수형자가 최소한의 감시나 제한을 받으면서 시설외의 기업에서 임금노동을 하는 것을 말한다.

미국의 각주에서는 다양한 형태의 외부통근제도를 실시하고 있으며 그 명칭도 다양하다. 즉 「알라바마 교정국」(Allabama Department of Correction) 산하 「불록 교정시설」(Bullock Correctional Facility)에서는 1955년부터 「경구금」(minimum custudy)의 수형자에게 자동차정비·세탁업 및 목공업 등 의 작업을 하는 일종의 구외작업을 하며, 미시간주의 「리빙스톤 카운티」(Livingston County)에서는 야간구금식·주간외부통근작업을 하며, 「플로리다」주 「폴크 카운티교정국」(Department Detention)에서는 「주말외부통근」(Weekend Work Release Program)을 하며, 「워싱턴」주 「교정국」(the Washington State Department of Correction)산하 「벤쿠버」시 「클라크 카운티」(the Clark County Sheriff's Office)에서는 「사법형 외부통근제도」를 시행하고 있다7).

일반적으로 미국의 외부통근은 수형자가 형기의 10분의 1을 복역하고 규율위반 등의 사실이 없어야 한다.

2. 영국

영국의 외부통근제도는 1947년 「스코트란드」(Scotland)의 「브리스톨」(Bristol)에서 소년수형자를 시작으로 1953년에 남자성인수형자에게 실시하였고, 「잉글랜드」(England)에서도 1953년에 실시하였다.8) 그후 1955년 「파크허스트」(Parkhurst)에서도 실시하였는 데, 수형자의 취업편의를 위하여 산업도시인 「브리스톨」 시설로 이송하여 실시하였다. 당시 영국의 외부통근의 특징은 출소후의 문제에 대하여 각 사회단체로부터 「오리엔테이션」(Orientation)을 받고 정부의 지원하에 전국적인 조직망을 가지고 있는 NACRO(National Association For the Care and Resettlement of Ofenders)에 의하여 직업훈련 및 취업알선 등의 편의가 제공된다는 것이다.9)

3. 카나다

카나다에서는 「당일가석방」(Day Parole)제도가 행하여졌다.10) 「당일가석방」 제도는 「교정국」(Department of Correction)이 가석방심사위원회의 승인을 얻어 수형자가 사회에서 일하게 하는 제도이다. 그 후 이 제도는 석방준비를 위한 제도로 바뀌어 외부통근제도와는 부합하지 않

---

7) 조병인 · 원혜욱 · 민수홍 · 이경제, 전게논문, , 255~259면.
8) 김종정외, 수형자외부통근제도에 관한 연구, 형사정책연구원, 1999, 59면
9) 상게논문, 60면.
10) 조병인 · 원혜욱 · 민수홍 · 이경제, 전게논문, 261면.

게 되었다. 그리하여 1992. 11. 「교정 및 조건부 외부통근법」(The corrections Release Act)의 제정으로 외부통근제도가 본격적으로 시행하게 되었다.11) 이 통근제도는 시설외에서 작업을 하고 다시 교정시설 또는 「중간처우의 집」(Halfway House)에 구금되는 일반적 형태의 외부통근제도이다.

4. 호주

호주는 외부통근제도의 원형이라고 할 수 있는 구외작업에서부터 발달하였다. 그리고 식민지시절 누진처우의 방법으로서 조건부 석방전에 구외작업의 교정성적이 석방에 많은 도움을 준 특징이 아직도 있다.12)

호주에서의 외부통근제도는 「남성수용시설」(Silverwater Complex)과 「여성수용시설」(Nora Parker Center)에서 각각 최경구금처우로 잔형기를 복역하면서 사회에서 정상적인 생활을 할 수 있도록 이른바 Silver-water Work Release Programme이 그 대표적이라 할 수 있다.13)

II. 유럽

1. 독일

독일 행형법은 교정의 완화를 위한 조치로서 여기에는 다음의 4가지가 있다.

---

11) 상게논문, 261면.
12) 이정찬, 현대 행형학, 1978, 136면.
13) 김종정외, 전게논문, 58면.

첫째 「외부노역」(Auß-enbeschäftigung) -교도소 밖에서 규칙적으로 교도관의 감독하에 노역하게 하는 것.

둘째 「자유노역」(Freigang) - 교도소 밖에서 규칙적으로 교도관의 감독 없이 노역에 전념하게 하는 것.

셋째 「동반외출」(Ausführung) - 수형자가 하루 중 어느 특정시각에 교도관의 감독하에 시설을 떠나게 하는 것.

넷째, 「외출」(Ausgang) - 수형자가 하루 중 어느 특정시각에 교도관의 감독 없이 교도소를 벗어날 수 있게 하는 것.

2. 프랑스

「프랑스」의 외부통근제도는 「마르세이유」(Marseilles')의 「보멧」 교도소를 효시로 하여, 1951.1.11.부터 부령으로 수형자는 석방 3개월 전에 이른바 「반자유제」(Semi-Liberte)를 실시하도록 하였다.14) 이들은 반자유센타에서 4개월간 수형생활을 하면서 행장이 양호하면 가석방시켰다. 이들을 Semi-Liberte의 「이니샬」을 빌려 흔히 S.L.이라고 불렀다.

3. 벨기에

「벨기에」에서는 일찌기 1933년부터 「반자유사동」(Pasvilions de Semi-Liberte)에 누진처우최상급소년수형자를 수용한 것이 그 효시였다.15) 이 소년수형자는 매일 외부에 통근하여 사회내 직장에서 작업을 하고 그가 받은 임금은 교도소비용을 제외하고 자기가 가진다. 그리고 경우

---

14) 상게논문, 61면.
15) 상게논문, 61면.

에 따라서는 외출도 할 수 있었다. 물론 여기의 소년수형자도 처음부터 외부통근을 할 수 있는 것은 아니고, 「시찰사동」·「제1처우사동」 및 「제2처우사동」의 단계를 거쳐 마지막에 외부통근을 할 수 있는 이른바 「반자유사동」에 들어오게 된다.16)

Ⅲ. 일본

종래 일본의 감옥법에는 외출·휴가·외부통근에 관하여 아무런 규정이 없었다. 다만 외부통근이라기보다는 교도소의 구외에서 행하여지는 이른바 구외작업(構外作業)이 있을 뿐이었다. 구외작업은 19세기말 「이바시리」(綱走)형무소에서 행하여진 도로개척작업이 대표적이였지만, 1908년 구일본감옥법이 시행되면서 극히 예외적으로 시행하여 오던 중, 전후 수형자의 증가와 식량부족으로 인하여 토지개간을 위하여 다시 활성화되었으며, 개방처우의 일환으로서 시행된 것은 1969년 교통형무소로 개설된 「이찌하라」(市原)형무소가 그 효시라 할 수 있다.17)

그 동안 형사시설법안에서는 개방시설에 수용된 수형자가 형기의 3분의 1(무기형에 있어서는 10년)을 경과하고 석방전 지도 및 원조(제52조 ① 항)를 받고 있는 등의 사유가 있을 때 하루 중 시간을 정하여 사회복귀를 위한 용무를 보고 갱생보호관계자를 방문하는 등의 목적을 위하여 자유로운 외출을 허가할 수 있으며(제85조), 또 앞의 조건에 덧붙여 6월 이상의 형을 집행받은 수형자에게는 같은 목적으로 7일이내의 기간 시설밖에서의

---

16) 상계논문, 62면.
17) 조병인·원혜옥·민수홍·이경재, 전게논문, 262~264면.

외박을 허가할 수 있도록(제86조) 규정하고 있다. 그리고 수형자가 기간내에 귀소하는 한 외박기간은 형기에 산입된다(제89조). 이 법안은 구감옥법보다는 훨씬 앞서 있으나 이 법안이 외출·외박의 요건으로서 가석방 허가에 필요한 기간의 경과를 필요로 하고 있는 것은 사회감정을 고려한 결과로서 그 타당성에 대하여 의문이 제기되고 있었다.18)

(구)감옥법을 대체한 현행 2005.5.18.「행형시설 및 수형자의 처우 등에 관한 법률」19)은 개방처우의 일환으로 개방적 시설(제65조 제②항), 외부통근작업(제75조)·외출·외박(제85조 내지 제87조)에 대해 규정하고, 나아가 수형자의 외부교통(면회·서신수발 및 통신)을 허가하거나 금지 또는 제한함에 있어서 적정한 외부교통이 수형자의 개선갱생 및 원활한 사회복귀에 도움이 될 수 있도록 유의할 것을 명시하면서(제88조) 외부교통방법으로서 면회(제89조 내지 제92조), 서신수발(제93조 내지 제100조), 전화통신(제101조 내지 제102조)에 관해 다수의 규정을 두고 있다.

이에 대하여 日弁連은 외부교통의 범위가 전반적으로 확대되었다는 점에 대해서는 긍정적으로 평가하면서도, 외부통근작업과 외출·외박의 허가대상을 가석방을 허가할 수 있는 기간이 경과한 수형자로서 개방시설에서 처우를 받고 있거나 기타 법무성령으로 정한 사유에 해당하는 경우로 한정하는 것은 개방처우의 원칙에 반하고, 범죄성있는 자 기타 교정처우의 적정한 실시에 지장을 초래할 우려가 있는 자 등과 접촉을 이유로 외부통근

---

18) 森本益之, ‘監獄法改正と受刑者の處遇’ジュリト NO. 712, 1980, 60面.
19) 김태명, 「일본의 감옥법개정 추진과정과 쟁점」, 박재윤 교수 정년기념논문집, 2002, 531면 이하 참조.
그러나 한편으로는 「형사시설법안」과 비교해서는 어느 정도 진전된 측면도 있으나 수형자의 법적 지위 및 수형자의 처우에 관한 오늘날의 국제기준에 비추어 볼 때 불충분한 법률이라는 평가를 받기도 한다(김태명, 일본의 수형자처우법의 내용과 평가, 교정연구29, 129~130면 참조).

작업이나 외출·외박을 중지할 수 있도록 한 것은 부당하며, 특히 수형자가 지정된 일시에 형사시설에 도착하지 않는 경우에는 작업보장금계산액을 「영」(零)으로 하거나 외박기간을 형기에 산입하지 않도록 한 것은(제75조 제⑤항, 제86조) U.N.의 「피구금자최저기준규칙」이 선언하고 있는 「이중처벌금지의 원칙」에 반한다고 비판하고 있다.[20]

또한 日弁連은 외부교통의 제한사유를 「형사시설의 규율과 질서의 유지, 수형자의 교정처우의 적절한 실시 기타의 이유에 의해 필요가 있다고 인정되는 경우」로 포괄적으로 규정함으로써 수형자의 외부교통권이 「형해화」(形骸化)될 우려가 크다고 비판하면서, 최고재판소가 판시한 바와 같이 「규율 및 질서의 유지상 방치해서는 안 될 정도의 장해가 발생할 상당한 개연성이 있다고 인정되는 경우」로 제한할 것을 주장하고 있다.[21]

VI. 우리나라

우리나라 외부통근은 구외작업 형태로 1967.부터 실시된 갱생건설단제도와 직업훈련의 형식으로 외부통근이 행해진 1977.부터 시행된 외부기업체 지원 직업훈련이 있었다. 그러나 외부통근작업이 그 본래의 취지에 맞게 처음 시작된 것은 1988.12.14.부터 천안개방교도소와 군산교도소에서 시험작업이 실시된 데서 그 계기를 찾을 수 있다.

그 후 1989.1.20. 법무부 예규 제339호로 「수형자외부통근작업운영규

---

20) 일본의 「行刑施設 및 受刑者의 處遇 등에 관한 法律」에 대한 비판에 대하여서는, 土井政和, 「刑事施設と受刑者の處遇等に關する法律案について」, 法律時報 77券 5號, 1面, 2005.7. 및 「受刑者處遇法にみる行刑改革の到達點と課題」自由と正義, 56券 9號, 2005.9, 27面 以下 參照.
21) 김태명, 전게논문, 146면.

칙」이 제정·시행됨으로서 비로소 체계적인 외부통근 작업이 실시되기에 이르렀고, 다시 수형자 인력을 확대 활용하는 방안을 담은 「외부통근작업운영규칙」이 법무부 예규 제366호로 개정되어 1991.10.1.부터 시행되게 되었다. 1989.1.20. 「수형자외부통근작업운영규칙」이 제정·시행되기 전까지만 해도 외부통근작업의 법적근거나 예규에 의한 지침도 없이 법무부의 사전허가에 의한 당해 교도소장의 권한으로 시행되었다고 볼 수 있으며, 1989년에 제정·시행된 「수형자외부통근작업운영규칙」도 모법인 (구)행형법에 근거가 없는 것은 동일하다.[22]

마침내 외부통근작업을 적극적으로 시행하기 위하여 1995.1.5. 법률 제4936호로 시행된 (구)행형법 개정에 의하여 외부통근작업의 법적근거가 명문으로 마련되었다.

(구)행형법 제35조 제2항에서는 「수형자의 사회복귀와 기술습득을 촉진하기 위하여 필요하다고 인정되는 경우에는 외부기업체 등에 통근작업하게 할 수 있다」고 규정하고, 제3항에서는 「제2항에 의한 통근작업에 관하여 필요한 사항은 법무부장관이 정한다」라고 규정하고 있고, 이 규정에 따라 제정된 것이 「외부통근작업운영규칙」(법무부예규 제689호, 2003.12.30)이다. 그 후 여러 번의 개정(1997.6.1, 198.7.1., 199.3.1., 2002.6.1, 2004.1.1)을 거쳐 현재 2005.8.31. 법무부예규 제735 「외부통근작업운영규정」에 의거 운영되고 있다.

---

22) 법적근거 없이 외부통근작업을 시행하였다고 보는 주장이 부당하다는 견해도 있다(김화수, 한국 개방처우제도의 발전방안에 관한 연구, 2000, 단국대학교 박사학위논문, 100면).

제3절 문제점과 개선방안

I. 외부통근의 순화와 효율화

교정의 목적은 사회복귀이다. 여기서 사회복귀는 수형자를 본래의 상태로 복귀하는 것이 아니라 교정·교화·교육하여 사회의 일원으로서 재편입시키는 「재사회화」이며 국가는 이 「재사회화」에 사회국가원리에 입각하여 원조를 주어야 한다[23]. 그런데 교도작업은 강제노역이며, 외부통근은 교도작업의 특례로서의 작업이며, 직업훈련은 작업과는 별도의 성격을 지닌 교육이다. 그러나 이 세 가지는 모두 수형자의 사회복귀를 목적으로 한다는 점에서는 동일하다. 그렇다면 교도작업·직업훈련 및 외부통근은 보다 체계적이고 조직적으로 운영할 필요가 있다.[24]

동시에 자유형순화론에 의하면, 자유형은 자유를 제한하는 데 그치며 그 이상의 제한은 아니라는 것이다.[25] 그렇다면 궁극적으로는 수형자에 대한 형벌적 성격은 축소되고 원조성격을 지닌 외부통근과 직업훈련을 확대하여야 한다.

한편 출소후 수형자의 안정적 직업을 확보하기 위하여 첨단 직업훈련의 실시, 정보화교육의 전문화를 위하여 「전일근로제」의 도입, 「교도삭업 건설공사반」의 운영 및 「교도작업전문화」를 추진하여야 한다.

---

23) 한영수, 행형과 형사사법, 2001, 세창출판사, 59면,
24) 조병인·원혜옥·민수홍·이경제, 전게논문, 340면.
25) 津田博之, 刑務作業「21世紀の 刑事施設」(刑事立法硏究會 編), 2003, 159面.

Ⅱ. 임금제도의 도입운영

우리나라에서는 아직 수형자에 대한 임금제도가 도입되어 있지 않기 때문에 작업에 취업한 수형자에게는 임금대신 작업기술숙련도 및 작업의 경중과 누진계급에 따라 산정한 작업장려금이 국가의 은혜적 급부로서 지급되고 있다.26)

그런데 작업장려금 지급액은 「수용자 작업장려금지급규정」에 따르면 이들이 출소한 후 자립생활자금의 조성에 별로 도움이 되지 못하고 있다.

수형자의 임금에 대하여서는 상반된 두 가지 견해가 있다.

먼저 자유형의 집행은 국가의 형벌집행권의 일환이기 때문에 노동에 대한 대가를 지급하는 것은 이러한 형벌집행권의 성질상 인정될 수 없고, 국가와 수형자간에는 근로계약 관계가 성립되지 않으므로 국가는 임금을 지불할 의무가 없으며, 이러한 범법자에게 임금을 지급한다는 것은 이율배반적인 결과를 초래하므로 임금제도는 채택되어서는 안된다는 견해가 있다.27)

반면 자유형의 목적이 수형자의 개선에 있기 때문에 수형자에게 근로의 대가인 임금을 지급하게 되면 개선과 근로의욕을 증대시킬 수 있으며, 본인의 가족생계비를 부담하고 피해자에게도 손해배상의 기회를 제공할 수 있는 이점이 있기 때문에 임금제도는 수형자의 인권보장을 위해서도 채택되어야 한다고 한다.28)

---

26) 조병인, 수형자처우에 대한 시민감시제도연구, 한국형사정책연구원, 2004. 53면.
27) 작업상여금의 법적 성격에 대하여서는 대체로 은혜적 급부라는데 의견이 일치하고 있다(배종대 · 정승환, 행형학, 235 면).
28) American Bar Association & Council of State Governments, 『Compendium of Model Correctional Legislation and Standards』, 1972, pp.Ⅳ-12.

생각건대 교도작업에 대한 보수 즉 임금제가 이상적으로는 요망된다. 그것은 수형자의 근로의욕을 높힘과 동시에 스스로의 노동의 대가로서 얻은 금전으로 구금중 생활비 내지 가족으로의 송금 및 피해자에 대한 변상 등에 충당하며, 석방후 새로운 준비금을 저축하는 등 수형자에게 사회인으로서의 자각을 촉구하고, 장래에의 희망을 부여하는 것에 의해서 재사회화에 유용하기 때문이다. 그러나 현실의 문제로서 교정시설내에서 수형자의 희망에 대응한 업종과 작업량을 확보하는 것은 곤란하므로, 대다수의 수형자는 한정된 작업에 종사하는 수 밖에 없고, 그것에는 통상 숙련되지 않으므로 능력적으로도 근로의욕적으로도 능률은 떨어지고, 제품의 출하에도 불량이 있어 민간기업과 동일한 임금을 획득할 수 없는 것이 일반적이다. 작업내용으로서의 직업훈련이 그 목적이 되는 경우에는 더욱 그러하다. 그럼에도 수형자에게 상당한 임금을 급부하려고 한다면 국고로부터 다액의 원조를 받지 않을 수 없고, 그것은 수형자를 일반 노동자 이상으로 처우하는 것이 되어서 국민감정상 용납되지 않는다.

따라서 현시점에 있어서 교도작업에 임금제를 채용하는 것은 시설내에서 숙련기술을 활용할 수 있는 한정된 수형자 내지 외부통근에 의해서 일반 노동자와 동일한 조건에서 작업에 임하는 소수의 수형자 등 극히 일부의 자를 제외하고는 곤란하다고 해야 한다. 또 이들의 한정된 수형자에게만 임금제를 실시하는 것도 일반수형자와의 구별에서 커다란 혼란을 피할 수 없다고 하겠다.

그런 의미에서 2005.3.18 일본의 형사시설 및 수형자의 처우등에 관한 법률안(약칭 신법안)대한 일본변호사연합회의 의견에 의하면, 임금제의 도입은 곤란하고 일본 형사시설요강안(36항)이 새로이 보장금제도를 고안하고, 동 요강에서 규정하는 「보상금의 액은 작업의 종류 및 내용에 의한 동종작업에 대한 일반사회에서의 임금액 등을 고려하여 정하는 금액을 기준으로 하여, 본인의 작업성적·취업태도 기타 작업에 관한 사정을 참작하여 정한다」는 산정기준을 정하는 정도가 현재로서는 무난하다.

우리나라에서는 수형자의 작업수입금은 국고수입으로 하며 단지 「작업장려금」의 지급을 인정하고 있다(제73조 제1항·제2항). 이 작업장려금은 임금이 아니며 단순한 국가의 은혜로 수여되는 것이고 수형자들의 작업의욕을 고취하기 위한 정책적 배려에 의한 것이다. 그리고 그 금액은 일반 자유인의 노임보다 훨씬 낮으며 석방시의 통산지불을 원칙으로 하고 예외적으로 본인의 가족생활부조나 교화 또는 건전한 사회복귀를 위하여 특히 필요하면 이의 석방전지급을 인정하고 있다(동조 제3항).

이와 같이 우리나라에서는 아직 수형자에 대한 임금제도가 도입되어 있지 않기 때문에 작업에 취업한 수형자에게는 임금대신 작업기술숙련도 및 작업의 경중과 누진계급에 따라 산정한 작업상여금이 국가의 은혜적 급부로서 지급되고 있다.

국민의 법 감정상으로 볼 때도 모든 범죄자에게 국가의 예산으로 임금을 지급하는 것은 시기상조라고 본다. 그러나 외부통근자에게는 예외적으로 임금을 지급할 수 있는 제도를 도입·운영할 필요성은 있다고 본다.[29]

---

29) 한국형사정책연구원, 「개방교도소의 발전방안에 관한 연구」, 1989, 244면.

Ⅲ. 외부통근의 조기실시와 기술습득 위주의 외부통근작업 실시

외부통근자를 선정함에 있어서 잔여형기에 집착하지 말고 형이 확정되어 그 집행이 개시된 후 일정기간 분류심사와 그에 따른 처우 준비기간을 거쳐 바로 외부통근을 실시하는 것이 바람직하며, 외부통근 작업의 종목도 기계조립·자동차부품조립·식품가공 등으로 사회에서 활용도가 낮거나 거의 기술이 필요 없는 단순노무작업을 지양하고 「기술습득 위주의 외부통근작업」을 실시하여야 한다.

동시에 직업훈련은 최근에 특히 청소년수형자를 대상으로 활발히 이루어지고 있지만, 그것은 단지 직업기능을 부여하는 것만이 아니라 동시에 근로가 가지는 사회적 의미에 있어서 인간관계의 유지방법을 체득시키는 것이라 할 수 있다.

Ⅳ. 무계호 출퇴근 제도의 확대 및 계호책임 완화

외부통근제도의 본래취지는 수형자의 자율성과 책임성을 배양하고 사회적응능력을 함양하는데 있다. 따라서 교정공무원의 감독하에 행하여지는 외부통근작업은 이 본래의 취지와 배치된다. 따라서 「무계호 출퇴근제도」의 확대가 요망된다.

다행히 수형자들에 대한 사회적응훈련의 효과를 제고하기 위하여 교도관의 감시 없이 외부기업체에 출·퇴근하는 「무계호 출퇴근 제도」를 1999.4.1.부터 일부 시행하게 되었다. 1999. 4. 1.부터 수원교도소와 천안

개방교도소에서 시범실시를 한 후 1999. 6.부터 각 지방교정청별로 1개 기관을 추가 확대 실시하고 있는 데, 이의 확대실시가 요망된다.

여기서 문제는 무계호 출퇴근자는 사회근로자와 같이 작업에 임하고 있기 때문에 계호여건이 매우 불리함에도 도주사고가 발생하는 경우에는 폐쇄처우시설에서의 계호자와 동일한 책임을 지우고 있다.

따라서 이의 완화책이 검토되어야 한다.30) 그렇지 않으면 외부통근자 선정은 「외부통근작업운영규정」 의하여 선정하는 데, 특히 도주의 우려가 없고 보호관계가 양호하여 안정적인 수용생활을 하고 있는 자를 우선적으로 선발하게 된다. 이러한 단기수 위주의 선정은 도주의 미연방지에 있을 뿐 외부통근작업제도의 취지에 반한다.31) 이것이 바로 선정요건의 엄격성 완화가 요망되는 이유이다. 또 이렇게 함으로써만이 외부통근작업 취업인원이 확대될 수 있다.

V. 교도작업과는 독립된 외부통근작업제도의 도입

교도작업은 자유형의 본질로서의 강제노역을 집행하는 데 대하여, 외부통근작업은 수형자의 기술습득과 사회적응능력의 함양을 궁극적 목적으로 하는 수형자 교정처우이다. 따라서 양 제도는 그 지향목표도 서로 다른 제도임에도 불구하고 외부통근작업이 교도작업에 편입되어 교도작업의 일부로서 시행되는 것은 외부통근작업의 본래의 취지에 반한다 할 수 있다. 따라서 수형자의 기술습득과 사회적응능력 함양이라는 외부통근작업 본래

---

30) 조병인, 전게논문, 543면.
31) 김종정, 전게논문, 121~122면.

의 취지를 감안하여 외부통근 작업제도는 독립된 기구와 운영이 필요하다.[32]

VI. 기업관계자와의 적극적 협력

외부통근제는 수형자를 일반사회의 공장 등에 통근시키고 통상의 노동자와 함께 노동에 종사시키는 것으로서, 시설내의 교도작업과는 달리 개전을 촉진하는 효과가 크다. 외부통근에 있어서는 작업의 종류도 교정시설내에서와 같이 한정적이지는 않고 작업기술에 관해서도 최신의 것을 몸에 익히기 쉽다는 등의 잇점이 있다.

그런데 외부통근제가 성공적이 위하여서는 무엇보다도 수형자를 받아들이는 기업관계자 등의 적극적인 협력이 불가결하다. 그들에게는 민간교정 협력자로서 따뜻하고 엄하게 수형자를 지도해야 할 입장에 있다. 그리고 외부통근을 한 수형자가 석방된 후 당해 기업에 그대로 취직되는 편의가 제공된다면 그 자의 재사회화의 가능성이 현저하게 높아진다는 것은 말할 필요도 없다.[33] 교도소 당국과 기업관계자와의 적극적 협력이 요망되는 이유가 여기에 있다.[34]

---

32) 한국형사정책연구원, 수형자 외부통근제도에 관한 연구, 212면.
33) 大家 仁, 行刑의의 現實と 展望, 大家 仁·平松義郎 編, 行刑의 現代的 視點, 1981, 298面.
34) 조병인, 전게논문, 52면.

Ⅶ. 외부통근자의 범위확대와 선정기준완화

외부통근자의 선정기준은 외부통근작업운영규정 제4조에 의거, 5년 이내에 가석방이 가능한 18세 이상 60세 이하인 수형자로서 형기의 3분의 1을 경과한 후 잔형기간 7년 미만 인 자, 심신이 건강하여 작업을 감내할 수 있는 자, 생활태도가 양호하며 가족·친지 또는 교정위원 등과 접견·서신·전화통화 등으로 연락하고 있는 자, 가석방 제한사범에 해당하지 아니하는 자 및 교정시설의 장이 작업 또는 교화상 특히 필요하다고 인정되는 자 등 그 기준이 매우 엄격하다.

외부통근제는 사정이 허용된다면 되도록 광범위한 수형자에 대해서 석방전의 체험을 가지게 할 것이 요망된다.[35] 그러나 실제로는 일반적인 사회감정은 안이하게 이 제도를 확대시킬 수 없는 것이 현실이므로 이것에 적합한 수형자를 선출하는 데는 신중하지 않으면 아니된다.

일본 형사시설법안에서는 개방시설에 수용된 수형자가 형기의 3분의 1(무기형에 있어서는 10년)을 경과하고 석방전 지도 및 원조(제52조 1항)를 받고 있는 등의 사유가 있을 때 하루 중 시간을 정하여 사회복귀를 위한 용무를 보고 갱생보호관계자를 방문하는 등의 목적을 위하여 자유로운 외출을 허가할 수 있으며(제85조), 또 앞의 조건에 덧붙여 6월 이상의 형을 집행받은 수형자에게는 같은 목적으로 7일이내의 기간 시설밖에서의 외박을 허가할 수 있도록(제86조), 규정하고 있는 것도 사회감정을 고려한 결과로서 그 타당성에 대하여 의문이 제기되고 있다.[36]

---

35) 상계논문, 53면.
36) 森本益之, 前揭論文, 60面.

그러나 자유형순화론에 의하면, 자유형은 자유를 제한하는데 그치며 그 이상의 제한은 아니며 궁극적으로는 수형자에 대한 형벌적 성격은 축소하고 원조성격을 지닌 것이라고 이해할 때 외부통근은 보다 확대하여야 한다.

그런 의미에서 2005.3.18 「형사시설 및 수형자의 처우등에 관한 법률안(약칭 신법안)에 대한 일본변호사연합회 의견에서, 「외부통근과 외출외박에 관하여, 개방처우의 경우 등에 한정하거나 또는 가석방을 허용할 정도의 기간을 경과할 것 등의 요건은 필요하지 않다」고 하면서. 외부통근 및 외출외박은 교도소장의 실무적인 재량에 의하여 실시되는 것으로서, 재량에 부가하여 개방처우의 경우 「가석방을 허용하여도 될 정도의 기간의 경과」등의 요건(신법안 75조, 85조)은 본래 불필요한 가중요건이라고 하였다.

제4절 맺는말

I. 현실적 과제

첫째, 양적 확대이다.

현행 외부통근은 장기 수형자가 석방기일이 가까워지면 가석방대상에 포함되어 있는 사람 중에서 「외부통근작업운영규정」과 「가석방업무지침」에 따라 선정요건에 부합한다고 판단될 때 소장이 외부통근자로 결정한다. 이를 「행정형 외부통근제도」라고 한다.[37]

---

37) 외부통근(또는 외부통근작업)에는 3가지가 있다.

그러나 외부통근자를 선정함에 있어서 잔여형기에 집착하지 말고 형이 확정되어 그 집행이 개시된 후 일정기간 분류심사와 그에 따른 처우 준비기간을 거쳐 바로 외부통근을 실시하는 것이 바람직하다.

둘째, 계호의 완화이다.

현재 우리나라 외부통근은 직원의 계호하에 이루어지고 있다는 점에서 「계호형 외부통근제도」 이다.[38]

따라서 형식상의 계호이든 실질상의 계호이든 계호인원은 최대한 완화하여야 한다. 개인 스스로 또는 자치적으로 외부통근작업에 적응하도록 하여야 한다. 교정공무원들이 외부통근자들을 인솔하여 출퇴근시킬 필요 없이 거주시설에 배치하여 외부통근자들의 생활지도에 활용하는 것이 좋다. 계호를 받아야할 정도의 위험성이 있다면 당초에 선정대상에서 제외하는 것이 좋다.

셋째, 민간교정협력자의 투자이다.

외부통근제도는 질적인 개선도 필요하지만 많은 기업이 누릴 수 있도록 양적 확대도 중요하다. 그러기 위하여서는 투자는 필수적이다. 이를 이상적

첫째, 사법형 외부통근으로서, 법원이 형을 선고 할 때에 일종의 형벌로서 부과하는 것인 데, 미국의 위스콘신 주에서 주로 경범의 수형자를 대상으로 실시한데서 유래한 것으로서 현재 미국의 많은 주에서 행하고 있다(이정수·정동진·장석헌, 개방교도소의 발전방향에 관한 연구 – 개방처우를 중심으로, 한국형사정책연구원, 1989, 43면 ; 김형준, 범죄자처우의 현대적 동향 – 개방처우를 중심으로, 법학논문집, 제15집, 1990.12, 중앙대학교 법학연구소, 153면 ; 김종정, 전게논문, 49면).
둘째, 행정형 외부통근으로서, 교도소 등에서 행하는 것으로서, 유럽·미국의 일부 주·일본 및 우리나라에서 행하는 유형이다.
셋째 사법형과 행정형을 절충한 제도도로서 미국의 노스 캐로라이나 주에서 행하고 있다.
38) 다행히 그 동안 모범수형자들에게 외부통근작업이나 외부기업체 출장훈련 등을 실시하여 이들의 사회적응력 배양에 상당한 성과를 거두어 왔으나 교도관들의 계호하에 출·퇴근함으로써 수형자의 자율성과 책임성을 배양하는 데에는 한계가 있었으므로 수형자들에 대한 사회적응훈련 효과를 높이기 위하여 교도관의 감시 없이 외부기업체에 출·퇴근하는 "무계호 출퇴근 제도"를 1999.4..1 일부터 일부 시행하게 되었다. 즉, 1999.4..1부터 수원교도소와 천안개방교도소에서 시범실시를 한 후 1999.6.부터 각 지방교정청별로 1개 기관을 추가 확대 실시하였으며 2000.8.말 현재 10개소에서 300여명이 출퇴근 작업을 하고 있다. 수송수단은 교도소 또는 기업체 등의 지정차량을 이용한다.

으로 운영할 수 있는 방법이 있다면 자본과 기술을 투입하고 유능한 기능을 가진 일반근로자를 고용하고 여기에 외부통근자를 취업시키는 이른바 「자영외부통근작업제도」를 들 수가 있다. 이는 다분히 모험일 수 있지만 그 운영여건이 조성될 때까지는 우선 부분적으로 시행하는 방법도 있을 수 있다. 가령 각 교정시설에서 필요로 하는 가공식품의 제조·영농 및 축산 등을 들 수가 있다.

금후 교도소 당국과 기업관계자와의 적극적 협력이 요망되는 이유가 된다.

또 「자영외부통근작업제도」가 실시된다면 임금제도를 도입하는 문제도 자연 해소될 수 있다고 본다.

넷째, 현실적인 문제로서 임금지급의 문제이다.

과거 수형자는 반사회적 행위로 처벌을 받기 때문에 그들이 행하는 작업을 통하여 얻어지는 수입은 당연히 국고에 귀속되어야 한다는 이른바 「작업수입국고귀속주의」에 따라 그에게 임금을 지불하는 것은 부당하다고 하였다.

그러나 현대의 교정주의 이념 하에서는 수형자의 교정·교화에 유리한 한 작업임금제의 채택도 고려해야 한다.

1) 작업임금세는 수형자에게 근로의 신성성을 의식케 하고 자발적 노동의욕을 고취하며 수형자의 자기존중심을 제고한다.

2) 작업수입의 일부를 국가에 제공하여 교도소 운영상의 재정적 손실을 막으며 피해자에 대한 보상금으로도 지불케 함으로써 수형자의 책임의식을 고취시킨다.

다섯째, 전담기구의 설치이다.

외부통근제도는 교도작업운영방식에서 탈피하는 것이 중요하다. 따라서 외부통근제도는 교도작업분야에서 분리하여 이를 전담하는 별도의 기구에서 운영하는 것이 필요하다. 다만 교도작업이 외부통근제도의 기본지침에 따라서 운영될 때에는 교도작업의 일환으로서 운영되어도 무방할 것이다. 동시에 이를 수행하는 기구의 하나로서 이른바 「외부통근자 예비훈련센타」를 설치하여 외부통근의 적격여부·기술훈련 및 출소후의 취업알선 등 외부통근자의 실질적 지원기관으로서의 기능을 하게 하는 것이다.

II. 근본적 문제

현대의 교정에 있어서 수형자의 외부통근이 중시되어야 하는 점에서는 이의가 있을 수 없다. 현대 교정의 이념으로서 개방처우·교정교화적 처우 내지 사회적 처우를 강조하고 있지만, 교정의 실제는 이와는 다른 점이 있는 것도 부인할 수 없다.[39]

물론 이러한 배경의 주된 이유는 보안우선주의(保安優先主義)가 아직도 잔존하고 있다는 것이다.[40] 보안우선주의는 보안중시의 관료적 발상에서 기인한다. 현실에서 자칫 교정사고는 행정적으로도 엄한 책임문제가 제기되므로 현장의 관리책임자가 보안중심주의에 기울어지는 것도 결코 무리는 아니다. 이와 같은 상황에서 벗어나는 데는 우선 행정적 차원(level)에서 법무 당국의 발상전환이 요청되고 그 전환을 뒷받침하는 법률적인 보장

---

39) 森本益之, 行刑の 現代的 展開, - 監獄法改正と 行刑の 社會化 -, 1985, 143面.
40) 前田忠弘, 第3部 犯罪者의의 處遇, 3 - 6 外部交通, 澤登俊雄外 新 刑事政策, 1993, 263面.

이 필요하다.

사회내 처우론에 의하면 「시설내의 생활을 사회내의 생활과 동일시한다」는 원칙이 강조되고, 외부통근에 관해서 가능한 한 그 제한을 완화하는 방향이 목적으로 되어야 한다. 그러나 교정의 현실에서는 반드시 이와 같은 견해를 대담하게 채용할 수는 없다. 그것은 교정의 사회화에 대하여 의회·학계 및 국민여론 등이 반드시 공감대(consensus)가 성립되지 않고 있다는 것이다.

더욱이 교정의 사회화의 근본적 개혁을 방해하는 또 하나의 이유로서는 국가의 재정부담의 증대라는 현실문제가 존재하고 있다. 수형자의 인권을 존중하고 진정한 사회복귀를 목적으로 하는 처우를 추진하기 위해서는 인적·물적으로 상당히 많은 비용이 필요하다는 것이다.[41]

---

41) 森本益之, 前揭論文, 142面.

제8장
귀휴제도의 개선방안

제1절 머릿말

귀휴에 관해서는 「사회내 복귀」 와의 접점을 이룬다는 의미에서 중간처우(中間處遇)라든가 반자유처우(半自由處遇)라는 측면에서 현재 검토되고 있다.42)

귀휴제도란 일정기간 복역하면서 교정성적이 양호한 수형자에 대하여 교도소장 또는 그 감독관청의 권한으로 기간과 행선지를 정하는 것인 데 외출·외박제라고도 한다.

귀휴제도는 수형자의 석방후 생활설계의 준비, 가족과의 유대관계의 유지, 성문제의 해결 등을 그 직접적인 목적으로 하고 있으나, 크게는 수형자로 하여금 사회와의 유대를 강화시켜 사회적응능력을 강화시키는 데 그 취지가 있다. 이렇게 수형자에게 긍정적으로 작용하는 귀휴제도라 할지라도 그 동안 귀휴 그 자체가 수형자의 권리로서 이해되지 않았다. 즉 수형자에게는 휴가 자체의 청구권은 없고 다만 수형자는 공정한 처분을 당국에 요구할 수 있는 권리를 가질 뿐이었다. 귀휴는 자유형의 본질에 반한다는 이유로 원칙적으로 허용되지 않았다.

그 후 교정의 사회화에 따라 수형자의 사회복귀를 위한 수단으로서의

---

42) 귀휴제는 종래 상우의 한 방법으로 시행되었는데, 각국에서 시행하는 상우의 방법은 네 가지로 나눌 수 있다.
첫째, 교소내 생활조건을 우대하는 것, 둘째, 「善時制度」(good-time system) 및 가석방과 같이 석방기일을 단축시켜 주는 것, 셋째, 외부에의 출입을 일시 허용하는 것, 넷째, 상금을 지급하는 것 등이다. 「歸休制」(furlough system), 「외부통근제」(Work Release) 및 「부부특별면회제」 conjugal visiting system) 등은 세 번째 「카테고리」 에 속한다.
위와 같이 당초 귀휴는 상우의 한 방법으로 시행되었지만 귀휴기간중 사회내 물정에 밝게 하고 취업희망을 갖게 하며 기타 수형자의 궁금증을 푸는 등의 효과가 수반되고 이를 통하여 교정교화가 적극 추진될 수 있는 것이란 의미에서 개방처우의 한 방법으로 인식할 수 있게 되었다. 구미의 여러 나라에서는 석방(가석방) 전에 반드시 일정 기간의 귀휴를 허가하는 것이 일반화 되고 있다 (신진규, 범죄학 겸 형사정책, 법문사, 1987, 678면).

외부통근43) 또는 귀휴제도가 도입되게 되었다.

개방처우의 하나로서 귀휴제도는 1922년 프로이센의 「교도소직무 및 집행규칙」에서 처음으로 채택된 이래 여러 형태로 각국에서 실시되고 있다.44) 예컨대 ① 근친자의 위독, 장례시의 외출 및 휴가를 허가하는 경우(미국의 여러 주, 독일, 스웨덴, 유엔 피구금자 최저처우기준규칙 등) ② 수형자의 사회복귀준비를 위하여 가석방전 중간처우형태로서 허용하는 경우 ③ 일신상·업무상·법률상 긴급을 요할 때 허용하는 경우 ④ 부부간의 면회 등 가족간의 관계유지를 위한 경우(프랑스, 스웨덴) ⑤ 특정작업종사자 및 모범수형자에 대한 상우로서 허용하는 경우 등의 여러 형태로 귀휴제도는 이용되고 있다.45)

현재 우리나라도 2007년 12월 21일 「형의 집행 및 수용자의 처우에 관한 법률」(법률 8728호), 「동법 시행령」, 「동법 시행규칙」에 근거하여 귀휴제도를 실시하고 있다.

---

43) 일반적으로 외부통근(또는 외부통근작업)은 수형자가 계호없이 시설외에서 작업을 하고 야간과 휴일에는 시설에서 생활하는 제도라는 점에서 교노관의 계호와 감시감독을 받는 구외작업(構外作業)과 다르며 또 야간에 시설로 복귀한다는 점에서 자유노역제와는 다르다(조병인·원혜욱·민수홍·이경제, 수용자외부교통확대방안연구, 한국형사정책연구원, 2004, 65면). 그러나 외부통근은 나라마다 그 제도가 다양하며 또 우리나라에서도 그 정의가 천차만별이다. 즉 주간에 시설외에서 작업하는 것(박성래, 교정행정에 대한 국민의식조사, 한국형사정책연구원 연구보고서,2003-32, 40면), 행상이 양호한 수형자가 교정공무원의 계호없이 시설외에서 작업하는 것(박상기·손동권·이순래, 형사정책, 한국형사정책연구원, 2003,458면) 및 주간에 계호없이 시설외에서 작업하는 것으로서 주로 주간가석방제도라는 것(정영석·신양균, 형사정책, 법문사, 1996, 520면) 등이 그것이다.

44) Günter Bemann, Urlaub aus der Haft, Recht und Politik, 1982.2, S.92; 신치재, 책임형벌과 행형, 한남대학교출판부, 1996, 242면.

45) 박상기외, 형사정책, 한국형사정책연구원, 1990, 464면 참조.

I. 외국의 입법례

1. 독 일

독일 행형법은 교정의 완화를 위한 조치로서 외출과 휴가 두 가지 제도를 규정하고 있다.

외출은 수형자가 자유형의 집행을 면하거나 「집행의 완화」 (Lockerungen des Vollzugs)를 범죄행위에 남용할 염려가 없는 경우 수형자의 동의에 의하여 실시할 수 있는 데, 여기에는 다음의 4가지가 있다.[46]

첫째, 외부노역(Außenbeschäftigung) -교도소 밖에서 규칙적으로 교도관의 감독하에 노역하게 하는 것.

둘째, 자유노역(Freigang) - 교도소 밖에서 규칙적으로 교도관의 감독 없이 노역에 전념하게 하는 것.

셋째, 동반외출(Ausführung) - 수형자가 하루 중 어느 특정시각에 교도관의 감독하에 시설을 떠나게 하는 것.

넷째, 외출(Ausgang) - 수형자가 하루 중 어느 특정시각에 교도관의 감독 없이 교도소를 벗어날 수 있게 하는 것는 것.

다음 휴가는 정상적인 생활조건에 적응할 수 있게 하기 위하여 특별한

---

46) (StvollzG) § 11 [Lockerungen des Vollzuges]
  (1) Als Lockerung des Vollzuges kann namentlich angeordnet werden, daß der Gefangene
    1. außerhalb der Anstalt regelmäßig einer Beschäftigung unter Aufsicht (Außenbeschäftigung) oder ohne Aufsicht eines Voll zugsbediensteten (Freigang) nachgehen darf oder
    2. für eine bestimmte Tageszeit die Anstalt unter Aufsicht (Ausführung) oder ohne Aufsicht eines Vollzugsbediensteten (Ausgang) verlassen darf.
  (2) Diese Lockerungen dürfen mit Zustimmung des Gefangenen angeordnet werden, wenn nicht zu befürchten ist, daß der Gefangene sich dem Vollzug der Freiheitsstrafe entziehen oder die Lockerungen des Vollzuges zu Straftaten mißbrauchen werde.

집행완화의 한 방법으로서 「구금중의 휴가」(Urlaub aus der Haft)를 규정하고 있는 데, 4가지가 있다.[47]

첫째, 정기휴가(Regelurlaub) - 정기휴가는 원칙적으로 수형자가 최소한 6개월 이상의 형집행을 경과한 후(무기형 수형자는 10년을 경과하거나 개방시설로 이송된 후) 휴가 중 도주의 염려가 없고 범죄행위를 저지를 우려가 없을 때 1년에 21일까지 주어진다(제13조 제1항~제3항, 제11조 제2항)

둘째, 석방준비(Entlassungsvorbereitung)를 위한 특별휴가(Sonderurlaub) - 석방전 3월이내에 1주일까지의 특별휴가를 허가할 수 있다(제15조 제3항).

셋째, 자유노역자(Freigänger)에 대한 특별휴가(Sonderurlaub) - 외부통근자는 석방전 9월이내에 월중 6일까지의 특별휴가를 받을 수 있다(제15조 제3항).

넷째, 중요한 사유에 의한 휴가, 외출 및 동반외출(Urlaub, Ausgang und

---

47) § 13 [Urlaub aus der Haft]
  (1) Ein Gefangener kann bis zu einundzwanzig Kalendertagen in einem Jahr aus der Haft beurlaubt werden. § 11 Abs.2 gilt entsprechend.
  (2) Der Urlaub soll in der Regel erst gewährt werden, wenn der Gefangene sich mindestens sechs Monate im Strafvollzug befunden hat.
  § 15 [Entlassungsvorbereitung]
  (3) Innerhalb von drei Monaten vor der Entlassung kann zu deren Vorbereitung Sonderurlaub bis zu einer Woche gewährt werden. § 11 Abs.2, § 13 Abs.5 und § 14 gelten entsprechend.
  (4) Freigängern (§ 11 Abs.1 Nr.1) kann innerhalb von neun Monaten vor der Entlassung Sonderurlaub bis zu sechs Tagen im Monat gewährt werden. § 11 Abs.2, § 13 Abs.5 und § 14 gelten entsprechend. Absatz 3 Satz 1 findet keine Anwendung.
  § 35 [Urlaub, Ausgang und Ausführung aus wichtigem Anlaß]
  (1) Aus wichtigem Anlaß kann der Anstaltsleiter dem Gefangenen Ausgang gewähren oder ihn bis zu sieben Tagen beurlauben; der Urlaub aus anderem wichtigen Anlaß als wegen einer lebensgefährlichen Erkrankung oder wegen des Todes eines Angehörigen darf sieben Tage im Jahr nicht übersteigen. § 11 Abs.2, § 13 Abs.5 und § 14 gelten entsprechend.

Ausführung aus wichtigem Anlaß) - 중요한 사유가 있는 경우 교도소장은 수형자에게 외출을 허가하거나 7일의 한도 내에서 휴가를 부여할 수 있다. 그러나 생명에 위험이 있는 질병 혹은 친족의 사망을 사유로 하는 것 외에 다른 중요한 사유에 의한 휴가는 연 7일을 초과할 수 없다(제35조 제1항).

2. 미국 및 영국

귀휴는 각 주마다 다양한 형태로 운영되고 있다. 캘리포니아(California) 주에서는 가석방 3월전 고용주와의 면담을 위한 귀휴를 인정하며, 남부 칼로리나(South Carolina) 주에서는 근친자가 중병이거나 사망의 경우 귀휴를 인정하며, 버몬트(Vermont)주에서는 석방이 임박한 재소자에게 「석방전 귀휴」를 인정하고 있다.[48] 특히 일리노이(Illinoi)주에서는 귀휴사유로서 가족의 중대한 질병, 문병 내지 간병, 가족의 사망 등 다양한 사유를 폭 넓게 인정함으로써 1969년 귀휴제도를 시행한 이후 99.9%의 성공율을 기록하였다.[49]

미국의 모범형법전은 수형자가 중병의 친족이나 그 장례를 위하여 단기간 시설밖에 외출하는 것을 허용하고 또 가석방전에는 2주간을 넘지 않는 가석방전 휴가를 줄 수 있다고 규정하고 있다.[50]

한편 영국에서는 3년 이상 복역한 수형자에 대하여 형기중 마지막 9개월 동안에 2차례의 귀휴를 허용하고 있다. 복역기간이 2~3년 미만인 남자수형자, 복역기간이 2.5~3년 미만인 여자수형자 및 소년수형자에 대하여는

---

48) 조병인 · 원혜욱 · 민수홍 · 이경제, 전게논문, 145면.
49) 상게논문 145면.
50) 平野龍一, 矯正保護法, 91面

형기중 마지막 9개월 동안에 1차례의 귀휴를 허용하고 있다.51)

3. 네덜란드

네달란드에서는 수용자를 위한 귀휴제도로, 일반귀휴(General Leave), 당연귀휴(Regime Related Leave), 특별귀휴(Special Leave) 및 임시귀휴(Occasional Leave)가 있다.52)

일반귀휴는 장기복역자들을 대상으로 허가되는 귀휴로서 1988년에 제정된 일반귀휴규칙(General Leave Rules)에 규정된 것으로서
- 최종선고가 내려진 상태일 것
- 잔여형기가 최소한 3개월 이상 남았을 것
- 형기의 3분의 1이상을 복역하였을 것
- 잔여형기가 1년을 초과하지 아니할 것
- 조기석방 날짜가 정해져 있을 것
등이 그 요건이다.

당연귀휴로서는
- 개방시설에 수용된 모든 수형자는 원칙적으로 매 주말마다 귀휴를 나갈 자격이 있고,
- 반개방시설에서 복역 중인 수형자는 매 4주마다 52시간의 귀휴를 나갈 자격이 있다.

---

51) 조병인·원혜욱·민수홍·이경재, 전게논문, 150면.
52) 상게논문, 147~150면.

특별귀휴로서는

중병에 걸린 가족을 만나보게 할 필요가 있을 때, 장례식참석을 허용할 필요가 있을 때, 아이의 출생에 맞추어 귀휴를 허가할 필요가 있을 때 등이 명시되어 있다.

임시귀휴로서

시험응시, 학업 혹은 직업교육뿐만 아니라, 가까운 친척의 질병 혹은 사망, 아이의 출생, 그리고 심리치료 혹은 정신과치료와 같은 의료적 이유가 있는 경우에도 허가할 수 있도록 되어 있다.

4. 일본

1908년 일본 (구)감옥법이 시행되면서 귀휴는 극히 예외적으로 시행하여 오던 중 전후 수형자의 증가와 식량부족으로 인하여 토지개간을 위하여 다시 활성화되었으며, 개방처우의 일환으로서 시행된 것은 1969년 교통형무소로 개설된 「이찌하라」(市原)형무소가 그 효시라 할 수 있다.53)

제3절 우리나라 현황

귀휴제도는 휴가 또는 외출, 외박 등으로 불리우고 있는 데, 수형자에 대하여 일정한 사유 및 조건하에서 교도소장이 기간 및 행선지를 정하여 외출 내지 외박을 허가하는 반자유처우를 말하며, 수형자의 사회적응을

---

53) 상게논문, 262면~264면.

촉진하는 방법으로서 접견·서신과 함께 외부와의 교통의 중요한 형태가 되고 있다.

그 동안 우리나라도 1961.12.23. (구)행형법의 개정시 제44조에 귀휴제도를 신설함으로써 1962년부터 행장이 우수한 수형자에 대하여 귀휴를 실시하였다. 그후 1962년 귀휴허가에 대한 공정한 심사와 원활한 귀휴제도 운영을 위하여 「귀휴심사위원회규정」(1962.4.26., 법무부령 제37호) 및 「귀휴시행규칙」(1962.4.27., 법무부령 제38호)을 제정·시행하였다.

1961.12.23. 제1차 (구)행형법 개정시 귀휴제도를 신설하면서 (구)행형법 제44조 제3항에서 귀휴허가 요건으로 「1년이상 복역한 자로서 형기의 2분의 1을 경과하고, 개전의 정이 현저하며 행장이 우수한 때에는 형기간 중 3주 이내의 귀휴」를 실시할 수 있게 하였으며 귀휴기간은 형집행기간에 산입하도록 하였다. 그후 1999. 12. 28 시행된 제7차 (구)행형법 개정에서 허가요건이 더욱 완화되었다. 즉, 일반귀휴의 요건은 「1년 이상 복역한 수형자로서 그 형기의 3분의 1(무기형의 경우 7년)을 경과하고, 뉘우치는 빛이 뚜렷하며, 행형성적이 우수한 자」를 그 대상으로 하며(구행형법 제44조 제3항), 동시에 처음으로 특별귀휴제도를 도입하였다.

그 후 제8차 개정(2008.12.11 법률 제9136호 ; 전면개정)을 통하여 귀휴에 관하여 훨씬 완화된 규정을 두게 되었다.

전면개정된 「형의 집행 및 수용자의 처우에 관한 법률」제77조①항 규정에 "소장은 6개월 이상 복역한 수형자로서 그 형기의 3분의1 (21년 이상의 유기형 또는 무기형의 경우에는 7년)이 지나고 교정성적이 우수한 사람이 (1. 가족 또는 배우자의 직계존속이 위독한 때, 2. 질병이나 사고로 외부의료시설에의 입원이 필요한 때, 3. 천재지변이나 그 밖의 재해로 가족, 배우자의 직계존속 또는 수형자 본인에게 회복할 수 없는 중대한 재산상의 손해가 발생하였거나 발생할 우려가 있는 때, 4. 그 밖의 교화 또는 건전한 사회복귀를 위하여 법무부령으로 정하는 사유가 있는 때)의 하나에 해당하면 1년 중 20일 이내의 귀휴를 허가할 수 있다"고 규정하기에 이르렀다.

제4절 문제점과 개선방안

법치주의의 이념하에서는 시설의 안전이나 질서유지를 위해 필요한 경우가 아니라면 외부와의 교통은 수형자의 기본권으로서 인정되어야 하고 그 제한은 법률에 의해서만 가능하다.

수형자의 귀휴는 인격의 자유로운 발현과 인간존재의 생물학적·정신적 발달을 위한 기본적 전제이며 그 보장은 교정의 사회화와 수형자의 사회복귀라는 측면에서도 매우 중요한 의미를 가진다. 세계인권선언은 제12조에 「그 누구도 프라이버시, 가족, 가정 또는 서신 왕래에 대해 임의적인 간섭을 받아서는 안 된다」고 규정하고 있으며, 「시민적 및 정치적 권리에 관한 국제규약」은 제10조에 「자유를 박탈당한 모든 사람을 인도적으로, 인간의 타고난 존엄성을 존중하여야 한다」고 규정하고 있으며, 동 규약 제23조에서는 「가족은 자연적이고 기본적인 사회 집단의 단위이며 사회와 국가의 보호를 받을 권리가 있다」고 규정하고 있다. 이러한 기본원칙하에 수형자처우에 대한 다양한 국제적 규정이 제정되었다.[54] 이제 수형자의 귀휴에

---

54) 1. 「수용자처우에 관한 기본원칙」 제10항 「지역사회와 사회기관의 도움을 받아, 범죄의 피해자의 권익을 적절히 고려하면서도 수용자가 가능한 한 최적의 조건 아래 사회에 복귀하는 데

관한 문제점과 개선방안을 제시하고자 한다.

I. 귀휴제도의 확대시행

귀휴제도는 개방처우나 폐쇄처우에서도 동일하게 수형자의 교정교화를 위한 처우의 일부로서 당연히 허가하는 것을 전제로 운영되어야 한다.[55]

우리나라의 경우에는 귀휴를 개방처우자에게도 엄격한 기준을 적용하여 극히 예외적으로 실시하고 있다. 선진외국의 귀휴는 원칙적 처우이고 우리나라의 귀휴는 예외적 처우의 성격을 지니고 있다.

이러한 성격상의 차이 때문에 선진국에서와는 달리 귀휴허가 요건, 귀휴허가기간, 귀휴심사 절차, 귀휴지 선정 등에 있어서 매우 제한적이고 그 절차도 복잡하다. 따라서 귀휴허가 요건을 대폭 완화하여 도주사고를 일으킨 전력이 있는 수형자 등 특별히 귀휴를 제한할 사유가 있는 경우 이외에는 많은 수형자, 특히 1, 2급의 모범 수형자에게는 원칙적으로 귀휴의 혜택을 누릴 수 있도록 하여야 한다.[56] 환언하면 제한규정을 대폭 완화하여 사회적응훈련의 효과를 제고하여야 한다.[57]

유리한 환경이 조성되어야 한다」.

2. 「수용자처우에 관한 최저기준규칙」(SMR) 제80항 「수용자의 형기가 시작될 때부터 석방 후 그의 장래에 대한 배려가 있어야 하며 그 가족의 이익과 그 자신의 사회복귀에 가장 크게 도움이 될 교도소 밖의 사람들이나 기관들과의 관계를 유지하거나 확립하도록 권장하고 지원 해야 한다」.

3. 「유럽교도소 규정」 제70항 「수용자를 위한 치료프로그램에는 교도소로부터의 휴가에 대한 규정도 포함되어야 하며, 휴가는 의료·교육·취업·가족 등이나 그 밖의 사회적 이유로 가능한 한 폭넓게 사용되어야 한다」.

55) 귀휴제도를 모범수에 대한 포상이나 특전으로서 교도소의 재량사항으로 할 것이 아니라 수형자에게 직접적인 청구권을 보장하는 방안을 고려할 필요가 있다(조병인·원혜옥·민수홍·이경제, 전게논문, 165면).

56) 김회수, 한국 개방처우제도의 발전방안에 관한 연구, 단국대학교 박사학위논문, 2000, 222~232면.

57) 상게논문, 232면.

귀휴는 주말구금·야간구금 내지 중간 Hostel 등과 더불어 개방처우로
고려된다.

일본이 기존의 감옥법을 대체한 현행 2005.5.18.「行刑施設 및 受刑者의
處遇 등에 관한 法律」에 대하여 日弁連은 외부교통의 범위가 전반적으로
확대되었다는 점에 대해서는 긍정적으로 평가하면서도 외부통근작업과 외
출·외박의 허가대상을 가석방을 허가할 수 있는 기간이 경과한 수형자로
서 개방적 시설에서 처우를 받고 있거나 기타 법무성령으로 정한 사유에
해당하는 경우로 한정하는 것은 개방처우의 원칙에 반하고, 범죄성 있는
자 기타 교정처우의 적정한 실시에 지장을 초래할 우려가 있는 자 등과
접촉을 이유로 외부통근 작업이나 외출·외박을 중지할 수 있도록 하고
있다.[58]

독일 행형법 제13조는 「구금으로부터의 귀휴」를 가령 친족의 생명의
위험이나 중병과 같은 특별한 사유가 있는 경우뿐만 아니라 특별한 사유가
없는 경우에도 '가능한 귀휴'(이른바 통상의 귀휴)도 원칙적으로 인정하고
있다.

이러한 점은 우리나라의 귀휴의 허가요건과 현저히 차이가 난다. 이러한
'통상의 귀휴'는 수형자의 재사회화를 위한 모든 처우조치 중에서 가장 효
과가 있는 것으로 인정되고 있다. 그리고 제13조 규정을 교정당국의 재량으
로 행해지는 임의규정이 아니라, 수형자의 청구권으로 인정하고 있다.[59]

따라서 이러한 입법태도와 같이 우리나라의 교정당국은 가능한 한 모든
수형자에게 「구금으로부터의 귀휴」를 확대시행해야 한다. 교정성적이

---

58) 大冢 仁, 行刑의의 現實と 展望, 大冢 仁· 平松義郎 編, 行刑의 現代的 視點, 1981, 299面.
59) 신치재, 전게서, 246~247면.

우수한 사람에게만 제한적으로 적용할 것이 아니라, 수형자에게 「통상의 귀휴」를 그의 당연한 권리로서 인정하는 방향으로 개정해야 한다고 생각한다.[60]

제77조 제2항 '특별귀휴 사유' 중 제1호의 「가족 또는 배우자의 직계존속이 사망한 때」에서 임종을 희망하는 수형자의 경우에 직계존속의 사망 이전에 가족을 만날 수 있는 기회를 허락하는 것이 바람직하다. 그것은 임종을 중시하는 우리나라 문화에서는 임종을 못했다는 자책감이 수형자의 가족유대감 형성 및 사회적응능력에 장애가 될 수 있기 때문이다.

II. 관련규정의 재정비

제129조[61]에 규정된 귀휴허가사유는 무려 10개 항목에 걸쳐 병렬식으로 나열되어 있다.[62]

귀휴의 허가는 이 규정에 나열된 사유에 해당되지 않더라도 인륜상 또는 도의상 귀휴를 허가해야 할 필요성이 있는 경우도 있을 수 있기 때문에 동 규정은 귀휴의 본래 목적인 수형자의 교정교화를 위하여 귀휴를 탄력적

---

60) 상게서, 254면.
61) 「형의 집행 및 수용자의 처우에 관한 버불 시행규칙」 제129조의 귀휴사유는 다음과 같다
　　1. 직계존속·배우자·배우자의 직계존속 또는 본인의 회갑일 인 내
　　2. 본인 또는 형제자매의 혼례가 있는 때
　　3. 직계비속이 입대하거나 해외유학을 위하여 출국하게 된 때
　　4. 직업훈련을 위하여 필요한 때
　　5. 「기능장려법」 제11조②항에 따른 국개기능경기대회의 준비 및 참가를 위하여 필요한 때
　　6. 출소 전 취업 또는 창업 등 사회복귀 준비를 위하여 필요한 때
　　7. 입학식·졸업식 또는 시상식에 참석하기 위하여 필요한 때
　　8. 출석수업을 위하여 필요한 때
　　9. 각종 시험에 응시하기 위하여 필요한 때
　　10. 그 밖에 가족과의 유대강화 또는 사회적응능력 향상을 위하여 특히 필요한 때
62) 그때 그때의 변화된 시대상황에 따라 귀휴를 허가할 필요성이 발생할 때마다 귀휴허가 사유를 무분별하게 추가하다보니 법령체제가 이와 같이 짜집기식으로 된 것이다(김화수, 전게논문, 233면).

으로 시행하는 것을 가로막는 규정으로 밖에 볼 수 없다. 따라서 10개항에 걸친 귀휴허가 사유를 하나로 통합하여 「수형자의 교정교화를 위하여 필요한 때」로 포괄적으로 규정하는 것이 합리적이라고 본다. 이때 예외적으로 '귀휴가 허가되지 않는 경우'를 규정하는 것이 바람직하다고 생각한다.

여기서 독일 행형법 제13조 제1항 제2문에서 규정된 귀휴허가를 위한 전제조건으로 i) 수형자가 자유형의 집행을 회피하기 위한 수단으로 귀휴를 이용할지 모른다는 우려가 없어야 하고, ii) 수형자가 귀휴를 범죄행위를 위한 기회로 남용할지 모른다는 우려가 없어야 한다는 조항은 참작할만하다.[63] 그것은 귀휴제도의 근본적인 취지가 전술한 바와 같이 수형자의 교정교화를 위하여 사회적응능력을 함양하는 데 있기 때문이다. 동시에 그것은 법령 규정의 기술상 모든 사유를 법령에 빠짐없이 규정하는 것은 불가능하기 때문에 시대의 변화에 적응하여 귀휴제도를 탄력적으로 운영할 수 있는 근거를 마련할 필요성이 많기 때문이다.

III. 귀휴요건 완화

i) 귀휴실시 최소복역기간을 1년에서 6월로 단축하여 단기수형자의 경우에도 귀휴가 가능하도록 하였고, 일반귀휴기간을 1년 중 10일 이내에서 20일 이내로 확대하여 수형자의 사회적응능력을 강화하였다.

일반귀휴사유를 가족 또는 배우자의 직계존속이 위독한 때, 질병이나 사고로 외부의료시설 입원이 필요한 때, 본인 또는 가족 등의 중대한 재산

---

63) 신치재, 수형자의 귀휴제도에 관한 고찰, 형사법연구 제21권 제1호, 2009, 486면.

상 손해가 발생한 때 등으로 구체화하여 예측가능성을 높였다. 특별귀휴사유에 형제·자매의 사망을 추가하였다(제77조).

한편 귀휴의 허가사유가 존재하지 아니함이 밝혀진 때, 거소의 제한 그 밖에 귀휴허가에 붙인 조건을 위반한 때에는 귀휴를 취소할 수 있도록 하였다(제78조).

ii) (구)행형법하에서는 단기수형자에게는 귀휴의 기회가 주어지지 않는다는 점과 귀휴기간이 짧다는 점 등이 문제점으로 지적되고 있었는 데(구행형법 제44조), 「소장은 6월 이상 복역한 수형자로서 그 형기의 3분의1(21년 이상의 유기형 또는 무기형의 경우에는 7년)이 지난 사람에 대하여 귀휴를 허가할 수 있다」 (제77조 제1항) 고 하여 귀휴허가요건으로서의 최소복역기간을 1년이상에서 6월 이상이라고 함으로써 형기 1년 이하의 단기수형자에게도 귀휴의 기회가 주어질 수 있도록 한 점이 의의가 있고, 귀휴기간도 구행형법의 1년 중 10일 이내에서 「형의 집행 및 수용자의 처우에 관한 법률」 은 1년 중 20일 이내로 하여 기간을 연장하였다.

iii) 현행법은 21년 이상 유기형 또는 무기형의 경우에는 7년이 경과한 후에 귀휴를 허가할 수 있다고 규정하고 있고, 독일 행형법 제13조 제3항·제4항에서 종신형이 선고된 수형자에게 10년이 경과하면 귀휴허가를 할 수 있다고 규정하고 있는 데, 이는 우리 법률이 독일 행형법보다 더 완화된 규정이라고 볼 수 있다.

iv) 독일 행형법 제13조 제1항에 의하면, "수형자는 1년에 21일까지 구금으로부터 귀휴가 주어질 수 있다"고 규정하고 있는 데, 제77조 제1항에 따르면 "1년 중 20일 이내의 귀휴를 허가할 수 있다"고 규정하고 있어 그 기간에는 별반 차이가 없다. 독일에서는 이 규정이 개방처우뿐만 아니라 폐쇄처우의 경우에도 적용되고 있다.64) 이때 기간의 산정에는 일요일과 휴일도 귀휴일수에 포함된다. 귀휴는 한 번에 모두 다 허가될 수 있고, 1년에 여러 번 나누어 실시될 수 있다. 여기서 귀휴가 여러 번 나누어 실시되는 경우에는 가능한 한 모든 기간이 채워질 것이 요구된다. 예를 들면 토요일 아침 8시에 시작하여 일요일 저녁 20시에 끝나는 주말 외박은 2일이 아니라 1일 반의 휴가가 되는 셈이다.65)

v) 문제는 현행법에도 (구)행형법과 같이 귀휴를 「임의적 규정」으로 되어 있어 은혜적 은전으로 운영되어 일반수형자에게 귀휴의 기회가 거의 없다.66) 당연히 허가하는 것을 전제로 귀휴제도를 두고 있는 외국에 비해 우리는 귀휴허가 요건을 시행규칙에서 엄격히 제한함으로써 예외적으로만 운영됨에 그치고 있다.

vi) 귀휴의 허가 시 엄격한 기준을 적용하여 극히 예외적으로 실시하고 있어 선진외국이 귀휴를 원칙적 처우로 하는데 대하여 우리나라의 귀휴는 예외적 처우의 성격을 지니고 있는 것이 그것이다. 다행히 현행법이 귀휴실 시 최소복역기간을 1년에서 6월로 단축하여 단기수형자의 경우에도 귀휴

---

64) 상게서, 247면.
65) 상게서, 247~248면.
66) 배종대·정승환, 행형학, 홍문사 2002, 218면; 정승환, "수용자의 생활조건과 권리구제 - 행형법 개정안에 대한 검토", 형사정책 18권 1호, 한국형사정책학회, 2006, 189면.

가 가능하도록 하였고, 일반귀휴기간을 1년 중 10일 이내에서 20일 이내로 확대하여 수형자의 사회적응 능력을 강화하였음은 높이 평가되고 있다. 그러나 아직도 귀휴제도를 모범수에 대한 포상이나 특전으로서 교도소의 재량사항으로 운영되고 있는 것이 현실이다.[67]

vii) 「형의 집행 및 수용자의 처우에 관한 법률」은 일반 귀휴기간을 1년에 20일 이내로 규정하고 있는데(제77조 제1항), (구)행형법의 일반귀휴기간이 10일 이내인 것과 비교할 때 획기적인 변화로 볼 수 있다. 그러나 (구)귀휴시행규칙(제2조 제1항 제5호)에는 외출·외박을 인정하였는데, 「형의 집행 및 수용자의 처우에 관한 법률」에서는 외출·외박을 삭제하고 이를 일반귀휴에 포함시킨 것은 외견상으로는 귀휴일수를 확대한 것으로 볼 수 없다는 지적이 있다.[68] 또한 독일 행형법 제13조와 네델란드의 입법례와 같이 특별귀휴의 종류도 다양화할 필요가 있다.

Ⅵ. 소년수형자의 특례인정

현재의 우리나라 귀휴제도는 주로 장기수형자에게 사회적응의 길을 열어주는 데 초점이 맞춰져 있어서 형기가 상대적으로 짧은 소년수형자들은 귀휴허가의 대상에서 사실상 배제되는 상황이 발생하고 있다. 소년수형자는 성인수형자에 비하여 귀휴제도를 통해서 가족들의 애정과 관심을 확인할 기회를 적극 부여할 필요성이 훨씬 더 크므로 성인 수형자에게 적용되는

---

67) 조병인·원혜옥·민수홍·이경제, 전게논문, 165면.
68) 신치재, 전게논문, 485면.

기준보다 완화된 기준을 별도로 마련할 필요가 있다는 것이다.

또한 소년법 제 65조는 단기의 3분의 1을 경과하면 가석방 대상이 될 수 있도록 규정하고 있으므로, 소년수형자에 대해서도 성인과 동일한 기준을 적용함으로써 결과적으로 극소수의 인원만이 귀휴대상에 포함되게 하는 것은 분명히 문제가 있다고 생각된다.69)

제5절 맺는말

「형의 집행 및 수용자의 처우에 관한 법률」을 다음과 같이 개선하는 것이 바람직하다.

첫째, 귀휴제도의 확대시행이다.

귀휴허가 요건을 대폭 완화하여 도주사고를 일으킨 전력이 있는 수형자 등 특별히 귀휴를 제한할 사유가 있는 경우 이외에는 많은 수형자, 특히 1,2급의 모범수형자에게는 원칙적으로 귀휴의 혜택을 누릴 수 있도록 하여야 한다. 다시 말하면 제한규정을 대폭 완화하여 사회적응훈련의 효과를 제고하여야 한다.

둘째, 관련규정의 재정비이다.

---

69) 소년수형자는 성인수형자에 비하여 단기자유형이 선고되는 비율이 높은 관계로 귀휴대상자에 해당되는 인원도 적은 실정이다. 소년수형자를 수용하는 김천소년교도소(중범 수용)및 천안소년교도소(경범 수용)의 연 귀휴허가 인원은 약 5% 정도가 귀휴허가를 받은 셈이다. 이는 현재의 귀휴제도가 소년수형자에게는 특히 사회성 촉진 및 환경적응의 기회를 주어야 할 필요성을 외면하고 있음을 뜻하는 것이다. 소년교도소 수용인원이 해마다 감소하고 있지만, 이는 경미한 범죄자들을 사회 내에서 처우하고 있는데서 비롯되는 현상이므로 소년수형자에 대한 귀휴허가의 기준을 완화할 필요성은 여전히 유효한 것이다.

제129조에 규정된 귀휴허가사유는 무려 10개 항목에 걸쳐 병렬식으로 나열되어 있는 데, 10개항에 걸친 귀휴허가사유를 하나로 통합하여 「수형자의 교정교화를 위하여 필요한 때」로 포괄적으로 규정하는 것이 합리적이라고 생각한다.

셋째, 귀휴요건의 완화이다.

현행법은 귀휴를 임의적 규정으로 되어 있어 모범수에 대한 포상이나 교도소의 재량사항으로 운영되고 있는 현실을 감안할 때, 귀휴는 예외적 처우의 성격을 지니고 있다. 따라서 귀휴는 당연히 허가하는 것을 전제로 하는 원칙적 처우로 전환하는 것이 필요하다고 생각한다.

넷째, 소년수형자의 특례인정이다.

소년수형자는 성인수형자에 비하여 귀휴제도를 통해서 가족들의 애정과 관심을 확인할 기회를 적극 부여할 필요성이 훨씬 크므로 성인수형자에게 적용되는 기준보다 완화된 기준을 별도로 마련할 필요가 있다.

제 9 장
질서유지의 개선방안

제1절 서론

교정시설은 자유형의 집행기관으로서 수형자에게 집단생활을 영위하게
하는 장소이므로 규율과 질서가 엄정히 유지되어야 한다.1)

수형자 중에는 인내심이 부족하고 사회생활에의 적응능력이 부족한 자가
적지 않으므로, 규율은 수형자의 개선·재사회화에 유익한 것인 동시에 교
정시설 내에서 집단생활의 질서유지상 필요한 한도에 머물러야 한다.2)

특히 질서를 유지하는 수단으로서의 징벌을 부과하는 목적은 규율위반
자가 다시 위반행위를 일으키지 아니하도록 하는 데에 있다.3) 징벌의 본질
은 위반자에 대한 회오반성(悔悟·反省)을 위한 수단인 동시에 수형자에
대한 위하작용이다.

그렇지만 수형자에 대한 규율은(그것이 사전적·예방적 강제권행사이
든, 사후적 제재로서의 징벌이든) 시설내의 생활조건에 대한 규제를 하고,
권리제한을 내용으로 하기 때문에 그 운용에 있어서 수형자의 법적지위
확립에 큰 영향을 미친다.

따라서 제재는 교정 법률주의에 의하여 통상의 자유형의 내용과는 다른
새로운 법익을 박탈하는 것이므로, 그 법적 성질이 일종의 질서벌이라고 하
더라도 그 요건 및 절차는 형벌에 준하는 것으로 명확하게 하여야 한다.4)

---

1) 大冢 仁, 行刑의의 現實과 展望, 大冢 仁·平松義郎 編, 行刑의 現代的 視點, 1991, 280面.
2) 上揭論文, 281面.
3) 綿引㴲神郎·藤平英夫·大川新作, 監獄法槪論, 1950,257面 ; 징벌이란 형사시설에서의 구금확보
   및 질서유지를 위하여 규율위반행위를 행한 수형자에게 과하는 불이익 처분이다(배종대·정승환,
   행형학, 홍문사2002, 247면). 즉 수형자 및 다른 수형자에게 장래 규율위반행위의 발생을 방지하려
   고 하는 일종의 행정상의 질서벌로서 사회일반의 법질서에 위반하는 범죄에 대한 형벌과는 다르다(
   鴨下守孝, 全訂 新行刑法要論, 2006, 31面).
4) 石川才顯, 受刑者의 懲罰 手續의 問題占, 『警察硏究』 46卷6號, 1975, 3~4面.

국제연합의 「피구금자최저기준규칙」도 ⅰ) 규율위반을 구성하는 행위 ⅱ) 부과되어야 징벌의 종류 및 기간 ⅲ) 징벌을 부과하는 권한을 가지는 기관에 관한 사항은 항상 법에 의하여 규정하여야 할 것(제29조)과 위반사실에 대해서 고지를 하고 동시에 자기의 변호를 신청하는 데 적당한 기회를 줄 것 및 사건에 대해서 충분한 심리를 실시할 것(제30조 제2항)을 권고하고 있다.

교정목적은 재사회화라고 할 수 있다. 동시에 교정시설의 안전을 유지하고 수용질서를 확보하는 것도 필요하다. 다만 수용생활의 안전과 질서를 유지하는 이른바 보안과제는 재사회화라는 교정목적을 효율적으로 추구하기 위한 전제조건이 되기는 하지만, 보안과제를 교정이 추구해야 할 목적으로는 될 수 없다.[5]

여기서 「보충성의 원칙」이 문제가 된다. 실무에서는 재사회화처우보다는 만에 하나 있을 수도 있는 보안 사고를 사전에 철저하게 예방하고자 하는 인식이 팽배해 있는 것이 현실이기 때문이다.[6] 더욱이 교정의 과학화에 따라 전자장비를 이용한 감시 및 보호장비 등 법률이 규정하는 보안조치는 필연적으로 수형자의 기본권을 제약하는 효과를 지니게 마련이다. 수형자의 기본권제한이 문제되는 경우 「법률유보의 원칙」과 「비례성 원칙」이 적용되어야 함은 헌법상의 당연한 요청이다.[7] 즉 보안조치는 시설의 안전과 질서유지에 적합한 수단이어야 하며(수단의 적합성), 수형자의 권

5) 이호중, 헌법재판소 판례로 본 행형과 수용자의 인권 -행형에 대한 헌법적 이해-, 형사법연구 제22호, 2004.12, 356~371면. ; 배종대·정승환, 전게서, 2002, 51~54면.
6) 이호중, 수용자의 권리제한, : 「보안조치와 징벌」, 형사정책 18권 1호, 한국형사정책학회, 2006, 124면.
7) 정승환, 행형법에서 계호의 체계적 지위와 계구사용의 요건, 형사정책연구 제16권 제1호(통권 제61호), 2005봄호, 109면.

리에 대하여 필요·최소한도의 제한에 그쳐야 하고(최소침해의 원칙)8),

수형자의 보호되는 이익이 「시설의 안전과 질서」가 침해되는 이익(수형

자의 인권)보다 우월한 것이어야 한다(법익균형의 원칙).9)

독일 행형법 제 81조는 공동생활에 관한 수형자의 책임의식을 일깨우고

장려해야 한다는 점과 안전과 질서유지를 위하여 수형자에게 부과되는 의

무와 권리제한은 목적에 대한 비례관계에 있는 그리고 필요한 최소한에

그치는 조치를 선택해야 한다는 점을 명문으로 규정하고 있다.10)

제2절 질서유지의 내용

I. 소지 금지물품

수형자의 교화 또는 건전한 사회복귀를 해칠 우려가 있는 물품을 금지물

품으로 하는 소지금지물품에 관한 규정을 신설하였다.

제92조는 금지물품을 구체화하고 있다. 즉 ⅰ) 마약·총기·도검·폭발

물·흉기·독극물, 그 밖에 범죄의 도구로 이용될 우려가 있는 물품, ⅱ)

---

8) 「최소침해의 원칙」은 설정된 목적을 위하여 필요한 한도 이상으로 나아가서는 안 됨을 의미한다.
환언하면 일정한 목적을 달성할 수 있는 수단이 여러 가지 있는 경우에 교정기관은 수형자에게
가장 적은 부담을 주는 수단을 선택해야 함을 의미한다. 보호장비(계구)를 사용하지 않고도 계호를
달성할 수 있거나 다른 대체수단이 있는 경우에는 그 대체수단으로 조치를 취해야 하고, 사용할
경우에도 가장 인권을 최소로 침해하는 종류의 보호장비를 사용해야 한다. (노호래, 계구사용의
효율화 방안, 교정연구23호, 2004, 130면).
9) 이호중, 수용자의 권리제한, 114면 ; 계구의 사용은 수용자의 인권과 교정시설의 안전 및 질서유지
를 비교형량하여 계구사용여부를 판단하여야 한다(노호래, 상게논문, 13면).
10) 독일 행형법 제81조 [원칙]
① 교도소에서의 질서 있는 공동생활을 위하여 수형자의 책임의식을 고양·증진하여야 한다.
② 교도소의 안전 또는 질서유지를 위하여 수형자에 부과되는 의무 및 제한은 그 목적에 상당한
관련이 있고 필요한 것 이상으로 그리고 필요한 기간을 초과하여 수형자의 권리를 침해하지
않아야 한다.

주류·담배·화기·현금·수표, 그 밖에 시설의 안전 또는 질서를 해칠 우려가 있는 물품, iii) 음란물, 사행행위에 사용되는 물품, 그 밖에 수형자의 교화 또는 건전한 사회복귀를 해칠 우려가 있는 물품이 소지금지물품이다.

종전의 각종 교정관계 법령에 분산 규정되어 있던 소지금지물품의 종류를 일원화하여 법률에 구체적으로 규정함으로써 소장이 수용자의 물품소지권을 임의로 제한하는 일이 없도록 하였다.

그런데 제92조 제3호는 「수형자의 교화 또는 건전한 사회복귀를 해칠 우려가 있는 물품」을 금지물품으로 규정하였는데, 이는 다양한 해석이 가능한 불확정성을 내포하고 있다. 따라서 제3호 규정을 삭제함이 바람직하다.11)

II. 보호장비

1. 보호장비 사용요건의 구체화

구법에서는 보호장비의 사용요건을 「교도소 등의 안전과 질서유지를 위하여 필요한 경우」로 포괄적으로 규정하였다.12)

---

11) 박상열, 행형법 전부개정 법률안에 대한 비판적 검토, 교정연구 34, 2007, 22면.

12) 구법 제14조의 「계구」라는 용어를 신법은 「보호장비」로 변경하였다. 「계구」(戒具)는 용이가 일본식 표기라는 문제가 있기는 하지만, 수용자의 신체를 직접적으로 결박하는 수단에 대하여 「보호장비」라는 용어를 사용하는 것은 그 성격을 명확하게 표현해 주지 못할 뿐만 아니라 마치 계구를 수용자의 보호를 위하여 사용하는 것처럼 오해하게 만들 위험이 있다고 하는 견해도 있다 (이호중, 수용자의 권리제한 : 133면. 주341) ; 보호장비 또는 계구(戒具)라 함은 교정시설과 구치시설(경찰서의 유치장 및 대용감방 포함)에서 수형자가 도주, 타인에 대한 폭행 또는 소요행위를 야기하거나 혹은 자살의 기도 등으로 교정시설의 안전과 질서를 침해하거나 위협할 경우에 이를 진압 또는 방지하기 위하여 수형자에 대하여 사용하는 실력강제의 기구를 말한다. 계구는 계호의 용구이다. 계구의 의미를 알기 위해서는 우선 계호의 개념을 살펴보아야 한다. 「계호」 (escort, Sicherung und Ordnung) 란 함은 소사회라고 하는 교도소 등 교정시설의 안전 및 구금질서유지를 목적으로 일체와 강제력으로써 수형자에 대한 격리적용과 개선작용을 위하여 행하는 경계와 보호작용을 말한다(노호래, 전게논문, 128면).

신법은 그 요건을 「이송 · 출정 그 밖에 교정시설 밖의 장소로 수용자를 호송하는 때, 도주 · 자살 · 자해 또는 다른 사람에 대한 위해의 우려가 큰 때, 위력으로 교도관 등의 정당한 직무집행을 방해하는 때, 교정시설의 설비 · 기구 등을 손괴하거나 기타 시설의 안전 또는 질서를 해칠 우려가 큰 때」로 구체화 하고, 나아가 보호장비의 종류별로 사용요건을 명확하게 구분하여 규정함으로써 교정시설의 안전과 질서유지 및 수용자의 신체의 자유 보장이 조화롭게 이루어지도록 하였다(제97조).

수형자의 인권보호를 위하여 그 사용요건을 법률에 구체적으로 규정함이 타당하다는 국가인권위원회의 권고13)를 반영하였다.

2. 보호장비의 종류

계구(신법의 용어로서는 보호장비)의 종류로서 구법 제14조 제2항은 포승 · 수갑 · 사슬 · 안면보호구를 규정하고 있었다.

사슬은 구외작업자에게 사용하던 금속 줄로서 「최저기준규칙」에 의거 사용금지권고를 받아 우리나라에서 공식적으로 사용하지 않고 있다. 그러나 이에 대해 사용 필요성을 주장하는 견해가 있다. 해탈이 용이하여 계구로서의 역할을 못하고 있으므로 사용요건을 명확히 규정하여 사용할 것을 제안하고 있다.14) 그러나 신법은 이를 삭제하고 발목 보호장비를 규정하여 기능적으로 그러한 역할을 할 수 있게 하고 있다.15)

---

13) 「행형법」에 계구(戒 具)의 사용요건을 명확히 규정하고 「보충성의 원칙」과 「비례성의 원칙」을 명시할 것 (2003. 7. 12. 권고)
14) 김양택, 「행형법개정방향」, 교정연구 제2호, 1992, 150면.
15) 신법 제98조 (보호장비의 종류 및 사용요건)
　① 보호장비의 종류는 다음 각 호와 같다.
　　1. 수갑
　　2. 머리보호장비

「계구」의 명칭을 「보호장비」로 바꾸는 것에 대해 계구의 부정적 이미지를 희석시키는 의미를 가질지라도 계구의 본질적 목적인 규율위반 행위의 예방과 진압이라는 징벌적 의미를 소멸시키기 때문에 계구라는 용어를 그대로 존치시키는 것이 타당하다고 주장하는 견해16)도 있다.

3. 전자장비이용 계호규정 신설

신법은 전자장비를 이용한 계호규정을 마련하였다(제94조). 교정의 과학화 내지 현대화에 따라 전자장비를 이용한 감시가 계호의 한 방법으로 적극 활용되고 있는 현실에서 이에 대한 법률적 근거를 마련하였다.17)

III. 징벌 및 벌칙

구법에 징벌을 「분류와 처우」라는 장에 규정하였던 것을, 신법은 「규율과 상벌」이라는 독립된 장으로 편제를 바꾸었다.

구법에 비해 징벌부과사유를 제한하고 징벌의 종류를 다양화하고(제

---

3. 발목보호장비
4. 보호대(대)
5. 보호의자
6. 보호침대
7. 보호복
8. 포승
② 보호장비의 종류별 사용요건은 다음 각 호와 같다.
1. 수갑·포승 : 제97조제1항제1호부터 제4호까지의 어느 하나에 해당하는 때
2. 머리보호장비 : 머리부분을 자해할 우려가 큰 때
3. 발목보호장비·보호대·보호의자 : 제97조제1항제2호부터 제4호까지의 어느 하나에 해당하는 때
4. 보호침대·보호복 : 자살·자해의 우려가 큰 때
③ 보호장비의 사용절차 등에 관하여 필요한 사항은 대통령령으로 정한다.
16) 김화수, 「행정법 개정시안에 대한 의견」, 교정연구 제32호, 2006, 219면.
17) 국가인권위원회는 구금시설 내의 CCTV의 설치와 운영에 관하여 법적 근거를 마련하도록 권고한 바 있다(국가인권위 2004. 10. 12. 03진인971·833·5806 병합결정).

108조), 징벌대상자에게 징벌위원회에 출석하여 진술하고 증거를 제출할 권리, 징벌위원에 대한 기피신청권을 인정하는 한편 징벌위원회를 3인 이상 5인 이내로 하던 것을 5인 이상 7인 이하로 구성하도록 하고, 그 중 외부위원의 수를 2인 이상에서 3인 이상으로 한다고 규정하면서 소장이 맡는 징벌위원장을 소장의 다음 순위자로 변경하였다(제111조).

그리고 「경고, 1월 이내의 신문 및 도서열람의 제한, 2월 이내의 신청에 의한 작업의 정지, 작업 상여금의 전부 또는 일부의 삭감 및 2월 이내의 금치」 등 구법의 총 5가지의 징벌(구법 제46조)에서 학문의 자유에 대한 본질적 침해라는 비판을 받아 온 「도서열람의 제한」을 삭제하고, 「근로봉사, 공동행사 참가 정지, TV 시청 제한, 자비구매물품 사용제한, 전화통화 제한, 집필제한, 서신수수 제한, 접견 제한, 실외운동 정지」 등 9종을 추가하여 징벌종류를 총 14종으로 확대함으로써 규율위반의 태양에 따른 적정한 징벌이 부과될 수 있도록 하였다(제107조, 제108조).

또 신법은 종전 2월 이내로 규정되어 있던 금치기간을 30일 이내로 단축하고, 5종에 불과하던 징벌을 근로명령·전화통화금지·TV 시청 금지 등을 추가하여 총 14종으로 다양화함으로써 금치위주의 징벌관행을 개선함과 아울러 규율위반내용에 상응한 징벌이 부과되도록 하고 있다(제108조).

한편 징벌시효제도 도입(제109조), 징벌위원회 출석진술권보장(제111조) 및 징벌실효제도의 활성화(제115조)를 도모하였다. 즉

ⅰ) 징벌대상행위가 발생한 날부터 2년이 지난 경우에는 국가의 징벌권이 소멸되도록 하여 수용자의 안정적인 수용생활이 보장될 수 있도록 하였다(제109조).

ii) 징벌대상자에게 징벌위원회에 출석하여 충분한 진술을 할 수 있도록 하고, 서면 또는 구술로써 자기에게 이익이 되는 사실을 진술하거나 증거를 제출할 수 있도록 하여 수용자의 방어권이 최대한 보장되도록 하였다.[18]

iii) 그리고 징벌집행이 종료되거나 그 집행이 면제된 수용자가 징벌을 받음이 없이 일정한 기간을 경과하거나, 교정사고 방지에 뚜렷한 공로가 있다고 인정되는 경우에 징벌을 실효시킬 수 있도록 함으로써 가석방 등의 처우와 관련하여 불이익을 받지 않도록 하는 한편, 자력개선의지를 고취할 수 있도록 하였다(제115조).

한편 벌칙규정도 신설하였다. 즉 수용자가 주류·담배·현금·수표를 반입하거나, 이를 소지·사용·수수·교환 또는 은닉하는 경우와 수용자 외의 자로서 위 물품을 반입·수수·교환하는 경우에 그 관련자를 6개월 이하의 징역 또는 200만원 이하의 벌금에 처하도록 하였다.

귀휴·외부통근 등으로 교정시설 밖으로 나갔다가 돌아오지 않는 경우에도 형법 제145조제2항의 집합명령위반죄와 마찬가지로 1년 이하의 징역에 처하도록 하였다(제132조).

---

18) 신법 제111조 (징벌위원회)
⑥ 위원회는 징벌대상자가 위원회에 출석하여 충분한 진술을 할 수 있는 기회를 부여하여야 하며, 징벌대상자는 서면 또는 말로써 자기에게 유리한 사실을 진술하거나 증거를 제출할 수 있다 ; 이는 「UN 피구금자 처우에 관한 최저 기준규칙」 제30조제2항 「피구금자는 자신에 대하여 주장되는 위반을 통고받고 이에 대하여 항변할 기회를 부여받지 아니하고는 징벌 받지 아니한다」 를 참고하여 신설한 조항으로서, 앞으로 현행 「수용자 규율 및 징벌에 관한 규칙(법무부령)」 제9조(조사자준수사항)·제16조(징벌혐의자에 대한 출석통지) 및 제17조(징벌위원회의 회의 및 의결) 등의 절차적 보상규정에 대한 법률상 근거가 되는 일반조항으로 기능하게 될 것이다(김재술, 「개정행형법」 해설 - 「형의 집행 및 수용자의 처우에 관한 법률」에 관하여, 2008.3. 교정, 115~116면).

Ⅵ. 보호실 및 진정실 규정 신설

수형자가 자살·자해의 우려가 있거나, 신체적·정신적 질병으로 인하여 특별한 보호가 필요하다고 인정되는 경우 및 기구 등을 손괴하거나, 교도관 등의 제지에도 불구하고 소란행위를 계속하여 다른 수용자의 평온한 수용생활을 방해하는 경우에 보호실 및 진정실 규정을 신설하였다.

수형자가 자살·자해의 우려가 있거나, 신체적·정신적 질병으로 인하여 특별한 보호가 필요하다고 인정되는 경우에는 의무관의 의견을 고려하여 15일의 범위에서 보호실에 수용할 수 있도록 하였으며, 수용자가 교정시설의 설비 또는 기구 등을 손괴하거나 교도관 등의 제지에도 불구하고 소란행위를 계속하여 다른 수용자의 평온한 수용생활을 방해하는 경우에는 24시간의 범위에서 진정실에 수용할 수 있도록 하였다(제95조, 제96조).

Ⅴ. 도주수형자 체포를 위한 강제력의 행사

1. 수형자 등에 대한 강제력 행사 근거신설

수형자의 도주·자살·자해 등 기타 이를 도주하게 하려고 하거나 수형자 외의 자가 수용자 위해, 시설손괴, 교도관의 직무상 퇴거명령에 불응시 강제력을 행사할 수 있도록 하여 수형자와 직원의 안전을 확보할 수 있도록 하였다(제100조) 독일 「행형법」 19)을 참고하였다.

---

19) 독일 행형법제94조 제2항[일반요건]
　② 수형자 이외의 자가 수형자의 석방을 위하여 또는 불법적으로 교도소내에 침입하려고 기도하거나 권한 없이 교도소내에 체류하는 경우에는 그 자에 대하여 직접강제가 사용될 수 있다.

2. 도주수형자 체포를 위한 교도관의 권한규정 신설

교도관이 수형자 도주 후 72시간의 범위에서 그 체포를 위하여 긴급히 필요한 경우에 도주하였다고 의심되는 사람 또는 도주자의 이동경로나 소재를 안다고 인정되는 사람에 대하여 불심검문을 할 수 있도록 하고, 영업시간 내에 흥행장·여관·음식점 등의 관리자나 관계인에게 그 장소의 출입 그 밖에 특히 필요한 사항의 협조를 요구할 수 있도록 하였다(제103조).

이는 수형자가 도주하였을 경우에 종전에는 교도관에게 도주수용자 체포권만 있었을 뿐, 체포를 위한 구체적인 방법에 관해서는 아무런 규정이 없어 체포를 위한 검문이나 수색을 할 수 없다는 데 문제가 있음을 인식하고 경찰관 직무집행법 제3조를 참조하였다.

3. 엄중관리대상자 특별관리규정 신설

마약류사범·조직폭력사범 등에 대하여 법무부령이 정하는 바에 따라 시설의 안전과 질서유지를 위하여 필요한 범위에서 다른 수형자와의 접촉을 차단하거나 계호를 엄중히 하는 등 특별한 관리를 할 수 있도록 법적 근거를 마련하였다(제104조).

국가인권위원회의 권고[20])에 의한 것이다.

---

20) 「행형법」에 조직폭력사범 특별 수용관리에 관한 법적 근거를 마련할 것(2005. 2. 14. 권고)

제3절 문제점

I. 현행법의 문제점

1. 소지금지물품 규정의 불확정성

신법은 소지금지물품을

첫째, 마약·총기·도검·폭발물·흉기·독극물, 그 밖에 범죄의 도구로 이용될 우려가 있는 물품,

둘째, 주류·담배·화기·현금·수표, 그 밖에 시설의 안전 또는 질서를 해칠 우려가 있는 물품,

셋째, 음란물, 사행행위에 사용되는 물품, 그 밖에 수형자의 교화 또는 건전한 사회복귀를 해칠 우려가 있는 물품 등으로

일원화하여 법률에 구체적으로 규정함으로써 소장이 수용자의 물품소지권을 임의로 제한하는 일이 없도록 하였다(제92조). 다만 제3호의 「… 수형자의 교화 또는 건전한 사회복귀를 해칠 우려가 있는 물품」이라고 기술함으로써 다양한 해석이 가능하다는 문제점이 있다.

2. 전자장비이용 계호규정의 명확성요망

신법은 제94조 제1항 본문에서 「교도관은 자살·자해·도주·폭행·손괴, 그 밖에 수용자의 생명·신체를 해하거나, 시설의 안전 또는 질서를 해하는 행위를 방지하기 위하여 필요한 범위에서 전자장비를 이용하여 수

용자 또는 시설을 계호할 수 있다」고 규정하고 있다.

여기서 「… 시설의 안전 또는 질서를 해하는 행위를 방지하기 위해 필요한 범위 …」라는 규정은 명확하게 규정할 필요가 있다. 전자감시 장비의 사용을 「시설의 안전 또는 질서를 해하는 행위」를 방지하기 위한 목적이라고 하면 너무 포괄적이고 장소를 특정하기가 곤란한 개념이다. 이를 보다 특정화시킬 필요가 있다.21)

3. 징벌규정의 개선

징벌제도는 헌법상의 「인간의 존엄성보장」·「적법절차의 제원칙」 및 「비례성의 원칙」에 합치하여야 한다.22)

그런 의미에서 징벌부과사유, 징벌의 내용 및 집행절차에 대하여서는 문제가 잔존하고 있다. 형법상의 처벌대상도 아닌 자해행위에의 징벌, 징역형수형자에게 시설내에서 작업 외의 50시간 이내의 근로봉사라는 징벌 및 징벌의 내용으로서 30일이내의 집필제한·서신제한·접견제한·실외운동정지 등이 문제가 된다.

Ⅱ. 현대의 사조

과거에는 법원이 교정당국에 개입한다는 것은 금기시하여 왔다. 사법부가 교정이라는 행정권에 개입함은 3권 분립의 정신에 위배되는 것으로 인식되었다.23) 그러나 오늘날 인권의 사각지대로 인식되었던 교정행정에

---

21) 박상열, 전게논문, 22~23면.
22) 이호중, 수용자의 권리제한, 117면.

개입하고 있다.24)

「시민적 및 정치적 권리에 관한 국제규약」 (International Coventant on Civil and Political Rights, 조약 제1007호) 제10조는 「자유가 박탈된 모든 사람은 인도적이며, 인간의 고유한 존엄성이 존중되는 처우를 받아야 한다」고 규정하고 있고, 국제연합의 「피구금자 처우에 관한 최저기준규칙」 제33조에서는 「수갑·연쇄·차꼬 및 구속복 등 계구는 결코 징벌의 수단으로 사용되어서는 안 된다. 특히 연쇄나 차꼬는 계구로서 사용되어서는 안 된다. 그 밖의 계구는 다음 각호의 경우를 제외하고는 사용되어서는 안 된다.

『a. 호송 중 도피의 예방책으로 사용되는 경우, 다만 사법 또는 행정당국에 출석할 때에는 계구를 해제하여야 한다.

b. 의료상의 이유에 의하여 의사의 지시를 받는 경우

c. 피구금자가 자기 또는 타인에게 침해를 가하거나 재산상 손해를 주는 것을 다른 수단으로써는 방지할 수 없기 때문에 소장이 명령하는 경우, 이 경우 소장은 지체 없이 의사와 상의하고 상급행정관청에 보고하여야 한다』고 하고, 제34조에서는 「계구의 제식 및 그 사용방법은 중앙교정당

---

23) Frances S. Goles(1987), "The Impact of Bell V. Wolfish upon Prisoner's Rights", Journal of Crime and Justice, Vol. 10, 1987, pp. 47 - 70 ; 미국에 있어서도 1966년을 기점으로 수형자의 권리에 대한 인식에서 「코페르니쿠스」적 전환을 가져 왔다. 즉 수형자는 「주의 노예」이며 단순한 권리의 객체이기 때문에 교정 당국의 권한남용에 대하여 일체의 사법적 심사를 거부하는 법원의 「불개입주의」(hand-off doctrine)(J.A.Inciardi, Criminal Justice, 1984, pp.651~652 참조)를 지양하고 적극적으로 법원이 수형자의 권리침해 여부를 심사하는 「개입주의」(involved hands doctrine)를 채택하였다(吉田敏雄, アメリカにおける 受刑者の權利の展開, 「行刑 理論」, 1987, 71面 參照). 그리고 연방대법원은 「헌법과 감옥 사이에는 철의 장막이 존재하지 않으며, 수형자의 생명·자유 및 재산은 적법절차에 의하지 않고는 박탈되지 아니한다」(Wolff v.Mcdonnel,418 US,539(1794);A.Simonsen, Correction in America,1989, p.280 참조)라는 판결을 내 놓았다.

24) 노호래, 전게논문, 2004, 138~139면 ; 이윤호, 교정학개론, 박영사, 2005, 78면.

국이 정하여야 한다. 이러한 계구는 엄격히 필요한 시간을 초과하여 사용되어서는 안 된다」고 규정하고 있다.

독일은 행형법 제11장의 「특별한 보안조치」에서 보호장비(계구)의 사용을 규정하고 있다. 제11장의 제88조 제1항은 「수형자의 태도나 그의 정신상태에 비추어 도망의 위험 또는 사람이나 물건에 대해 폭력을 행사할 위험 또는 자살이나 자상의 위험이 고도로 존재하는 경우에 보안조치를 명할 수 있다」고 규정하고 있고, 동조 제2항은 특별한 보안조치의 내용으로 「물건의 압류 또는 영치, 야간감시, 다른 수형자와 격리, 구금실 외에 머물지 못하도록 하거나 제한하는 것, 위험한 물건이 없는 안전한 구금실에 수용하는 것, 결박사용」을 규정하고 있다. 제4항은 「외부통근, 심문을 위한 인치, 이송을 할 때 또는 기타 도망의 위험이 있을 때에 결박을 사용할 수 있다」고 규정하고, 제5항은 「결박을 포함한 모든 특별한 보안조치는 목적달성을 위해 필요한 경우에만 유지될 수 있다」고 규정하여 비례의 원칙을 규정하고 있다.25)

제90조는 「결박은 원칙적으로 손이나 발에만 할 수 있고, 수용시설의

---

25) 독일 행형법 제88조 [특별안전조치]
　① 수형자에 대해서는 그의 행동에 의하여 7의 정신상태에 근거하여 고도의 도주위험, 사람이나 물건에 대한 폭행의 위험, 자살이나 자해의 위험이 있는 경우에 특별안전조치를 지시할 수 있다.
　② 특별안전조치로서 다음과 같은 것이 허용된다.
　　1. 목적물의 박탈 또는 유치
　　2. 야간관찰
　　3. 다른 수형자와의 격리
　　4. 개방수용의 박탈 또는 제한
　　5. 위험물이 없는 특별안전장치된 구금실에의 수용
　　6. 포박조치
　④ 동반외출·구인 또는 이송시에 제1항의 사유 이외에 다른 사유에 의해 고도의 도주위험이 있는 때에도 포박조치가 허용된다.
　⑤ 특별안전조치는 그 목적에 필요한 경우에 한해서만 유지될 수 있다.

장은 수형자의 이익을 위해 다른 결박수단을 명할 수 있고, 필요한 경우 결박을 일시적으로 느슨하게 할 수 있다」고 규정하고,26) 제91조는 「결박을 포함한 특별한 보안조치는 소장이 명하며, 위험이 급박한 경우에는 다른 직원도 임시로 조치를 취할 수 있지만 이 때에는 지체없이 소장에게 보고하고 결재를 받아야 한다. 수형자가 의사의 치료나 진료를 받고 있을 때에 계구를 사용하는 경우 의사의 의견을 들어야 하며, 위험이 급박하여 의견을 청취할 수 없는 때에는 사후에 지체없이 의사의 의견을 구해야 한다」고 규정하고 있다.27)

그리고 제92조에서는 「시설 내 의사는 외부통근, 인치 혹은 법정소송에서 결박된 경우를 제외하고 결박당한 수형자를 즉시 가능한 한 매일 방문하여 수형자의 상태를 파악해야 한다」고 규정하고 있다.28)

---

26) 독일 행형법 제90조 [포박조치]
   포박은 원칙적으로 손 또는 발에만 행해진다. 수형자를 위하여 교도소장은 다른 포박조치방법을 지시할 수 있다. 이 포박조치는 불가피한 경우에만 일시적으로 시행된다.
27) 독일 행형법 제91조 [특별안전조치의 지시]
   ① 특별안전조치는 교도소장이 지시한다. 지체로 위험이 발생하는 경우에는 교도소의 다른 교도관들도 이러한 조치를 임시로 지시할 수 있다. 이 경우에는 지체없이 교도소장의 결정을 얻어야 한다.
   ② 수형자가 의사의 치료 또는 검진을 받거나 그의 정신상태가 그러한 조치의 원인이 되고 있는 경우에는 사전에 의사에게 통지하여야 한다. 지체하면 위험하기 때문에 불가능한 경우에는 의사의 의견을 지체없이 얻도록 한다.
28) 독일 행형법, 제92조 [의사의 순시]
   ① 수형자가 특별한 안전장치가 된 거실에 수용되어 있거나 포박되어 있는 경우에는 (제88조 제2항 제5호 및 제6호) 교도소 의사는 즉시 그리고 계속해서 가능한 한 매일 그 수형자를 순시하여야 한다. 이것은 동반외출·구인 또는 호송 중의 포박조치(제88조 제4항)의 경우에는 적용되지 아니한다.
   ② 수형자에게 야외에서의 일상의 체류가 허용되지 않는다면 의사는 규칙적으로 이를 통지받아야 한다.

제4절 금후의 과제

I. 강제권행사의 원칙

1. 사전적·예방적 강제권행사

질서유지를 위한 강제권발동으로서 사전적·예방적인 것으로서의 계호는[29] 교정의 목적을 달성하기 위해 수형자에 대한 지휘·감독과 경비관계 전반을 담당하는 업무로서 교정질서를 확립하는 데 주된 목적이 있다.

그러나 이와 함께 수형자의 개선·교화라는 측면을 고려해야 한다. 또한 시설의 안전과 질서를 유지하기 위하여 수형자에게 과해지는 의무나 제한은 「비례의 원칙」에 따라 수형자의 권익을 침해하여서는 안 된다는 요청을 동시에 고려해야 한다.[30]

계호를 위하여서는 보호장비(계구)의 사용이 필요하다. 구법상의 「계구」의 명칭을 신법은 「보호장비」로 명칭을 바꾸었다.

구법에서는 계구[31]의 사용요건을 「교도소 등의 안전과 질서유지를 위하여 필요한 경우」로 포괄적으로 규정하였으나(구법 제14조 제1항), 신

---

29) 「계호」(戒護)란 교도소 등 교정시설의 안전과 수형자의 구금질서를 유지하기 위한 일체의 강제력 행사를 말하며, 「경계」(警戒)와 「보호」(保護)라는 두 가지 성격을 가지고 있다. 「경계」란 구금확보에 장애가 되는 요인들을 예방하고 배제하는 작용을 말하며, 「보호」란 수형자나 제3자의 생명·신체·재산에 대한 장애나 위험을 예방·배제하여 수형자를 구제하는 작용을 말한다.

30) 독일 행형법 [제11절 안전 및 질서], 제81조 [원칙]
   ② 교도소의 안전 또는 질서유지를 위하여 수형자에 부과되는 의무 및 제한은 그것이 그 목적에 상당한 관련이 있고 필요한 것 이상으로 그리고 필요한 기간을 초과하여 수형자의 권리를 침해하지 않아야 한다.

31) 「계구」의 명칭을 「보호장비」로 바꾸는 것에 대해 계구의 부정적 이미지를 희석시키는 의미를 가질지라도 계구의 본질적 목적인 규율위반 행위의 예방과 진압이라는 징벌적 의미를 소멸시키기 때문에 계구라는 용어를 그대로 존치시키는 것이 타당하다고 주장하는 견해(김화수, 전게논문, 219면)도 있다.

법에서는 보호장비의 사용요건을 「이송・출정 그 밖에 교정시설 밖의 장소로 수용자를 호송하는 때, 도주・자살・자해 또는 다른 사람에 대한 위해의 우려가 큰 때, 위력으로 교도관 등의 정당한 직무집행을 방해하는 때, 교정시설의 설비・기구 등을 손괴하거나 기타 시설의 안전 또는 질서를 해칠 우려가 큰 때」로 구체화 하고, 나아가 보호장비의 종류별로 사용요건을 명확하게 구분하여 규정함으로써 교정시설의 안전과 질서유지 및 수형자의 신체의 자유라는 인권을 아울러 보장하고 있다.32)

2. 사후적 제재

사후적 징벌, 즉 규율의 위반을 이유로 장벌을 과하는 경우 인권옹호의 견지에서 신중히 다루어지지 않으면 안 된다.33)

질서유지를 위한 강제권발동(징벌 등)은 「필요・최소한도」에 그쳐야 하며 동시에 「최우의 수단」으로 행사하여야 한다.

「징벌」이란 교정시설 내에서 구금의 확보와 시설내 질서유지를 위해 일정한 규율에 위반한 수형자에 대하여 과하는 불이익처분을 말한다. 징벌

---

32) 신법 제97조 ① (수용자의 인권보호를 위하여 그 사용요건을 법률에 구체적으로 규정함이 타당하다는 국가인권위원회의 권고 를 반영하였다― 「행형법」에 계구사용의 요건을 명확히 규정하고 보충성과 비례성의 원칙을 명시할 것 (2003. 7. 12. 권고)).

33) 규율의 위반을 이유로 징벌을 과하는 경우, 그것이 과도하게 시행되어 소내의 분위기가 흐려지고 수형자의 불만감이 폭발점에 까지 이를 경우에는 「교도소폭동」(prison riots)의 우려도 없지 않다는 견해도 있다. 단 미국에서의 교도소폭행에 관한 연구에 의하면 현실의 교도소 폭등의 원인은 일반인의 생각처럼 교도소에서의 징벌 등 처우가 가혹해서 일어나기보다 오히려 너무 너그러운 태도에 근본원인이 있는 것으로 분석된다. 학자들에 의하면 현대의 교도소 교도관들은 교정주의 이념에 상당히 깊은 관심을 갖고 그 방면의 전문가로 발전하고 있어, 그 처우의 가혹성이 폭행의 원인이 되는 경우는 드물고, 주로 교도소당국의 행정체제의 유약성(약체성)이 그 원인이 된다는 것이다. 이것은 한 교도소에서의 폭동이 수형자들에게 많은 양보를 유발할 때 타 교도소 수형자들이 다시 연달아 폭동을 일으키는 사실에 의하여 증명된다고 한다. 그리하여 교도소폭동의 원인은 전체적으로 검토되어야 한다는 것이다. 다만 이러한 폭동의 결과 교도소내 시책, 즉 수형자에 대한 시책이 그 이전보다 더 개선되는 방향으로 관심들이 돌려지는 점은 부인할 수 없을 것이다. P. Tappan, Crime, Justice and Correction, 1960, pp. 701−702. ; A. H. MaCormick, "Behind the Prison Riots," Annals of the Am. Academy of Pol. and Soc. Science, 293:17−28, May 1954(신진규, 범죄학 겸 형사정책, 법문사, 1987, 657면 주 3에서 발췌).

은 현행 법이 징계의 일종으로서 수용자의 권리에 대한 제한을 수반하므로 엄격한 제한 하에서만 인정된다. 즉 징벌의 요건·절차·내용 등은 법률에 명시해야 한다.

구법에 징벌을 「분류와 처우」라는 제목으로 제10장에서 규정하였던 것을, 신법은 제12장 「규율과 상벌」이라고 편제를 바꾸고, 아울러 구법에 비하여 징벌부과사유를 제한함과 동시에 징벌의 종류를 다양화하였다.

징벌은 재소자에게 직접 신체적·정신적 고통을 줄 뿐만 아니라 그 내용이 기록되어 처우에 영향을 미치고, 나아가 가석방의 시기를 결정하는 데에도 영향을 주는 등 그 영향이 매우 크다. 따라서 징벌에 대해서는 원칙규정을 두고 그 내용을 엄격히 제한해야 한다.

이러한 취지에서 『유엔 최저기준규칙』 제27조는 「규율 및 질서는 엄정하게 유지되어야 한다. 그러나 제한은 안전한 구금 및 질서 있는 소내 생활을 위해 필요한 한도를 넘어서는 아니된다」고 선언하고, 제28조에서는 가능한 한 피구금자의 자치에 맡기는 제도를 활용할 것을 권고하고 있다.[34]

그런 의미에서 교정시설에서의 강제권행사가 「비례의 원칙」에 따라 수형자의 인권을 침해하지 않도록 하여야 한다는 요청을 동시에 고려해야 한다는 측면에서 다음의 과제가 당연히 제기된다.

---

34) U.N. 피구금자 처우에 관한 최저기준규칙 [규율 및 징벌]
　　제27조 규율 및 질서는 엄정히 유지되어야 하나, 안전한 구금과 질서 있는 소내 생활을 유지하기 위하여 필요한 한도를 넘어서는 안 된다.
　　제28조 ① 어떠한 피구금자라도 시설의 업무를 부여받거나 규율권한이 부여되어서는 안 된다.
　　　　② 그러나 이 규칙은 특정한 사교·교육 또는 스포츠 활동이나 책임을 직원의 감독하에 처우목적을 위하여 그룹으로 분류된 피구금자들에게 맡기는 자치에 기초한 제도의 적절한 활용을 배제하지 않는다.

Ⅱ. 과제

1. 원인의 규명과 분석

수용사고의 요인으로서 교화개선의 무관심, 수형자에 대한 냉대, 교정처우의 부실, 의사소통의 결여 및 불공정한 처우 등이 거론되고 있으며35), 동시에 과밀수용, 분리수용의 불철저, 우수인원의 미확보36) 등도 문제가되고 있다.

2. 문제에 대한 효과적 대처(보호장비의 과학화)

보호장비(계구)의 종류로서 구법은 제14조 제2항에 포승·수갑·사슬·안면보호구를 규정하고 있다.

그 동안 계호의 목적을 달성하면서 인권을 존중하는 보호장비(계구)에 대하여 검토하여 왔다. 첨단 감시장비를 이용한 수형자관리방식이 여기에서 제기된다.

신법은 전자장비를 이용한 계호규정을 마련하였다(신법 제94조). 교정의 과학화 내지 현대화에 따라 전자장비를 이용한 감시가 계호의 한 방법으로 적극 활용되고 있는 현실에서 이에 대한 법률적 근거를 마련하였다.37)

그러나 거실에 대한 수형자 계호를 위해서 전자영상장비를 설치하는 것은 신법 제94조 제3항에서 「전자장비를 이용하여 계호를 하는 경우에는 피계호자의 인권이 침해되지 않도록 유의하여야 한다」 는 규정에도 불구

---

35) 노호래, 전게논문, 144면.
36) 상게논문, 144면.
37) 국가인권위원회는 구금시설 내의 CCTV의 설치와 운영에 관하여 법적 근거를 마련하도록 권고한 바 있다(국가인권위 2004. 10. 12. 03진인971·833·5806 병합결정).

하고 허용해서는 안 된다고 본다.

Ⅲ. 구체적·현실적 입법의 필요성

1. 소지금지 물품 규정의 검토

신법은 종전의 각종 교정관계 법령에 분산 규정되어 있던 「소지금지물품」의 종류를 「마약·총기·도검·폭발물·흉기·독극물 그 밖에 범죄의 도구로 이용될 우려가 있는 물품, 주류·담배·화기·현금·수표 그 밖에 시설의 안전 또는 질서를 해할 우려가 있는 물품, 음란물·사해행위에 사용되는 물품 그 밖에 수형자의 교화 또는 건전한 사회복귀를 해칠 우려가 있는 물품」으로 일원화하여 법률에 구체적으로 규정함으로써 소장이 수형자의 물품소지권을 임의로 제한하는 일이 없도록 하였다(제92조).

그런데 제3호의 「수형자의 교화 또는 건전한 사회복귀를 해칠 우려가 있는 물품」은 다양한 해석이 가능하여 그 자체 불확정성을 내포하고 있다. 그러므로 제3호의 규정을 삭제함이 바람직하다.[38]

2) 전자장비이용 계호규정의 검토

신법은 전자장비를 이용한 계호규정을 마련하였다(제94조). 교정의 과학화 내지 현대화에 따라 전자장비를 이용한 감시가 계호의 한 방법으로 적극 활용되고 있는 현실에서 이에 대한 법률적 근거를 마련하였다.

그러나 전자감시 장비를 이용한 계호는 인간의 존엄과 가치 및 행복추구

---

[38] 박상열, 전게논문, 22면.

권(헌법 제10조)과 사생활의 비밀과 자유(헌법 제17조)에 대한 침해의 우려가 있다. 거실에 대한 수형자 계호를 위해서 전자영상장비를 설치하는 것은 신법 제94조 제3항에 「전자장비를 이용하여 계호를 하는 경우에는 피계호자의 인권이 침해되지 않도록 유의하여야 한다」는 규정에도 불구하고 허용해서는 안 된다고 본다. 신법 94조 제1항 단서는 거실 내의 설치 요건을 「자살 등의 우려가 큰 때」에 한정된다는 점을 밝히고 있지만, 수용자 개인의 인격권 및 프라이버시에 대한 침해의 위험성과 헌법 제 37조 제2항에서 금지한 「본질적 내용에 대한 침해」에 해당할 우려가 크다.[39) 자살 우려의 경우 신법 제95조에 신설되는 보호실에 수용하면 되고, 시설물에 대한 손괴의 우려가 큰 경우에는 신법 제96조의 진정실에 수용하면 된다.

신법 제94조 제4항은 전자장비의 종류와 설치장소·사용방법 및 녹화기록물의 관리 등에 관하여 필요한 사항은 법무부령으로 정한다고 하고 있으나 법률로 명시할 것이 요청된다.

한편 신법 제94조 제1항의 「… 시설의 안전과 질서를 해하는 행위를 방지하기 위해 필요한 범위 …」라는 규정은 명확하게 규정할 필요가 있다. 전자감시 장비의 사용이 「질서를 해하는 행위」를 방지하기 위한 목적이라면 너무 포괄적이고 장소를 특정하기가 곤란한 개념이다. 이를 특정물 위주의 개념으로 특정화시킬 필요가 있다.[40)

---

39) 신양균 「행형법상의 수용과 처우에 관한 일반적 검토」, 형사정책 18권 1호, 한국형사정책학회, 2006, 96면 ; 이호중, 수용자의 권리제한, 124면.
40) 박상열, 전게논문, 22~23면.

3. 징벌의 개선

징벌제도는 형벌을 받고 있는 수형자에 대해 부과되는 불이익으로서 2중의 불이익에 해당된다. 41) 따라서 징벌제도는 헌법상의 「인간의 존엄과 가치」·「적법절차의 제 원칙」 및 「비례성의 원칙」에 합치하여야 한다.42) 그런 의미에서 징벌부과사유·징벌의 내용 및 집행절차에 대하여서는 다음의 문제가 있다.

첫째 「자해행위」이다.

징벌은 재사회화를 위한 수단이므로 형법상의 처벌대상도 아닌 자해행위에 징벌을 과할 수는 없다. 신법 같이 요건을 제한하여 「수형생활의 편의 등 자신의 요구를 관철할 목적으로 행한 자해」라고 규정하여도 문제는 있다. 따라서 자해행위는 징벌부과사유에서 제외함이 타당하다고 본다.43)

둘째, 작업의무가 부과되어 있는 징역형수형자에게 시설 내에서 작업 외의 50시간 이내의 근로봉사라는 것은 징벌로서 실효성이 없다.44)

셋째, 징벌의 내용으로서 30일 이내의 집필제한·서신제한·접견제한·실외운동정지45)는 불합리하다.

집필은 근본적으로 사상과 표현의 자유의 기초가 되는 기본권으로서, 수형자에게 보장되는 외부교통권이나 권리구제의 전제가 된다는 점에서,

---

41) 정진연, 행형법 개정과 헌법원칙, 교정31, 2006, 157면.
42) 이호중, 수용자의 권리제한, 117면.
43) 장중식, 교정연구 33, 2006, 134면.
44) 근로봉사는 징계의 내용으로 적당치 않다고 지적된다. 30일이내의 신문열람금지나 운동금지도 지나치다(조준현, "행형의 이념. 목적과 행형법 개정방향", 교정연구 제29호, 한국교정학회, 2005, 28면).
45) 금치중의 실외운동 금지에 대하여 헌법재판소는 금치에 처해진 수형자의 신체적·정신적 건강을 해칠 위험성이 현저히 높다고 인정한 바 있다(헌재 2004.12.16, 2002헌마478)

집필금지는 징벌의 내용으로 도입해서는 안 된다고 본다.[46]

넷째, 징벌 중 금치는 현재 실무에서 징벌의 90%이상을 점하고 있으며, 10%가 경고이며 나머지는 사문화된 징벌이다.

그런데 금치는 신법에 따르면 30일 이내라고 하지만, 징벌은 제109조 제2항에 의거 2분의 1까지 가중할 수 있으므로 이 경우 최대 45일간 금치에 처할 수 있어 제한할 필요가 있다. 형벌가중 시에도 금치의 경우에는 30일을 초과할 수 없도록 하는 규정을 별도로 두어야 할 것이다 .

다섯째, 징벌대상자에게 증거인멸이나 다른 사람에게 위해를 끼칠 우려, 다른 수형자의 위해로부터 보호할 필요가 있는 때, 조사기간 중 징벌대상자를 분리 수용할 수 있으며, 이때 접견·서신수수·전화통화·실외운동 등 권리를 제한할 수 있다고 한다(제110조).

그러나 징벌대상자라 해도 조사 중의 권리제한은 증거인멸의 방지에 필요한 정도로 가능하며, 모든 접견이나 서신수수·전화통화를 금지하는 것은 과잉금지에 해당된다.[47]

여섯째, 징벌위원회의 구성은 외부위원을 3명 이상으로 한다고 규정한 점에서 일응 정당하다(제111조 제2항).

그러나 중립성을 유지하기 위해서는 징벌위원의 과반수를 외부위원으로 구성하고 외부위원이 과반수 이상 참석하지 않으면 징벌의결이 불가능하도록 하여야 한다.[48]

---

46) 독일이나 영국의 경우에도 집필제한을 내용으로 하는 징벌은 없다(이호중, 수용자의 권리제한, 149면).
47) 상게논문, 152면.
48) 상게논문, 154면 이하.

제10장
의료교정의 개선방안

제1절 머릿말

I. 의료교정의 의의

교정시설에서의 의료를 일반적으로 '교정의료'라고 한다. 교정의료의 명확한 정의는 확립되어 있지 않지만 보통 교정시설에서의 일체의 의료를 의미한다. 교정시설이라는 것은 자유형집행을 위한 시설 및 소년원시설이 중심이 되겠지만 이 이외에 미결구금·사형확정자의 구치·노역장유치 등 형사사법에 있어서 인신을 구속하기 위하여 사용하는 시설 일체를 포함한다.

의료라는 것은 의료기술의 시행으로서 질병의 예방 및 치료를 위한 일체의 조치를 포함하며 구체적으로는 각종의 검사 및 문진 등에 의한 질병의 진단, 질병의 치료를 위한 조치, 기형 등의 교정, 의료적 낙태, 치료목적을 위한 환자에 대한 시험 그리고 조산도 포함한다. 또 질병의 예방을 위한 건강진단, 예방주사 및 공중위생목적을 위한 조치도 의료기술의 적용에 의한 실시인 이상 의료에 포함된다.

교정의료도 의학기술의 적용이므로 의료에 관한 법규제의 적용을 받음은 물론이다.[1]

첫째, 수형자도 교정 등의 시설수용목적에 반하지 아니하는 한 건강한 생활을 보장받는다(헌법 제 36조 제3항). 따라서 적절한 의료를 받을 권리

---

[1] 헌법 10조의 「모든 국민은 인간으로서의 존엄과 가치를 가지며, 행복을 추구할 권리를 가진다. 국가는 개인이 가지는 불가침의 기본적 인권을 확인하고 이를 보장할 의무를 진다」는 이른바 「인간의 존엄과 행복추구권」이 자유형 수형자를 제외하는 것은 아니다.

를 가진다.

둘째, 수형자도 수형목적에 반하지 아니하는 범위내에서 인격의 존엄을 보장받는다(헌법 제10조). 이는 구체적으로 의료를 받을 경우 환자의 자기결정권이 존중되어야 한다는 것이다. 요컨대 의료법 기타 의료에 관한 법의 규제는 교정시설의 수형자에게도 적용된다는 것에 유의해야 한다.

그렇다면 의료교정의 일반적 문제로서 현실적으로 의료인력의 확충 및 의료시설의 확보 등이 요망된다.

그 이외에 교정의료에서 대두되는 과제는 다음의 두가지이다.

ⅰ) 수형자의 건강유지를 위한 의료가 교정목적과 저촉되는 경우에는 그 조화점을 어디에서 찾느냐이다. 강제의료 또는 강제적 영양보급이 그 하나의 문제이다.

ⅱ) 특수의료교정으로서 정신장애자 및 약물범죄자·여성범죄자·고령범죄자·외국인범죄자·소년범죄자에 대한 유형별 의료처우의 문제이다.

Ⅱ. 의료현황

우리나라의 의료현황은 다음과 같다.

교정시설내 의료인력으로는 전문의·일반의·치과의·약사·임상병리사·방사선기사·영양사·재활치료사·위생기사·위생검사반·간호사·의료행정가·보호기능을 하는 교도관 등 다양한 유형의 의료보조요원 등이 있다.2) 그중 가장 핵심적 역할을 하는 인력은 의사·간호사·의료보

조요원 등으로서 의료서비스전달에 직접 관여한다.[3]

한편 현재 의료인력은 극히 취약하다. 2003년 법무부는 2004년까지 의료인력을 당시의 700%선으로 확충하고 각 교정청 산하의 특별의료 전담소를 만들겠다는 계획을 내놓은 바 있으나 이는 계획에 그치고 있다.[4]

2008.2.21 현재 전국 47개 교정기관에는 의사 84명, 약사 3명, 간호사 71명, 의료기사(방사선사, 임상병리사) 14명, 일반직원 254명, 정원 외 공중보건의사 76명을 포함 총 502명이 배치되어 있는 것으로 나타나 있다.[5]

법무부는 의료선진화를 위하여 2008.1. 「2008년 보건의료 주요사업 추진계획」과 관련하여 일선기관의 의료인력·시설·장비 등 의료관리 실태를 전반적으로 점검한 「점검표본기관」으로 10개 기관을 선정하였다.[6]

다음은 2008.1. 9개 기관의 인력현황이다.

(의료인력 현황)

(단위 : 명)

구 분	보건의료과 직원 현원						공 중 보건의사
	계	의 사	약 사	간호사	의료기사	일반직원	
전국 종합	426	84	3	71	14	254	76
대전(교)	19	3	–	2	1	11	2
광주(교)	13	2	–	2	1	6	2
청송(교)	13	1	–	2	1	7	2
진주(교)	18	3	–	3	2	7	3

2) 박양빈 외, 21세기 교정비전과 처우의 선진화 방안, 한국형사정책연구원, 2003년, 208면.
3) 손명세, 「수용자의 보건의료실태 및 관리방안」, 한국형사정책연구원, 1996, 94면.
4) 류여해, 의료교도소의 필요성과 대책 방안, 교정연구 제40호, 2009, 181면.
5) 연성진, 노용준, 김안식, 정영진, 수용자의 보건의료실태와 개선방안에 관한 연구, 형사정책연구원, 08-12, 2009, 43면.
6) 점검표본기관으로는 의료중심교도인 진주교도소, 원격화상 진료 구축기관인 대전교도소·청송교도소·광주교도소·춘천교도소, 그리고 보건의료 제반여건 파악이 필요한 기관으로 원주교도소·청주교도소·공주교도소·공주치료감호소·군산교도소 등 총 10개 기관을 선정하였다.

구 분	보건의료과 직원 현원						공 중
	계	의 사	약 사	간호사	의료기사	일반직원	보건의사
군산(교)	11	2	–	1	–	6	2
청주(교)	10	1	–	1	–	6	2
춘천(교)	12	2	–	1	–	7	2
원주(교)	10	2	–	1	–	5	2
공주(교)	10	2	–	2	–	5	1

Ⅲ. 문제의 제기

교정에 관한 국제인권원칙으로 다음의 것에 유의 할 필요가 있다.

「U.N. 피구금자 처우에 관한 최저기준규칙」(약칭 최저기준규칙) 제22조7)에서는

ⅰ) 모든 시설에서는 상당한 정신의학 지식을 가진 1명 이상의 자격 있는 의사의 의료를 받을 수 있도록 하여야 한다. 의료업무는 지역사회 또는 국가의 일반 보건행정과의 긴밀한 관계 하에 조직되어야 한다. 의료업무에는 정신이상의 진찰과 적절한 경우 그 치료업무가 포함되어야 한다.

ⅱ) 전문의사의 치료를 요하는 질병을 가진 피구금자는 전문시설 또는 일반병원에 이송되어야 한다. 병원설비가 시설 내에 설치되어 있을 경우,

---

7) Standard Minimum Rules for the Treatment of Prisoners Medical services 22.
(1) At every institution there shall be available the services of at least one qualified medical officer who should have some knowledge of psychiatry. The medical services should be organized in close relationship to the general health administration of the community or nation. They shall include a psychiatric service for the diagnosis and, in proper cases, the treatment of states of mental abnormality.
(2) Sick prisoners who require specialist treatment shall be transferred to specialized institutions or to civil hospitals. Where hospital facilities are provided in an institution, their equipment, furnishings and pharmaceutical supplies shall be proper for the medical care and treatment of sick prisoners, and there shall be a staff of suitable trained officers.
(3) The services of a qualified dental officer shall be available to every prisoner.

그 기구, 비품 및 의약품은 병자의 간호 및 치료에 적합한 것이어야 하며, 적절히 훈련된 직원이 배치되어야 한다.

iii) 모든 피구금자는 자격 있는 치과의사의 치료를 받을 수 있어야 한다.」고 규정하고 있다.

그리하여 2007.12.21. 「형의 집행 및 수용자의 처우에 관한 법률」이라는 전부개정을 통하여 제4장에서 제 30조부터 제40조까지 「위생과 의료」라는 타이틀로 관련 규정을 재정비하였다. 그럼에도 불구하고 아직 「최저기준규칙」에는 훨씬 미흡한 형편이다.

1. 위생·의료 조치의무 및 청결유지의 의무

소장은 수용자가 건강한 생활을 하는 데에 필요한 위생 및 의료상의 적절한 조치를 하여야 하며(제30조), 수용자가 사용하는 모든 설비와 기구가 항상 청결하게 유지되도록 하여야 한다(제31조)고 규정하고 있다. 또 수용자도 자신의 신체 및 의류, 자신이 사용하는 거실·작업장·그 밖의 수용실설에 대하여 청결유지를 해야 한다(제32조 1항)고 규정하고 있다. 그러나 구금시설 내에서의 생활이 집단 생활인만큼 위생적인 환경을 유지하기 위하여 수용자에게 어떻게 청결의무를 부과할 것인지를 보다 상세하게 규정하여야 할 것이다.8)

---

8) 연성진, 노용준, 김안식, 정영진, 전게논문, 51면.

2. 진료에 관한 규정

① 의료인력에 관한 문제

진료에 관한 문제에 있어서 가장 시급한 문제는 의료인력에 관한 문제일 것이다. 따라서 일반치료, 정신과 치료 및 치과 치료를 받을 수 있도록 자격이 있는 의사들이 배치되어야 할 것이다.[9]

② 의사의 권한 및 책임 강화

위생과 의료에 관한 신행형법 규정을 보면 모든 권한과 책임이 소장에게 있음을 알 수 있다.

「최저기준규칙」에서와 같이 수용자의 건강과 관련한 모든 권한과 책임에 관하여 소장이 아닌 의사에게 있다고 규정하여야 한다.[10]

③ 의료시설

현행법에는 의료시설 및 의약품에 관한 규정이 없다. 「최저기준규칙」 제 22조 2항은 「병원설비가 시설 내에 설치되어 있을 경우 그 기구・비품 및 의약품은 병자의 간호 및 치료에 적합한 것이어야 하며, 적절히 훈련된 직원이 배치되어야 한다」 고 규정하고 있다.

따라서 우리 현행법도 수용자에게 사회적 수준의 의료서비스를 제공하기 위해서는 의료시설을 구축하고 구금시설 내에서 제공하지 못하는 부분에 대해서는 외부의 의료시설을 이용할 수 있도록 개선하여야 할 것이다.[11]

---

9) 상계논문, 56면.
10) 상계논문, 57면.
11) 상계논문, 58면.

④ 외부 병원으로 이송

현행법은 소장은 적절한 치료가 필요하다면 교정시설 밖의 의료시설에서 수용자를 진료를 받게 할 수 있다고 하여 외부병원으로의 이송을 허락하고 있다. 외부병원 의뢰의 필요성 판단은 소장이 아닌 의사가 하여야 하며 소장은 의사의 판단에 따라야 한다.12)

결국 의료현황의 현실적인 문제는 의료인력의 부족, 의료시설의 부족, 의료전문성의 부족이다. 여기에서 다음의 문제가 제기된다.

첫째, 의료교정의 일반적 문제로서 외부병원 이송의 문제, 민영의료교도소 및 수형자의 인권을 위한 의료적 강제처우의 문제가 제기된다.

둘째, 의료교정의 효율화와 다양화를 위한 특수의료교정으로서 정신장애자 및 약물범죄자 · 여성범죄자 · 고령범죄자 · 외국인범죄자 그리고 소년범죄자에 대한 분류의료처우가 문제된다.

---

12) 상게논문, 59면~62면.

제2절 의료교정의 일반적 문제

의료현황의 현실적인 문제는 의료인력의 부족, 의료시설의 부족, 의료전 문성의 부족 및 의료인권의 문제이다. 여기에서 다음의 문제가 제기된다.

I. 외부진료(외부병원 이용)

의료시설의 부족은 외부병원 이용의 문제로 나타난다.[13]

사실 과거 이미 (구) 행형법 제 28조[14]와 29조[15], 그리고 (구) 행형법 시행령 103조[16]는 필요에 따라 수용자가 외부병원에 진료를 받을 수 있도 록 규정하고 있다.

2007년 현재 교정기관들의 외부병원 지정 계약현황은 다음과 같다.

---

13) 열악한 의료진료 상황에서 원격진료가 또 하나의 대안으로 떠오르고 있다. 현재 원격진료 시스템 이 갖춰진 곳은 지난 2005년 10월 안양 메트로병원과 협약을 맺은 안양교도소와 2007년 2월 안양샘병원과 협약을 맺은 서울구치소가 있으며 최근에는 1년에 약 2000여건의 원격진료가 실시 되고 있다(최근 4군데의 교도소에서 원격진료 서비스를 도입하기 위해 준비 중이다. 춘천교도소 는 춘천 성심병원, 청송교도소는 성소병원, 광주교도소는 전남대 화순병원, 대전교도소는 대전 선병원과 원격진료를 진행하기 위해 준비 중이다)(류여해, 전게논문, 194면).
(안양교도소와 서울구치소에 운영 중인 화상진료 시스템 이용실적)

수용자 화상진료 실적(안양교도소, 서울구치소 종합)

연 도 별	화상진료 건수	증 감 율(05년 기준)
2005년	135	100%
2006년	1,351	1,000%
2007년	2,562	1,898%

14) 구 행형법 28조 「수형자가 자비로서 보조치료를 원할 때에는 필요에 의하여 당해 소장은 이를 허가할 수 있다」 .
15) 구 행형법 29조 「소내에서 수형자가 적당한 치료를 하는 것이 불가능하다고 인정되는 때에는 당해 소장은 소외의 다른 병원에 이송할 수 있다」 .
16) 구 행형법 시행령 103조 「소장은 특히 필요하다고 인정하는 때에는 의무관 이외의 의사로 하여금 치료를 보조하게 할 수 있다」 .

기관명	계	종합병원	준종합병원	의 원	약 국	비 고
계	401	106	89	149	57	
서 울	127	30	20	56	21	
대 구	106	37	35	21	13	
대 전	90	20	18	39	13	
광 주	78	19	16	33	10	

하지만 외부병원을 이용하는 것은 그리 간단하거나 쉬운 일이 아니다.[17]

「최저기준규칙」에서 「전문의사의 치료를 요하는 질병을 가진 피구금자는 전문시설 또는 일반병원에 이송되어야 한다」고 규정하고 있다(최저기준규칙 제22조 제2항).

그러나 (구) 행형법 제29조에서는 「소장이 수용자에게 적당한 치료를 하기 위하여 필요하다고 인정하는 때에는 외부병원에 이송할 수 있다」고 규정함으로써, 적절한 의료서비스를 받기 위한 외부병원의 이송을 수용자의 권리 사항이 아니라 소장의 재량사항으로 두고 있었다.

독일 행형법은 제65조제2항에서 「수형자의 질병이 교도소 또는 의료교도소에서 발견 또는 치료될 수 없거나 그 수형자를 적시에 교도소 의무실로 이송하는 것이 불가능한 경우에는 교도소 외부의 병원으로 이송되어야 한다」고 규정하고 있다.

이리하여 시설 내에서 적절한 치료를 하는 것이 불가능하다고 인정되는 경우에 이를 소장의 허가사항으로 외부치료를 할 수 있다고 규정한 현행법 조항(제29조)은 당시 (구) 행형법(법률 제5175호. 1996.12.12 공포. 1997.1.1시행)때부터 문제가 되고 있었다.[18]

---

17) 유해정(인권운동사랑방 상임활동가), 인권운동사랑방과인도주의실천의사협회공동주최, 보건의료단체연합후원 2002.4.24 교정시설수용자의료권보장을위한 심포지움, 13면.

즉 (구)행형법 제29조(병원수용)는 「소내에서 수형자에게 적당한 치료를 하는 것이 불가능하다고 인정되는 때에는 당해 소장은 소외의 다른 병원으로 이송할 수 있다」고 규정함으로써 (구) 행형법은 수형자의 건강을 적극적으로 보호하여야 할 국가의 배려의무에도 배치된다는 비판을 받아왔다.

그리하여 그 후 개정된 (구)행형법 제29조 제1항(법률 제6038호. 1999.12.28.공포.2003.3.29.시행)은 「소장은 수용자에 대한 적당한 치료를 하기 위하여 필요하다고 인정하는 때에는 당해 수용자를 교도소 등의 밖에 있는 병원(정신질환을 치료하기 위한 경우에는 의료기관 개설허가를 받은 치료감호소를 포함한다)에 이송할 수 있다」라고 규정함으로써 교정당국에게 적극적인 배려의무를 인정하고 있다.[19]

---

18) 한인섭, "재소자의 인권과 처우", 법과 사회(제3호), 1990, 159면.
19) 양화식, 개정행형법(제7차 개정)에 대한 비판적 검토, 교정연구11호, 2000. 13면 : 양화식 교수는 이 논문에서 다음과 같이 지적하고 있다. 즉 (구)행형법 제29조(병원수용)는 「소내에서 수형자에게 적당한 치료를 하는 것이 불가능하다고 인정되는 때에는 당해 소장은 소외의 다른 병원으로 이송할 수 있다」고 규정하였다. 여기서 적당한 치료의 가능성 여부는 교도소 의무관의 의학적 소견에 의해 판단되며, 적당한 치료가 불가능하다고 의학적으로 판단되어도 외부병원에 이송하여 적당한 치료를 받게 할 것인가 여부는 소장의 재량에 맡기고 있다. 물론 외부병원에의 이송여부는 외부병원수용의 긴급성, 도주의 위험 및 사회의 안전에 대한 위험 등을 교량하여 판단할 사항이므로 소장의 재량사항으로 인정한 것으로 보인다. 그러나 이 점을 고려한다고 할지라도 「···적당한 치료를 하는 것이 불가능하다고 인정되는 때에는 ···다른 병원으로 이송할 수 있다」는 규정은 명백히 법논리적으로 부당하며 또한 수형자의 건강보호에 대해 지나치게 무책임한 규정으로서 수형자의 건강을 적극적으로 보호하여야 할 국가의 배려의무에도 배치된다. 석낭한 치료가 붙가능히면 마땅히 소장은 외무병원으로 이송하여야 할 것이다(소위 soll규정). 참고로 독일 행형법 제65조 제2항 1문이 「수형자의 질병이 교도소 또는 의료교도소에서 발견 또는 치료될 수 없거나 수형자를 적시에 의료교도소로 이송하는 것이 불가능한 때에는 교도소 외부의 병원으로 이송되어야 한다」라고 규정함으로써 교정당국에게 적극적인 배려의무를 인정하고 있는 점은 우리 (구)행형법과 좋은 대조를 보여준다.
입법자가 이러한 불합리를 인식하였는지 개정행형법 제29조 제1항은 「소장은 수용자에 대한 적당한 치료를 하기 위하여 필요하다고 인정하는 때에는 당해 수용자를 교도소 등의 밖에 있는 병원(정신질환을 치료하기 위한 경우에는 의료기관 개설허가를 받은 치료감호소를 포함한다)에 이송할 수 있다」라고 규정함으로써 구행형법의 법논리적 부당성을 면할 수 있게 되었다. 그러나 독일 형법 제56조(일반원칙)처럼 수형자의 신체적·정신적 건강을 배려해야 할 교정당국의 일반적 의무를 인정하는 소위 <재량통제규정>을 두고 있지 않는 우리 행형법상으로는 제29

현행법은 소장은 수용자에 대한 적절한 치료를 위하여 필요하다고 인정하면 교정시설 밖에 있는 의료시설에서 진료를 받게 할 수 있다고 하고 (제37조), 동시에 외부병원에 입원하거나 외부병원에서 진료를 받게 할 때에는 그 사실을 가족에게 지체없이 통지하도록 한 규정은 타당하다. 수용자가 원하지 않으면 이를 통지하지 않을 수도 있다고 비교적 자세하고 적극적으로 규정하고 있다.

II. 민영의료교도소

교정시설내에 진료가능한 민영 의료 교도소의 운영이 요망된다.

우리나라는 1999.12.31 법률 제6038호로 개정된 행형법에 의거 교정시설 민영화의 길이 마련되었다. 동법은 「교도소 등의 민간위탁」이라는 제목 하에 법무부장관은 교도소 등의 설립 및 운영의 일부를 법인 또는 개인에게 위탁할 수 있도록 하고(동법 제4조의2 제1항), 위탁수용대상자의 선정기준, 수용자처우의 기준, 위탁절차, 국가의 감독 등 교도소의 민간위탁에 관하여 필요한 사항은 다른 법률에 의하여 정하도록 하고 있는 것이 그것이다(동조 2항). 이에 따라 정부는 「민영교도소 등의 설치·운영에 관한 법률」을 제정하였다.[20]

제1항에 의해 수용자의 외부병원수용여부가 여전히 소장의 재량에 맡겨져 수용자에게는 이송을 청구할 권리가 인정되지 않으며, 소장에게는 외부병원이송을 위한 법적 의무도 인정되지 않게 되어 여전히 수용자의 건강보호에 관한 인권보장이 취약한 것으로 남게 된다.

20) 장규원·정현미·진수명·정희철, 민영교도소 도입을 위한 예비연구, 한국형사정책연구원. 1999, 116~119면 ; 행형법(1999.12.28. 법률 제6038호 개정행형법.) 제4조 2와 2001년 7월1일 시행 「민영교도소 등의 설치·운영에 관한 법률」(2000.1.28. 법률 제6206호 제정)에 근거하여 2002년 3월 12일 법무부 민영교도소 수탁자선정심사위원회(위원장 한부환 법무차관)는 민영교도소 설립신청서를 제출한 재단법인 「아가페」(이사장 김삼환 목사)를 민영교도소 수탁자로 공식 확정하였다. 「아가페」는 경기도 여주군에 6만 4천평의 부지를 확보하였고 2003년

그러나 민영교도소문제는 많은 근본적인 문제가 가로 놓여 있다. 그렇지만 이제 민영교도소는 현재의 형사사법제도의 개혁에 있어서 중요한 역할을 담당할 수 있을 것이고 정부의 교정업무를 완전히 대체할 수 있을 것인가 하는 문제는 두고 보아야 하겠다.[21] 그리고 이러한 기능을 다하기에는 민간기업 내부에 있어서도 조직의 계속성·합리성·전문성·재정 등의 문제점을 안고 있다.[22]

아무튼 여기서 일반적인 민영교도소가 아닌 민영의료교도소의 도입도 생각해 볼 필요성이 있다.

독일은 1968년부터 오래된 「Festungsbau」(요새-要塞)를 교도소병원으로 사용하여, 병든 죄수들에게 숙소를 마련해주고 돌보고 있다.[23] 일본에서는 의료 형무소와 유사 의료형무소가 10개를 넘어서고 있어서 의료교정이 활성화되고 있다.[24] 미국은 민영 의료 교도소가 현재 운영 되고

2월 4일에는 법무부와 「민영교도소 설치·운영 등 교정업무 위탁계약」을 체결하였다. 수용인원 500명 정도의 민영교도소는 2003 하반기까지 설계를 확정짓고 2005년 완공한다는 계획이였다(법률신문 2003.2.10자 1면 '사상 첫 민영교도소 생긴다' -그후 상당히 진전이 지체되었다.주 25참조).

21) 이동명, 미국 교도소의 민영화론 연구-수형자의 권리를 중심으로-, 교정연구 제 6호, 1996, 243면.

22) 국내에서 최초로 2008.4.부터 민영교도소가 신축에 들어갔다. 2010년 개장을 목표로 하고 있는 「아가페 민영교도소」는 기독교 재단에서 운영하는 최초의 민영교도소이자 최초의 종교법인 교도소로도 주목받고 있다.
현재 아가페 교도소 측은 수용자 및 수용자 가족에 대한 직접적인 복음화 외에노 한국교회 이미지 개선을 통한 간접 선교에 긍정적인 효과를 기대하고 있다. 이에 따라 불교계를 비롯한 타 종교계에서는 「교도소까지 선교의 장으로 활용하려 한다」며 우려의 시선을 내비치고 있다. 일부학자들도 민영교도소 시스템에 반대를 한다.
한편 민영교도소가 2010년 개장을 앞두고 있기 때문에 많은 기대와 우려를 한 번에 받고 있다는 것은 사실이다. 특히 재소자들의 건강에 관한 관리를 해줄 수 있으리라는 기대는 그 무엇보다 높다. 그뿐 아니라 민간영역의 활동성과 진취적인 사고가 교정까지 확대 될 수 있다는 것은 또 다른 시각에서 보면 긍정적이라 할 수 있다. 여기서 일반적인 민영교도소가 아닌 「민영의료교도소」의 도입도 생각해 볼 필요성이 있을 것 같다. 종교 단체라든지 일반 단체에서 의료보험 정도 수준의 돈을 받고 「의료민영교도소」가 운영된다면 좀 더 수준 높은 의료교정에 한발 다가가는 방안이 될 것이라고 본다(류여해. 전게논문, 193면~194면요약·발췌).

23) 류여해, 상게논문, 192면.

있다. 일반 교도소에도 교정시설내에 24시간 진료가능한 의사가 항시 대기 중이다.25)26)

Ⅲ. 의료적 강제처우(강제의료 또는 강제적 영양보급)

1. 「강제의료」(Zwangsmaßnahmen)

(구) 행형법(법률제6038호.1999.12.28.공포.2003.3.29.시행)에서 특히 눈에 띠는 조항은 수형자의 인권을 위한 제29조의 2(의료조치)의 신설이다. 이 조항은 「소장은 수용자가 진료 또는 음식물의 섭취를 거부하여 생명에 위험을 가져올 우려가 있는 때에는 의무관으로 하여금 적당한 진료 또는 영양보급 등의 조치를 하게 할 수 있다」 라고 규정하고 있다. 신설된 제29조의 2 규정에 따른 의료적 강제처우의 대상에는 수용자에게 질병이 있거나 자살이나 자상행위를 하는 경우, 그리고 단식농성을 하는 경우 등이 포함될 수 있을 것이다. 다만 독일에서는 이에 관한 많은 논란을 거쳐 제101조 제1항을27) 그 타협의 산물로 갖추게 되었으나, 우리의 경우는 이에 관한

---

24) 이영근, 한국 교정의료 처우에 대한 제언, 시민과 변호사 101호, 서울지방변호사회, 2002, 15면.
25) 상게논문, 15면.
26) 법무부는 중병을 앓고 있거나 장기요양이 필요한 수형자에게 전문적인 의료서비스를 제공하기 위해 경기 지역에 교정병원을 신축할 예정이라고 밝혔다. 교정병원은 300병상 규모로 의사 15명이 10여개 과목에 대해 진료를 하게 된다. 법무부 교정본부는 이를 위해 올해까지(2009) 설계를 마무리할 계획이며, 2011년 착공에 들어가 2015년 준공할 예정이다. 이 의료교도소는 다른 교도소처럼 수용시설에서 의료기능을 일부 수행하는 것이 아니라 수형자들을 치료하는 기능만 전담하게 된다. 입원실이나 치료 시설도 일반병원과 똑같은 구조로 만든다는 계획이다.
법무부는 이와 별도로 대전·영등포·부산·광주교도소 등 4곳을 「의료중점교도소」로 지정하고 30~100병상 규모의 의료사동을 신축할 계획이다.
이태희 법무부 교정본부장은 「교정병원에서 치료받기를 원하는 수형자들을 이송해 의료서비스를 제공하고 전문적인 수술 등은 외부 병원과 연계하게 될 것」이라면서 「재소자들의 진료 수요가 점차 늘어나는 데 따라 의료처우를 획기적으로 개선해 궁극적으로 건강한 수용생활을 할 수 있도록 돕는 것이 목적」이라고 설명했다(최초 의료 교도소 생긴다 …— 정보마당.장지윤 조회 28 | 09.02.09 09:38 http://cafe.daum.net/k-career/5lxt/221.제목 국내 최초 의료 교도소 생긴다. 작성일자 2009-02-06. 재소자를 위한 종합병원급 '의료교도소'가 국내 최초로 문을 연다).

학계의 논의가 거의 없는 실정에서 신설되었으므로 이 규정과 관련한 활발한 해석론적·입법론적 논의가 전개되어야 할 것으로 본다.28)29)

그리고 (구) 행형법 제29조의 2 규정에 따른 의료적 강제처우의 질병에는 사회일반인과 마찬가지로 걸릴 수 있는 통상적인 질병(예컨대 감기, 골절, 암, 위궤양, 맹장염 등), 전염병 및 범죄유발적 질병 등이 있다.

---

27) 제101조[건강보호분야에 대한 강제조치] ① 의료적인 검진·치료 및 영양공급은 생명의 위험시, 수형자의 건강에 대한 중대한 위험시 또는 기타의 자의 건강에 대한 위험시에만 강제적으로 행해지는 것이 허용된다. 다만 그러한 조치는 당사자를 위하여 타당하고 수형자의 생명 또는 건강에 대한 현저한 위험을 초래하지 아니하여야 한다. 수형자의 자유로운 의사결정에 그 근거를 두고 있는 한 그러한 조치의 실행에 대하여 교정시설에서는 책임을 지지 아니한다(StvollzG § 101 [Zwangsmaßnahmen auf dem Gebiet der Gesundheitsfürsorge] (1) Medizinische Untersuchung und Behandlung sowie Ernährung sind zwangsweise nur bei Lebensgefahr, bei schwerwiegender Gefahr für die Gesundheit des Gefangenen oder bei Gefahr für die Gesundheit anderer Personen zulässig; die Maßnahmen müssen für die Beteiligten zumutbar und dürfen nicht mit erheblicher Gefahr für Leben oder Gesundheit des Gefangenen verbunden sein. Zur Durchführung der Maßnahmen ist die Vollzugsbehörde nicht verpflichtet, solange von einer freien Willensbestimmung des Gefangenen ausgegangen werden kann).

28) 양화식, 전게논문, 17면 : 교수는 이미 몇몇 논문을 통하여 독일에서의 논의를 비판적으로 소개 및 검토함으로써 우리 행형법에도 의료적 강제처우에 관한 규정을 신중히 검토하여 신설할 것을 제안한 바 있다.

첫째, 독일 행형법 제101조 1항 1문은 강제치료를 「수형자의 생명 위험시」 뿐만 아니라 「수형자의 건강에 대한 중대한 위험시」 에도 허용한다.

둘째, 독일 행형법 제101조 1항은 전염성질병의 경우에 있어서의 교정관청의 침해권을 환자인 수형자 자신의 위태화보다 덜 엄격한 요건인 「기타의 자의 건강에 대한 위험시」 에도 허용하고 있다. 셋째, 범죄유발적 질병에 대하여 독일행형법은 규정을 두고 있지 않으나, 행형법개정택일안 (AE) 제139조 2항 2호는 이 경우 수형자의 승낙이 없어도 의료적 강제처우가 허용됨을 규정하고 있다.

넷째, 보통 자상행위는 일신적인 소망의 충족 및 구금환경의 개선을 목표로 하는 것으로서 생명의 훼멸을 목표로 하는 것이 아니다. 그러므로 교정당국은 자기신체이 훼손행위를 제1차적으로는 치료요법석 방법으로 예방하여여 하며 또한 구금환경을 자유로운 사회생활조건으로 가급적 근접하게 함으로써 가장 성공적으로 보장해야 한다.

다섯째, 수형자의 자살을 방지하기 위하여 계구 등 안전조치의 사용 이외에 의료적 강제조치를 사용할 권한 및 의무가 교정당국에게 있는지가 문제로 제기된다.

31) 정진연, 수형자의 인권에 관한 문제와 법적 구제, 오선주 정년기념 「한국형사법학의 새로운 지평」, 562면에서 정진연 교수는 1999년 행형법 개정으로 인하여 시행령에 있던 규정이 행형법에 편입된 규정인 제29조의 2가 문제가 된다고 하면서, 동 규정에는 「소장은 수용자가 진료 또는 음식물의 섭취를 거부하여 생명에 위험을 가져올 우려가 있는 때에는 의무관으로 하여금 적당한 진료 또는 영양보급 등의 조치를 하게 할 수 있다」 라고 하여 단식투쟁이 문제될 때 교정 당국이 강제급식을 취하는 법적 근거를 마련하고 있는 데, 이 규정은 헌법상의 인권존중과 배치된다고 단정적으로 지적하고 있다.

2. 「의료적 강제급양」 (arztliche Zwangsernahrung)

의료적 강제급양의 대상은 수형자의 장기간에 걸친 영양섭취의 거부행위이다. 단기간의 영양섭취의 거부는 단식자의 시위적 의사표명으로서 이는 헌법에 의하여 보호받으며, 의료적으로도 문제가 없기 때문에 이에 대한 어떠한 의료적 대응조치도 필요하지 않으며 또한 허용되지도 않는다.

한편 독일형법 개정특별위원회에서 제시된 연방법무부의 견해는 인간의 생명을 보호 내지 유지하여야 할 국가의 의무를 개인의 자기결정권보다 우위에 두었으며 특히 국가는 구금에 의하여 수형자를 그의 감시에로 인수함으로써 특별한 보호의무가 귀속된다고 보고 이로부터 강제급양의 권한과 의무를 도출하였다. 판례도 행형법의 시행(1977. 1. 1)이전부터 강제급양의 정당성과 의무를 인정하였다.

수형자의 적극적인 저항이 있음에도 불구하고 완력에 의해 강행하는 강제급양은 도리어 수형자의 생명 또는 건강에 대한 중대한 위험을 초래할 수 있음을 부정할 수 없고, 또한 그 과정에서 인간의 존엄에 대한 침해도 일어날 수 있다.

그러므로 강제급양을 시행하거나 이에 관한 입법을 함에 있어서는 의학적 · 심리학적 및 재사회화적 관점에서의 신중한 고려가 요청된다.

현행법은 「수용자의 의사에 반하는 의료조치에서 수용자가 진료 또는 음식물의 섭취를 계속 거부하여 그 생명에 위험을 가져올 급박한 우려가 있는 때에는 소장은 의무관으로 하여금 적당한 진료 또는 영양 보급 등의 조치를 하게 할 수 있다」고 규정하고 있다.[30]

---

30) 신법 제40조(수용자의 의사에 반하는 의료조치) ① 소장은 수용자가 진료 또는 음식물의 섭취를

시국사범들이 처우에 불만을 품고 음식물거부를 하기도 하여 제7차 개정시 도입하였던 강제급식조항을 좀더 합리적으로 규정하여 의무관이 관찰·조언 또는 설득을 한 후 계속 거부하여 생명에 위험을 가져 올 급박한 우려가 있으면 강제급식은 정당하다고 규정하였다.

법률에 구체적 타당성 있는 판단을 구하는 사안에 미리 구체적으로 규명하는 것에 회의적인 견해도 있다.[31]

제3절 의료교정의 특수한 처우(유형별 처우)

수형자의 재사회화를 위한 다양한 교정처우가 또는 최소한 교정시설내에 있어서 분류유형별 처우가 제대로 합리적으로 운영되어야만 수형자의 처우를 위한 소기의 목적을 달성할 수 있다.

특별한 처우를 필요로 하는 수형자에 대해서는 그러한 처우가 가능한 특별교도소에 수용하는 것이 바람직하다. 외국에서는 의료교도소·정신장애자교도소·농업교도소·특수직업보도교도소 등이 구분되고 있으나, 현재 우리나라에서는 진주교도소가 정신질환 및 폐결핵, 순천교도소는 한센병환자를 수용하고 있는 정도다.

「교정 및 사회복귀」를 목표로 하는 수형자처우의 실시에 관해서 오늘날 그 기본적 원리가 되는 것은 「처우의 개별화」, 즉 개개의 수형자에

거부하면 의무관으로 하여금 관찰·조언 또는 설득을 하도록 하여야 한다.

② 소장은 제1항의 조치에도 불구하고 수용자가 진료 또는 음식물의 섭취를 계속 거부하여 그 생명에 위험을 가져올 급박한 우려가 있으면 의무관으로 하여금 적당한 진료 또는 영양보급 등의 조치를 하게 할 수 있다.).

31) 조준현, 행형의 이념·목적과 행형법 개정방향, 교정 연구 제29호, 2005, 20면.

대해 각각 가장 적당한 동시에 필요한 처우를 행하는 것이다.

이와 같이 수형자 개개인의 특성 및 필요성에 대응하여 각자에게 가능한 한도에서 사회복귀상 가장 적당한 지도·원조 등을 행하는 것이 전통적 의미의 처우의 개별화라 할 수 있다. 의료교정의 문제도 역시 동일하다.

우리 현행법상 수형자처우에 관한 기본적 원리는 「처우의 개별화」를 목표로 하는 것, 즉 개별적 처우계획에 기초한 분류처우 내지 의료처우를 확립하는 것에 있다. 이것은 의료교정의 선진화의 전제조건이다.

이제 21세기 의료교정의 선진화를 위해서는 제유형별 교정처우중 정신 장애자 및 각성제범죄자에 대한 특별처우, 여성범죄자에 대한 처우·외국 인범죄자·고령범죄자 및 소년범죄자에 대한 처우가 요청된다.

일찍이 형사사법이 안고 있는 문제를 해결하기 위하여 무엇인가 새롭고 획기적인 사고의 전환이 있어야 한다는 것이 교정의 민영화로 표출되었다. 이 논의의 중심이 되고 있는 것은 「정부는 이미 교도소가 안고 있는 산적한 문제를 해결할 힘이 한계에 부닥쳐 있는 것은 아닌가」하는 점이다.

가. 사실 정신질환 수용자 내지 약물범죄수용자는 다른 수용자와는 달리 치료를 우선적으로 처우하여야 하며 이러한 치료프로그램을 다양화하고, 환자의 운동·집회·상담 등을 시행할 수 있는 환경을 갖춘 별도의 시설이 교정기관에 구비되어야 한다. 그리하여 환자의 상태와 증상에 따른 다양한 수용 병실과 환경이 구비되어 환자가 적절히 수용관리 되어야 하나 현실적 으로 일반수형자의 수용거실과 큰 차이가 없는 거실에 수용되어 있다.32)

---

32) 독일 행형법에서는 모두 '정신적 건강'도 일반적인 신체적 건강과 마찬가지로 보호하고 있으며, 「최저기준규칙」에서도 모든 시설에서 전문적인 정신과 의사를 1명 이상 두어 진료를 받을 수 있도록 하고(제22조)(At every institution there shall be available the services of at least

최근 세계적 범죄현상으로서 약물범죄 특히 각성제범죄가 당면하는 가장 중요한 문제의 하나이다.

자유형 내용의 적극적인 면으로 이해되는 헌법의 규정으로서는 「모든 국민은 보건에 관하여 국가의 보호를 받는다」는 제36조 제3항을 예로 들 수 있다. 여기에서 말하는 「국민」에는 자유형 수형자도 포함되어 있으며, 교정시설내에 있어서 수형자는 「건강하게 생활을 영위할 권리」를 가진다. 또한 제 34조 제1항 및 제2항에서는 「모든 국민은 인간다운 생활을 할 권리를 가진다」 「국가는 사회보장·사회복지의 증진에 노력할 의무를 진다」고 규정하고 있는 데, 이는 교정시설의 자세를 규정한 것으로도 이해할 수 있다. 수형자에 대한 급식 내지 위생·의료 그 외에 관해서 부단하게 향상·증진이 도모되지 않으면 아니된다는 것을 말하여 준다고 할 수 있다.

ⅰ) 그런데 문제는 결국 정신장애자에 대하여서는 전문의료 인력부족이 문제가 된다.

정신질환 전문 치료기관으로 지정된 진주교도소에는 현재 비전임의무관 1명이 주 2·3회 환자 진료를 하고 있는 실정이다.

그리고 진주교도소를 제외한 다른 교정 시설도 외부 전문의를 확보하여

---

one qualified medical officer who should have some knowledge of psychiatry), 의사로 하여금 수용자에게 정신질환이 있는지를 진단하고 필요한 모든 조치를 취하도록 하고(제24조)(The medical officer shall see and examine every prisoner as soon as possible after his admission and thereafter as necessary, with a view particularly to the discovery of physical or mental illness and the taking of all necessary measures; the segregation of prisoners suspected of infectious or contagious conditions), 정신적인 건강을 돌보도록 하고 있다. 이에 비하면 우리 행형법은 정신적 건강에 대한 특별한 규정이 없다.
따라서 우리 행형법상에도 국제인권원칙에서 규정하고 있는 수용자의 건강권을 신체적 건강권에서 정신건강까지 포함됨을 명시하고 이들에 대해서는 다른 수용자들과 달리 완화된 처우를 하여 심리적으로 안정을 취할 수 있도록 충분한 교도관을 확보하고 시설도 정신질환자들에게 맞추어 개선할 필요가 있다(연성진, 노용준, 김안식, 정영진, 전게논문, 62면).

정신질환이 의심되는 수용자에게 신속하고 적절한 진료가 시행될 수 있도록 하고, 아울러 장기 구금으로 인하여 발생할 수 있는 정신질환자를 방지하기 위해서는 교정 환경을 친 사회적으로 바꾸는 노력이 필요하다.[33]

ii) 각성제 범죄에 대하여도 문제는 많다.

첫째, 치료중심의 교정처우가 요망된다.

수형자는 구금이라는 형벌집행대상인 동시에 교화·개선의 대상이다. 그런데 우리나라의 교정행정은 신병확보라는 구금작용과 처우를 통한 교화개선이라는 대립관계에서 구금을 우선적으로 강조하여 왔다.[34]

특히 마약류중독자들의 치료는 구금중심이 아닌 치료중심의 교정처우가 병행되어야 함은 물론이다.[35]

우리나라도 외국의 예와 같이 「교정병원」 을 설립하여 하루에도 수십명의 수용자가 외부병원에서 입원치료하고 그에 따른 많은 계호인력이 소요되는 인력낭비는 지양되어야 할 때가 온 것이다.

둘째, 의료진 및 전문가의 확보가 요망된다.

약물남용의 원인과 동기 그리고 과정 등을 분석하고 그에 적정한 전문인력으로서는 사회학자·의학자·심리학자·행동과학자·카운셀러 등이 포함되어야 한다.[36]

---

33) 최상섭, 정신장애자의 수용관리방안」, 교정연구 제18호, 2003, 11면.

34) 송방식은 그의 논문(마약류 수형자 처우실태에 관한 연구, 교정연구 제17호, 2002)에서 다음과 같이 지적하고 있다. 즉 우리나라에서는 당초부터 마약류남용의 문제를 사회문제나 보건문제로 다루기보다는 범죄행위의 한 형태로 다루어 왔다. 즉 마약류남용자 내지 중독자를 치료 받아야할 정신질환자로 인식하기보다는 사회질서를 파괴하는 범죄자로 인식하였으며, 이들을 엄벌에 처하여 사회와 격리시키는 것만이 마약류 문제를 해결하는 유일한 수단으로 보았다.

35) 송방식, 전게논문, 169면 : 약물중독자에 대한 처우는 치료적인 문제라기 보다는 「사회적이고 행동적인 문제」 (Social and behaviorrial problem)로 보고 처우방향을 강구하는 것이 보다 효과적이라는 견해(변동윤, 시설내에서의 약물남용자처우, 교정연구 제4호, 1994,, 330면)도 있다.

마약류수용자의 경우 정신병리학에 대한 지식을 겸비한 유자격 의료요원이 진료를 하여야 하나, 현재의 각 교정시설에서는 진주교도소의 정신과 의사 1명을 제외하고 거의 전무한 실정이므로 마약류범죄자를 치료하기 위해서는 정신과 의사 등 전문가의 확보가 절실히 요구된다. 차선의 방법으로서 군복무를 대신하고 있는 정신과 전공의를 활용하는 방안도 생각할 수 있다.

나. 여성범죄는 남성범죄와 비교해서 현저히 적으며, 게다가 남성범죄와는 다른 특색을 가지고 있다고 말하여 왔다. 그러나 최근 여성범죄는 증가 경향에 있고 질적으로도 변화되고 있다. 이와 같은 현상이 여성의 사회진출의 기회의 증가에 의한 것이든, 남녀평등사상의 고조에 의한 것이든, 우리나라의 여성범죄도 양적·질적으로 변화되고 있다고 보는 것이 정당하겠다.

헌법 제34조 제 3항에 「국가는 여자의 복지와 권익의 향상을 위하여 노력하여야 한다」 라든가, 헌법 제 제36조 제1항 「혼인과 가족생활은 개인의 존엄과 양성의 평등을 기초로 성립되고 유지되어야 하며 국가는 이를 보장한다」 , 제2항 「국가는 모성의 보호를 위하여 노력하여야 한다」 라는 헌법의 기본이념은 금후 여성범죄자의 처우에 대한 방향을 제시한 것이라 할 수 있다.

결국 여성전문 의료서비스의 확충이 요망된다.

---

36) 변동윤, 전게논문, 323면 : 1955년에 제네바에서 개최된 제1회 「국제연합 범죄방지 및 범죄인처우에 관한 회의」 (STUN Congress on the prevention of crime and treatment of offenders 1955, Geneva)에서 결의된 「피구금자 처우최저기준규칙」 에 나타난 수용자에 대한 의료처우에 의하면 각 교도소는 적어도 정신병리학에 대한 얼마간의 지식을 겸비한 유자격 의료 요원이 진료를 제공하여야 하고 의료요원은 수용자들을 매일 검진하도록 되어 있으며, 전문의 진료가 필요한 수용자는 특별구금시설 또는 민간병원으로 이감시키도록 되어 있다(제22조).

여성수형자들은 신체적·생리적으로 남성과 여러 가지 점에서 다른 특징을 가지고 있으므로 남성에 비해 더 많은 의료서비스를 필요로 하게 된다. 우리나라는 국가수준에 걸맞지 않게 의료서비스부재가 현재의 교정시설의 모습이다. 특히 산부인과와 같은 과목의 여성전문의료진과 의료장비의 확보와 같은 교정시설내에서의 여성전문 의료서비스확충은 시급하고도 필수적인 요청이라 하겠다.

결국 여성에 의한 범죄를 방지하고, 범죄자를 개선·갱생시키기 위해서는 범죄에 대한 일반적인 대책 외에 여성범죄의 실태와 특질을 충분히 고려하는 이외에 구체적인 시책이 필요하다.

여성 수형자를 위하여 산전, 산후 관리 및 진료를 위한 특별시설이 마련되어야 한다는 「피구금자처우 최저기준 준칙」 제23조를 유의할 필요가 있다.[37]

다. 한편 우리나라의 현행 교정관계 법령중에 외국인 재소자의 처우에 관한 특별규정은 없으므로 법령적용상으로는 평등주의가 채택되고 있다고 할 수 있다. 그러나 각국은 그들 고유의 생활풍습·풍속·문화·생활양식 등을 달리하므로 우리나라 사람과 동일하게 취급하는 것은 결과에 있어서 처우의 실질적 불평등을 초래할 우려가 있다.

현재 가장 문제되는 것이 전담 인적 자원의 부족이 문제된다. 때마침 세계화 시대를 맞이하여 외국인 범죄자의 체계적인 관리를 위해 외국인을 전담하는 수용소가 탄생하였다. 2009년 다각적인 검토 결과 (구)천안소년

---

37) 여성 수형자에 대한 처우는 「피구금자처우 최저기준 준칙」 에 의하여 「여자수용시설에는 산전, 산후 관리 및 진료를 위한 특별시설이 있어야 할 뿐만 아니라, 육아실을 설치하여야 한다」 제23조) 고 규정하고 있다 ; 박찬운외, 「국제인권원칙과 한국의 행형」 , 역사비평사, 1993, 113면.

교도소의 기능이 외국인전담교도소로서의 기능을 수행하기에 가장 적합하다는 판단 하에 충남 천안에 외국인전담교도소를 개청하였다. 의료교정의 효율화에 크게 이바지할 것으로 기대된다. 그런데 수형자 처우효과를 극대화시키는 가장 효율적인 방법은 수형자 각자에 대한 개별처우가 이상적이다. 그런데 여기에는 현실적 한계가 있다.[38) 외국인 수형자 관리에 요하는 인적 자원의 부족은 결국 외국인 수형자 처우를 방치하는 것이라 할 수 있다.[39)

외국인 수형자에 대한 처우는 「피구금자처우 최저기준 준칙」[40)에 의하여 내국인과 동등하게 이루어져야 한다. 따라서 외국인 수형자에 대한 처우 문제는 내국인과 마찬가지로 교정시설에의 입소 수용절차부터 시작하여 급양, 거실환경, 생활필수용품, 보건·의료, 분류심사 에 이르기까지 다양한 내용을 중심으로 검토되어야만 한다.[41)

---

38) 교정처우뿐만 아니라 한국말을 이해할 수 없는 외국인피의자의 수사 또는 참고인의 사정 청취에 있어 통역인의 확보가 큰 문제인데, 1992년부터 경찰청 외사1과에 중앙 통역센터를 설치 운영하여 영어는 비교적 큰 문제가 없으나, 그 이외의 언어에 대하여는 경찰 내에서 통역요원 확보가 어려워 외부의 협력에 의존하고 있으며, 그 중에서도 최근 수요가 많아지고 있는 아시아계 언어 외부통역인의 경우 대도시권에는 어느 정도 해결이 가능하나 지방경찰에서는 절대적으로 부족한 곳이 많다(양문승, 외국인범죄의 실태와 그 대책, 죽헌 박양빈 교수 화갑기념논문집, 1997, 992면) ; 박광섭, 외국인 수형자 처우의 과제, 206면 ; SOFA 한미행정에 관련된 수용자 등 다양한 수용자들을 모두 커버하기 위해 외국어 우수 직원을 별도로 선발하고, 얼마 전에는 5개 국어에 능통한 직원 9명을 신발하기노 했지만 세계 공용어인 '바디랭귀지'를 이용하거나 교도관과 수형자 사이에 통역관이 통역을 해주기도 한다(http://blog.daum.net/mojjustice/8703760 | 법무부 행복해 지는 법).
39) 박광섭, 전게논문, 202면.
40) 동 준칙 제6조 제1항은 「이 규칙은 공평하게 적용되어야 한다. 피구금자의 인종, 피부색, 성별, 언어, 종교, 정치적 또는 그 밖의 견해, 국적, 사회적 신분, 재산, 출생 또는 그 밖의 지위에 의하여 차별이 있어서는 안 되고, 공평하게 적용되어야 하고 또한 피구금자가 속하는 집단의 종교적 신조 및 도덕률을 존중해야 한다」고 규정하고 있다. 동 준칙 제22조는 의료 및 위생처우에 있어서는 「모든 시설에는 정신의학 지식을 가진 최소한 1인 이상의 의사가 있어야 한다」고 규정하고 있다 ; 박찬운외, 전게서, 113면.
41) 太田達也, 來日外國人犯罪·高齡者犯罪, 加藤久雄·瀨川 晃 編, 刑事政策, 2002, 8面.

라. 21세기에 걸맞는 교정운영을 위하여서는 급속도로 증가하고 있는 고령범죄자에 대한 수용관리 및 처우문제가 금후 중요과제로 부상되고 있다.

ⅰ) 교정시설의 전문화가 요망된다.

고령자는 범죄경력이나 범죄경향·의학적 등급 등을 고려하여 수용한 후 각 유형에 적합한 처우기준을 마련하여 시행하는 것이 필요하다.42)

일본의 경우 각 지방교정청별로 특정교도소를 고령수형자 수용장소로 지정하여 운영하고 있으며, 미국은 특별사동을 운영하고 있다.43)

ⅱ) 시설내 처우의 개선이 요망된다.

일본은 수용분류급이 Pz급(연령이 60세이상으로 노쇠현상이 상당정도 인정되는 자) 및 S급(특별한 양호적 처우를 필요로 하는 자)으로 심신이 쇠약하여 특별한 원호를 요하는 고령수형자에 대하여 작업시간을 단축해 주고 보청기나 노안경의 대여 및 겨울철 의류·침구의 증·대여를 인정하는 등 연령에 상응한 처우가 다소 이루어지고 있는 외에는 통상 이들은 공장이나 거실에서 정해진 일과에 따라 수형생활을 하고 있을 뿐이다. 문제는 이들 고령수형자를 집결 수용할 특정시설이 아직까지는 없고 다만 「히로시마」(廣島)교정관구내의 「오노미지」(尾道)형무지소에서 동 관구의

---

42) 澤登俊雄, 4-1, 2. 高齡化社會と犯罪, 年齡と犯罪, 311면 ; 강은영, 노인수형자의 특성 및 처우실태에 관한 연구, 한국형사정책연구원, 2001, 87면.

43) 고령수형자 처우시설에 있어서 미국은 각 주에 따라 고령자전문교정시설이 있거나 고령자를 위한 특별 사동을 운영하는 것, 교도소 내에서 고령수형자를 위한 특별 방들을 부속진료소 가까이에 두는 것, 의료전문교정시설에서 고령수형자를 위한 특별프로그램을 운영하는 형태이다. 이러한 시설을 중심으로 고령수형자에 적절한 처우프로그램을 운영하고 있는데, 호스피스(Hospice)·「레크레이션」(Recreation)·직업훈련·건강교육 등 고령수형자 인구의 특성을 고려한 프로그램들이 실행되고 있다(남상철,신연희, 노인 및 외국인 수용자 처우의 적정화 방안, 교정연구 제19호, 2003, 주51).

분류준칙에 의거 작업을 할 수 있는 Pz급 수형자에 대한 집결수용처우가 행하여지고 있는데 불과하다.[44]

그러나 우리나라에서는 고령수형자에 관한 규정으로, 「형의 집행 및 수용자의 처우에 관한 법률」 제54조 제1항에 「소장은 노인수용자에 대하여 나이·건강상태 등을 고려하여 그 처우에 있어 적정한 배려를 하여야 한다」고 규정하고, 동 부령 제43조(전담교정시설)에

첫째, 법 제57조 제5항에 따라 법무부장관이 노인수형자의 처우를 전담하도록 정하는 시설(이하 "노인수형자 전담교정시설"이라 한다)에는 「장애인·노인·임산부 등의 편의증진보장에 관한 법률 시행령」 별표 2의 교도소·구치소 편의시설의 종류 및 설치기준에 따른 편의시설을 갖추어야 한다.

둘째, 노인수형자 전담교정시설에는 별도의 공동휴게실을 마련하고 노인이 선호하는 오락용품 등을 갖춰두어야 한다(형의 집행 및 수용자의 처우에 관한 법률)고 규정하고 있을 뿐, 현행 교정관계법령상 별다른 특별처우규정이 발견되지 않는 실정이다.

따라서 교정시설에 수용된 고령수형자는 형사법상의 기소유예나 형의 집행유예, 자유형의 집행정지 대상에도 해당되지 아니하는, 환언하면 수형생활 능력이 있는 것으로 인정이 되는 사람들이라고 하여 이러한 법적 지위 하에서 대체로 일반재소자와 공평한 처우를 하고 있을 뿐이다.[45]

---

44) 太田達也, 前揭書, 371面.

그 동안 청소년은 소년원이나 소년교도소에 중환자는 의료교도소에 수용처우하는 방향으로 충실한 조직의 정비 내지 정책적 추진을 도모해 오면서 고령수형자에 대해서만은 소홀히 해 온 것이 사실이다.46)

금후 우리나라에서 고령자처우에 관한 중장기대책을 수립하는데 있어서는 일본의 「오노미지」(尾道)형무지소의 예와 같이 각 지방교정청별로 특정교도소의 1개사동 정도를 이들 고령수형자의 집결수용장소로 우선 지정 운영하여 점차 그 적절한 처우프로그램을 확립해 나가도록 하는 것이 좋을 것으로 생각된다. 그리고 교정시설의 전문화 내지 특수화의 일환으로 여자교도소·소년교도소·의료교도소와 같이 고령수형자교도소를 별도로 신설하여 전국적으로 이들 고령수형자를 집결 수용처우하도록 하는 방향으로 정책의 검토가 이루어져야 되리라고 본다.

현재 우리나라에서는 고령수형자 처우에 관한 제도적인 장치는 초보적인 단계이다. 유럽에서는 고령수형자 처우문제의 심각성을 인식하고 이에 대한 대책을 마련해 가고 있다. 그 방향은 시설의 적절한 운영을 기하는 것과 인도적인 차원의 처우프로그램의 개발이다. 민간의료교도소의 설립, 조기석방, 구금대체처분의 확대 등 고령수형자 처우를 위한 다양한 노력이 요망된다. 그리고 고령수형자 처우는 무엇보다도 「교화」(rehabilitation)에 기초하여야 한다.47)

---

45) 박양빈, 21 세기 교정의 진로와 과제, 21세기 교정비존과 처우의 선진화방안 」,한국형사정책연구원 연구보고서, 2003, 137면.
46) 상게논문, 130면.
47) 일본에서 고령범죄에 대한 대응책으로 범죄자에 대한 직접적인 프로그램보다는 범죄발생의 원인이 되는 상황을 개선하는데 주력하는 것도(이영남, 「일본의 노인범죄에 관한 연구」, 관동대학교 사회과학논총, 제3집, 1998, 143~155면) 이와 같은 맥락에서 이해할 수 있다.

마. 마지막으로 현행 소년법 제1조에서는 「반사회성이 있는 소년의 환경 조정과 품행 교정을 위한 보호처분 등의 필요한 조치를 하고, 형사처분에 관한 특별조치를 함으로써 소년이 건전하게 성장하도록 돕는 것을 목적으로 한다」고 명시하여, 소년에 대해 교육과 원조를 통한 개선과 형사처분을 함에 있어서도 성인과 다른 특별한 조치를 함으로써 소년을 보호하며 국가에 대하여 소년을 건전하게 육성해야 할 책임을 부과하는 등 교정주의 내지 보호주의 이념에 기초하고 있다.

헌법 제34조 제4항 「국가는 노인과 청소년의 복지향상을 위한 정책을 실시할 의무를 진다」라는 규정도 간접적이나마 고령자와 소년범죄자에 대한 국가의 특별한 관심을 촉구한 것이라 할 수 있다.

소년원에서는 소년에 대하여 특성화교육 · 인성교육 등 개별처우에 필요한 각종 자료를 수집하기 위한 분류조사를 한다. 분류조사에서는 가족관계 및 비행력 등 사회환경적 조사 · 성격 · 학력조사 등 심리검사, 의학적 검진 및 보호자상담 등이 이루어진다.48)

소년원 학생들에 대한 급식을 과학적이고 합리적으로 관리하기 위하여 각 소년원에 급식관리위원회를 설치하여 학생들의 급식에 적정을 기하고 있다. 질병, 기타 사유로 인하여 특별한 급식이 필요한 경우를 제외하고는 균등한 혼식을 원칙으로 하고 있다.49)

생각건대 독일 행형법 제57조 [건강검진, 질병의 조기발견을 위한 조치] 제5항 「14세 이상 20세 미만의 수형자는 치아질병을 예방하기 위해 6개월

---

48) 범죄백서, 2009, 445면.
49) 범죄백서, 445면.

에 한번 치과의사의 검진을 받을 수 있다. 검진은 치석의 발견, 질병원인 그리고 그의 제거 등에 대해 이루어져야 한다」는 규정은 실로 격세지감이 있다.

그동안 청소년은 소년원이나 소년교도소에 중환자는 의료교도소에 수용 처우하는 방향으로 충실한 조직의 정비내지 정책적 추진을 하고 있는 것은 그나마 다행한 일이다.50)

제4절 결론

현행법에서는 의료교정에 관하여 다음과 같이 개선방안을 마련하였다.51)

---

50) 박양빈, 전게논문, 130면.
51) 물론 구행형법과 구행형법시행령에서도 신행형법에는 못 미치지만 나름대로 상당히 자세한 규정을 두고 있다. 즉,
  1) (건강진단)
    소장은 신입자에 대하여 지체없이 건강진단을 하여야 하고(행형법 제8조 제2항), 독거수용자 및 20세 미만의 수용자에 대하여는 3월에 1회이상, 기타의 수용자에게는 6월에 1회 이상의 건강진단을 시행하여야 한다(시행령 제97조).
  2) (전염병)
    소장은 다른 사람에게 전염의 염려가 있는 질병에 걸린 자의 수용을 거절할 수 있고(법 제9조), 수용자에게 전염병예방에 필요한 조치를 하여야 한다(법 제25조). 전염예방에 필요한 조치로 소장은 전염병의 유행지를 출발 또는 통과한 수용자에 대하여는 수용한 날부터 1주 이상 격리시키고, 그의 휴대품을 소독하여야 하며(시행령 제98조), 수용자에게 전염병예방을 위한 예방접종 기타 필요한 조치를 할 수 있고(시행령 제99조), 전염병이 유행할 때에는 자비부담 음식물의 공급을 금지할 수 있다(시행령 제100조).
    그리고 소장은 수용자가 전염병에 걸린 때에는 즉시 격리수용하고 엄중히 소독한 후 그 상황을 법무부장관에게 보고하여야 하며, 당해 교도소 등의 소재지를 관할하는 보건소장에게 그 사실을 통보하여야 한다(법 제27조, 시행령 제101조).
    소장은 질병에 걸린 수용자에 대하여 병실수용 기타 적당한 치료를 하여야 하고(법 제26조), 수용자의 치료상 특히 필요하다고 인정하는 때에는 의무관 이외의 의사로 하여금 치료를 하게 할 수 있으며 여자수용자의 분만에 필요하다고 인정하는 경우에는 조산부를 둘 수 있다(시행령 제103조).
  3) (외부병원)
    소장은 수용자에 대한 적당한 치료를 하기 위하여 필요하다고 인정하는 때에는 당해 수용자를 교도소 등의 밖에 있는 병원(정신질환을 치료하기 위한 경우에는 의료기관 개설허가를 받은 치료감호소를 포함한다)에 이송할 수 있는데(법 제제29조), 이 때 의무관의 진단서와 이송한 병원과의 협의서를 첨부하여 지체없이 그 사유를 법무부장관에게 보고하여야 하며, 외부병원에 이송된 자가 입원의 필요가 없게 되었을 때에는 지체없이 환소시키고 그 사유를 법무부장관에게

ⅰ) 전염병에 대한 조치로서 소장은 전염병의 발생과 확산을 방지하기 위하여 필요하다고 인정되는 때에는 수용자에 대하여 예방접종·격리수용·이송·기타 필요한 조치를 하여야 한다(제35조)고 규정하고 있다. 또 수용자가 부상을 당하거나 질병에 걸린 때에는 소장은 적절한 치료를 하여야 한다고 규정하여 소장에게 수용자의 질병에 대한 적절한 조치를 취할 것을 규정하고 있다(제36조).

ⅱ) 소장은 수용자에 대한 적절한 치료를 위하여 필요하다고 인정하면 교정시설 밖에 있는 의료시설에서 진료를 받게 할 수 있다(제37조). 외부병원에 입원하거나 외부병원에서 진료를 받게 할 때에는 그 사실을 가족에게 지체없이 통지하도록 한 규정은 타당하다. 수용자가 원하지 않으면 이를 통지하지 않을 수도 있다.

수용자가 고의 또는 중대한 과실로 상해 등이 발생하여 외부병원에서 진료를 받은 경우에는 그 진료비의 전부 또는 일부를 수용자에게 부담하게 할 수 있다는 것은 타당하지만, 실제로 수용자의 상여금이나 영치금이 없을 때에는 실익이 없는 조항이다. 자비치료의 경우 교정시설에 근무하는 의사의 의견을 참작하도록 하여 수용자의 건강권과 행정의 투명성을 함께 고려하였다(제38조).

보고하여야 한다(시행령 제105조).
소장은 수용자의 질병이 위독한 경우에는 그 사유를 가족에게 통지하여야 한다(시행령 제104조).
4) (자비치료)
수용자가 자비로써 치료를 원하는 때에는 필요에 의하여 당해 소장은 이를 허가할 수 있다(법 제28조). 의료에 관하여 원칙적으로 재소자의 건강보호와 질병치료에 대한 의무를 국가에게 부여하고 있으나, 예외적으로 재소자의 자비치료를 인정하고 있다.

iii) 수용자 보건위생 관련규정 신설(제30조·제31조·제32조 및 제34조)

소장에게 수용자의 건강한 생활을 위하여 필요한 위생·의료상의 적절한 조치의무 및 수용자용 설비와 기구의 청결유지의무를 부여하는 한편, 수용자에게도 자신의 신체 및 의류의 청결을 유지하도록 의무를 부과하였으며, 수용자에 대하여 정기적인 건강검진을 실시하도록 명문화하였다.

이는 「UN 피구금자 처우에 관한 처우 최저 기준규칙」[52]을 참고하여, 종래의 「행형법」이 이발·면도·목욕 등에 관하여 단편적인 규정만을 두고 있을 뿐, 보건위생에 관하여 충분한 규정을 두고 있지 않다는 비판을 수용한 것이다.

iv) 교정시설 의료 인력 및 설비 확충(제39조)

교정시설마다 수용자 진료를 위하여 필요한 의료 인력과 설비를 갖추도록 하였으며, 정신적으로 이상이 있는 수용자는 정신과 의사의 진료를 받을 수 있도록 하였다.[53]

---

[52] 「UN 피구금자 처우에 관한 최저 기준규칙」(Standard Minimum Rules for the Treatment of Prisoners), 제14조 「피구금자가 상시 사용하는 시설의 모든 부분은 항상 적절히 관리되고 깨끗하게 유지되어야 한다」(14. All pans of an institution regularly used by prisoners shall be properly maintained and kept scrupulously clean at all times).
제15조 「피구금자에게는 신체를 청결히 유지할 의무를 부과하여야 하며, 이를 위하여 건강 및 청결 유지에 필요한 만큼의 물과 세면용품을 지급하여야한다」(15. Prisoners shall be required to keep their persons clean, and to this end they shall be provided with water and with such toilet articles as are necessary for health and cleanliness).

[53] 신법은 수용자 보건위생 관련규정 및 교정시설 의료 인력 및 설비 확충에 관하여 제4장 위생과 의료의 장을 신설하고 제30조 내지 제40에서 비교적 상세하게 규정하고 있다. 즉 위생·의료 조치의무(제30조), 청결유지(제31조), 청결의무(제32조), 운동 및 목욕(제33조), 건강검진(제34조), 전염성 질병에 관한 조치(제35조), 부상자 등 치료(제36조), 외부의료시설 진료 등(제37조), 자비치료(제38조), 진료환경 등(제39조) 및 수용자의 의사에 반하는 의료조치(제40조) 등이 그것이다.
또 동법시행령(형의 집행 및 수용자의 처우에 관한 법률 시행령[시행 2010. 7. 9] [대통령령 제22257호, 2010. 7. 9, 일부개정) 「제4장 위생과 의료」에서도 다음과 같이 보다 상세한 규정을 두고 있다. 즉, 보건·위생관리계획의 수립 등(제46조), 시설의 청소·소독(제47조), 청결의무(제48조), 실외운동(49조), 목욕횟수(제50조), 건강검진횟수(제51조), 전염병의 정의(제52조), 전염병에 관한 조치(제53조), 제54조(의료거실 수용 등), 간호사의 의료행위(제54조의2), 외부

그럼에도 불구하고 문제점이 나타나고 있다. 이 모든 것은 결국 다음의 문제로 귀착된다.

첫째, 의료인력의 확충이 요망된다.

2008.2.현재 전국 47개 교정기관에 의사 84명, 약사 3명, 간호사 71명, 의료기사(방사선사, 임상병리사) 14명, 공중보건의사 76명의 전문 의료인력이 배치되어 있다. 의료법 시행규칙 제38에 의하면 교정시설에 필요한 의사인원은 342명, 간호사 인원은 2,740인데, 이는 훨씬 부족함을 알 수 있다.[54]

둘째, 의료시설의 확충이 요망된다.

현재 47개 교정시설 가운데 치료중점교도소로 2개소(진주교도소는 정신질환 및 폐결핵, 순천교도소는 한센병)가 지정 운영되고 있다. 진주교도소의 경우 정신질환자 및 결핵환자 전담치료기관임에도 불구하고 정신과ㆍ결핵관련 전문의가 상주하지 않고 주2회 내지 주3회 방문진료가 이루어지고 있다.[55]

현재 수형자들의 의료 진료에 대한 욕구는 점차 높아지고 있다. 그러나 이들을 진료하는 인력은 턱없이 부족하다. 각 교정청 산하의 특별의료 전담소를 만들겠다는 계획을 내놓은 바 있다. 현재 많은 수형자들이 외부진료를 희망하고 있다. 그러나 외부진료는 실질적으로 많은 인력 낭비를 초래한다. 의료민영교도소의 문제가 여기서 제기된다. 독일과 일본과 같은 선진국처

의사의 치료(제55조), 중환자의 가족 통지(제56조) 및 외부 의료시설 입원 등 보고(제57조) 등이다.
54) 연성진, 노용준, 김안식, 정영진, 전게논문, 184면.
55) 상게논문, 187면.

럼 전문 의료진으로 구성된 의료교도소를 설립하는 것이 우리의 과제이다. 의료교도소와 원격진료를 복합 한다면 어느 정도 수형자의 의료 욕구를 충족 할 수 있을 것이라 기대 된다.[56]

결국 우리나라 의료현황의 가장 큰 문제는 의료인력의 부족, 의료시설 내지 장비의 부족, 의료전문성의 부족 및 의료인권의 문제이다. 그리고 여기에서 대두되는 의료교정의 문제로서

ⅰ) 외부병원 이송의 문제, 민영의료교도소 및 수형자의 인권을 위한 의료적 강제처우의 문제와, ⅱ)의료교정의 효율화와 다양화를 위하여 정신장애자 및 약물남용자 등 특수의료교정활성화가 요망된다.

---

56) 류여해, 전게논문, 181~182면.

제 11 장
정신장애 범죄자의 대책

제1절 서론

정신장애를 사회학적 입장에서 파악하면 「사회적 기능상실」(a socially disable)상태로 볼 수 있고, 의학적 입장에서는 「질병을 앓고 있는것」(a disorder)으로 볼 수 있다. 물론 정신질환자는 하나의 환자이면서 동시에 그 상태에서는 사회적 기능상실자이기도 하다.[1]

정신장애(精神障碍)라는 것은 정신적인 질환(疾患) 내지 어느 정도 이상의 편의(偏崎)를 지닌 정신상태의 전부를 포괄하는 개념이다. 구체적으로는 「정신질환(精神疾患)」 「정신박약(精神薄弱) 또는 정신지체(精神遲滯)」 「성격이상(性格異常) 또는 인격장애(人格障碍)」 의 3종류로 나뉜다. 이 중 「정신박약」은 지능의 편의를 「성격이상」은 성격의 편의를 지칭하며, 심리검사(心理檢查) 또는 일상의 언동 등으로부터 판정한다.

이것에 대하여 「정신질환」은 여러 가지를 포함하여 그 분류를 둘러싸고 다양한 견해가 있다. 여기에서는 정신장애 전체에 대하여 우리나라에서 전통적으로 행하여지고 있는 질병론적 분류(疾病論的 分類)에 따라 설명하기로 한다.[2]

---

1) 김용우·최재천,형사정책, (법문사, 2006), 405면.
2) 森下 忠, 刑事政策, 1986, 85~86面.
   藤本哲也, 刑事政策概論 1996, 358面.
   石原 明 外 3人, 刑事政策, 1999, 71 面.
   樋口幸吉, 精神障害者の處遇, 大塚 仁·平松義郎 編, 行刑の現代的 視點,, 1989, 172面.
   허경미 , 정신장애 범죄자의 지역사회 교정처우 모델에 관한 연구 , 교정연구, 제38호, 2008, 165~166면.
   신진규, 범죄학겸 형사정책, (법문사, 1995), 206~207면.
   송광섭, 범죄학 겸 형사정책, (유스티니아누스, 2007), 203면.

제2절 우리나라 현황

I. 정신장애자 현황

2002년~2006년(5년)간의 정신장애자의 증감현황을 보면 2002년에는 2,162명이였으나, 2003년에는 2,036명으로 전년대비 5.8% 감소하여 감소추세를 나타내고 있었으나, 2004년에는 9,001명으로 전년대비 290.3%로 약 3배 가까운 큰 폭의 증가세를 보였다.

그러나 2005년에는 다시 전년 대비 40.9% 감소한 5,323명을, 2006년에도 전년 대비 8.1% 감소한 4,889명을 각각 기록하였다.[3]

지난 5년간 순위에 있어 다소 변동은 있지만 절도·상해·사기가 전체 형법범에서 가장 많은 비중을 점하고 있어 정신장애자들의 사회경제적인 여건이 악화되고 있다는 것을 추정할 수 있다.

치료감호법에 의한 정신장애자에 대한 치료감호 현황 및 감호원인을 죄명별로 보면 2006년도에는 살인죄·폭력죄 및 강간죄가 과반수 이상을 차지하고 있다.

〔표 1〕 정신장애자에 의한 주요범죄 발생동향

(단위 : 명)

죄 명 ＼ 연 도	2002	2003	2004	2005	2006
계	2,162	2,036	9,001	5,323	4,889
형 법 범	960	1,001	2,325	1,859	2,484

---

3) 범죄백서, 2007, 제24, 133면.

죄 명 \ 연 도	2002	2003	2004	2005	2006
살 인	42	36	50	46	52
강 도	26	31	43	31	34
방 화	45	46	50	49	63
강 간	57	67	105	99	138
폭 행	54	55	113	86	282
상 해	131	130	284	221	493
절 도	366	380	611	601	639
사 기	89	94	552	304	269
횡 령	7	7	72	38	35
간 통	4	5	16	11	5
도박·복표	12	6	64	33	27
업과치사상	1	2	7	–	2
기 타	127	143	165	340	445

자료 : 법무부 보호국 통계, 2007.

[표 2] 는 지난 10년간 피치료자의 감호원인 죄명을 보여준다. 살인과 폭력이 대부분을 차지하고 다음이 강간이다. 이는 정신장애자가 가지는 통제력의 상실이나 극단적인 파괴적 성향 등을 그대로 반영하는 것으로서 정신장애자에 대한 처우의 방향을 알려주는 것이라 할 수 있다.4)

〔표 2〕 피치료감호자의 감호원인 죄명별 현황

(단위 : 명)

죄 명 \ 연 도	1997	1998	1999	2000	2001	2002	2003	2004	2005	2006
계	635	717	686	723	766	785	703	578	595	629
살 인	223	242	258	276	276	286	272	235	229	229

---

4) 범죄백서, 2007, 제24, 334~338면.

연도 죄명	1997	1998	1999	2000	2001	2002	2003	2004	2005	2006
상해(폭행)치사	58	64	65	57	59	58	60	47	37	34
폭 력	147	162	145	146	162	146	108	77	94	95
절 도	54	63	60	62	58	71	53	35	41	43
방 화	36	43	35	40	44	41	42	43	43	43
강 도	22	20	14	17	24	21	28	25	27	32
강 간	31	31	35	36	39	42	44	54	57	64
기 타	64	92	74	89	104	120	96	62	67	89

자료 : 법무부 보호국 통계, 2007.

[표 3] 피치료감호자의 정신장애 유형별 현황

(단위 : 명, 괄호안은 %)

연도 병명	1997	1998	1999	2000	2001	2002	2003	2004	2005	2006
계	635 (100)	717 (100)	686 (100)	723 (100)	766 (100)	785 (100)	703 (100)	578 (100)	595 (100)	629 (100)
정신분열증	357 (56.2)	368 (51.3)	374 (54.5)	384 (53.1)	439 (57.3)	441 (56.2)	392 (55.8)	319 (55.2)	335 (56.3)	361 (57.4)
정신지체	36 (5.7)	37 (5.2)	42 (6.1)	40 (5.5)	35 (4.6)	41 (5.2)	38 (5.4)	36 (6.2)	30 (5.0)	36 (5.7)
조울증	4 (0.6)	4 (0.6)	53 (7.7)	58 (8.0)	71 (9.3)	79 (10.1)	72 (10.2)	64 (11.1)	60 (10.1)	52 (8.3)
성격(인격)장애	30 (4.7)	31 (4.4)	43 (6.3)	42 (5.8)	17 (2.2)	42 (5.4)	52 (7.4)	5 (0.9)	17 (2.9)	13 (2.1)
간 질	25 (3.9)	26 (3.6)	20 (2.9)	20 (2.8)	15 (2.0)	16 (2.0)	14 (2.0)	15 (2.6)	11 (1.8)	12 (1.9)
기 타	183 (28.9)	250 (34.9)	154 (22.5)	1/9 (24.8)	189 (24.6)	166 (21.1)	135 (19.2)	139 (24.0)	142 (23.9)	155 (24.6)

자료 : 법무부 보호국 통계, 2007

Ⅱ. 처우유형

1. 형사시설에서의 처분

형법은 심신장애로 인하여 사물에 대한 「통찰능력」(Einsichtsfähigk eit)과 「조종능력」(Steuerungsfähigkeit)이 상실 또는 미약한 자를 형사책임무능력자라고 하여 처벌하지 않거나 형을 감경한다. 즉 「심신장애로 인하여 사물을 변별할 능력이 없거나 의사를 결정할 능력이 없는 자의 행위는 벌하지 아니한다.」고 하고 있으며(형법 제10조1항), 또한 「심신장애로 인하여 사물을 변별할 능력이나 의사를 결정할 능력이 미약한 자의 행위는 형을 감경한다」고 규정하고 있다(동조 2항).

한편 실무적으로 정신장애를 지니고 있지만 책임능력자 또는 한정책임능력자로서 유죄판결을 받고 교도소에서 복역을 하거나 수용생활 중에 정신질환이나 정신장애가 심해진 수형자들도 상당수 있다.5)

이들은 교정시설에 수용되어 약물치료 등의 방법으로 의료처우를 하고 복역 중에 정신장애가 심해진 수형자들은 진주교도소로 이송하여 정신치료를 한다. 그러나 교정당국의 노력에도 불구하고 시설이나 전문 인력의 부족, 정신의료시스템 부재, 정부의 관심부족 등으로 적정한 정신의료는 이루어지지 않고 있는 실정이다.

2. 치료감호

정신장애상태에서 행한 행위에 대하여는 책임무능력이나 한정책임능력

---

5) 우희경, 정신장애 범죄자에 대한 수용처우 제고 방안, 교정, 2007.10, 109면.

으로 인해 형사처벌을 받지 않거나 또는 감경된다고 하더라도 치료감호처분이 과하여질 수는 있다(치료감호법 제2조).

정신장애자로서 형법 제10조 1항의 규정에 의하여 벌할 수 없거나 동조 2항의 규정에 의하여 형이 감경되는 자가 금고 이상의 형에 해당하는 죄를 범한 때, 그리고 마약·향정신성의약품·대마 기타 남용되거나 해독작용을 일으킬 우려가 있는 물질이나 알코올을 식음·섭취·흡입·흡연 또는 주입받는 습벽이 있거나 그에 중독된 자가 금고 이상의 형에 해당하는 죄를 범한 자로 재범의 위험이 있다고 인정되는 때에는 치료감호에 처한다.

정신보건법상의 「보호의무자에 의한 입원」(동법 제 24조), 시장·군수·구청장에 의한 입원(동법 제25조) 그리고 「응급입원」(동법 제 26조) 등이 정신장애자 대한 예방적 차원의 조치라고 한다면 치료감호는 사후적 조치로서 보안처분의 일종이라고 할 수 있다.

3. 「정신보건법」에 의한 처우

1997.12. 「정신보건법」이 제정되었다. 이 법은 정신질환의 예방·치료·사회복귀를 목적으로 함으로써 정신질환자의 인간존엄과 치료권을 보장하고 정신질환을 이유로 부당한 차별대우를 받지 않도록 하는 것을 기본이념으로 하고 있다(동법 제1조 및 제2조). 이 법률에서 말하는 「정신질환자」는 정신병·인격장애 기타 비정신병적 정신장애를 포함한다고 하기 때문에(동법 제3조 1호) 그 대상범위가 상당히 넓다. 여기서 「보호의무자에 의한 입원」(동법 제24조), 시장·군수·구청장에 의한 입원(동법 제25조), 그리고 「응급입원」(동법 제26조) 등과 같은 실질적 강제입원조치가 결합됨으로써 치료·보호라는 미명하에 환자의 인권이 침해될 소지가 상당

히 높은 입법적 문제점을 가지고 있다.6)

그런데 현행 정신보건법에 의하면 부당입원, 퇴원청구와 심사, 처우개선 조치 등의 심사에 중앙과 지방의 정신보건심의위원회가 핵심적 기능을 담당하도록 되어 있다(동법 제27조 이하). 이 위원회는 단순한 심의기관이 아니고 심사기관이기 때문에 기관의 독립성을 확보하는 것이 무엇보다도 중요하고 정신보건법의 성패는 여기에 달려 있다고 해도 과언은 아니다. 따라서 현행법상 보건복지부장관 내지 시·도지사가 위원을 임명하도록 규정하고 있는 것(동법 제28조 제5항)을 제3의 중립적 대안으로 모색되어야 한다.7)

제3절 대책

I. 수사단계에서의 정신질환자 색출

범죄수사단계에서 정신질환이 의심되는 피의자는 가급적 구속수사보다는 일반 정신병원에 수용하여 치료를 우선적으로 실시하여 재판을 받을 수 있는 능력을 회복한 다음에 기소하는 것이 타당하다. U.N. 「피구금자처우최저기준규칙」 제 82조 제1항에서는 정신병자를 교도소에 구금하여서는 안 된다고 규정하고 있고, 정신보건법 제43조 제1항 및 치료감호법 제16조에서는 정신질환자는 의료보호 할 수 있는 별도의 시설에 수용하여야 한다

---

6) 배종대, 전게서, 198면.
7) 상게서, 193면.

고 규정하고 있다.[8]

II. 감정유치 및 치료감호를 위한 「의무조항」의 신설

교도소(구치소)장은 수용 중인 수용자가 치료감호법 제2조[9]의 치료감호대상자로 판단될 경우 외부 정신과전문의 등의 진단 또는 의견서를 붙여 감정유치나 치료감호를 반드시 필요적으로 검사나 법원에 신청하도록 관련 법령을 개정할 필요성이 있다. 그리하여 현재 검사는 치료감호를 신청받은 피의자를 재조사하여 치료감호법 제2조 제1항 제1호에 해당된다고 판단되면 동법 제4조에 의해 치료감호를 청구할 수 있다고 임의조항으로 규정되어 있고, 또 담당재판장은 공판기일에 피고인을 심문한 후 교도소장 등의 치료감호 신청이 타당성이 있다고 판단되면 감정을 명할 수 있다[10]고 임의조항으로 규정되어 있는 데, 이를 의무조항(강제조항)으로 치료감호법과 형사소송법의 개정이 필요하다.[11]

---

8) 백기승, 교정시설내 정신질환자의, 사회내처우로의 전환방안, 교정, 2008.5., 95면.

9) 치료감호법(2005. 6) 제2조에서 치료감호시설에서의 치료가 필요하고 재범의 위험성이 있는 「치료감호대상자」 자라함은 형법 제10조 제1항 제1호 규정에 의하여 벌할 수 없거나 동조 제2항의 규정에 의하여 형이 감경되는 자가 금고 이상의 형에 해당하는 죄를 범한 때라고 규정하고 있다.

10) 치료감호법(2005. 6) 제4조에서 검사는 치료감호대상자가 치료감호를 받을 필요가 있는 경우 관할 법원에 치료감호를 「청구할 수 있고」, 치료감호대상자에 대한 치료감호를 청구함에는 정신과 등의 전문의 진단 또는 감정을 참고하여야 하며(동조 제1항 및 2항), 법원은 공소 제기된 사건의 심리결과 치료감호에 처함이 상당하다고 인정할 때에는 검사에게 치료감호청구를 「요구할 수 있다」고 규정하고 있는 데, 이를 「의무조항」으로 규정하여야 한다.

11) 형사소송법 제172조 제3항에서는 피고인의 정신 또는 신체에 관한 감정이 필요한 때에는 법원은 기간을 정하여 병원 기타 적당한 장소에 피고인을 유치하게 할 수 있다고 규정하고 있고, 치료감호법 제4조 제1항에서 검사는 치료감호대상자가 치료감호를 받을 필요가 있는 경우 관할 법원에 치료감호를 청구할 수 있다고 규정하여, 감정유치 및 치료감호의 「임의적 처우」로 되어 있는데, 이를 「의무조항」(강제조항)으로 규정하여야 한다(백기승, 전게논문, 98면).

Ⅲ. 정신질환 수용자시설의 증설 및 비시설처우로의 전환

정신질환 수용자에 적합한 수용시설 증설이 필요하다. 이러한 수용자는 다른 수용자와는 달리 치료를 우선으로 처우하여야 하며 이러한 치료프로그램을 다양화하고, 정신질환자의 운동 및 상담 등을 할 수 있는 환경을 갖춘 별도의 시설이 구비되어야 한다. 그러나 현재 정신질환자가 일반수형자의 수용거실과 큰 차이가 없는 거실에 수용되어 있다. 따라서 시설과 의료진이 부족한 교정시설 내에서의 정신장애 범죄자에 대한 처우로는 근본적인 치료와 교화가 불가능하다. 지역사회의 전문병원과 연계한 치료와 재활이 요망되는 이유이다. 현재 진주교도소가 전국 정신질환 수용자를 2개 사동에 집급하여 치료하고 있으나 다수 환자로 인하여 수용 거실이 부족한 실정이다. 더욱이 진주교도소로 이입되는 정신질환자가 지속적으로 증가하여 수용밀도가 높아져 충분한 기간 치료하여야 하나 상태가 경미하다고 판단되는 환자를 부득이 조기 퇴원시키는 경우도 있으므로 수용병실을 증설해야 할 필요가 있다. 한편 「1970년대 이후 미국의 위스콘신주에서 시작된 정신장애 범죄자에 대한 지역사회 교정처우 정책은 정신장애 범죄자에 대한 교정 시설에 의한 구금처우 대신 지역사회에 의한 비시설처우(Deinstitutionalization)를 전제로 한다.

전문시설의 전문의료진이 부족한 교정시설 내에서의 정신장애 범죄자에 대한 처우로는 근본적인 치료와 교화가 어렵다는 판단하에 지역사회의 전문병원·사회복지시설·재활시설·직업훈련기관 그리고 국가와 지방정부 등이 연계하여 치료와 재활을 돕는 것이다. 이는 정신장애 범죄자에 대한 전문적인 교정처우가 진주교도소 및 공주치료감호소에 의해 사실상 단 두 개소에서 집중적으로 행해지는 우리나라의 현실을 생각할 때 매우 시사하는 바가 크다.12)

VI. 전문의료 인력의 보강

정신장애 전문치료기관으로 지정된 진주교도소에는 현재 비전임의무관 1명이 주 2·3회 환자를 진료하고 있는 실정이다. 또 정신장애자의 경우 진료시간을 제외한 나머지 대부분 시간은 보안과 직원의 관리하에 있다.

그리하여 환자에게 적절하고 충분한 진료가 제공될 수 있도록 전문의료 인력의 확충을 강구하는 한편 정신장애자를 처우하는 교정공무원에게 환자의 특성 등 수용 관리에 필요한 교육을 실시하여 수용관리능력을 배양할 필요가 있다.13)

동시에 진주교도소를 제외한 다른 교정 시설도 외부 전문의를 확보하여 정신장애자로 의심되는 수용자에게 신속하고 적절한 진료가 시행될 수 있도록 하고, 아울러 장기 구금으로 인하여 발생할 수 있는 정신장애를 방지하기 위해서는 교정 환경을 친사회적으로 바꾸는 노력이 필요하다.

시간제 계약직 공무원제도의 활용 방안도 필요하다. 즉 의사 채용시에 개업의사나 취업의사를 경력직 공무원 대신에 시간제 계약직 공무원으로 채용하여 부족한 의료인력 공백을 메울 수 있도록 하는 것도 필요하다.

---

12) 최상섭, 상계논문, 10면.
　　허경미, 전게논문, 186면.
13) 백기숭, 전게논문, 111면.

V. 수사 · 재판 · 교정관련공무원의 교육

각종 정신병자 중에는 살상·폭행·강간 등 중대범죄를 저지르는 자가 있고 반복될 위험이 있기 때문에 이들에 대한 특별대책이 요구된다. 이러한 문제를 고려함에 있어서는 우선 사회내에서 그 병의 진행 중에 있는 자를 초기에 발견하여 치료·선도하는 조치가 고려되어야 하며, 이미 범죄행위를 자행한 자 중에 그러한 예가 더 많이 발견될 수 있기 때문에 수사·재판·교정과정에서 그들에 대한 진단을 정확히 하여 계속적인 악화를 방지하도록 함이 요구된다. 그리하여 사법절차 각 요원들에 대한 정신병관계의 지식의 보급이 요구되고 전문가의 참여 기회를 넓혀야 한다. 흔히 수사·재판·교정의 실무가들은 그 병증에 대한 판단능력의 부족으로 아주 뚜렷한 환자외에는 그냥 스쳐 지나가게 되어 재범화를 조장하는 경우가 많다. 교정기관의 수형자 중에는 정신병자를 적지 않게 발견함은 그 이전의 처우과정에서 진단이 허술했다는 것을 잘 나타낸다. 정신의학자들은 흔히 많은 범죄자들이 그 정신병의 초기병상을 지닌 채 사법절차를 그대로 통과함으로써 그 악화를 초래하고 있음을 지적한다. 따라서 입법론적으로는 이들 범죄를 재범할 위험성이 있는 정신병자에 대한 보안처분제도의 확립이 요구된다.[14]

IV. 정신장애자를 위한 「사후관리」

진주 교도소에서 일정기간 치료를 받아 퇴원한 수용자에 대해서는 본소

---

14) 신진규, 전게서, 213면.

로 환소된 이후에도 사후관리(after-care)가 필요하나 사후 관리프로그램이 없어 일반 수형자와 동일하게 처우하고 있다.

동시에 각 교정시설에서는 정신장애자로 관리되는 수용자가 출소하는 경우 별도로 정신병력 사항을 통보하지 않고, 다만 형기를 마치고 출소할 예정이라는 사항만을 귀주 예정지 관할경찰서에 통보하고 있어 사회에 위험이 될 수 있는 정신질환 병력자 관리체계가 허술하다.

더구나 실무적으로 정신장애를 지니고 있지만 책임능력자 또는 한정책임능력자로서 유죄판결을 받고 교도소에서 복역을 하거나 수용생활 중에 정신장애가 심해진 수형자들도 상당수 있다. 여기서 만기가 되어 출소하는 정신장애자의 경우 충분한 치료를 받지 못한 채 그대로 사회에 나가게 되며 이것은 본인의 정신보건상태나 사회의 안전에 부정적인 결과를 초래할 수 있어 이에 대한 적절한 대응 방안이 필요하다.15)

제3절 결론

정신장애자는 치료를 필요로 하기 때문에 우선 치료를 시켜야 할 것이다. 그러나 이 근본적 문제는 우리나라에 있어서 정신장애에 대한 전문의료나 정신병동이 외국처럼 정비뇌어 있지 않다.

수용자의 정신건강을 보장하기 위하여 의료교도소나 교도소 내의 정신병동 등 시설확장도 필요하겠지만 외래의사제도를 도입하여 상담치료와 정신병에 대한 직원의 이해를 높이고, 교정직에도 정신보건간호사·임상

---

15) 우희경, 전게논문, 108면.

심리사·사회복지사 등의 직종도 충분히 확보하여야 할 것이다.16)

정신장애자의 경우 일반 정신병원에 위탁할 수 있는 법적인 장치가 마련되어야 할 것이고, 특히 전문치료교정시설을 설립하여 구금위주보다는 치료에 역점을 둠으로써 정신장애자로 인한 교정행정의 수행에 지장을 초래하는 사례를 최소화하려는 노력을 경주해야 할 것이다.

종래는 정신병원에의 입원치료가 중심이었지만 최근에는 normalization(장애자가 가정이나 지역에서 통상의 생활을 할 수 있도록 하는 사회양식)의 사고방식이 보급되어 있다. 그리고 입원치료로부터 「통원치료·사회복귀시설에로, 나아가 지역케어(地域Care)에로」라는 흐름이 형성되고 있다. 다른 한편 U.N.은 1991년에 「정신질환을 가진 자의 보건 및 멘탈헬스케어(Methal Health Care)의 개선을 위한 원칙」을 총회에서 채택하였다.

정신장애자는 의사능력이나 사회적응능력이 부족하기 때문에 스스로의 이익으로 되는 의료를 선택할 수 없는 경우가 있으므로 강제적인 의료가 필요하게 되는 것이다. 또한 정신장애자는 스스로의 권리를 보호할 수 없는 경우가 있으므로 법에 의한 규제가 필요하다. 이것을 감안하여 U.N원칙은 정신장애자의 기본적 자유 및 법적 제 권리를 옹호한 최저기준을 규정했다. 그 점에서 일본의 검찰단계에 있어서 diversion은 높이 평가할 수 있으며 또한 정신장애범죄자의 사회복귀가 일층 촉진될 수 있을 것이다.17)

수형자들에 대하여 일반 국민들과 동일하게 건강권을 보장하여야 함은 문명화된 현대 사회의 기본원칙이다. 이러한 원칙은 우리 헌법 18)과 국제

---

16) 用本鐵郞, 精神障害犯罪, 加藤久雄·瀨川 晃 編, 刑事政策, 1998, 282面.
17) 上揭書, 282面.
18) 건강은 생존과 행복의 전제이며 인간다운 생활에 필수적인 요소이므로 사람의 신체와 생명은 인간의 존엄과 가치의 근본이다(헌법재판소 1996. 10. 31. 선고 94헌가 7 결정). 또한 헌법 제10조는 「모든 국민은 인간으로서의 존엄과 가치를 가지며, 행복을 추구할 권리를 가진다.

사회가 발전시켜온 각종의 선언과 규약19)에 의하여 확인할 수 있다.

우리 헌법도 제36조 3항에서 「모든 국민은 보건에 관하여 국가의 보호를 받는다」라고 규정하고 있다. 보건은 신체적 보건 뿐만 아니라 정신적 보건을 포함한다고 할 때에 재소자의 정신 건강에 대한 보건도 국가가 책임을 져야 하므로 법적인 신분에 상관없이 교도소내의 재소자의 정신과 진료의 보장이 절실하다.

현재 치료감호제도는 정신병의 상태에서 범죄한 사람이 심신상실이나 심신미약의 판정을 받고 검사가 치료감호를 청구하면 치료감호소에서 비교적 좋은 시설과 전문 인력의 진료를 받고 있다. 따라서 구치소·교도소·소년원·외국인보호수용소 내에서도 정신과 진료가 신체적인 진료와 마찬가지로 보장되고 확대되어 인간으로서의 기본권을 보장받도록 금후 심도 있는 검토와 대책이 요망된다.

국가는 개인이 가지는 불가침의 기본적 인권을 확인하고 이를 보장할 의무를 진다」고 규정하고 있다.
19) 「세계인권선언」(Universal Declaration of Human Right, 1948 12.10. 채택) 제3조 및 제25조 및 「시민적 및 정치적 권리에 관한 국제규약」(International Covenant on Civil and Political Rights, 1966.12.16. 채택, 1976.3.23. 발효, 1990.7.10. 대한민국 적용) 제6조 제1항.

제 12 장
약물범죄자 처우의 개선방안

제1절 서론

Ⅰ. 약물남용의 의의

약물남용을 이해하기 위하여서는 「향정신물질」(psychotropic agents)을 이해하여야 한다. 「모르핀」(morphin)이나 「필로폰」(Philopon)에 섭취하면 「중추신경」(CNS, central nervous system)을 억제하거나 흥분시켜 사람의 「정신상태」(Psyche)에 영향을 끼치는 물질을 향정신물질이라고 부른다. 향정신물질은 진통약 등으로서 의료상 지극히 유효하게 이용할 수 있는 경우가 있는 반면 사용자 개인이나 사회에 중대한 해악을 줄 위험성을 가지는 것이기도 하다.[1]

이런 종류의 물질은 사용자의 정신장애나 육체적 장애 내지는 폐인화 및 사망을 야기하며 그러면서도 그 사용은 육체적·정신적 고통을 잊게 해서 수동적 쾌감·도취·발양·흥분 등의 정신적인 쾌감이나 때로는 강한 생리적 쾌감까지를 수반하기 때문에 사람들이 폐해를 염두에 두지 않고 쾌감추구를 위해서 이것을 이용하게 되는 경향이 강하다. 게다가 그 연속적 사용은 대부분의 경우 내성(耐性)(동일한 효과를 억기 위한 약량[藥量])을 상승시키고 의존성을 형성하여 거기에서 초래되는 약물 사용량의 대량화와 사용의 반복·계속하는 폐해를 증대한다.

이러한 향정신물질이 사회적으로 시인 받지 못하는 사용을 「약물남용」(Drug Abuse)라 한다.

---

1) 宮田敬一, 藥物亂用とその對策, 森下忠·須須木主一 編, 刑事政策, 2002, 433面

II. 향정신물질의 종류

이것에 관해서는 아직 의학·약학 등의 어느 학문영역에 있어서도 정설은 없지만 마약(痲藥)·환각제(幻覺劑)·각성제(覺醒劑)·면제류(眠劑流) 및 유기용제류(有機溶劑類)로 분류해도 크게 지나치지 않는다고 생각하기 때문에, 이에 따라 각각의 특징과 그것에 포함되는 물질을 보기로 한다.

1. 마약(痲藥)[2]

마약은 「아편계」 마약(阿片系痲藥)과 「코카인계」 마약(코카인系痲藥) 및 「합성계」 마약(合成痲藥) 등이 있다. 우리나라에서 가장 문제가 되는 것은 「아편」(opium)계 마약이며 특히 「헤로인」(heroin)이다. 「아편계마약」 과 「합성계 마약」 은 물론 약종에 따라 정도의 차이는 있지만 정신적·생리적으로 큰 쾌감을 초래한다. 내성의 상승이 있으며 정신적·신체적으로 심한 의존성을 쉽게 형성한다. 금단증상은 격렬하고 때로는 죽음에 이르기도 한다. 신체적 의존성의 제거는 곤란하지 않지만 정신적 의존성의 제거는 극히 곤란하다. 원래부터 약리(藥理)는 「중추의 억제」 (中樞의 抑制)에 있기 때문에 타해행위(他害行爲)와의 결부는 직접적이지 않다. 오히려 약물의 공급이 규제되어 있어 타해행위를 낳는다. 만성중독증상도 서서히 자살의 과정을 거치며 정신이상에 의해 남에게 해를 끼친다고 하는 특징은 없다. 「코카인계」 (cocaine) 마약은 그 약리가 우선 「중추의

---

2) 上揭書, 434面.

흥분」(中樞의 興奮)으로 시작되는 점 또한 심한 정신적 의존을 형성하기는 하지만 신체적 의존성은 형성하지 않는 점 등 다른 마약과는 상당히 다른 점이 있다. 「코카인계」는 우리나라에서는 문제가 적다.

엄밀히 말하면 「마약」과 「마약류」는 서로 구별되는 개념이다.3) 즉 「마약」이란 앵속(罌粟)・아편(opium) 및 그 제제(製劑)와 이에 유사한 약리작용 및 중독작용이 있는 약물을 말하며, 「마약류」란 마약을 포함하여 「대마」(Cannabis Sativsa)・향정신성의약품 등을 일컫는 개념으로 마약보다 광범위한 의미를 지닌다. 또한 「약물」(drug)이란 용어는 엄격하게 과학적인 관점에서 볼 때 식품 이외의 물질로서 그 화학적 성질에 의하여 생명체의 구조 또는 기능에 영향을 미치는 일체의 「물질」(substance)을 의미한다. 세계보건기구(WHO)의 정의에 따르면 약물이란 ① 약물사용에 대한 욕구가 억제할 수 없을 정도로 강하고 ② 사용약물의 양이 증가하는 경향이 있으며 ③ 금단증상 등이 나타나고 ④ 개인에 한정되지 아니하고 사회에도 해를 끼치는 것을 말한다.4)

「마약류 관리에 관한 법률」(이하, 「마약류관리법」이라 한다)에서 마약류에 관한 법률적 정의를 하고 있다. 즉 「마약류」라 함은 마약・향정신성의약품 및 대마라고 정의하고 있다(마약류관리법 제2조 제1호).

---

3) 최응렬, 마약류중독수형자의 관리와 처우, 교정 31, 2006. 37면 ; 김상희 외, 마약류 통제정책의 현황과 발전방안, 한국형사정책연구원, 1992, 25면.
4) 최응렬, 상게논문, 37면; 이은모, 약물범죄에 관한 연구, 박사학위논문, 연세대학교, 1991, 8면.

2. 환각제(幻覺劑)[5]

환각제로는 대마·LSD 25 등이 있다. 그 사용은 감상의 뒤틀림·사고과 정이나 감정의 이상 등을 낳으며, 어느 정도의 양 이상에서는 환각을 초래한다. 약효는 반드시 쾌미(快美)·쾌락(快樂)체험이 될 뿐만 아니라 오히려 그 비현실적인 이상체험이나 정신확대체험에의 지적 호기심이 남용으로 치닫게 한다. 그 남용은 자기·사회·문화 등의 번혁운동과 결부되어 있는 경우가 적지 않다.

거의 의존성을 형성하지 않으며 사용시의 정신이상은 문제이지만 마약·각성제와 비교해서 전체적으로 자타(自他)에 대한 유해성은 적다고 한다. 특히 대마는 술·담배보다도 무해하다고 한다.

3. 각성제(覺醒劑)[6]

각성제는 「암페타민」 (amphetamine)· 「메탐페타민」 (methamphettamine, 필로폰), 「덱스암페타민」 (dexamphetamine)· 「펜메트라진」 (phenmetrazine)· 「메틸페니데이트」 (mehtylphenidate) 등이 있으며 각성을 초래하는 외에 다른 면에서 정신적 기능을 강화시켜 독특한 쾌감이나 충족감을 불러 일으킨다. 내성의 상승이 크며 심한 정신적 의존을 형성한다. 피로의 축적에 의한 심신의 장애가 나타나며 강박관념·피해망상 마침내는 정신병에까지 이르게 한다. 그 약효가 「지중추의 흥분(腦中樞의 興奮)」에 의한 발양성(發揚性)인 점에서 특히 만성중독 증상을 나타내는 자의 사용은 극히 위험한 행동(피해망상에 의한 살인 등)으로 연결될 수 있다.

---

5) 宮田敬一, 前揭論文, 434面 以下.
6) 上揭論文, 434面 以下.

4. 면제류(眠劑類)

면제류는 「바르비탈류」(Barbiturates)로 대표되는 「진정수면제」(鎭靜睡眠劑, Sedative Hypnotics)와 「신경안정제」(神經安靜劑, Tranquillizer)가 있다. 의존형성은 비교적 완만하지만 상당한 기간을 연용(連用)하면 신체적 의존성에 까지 이른다. 그때 금단증상은 강렬하다. 만성중독에 의해서 정신병도 생긴다. 이 영역에서는 종래는 알코올 의존자의 대책이 문제의 중심이었지만 최근은 그것에 부가하여 마약 등 「무절제한 약물남용」의 예비군인 점에서 면제류의 「조용한 남용」에 주목이 되고 있다.7)

5. 유기용제류

청소년들에게 널리 남용되고 있는 흡입용환각물질(Inhalants)로 본드류・가스류・세척제・신나・접착제・손톱칠제거제 등에 포함되어 있는 「톨루엔」(Toluene)・「벤젠」(Benzene)・「나프타」(Naphtha)・「아세톤」(Acetone)등과 같은 유기용제(Volatle solvent)와 스프레이 용기에 들어 있는 「프레온」(Freon)과 같은 「분무물질」(Aerosols)그리고 「에텔」(ether)・「크로르포름」(chloroform)・「아산화질소」(nitrousoxide) 등과 같은 「마취물질」(Anesthetics)이 있다.

유기용제류의 남용자는 주로 청소년층이다. 이것의 흡입은 몽롱상태(朦朧狀態)와 그것을 바탕으로 한 다행감을 초래하지만 연속상용(連續常用)에 의해서 몽환상태(夢幻狀態)에 이르게 된다. 어느 정도의 정신적 의존성을 형성하지만 그렇게 급속하지 않으며 또한 심한 것은 아니다. 급성중독은 죽음에 이르는 경우도 있으며 만성중독은 심신에 장애가 된다. 유기용

---

7) 上揭論文, 434面 以下.

제류는 공업용 외에 일용품으로서 널리 사용되고 입수의 규제가 곤란하다.[8]

III. 정부의 정책방향

요컨대 마약류범죄란 마약류에 대한 국가의 규제·관리를 위반하는 행위와 그에 부수하여 규정한 금지에 위반하는 행위로서 구성되는 범죄라고 할 수 있다. 따라서 마약류범죄란 「마약류관리법」 과 관련된 법규를 위반하는 범죄를 총칭하는 의미로서 마약사범·대마사범·향정신성의약품사범 등으로 분류해 볼 수 있다. 약물범죄에는 아편·각성제·코카인·LSD를 비롯하여 대마까지 포함하면 다양한 것이 있지만, 일본에서 주요한 문제로 되고 있는 것은 각성제(「암페타민」[amphetamine]·「메스암페타민」[methamphettamine])이다.[9]

약물범죄는 약물남용자를 만들고 사람을 폐인으로 만들어 생활·생명을 파괴하는 것은 말할 것도 없고 가족을 붕괴시키고 또한 약물의 작용에 의한 범죄나 약물욕에서 범죄를 범하는 등 중대한 사회적 폐해를 만든다. 또 이 약물로 인하여 조직범죄집단 사이의 「세력다툼」을 수반하는 폐해도 있지만 약물범죄에 있어서 특히 중요한 것은 약물의 거래·반포가 범죄조직집단의 주된 수익·수입원으로 되고 있는 것이다.

약물범죄는 약물거래에 의하여 입수된 거액의 돈을 이른바 돈세탁을 통하여 외관상 합법적으로 입수한 것처럼 꾸미는 수법이 사용되고 있다.

약물범죄에 관한 활동은 국내에서만 행해지는 것이 아니다. 약물의 제

---

8) 上揭論文, 434面 以下.
9) 中野目 善則, 藥物亂用犯罪, 加藤久雄·瀨川 晃 編, 刑事政策, 1998, 267面.

조 · 수입 · 판매 등의 거래 자체가 해외의 조직범죄집단과의 제휴 하에서 행해지고 또 약물범죄에 의한 불법수익이 송금되어 투자되는 등 일국의 juristic zone을 넘어서 범죄활동이 행해진다.10)

지금까지 각국의 약물남용의 국가적 규제는 형사입법을 중심으로 한 것이었다. 우리나라에서도 형사입법의 조치가 이루어져온 결과 오늘날에는 마약 · 환각제 · 각성제에 대해서는 남용자체와 남용자의 약물공급(생산 · 소지 · 사용 등을 포함한다)을 처벌하는 특별법이 있으며(마약류관리에 관한 법률), 유기용제류의 일부는 독극물로 취급으로 되어 그 남용과 공급이 처벌되고(유해화학물질 관리법), 면제류의 대부분은 약사법에 의해서 의사의 처방전 없이 공급하는 행위가 처벌되게 되어 있다.

하지만 형사입법이 대책의 전부가 아니며 최고로 양호한 수단일 수 도 없다. 지금까지의 약물남용에 대한 입법정책의 성공은 우수한 경찰의 존재, 마약 등에 대한 국민의 반대 감정 등의 상황에 의하는 바 크다.

그리하여 세계 대부분의 국가들은 마약류의 생산과 유통을 엄격히 통제하고 마약류를 남용하는 사람들을 단속 및 계몽하는 데 총력을 집중하고 있다. 미국에 있어서는 이미 마약범죄에 대처하기 위해 CCE(Continuing Criminal Enterprise)죄나 RICO법(Racketeer Influenced and Corrupt Oranization Act)이 규정되어 조직적 범죄활동에의 규율을 강화해 왔다. OCCE는 업으로서 계속적으로 약물거래의 중심에 있는 자를 엄격하게 처벌함과 동시에 그 위법활동에서 얻은 부정한 수익을 몰수하는 법률를 제정했다.

---

10) 上揭書, 268面.

우리나라에서는 마약에 관한 단일협약(Single Convention on Narcotic Drugs; 1916), 향정신성물질에 관한 협약(Convention on Psychotropic Substance; 1971), 마약 및 향정신성물질의 불법거래방지에 관한 협약(United Nations Convention against Illicit Traffic in Narcotic Drugs and Psychotropic Substances; 1988)에 가입하고 있다. 이제 세계 각국은 인접국에 책임을 전가하거나 주권침해를 이유로 협력을 거부하는 단계에서 벗어나 실질적이고 구체적인 국제협력관계를 구축하는 데 주력하여 괄목할 만한 성과를 거두고 있다.

우리나라의 경우 1960~1970년대에 대만으로부터 「염산에페드린」(ephedrine)을 밀반입하여 「필로폰」(Philopon)을 밀조한 후 일본에 밀수출하는 「화이트 · 트라이앵글」(White Triangle)의 유통체제를 구축하였었다. 그러나 1980년대 들어 정부의 「필로폰」 밀수출 방지대책의 강구 및 밀조사범 대한 강력한 단속 조치 이후 마약류 남용이 급격히 감소하였다.[11]

한편 1970년대~1980년대 약물남용자는 연예인 · 유흥업소 종사자 등 특수 업태 종사자가 주종을 이루었으나, 1990년대 들어서는 국내 상용마약류인 「필로폰」 공급부족으로 가격이 폭등하면서 중국을 중심으로 외국산 필로폰 밀반입이 증가하였다. 1997년 IMF(International Monetary Fund) 상황 등 불안정한 경제상황으로 사회불안심리의 확산, 현실도피, 자포자기 심리로 일반인의 마약류 남용이 확산되었다. 아울러 국제화 · 광역화 추세에 따라 외국산 「헤로인 · 코카인(heroin · cocaine)」은 물론 북한산 「필로폰」(Philopon)까지 공항 · 항만 등을 통하여 대량으로 밀반입되어 국내에서 유통되었다. 최근에는 그 가격이 필로폰에 비해 훨씬 저렴하고 그

---

11) 최응렬, 마약류범죄의 실태와 수요억제 전략, 교정 14, 2002, 55면.

사용방법도 경구투약 또는 담배 형식의 흡연으로 그다지 거부감이나 두려움이 없는 특징 때문에 대학생·직장인 등 일반인이 쉽게 접근할 수 있는 신종마약류가 유입되어 확산되고 있는 실정이다.12)

약물의 종류에 있어서도 「대마초」(Cannabis Sativa)와 「필로폰」(Philopon)외에 태국 및 중국산 살빼는 약으로 알려진 「펜플루라민」(Fenfluramine Hydochloride)·「엑스터시」(Ecstacy, MDMA)·LSD 등 신종마약이 속속 등장하고 있으며 공급 측면에서도 상당한 변화가 일어났다.

이처럼 약물남용은 쉽게 근절되지 않는 심각한 문제 중의 하나로서 동 사범의 근절을 위해서는 공급 측면은 물론 수요 측면에서 지속적인 대책이 필요하다. 아울러 약물남용자의 경우 사회복귀를 위해서는 치료 및 재활대책이 충분히 고려되어야 한다.

제2절 약물남용과 범죄 및 비범죄화

I. 약물남용과 범죄

약물의 일시 또는 상습복용에 의한 급만성의 중독은 직접 그 개인에게 정신병적 이상심리상태를 유발하여 각종 범죄를 자행하게 할 뿐 아니라, 간접적으로 인격의 근본적 황폐화와 더불어 가족들의 궁핍화 및 가정생활의 파탄과 갈등의 유발 등으로 본인 및 가족구성원의 범죄를 조장하는 원인이 된다.13)

---

12) 상게논문, 56면.

중독(narcotic addiction)이란 천연 또는 합성물질로 이루어지는 각종 약물의 상습복용으로 습관화되고 이를 중단하면 정신·신체상에 중대한 장애가 유발되어(이른바 금단증상) 견딜 수 없게 되는 경우를 가리킨다. 이러한 중독상태를 유발하는 약물로는 아편(opium)·모르핀(morphin)·해로인(heroin)·코카인(cocaine)·대마 등 여러 가지가 있고 그 합성형식에 따라 명칭을 바꾸어가며 수 없이 나오고 있다.

이러한 약물들은 기본적으로 마취·진정의 작용을 행하면서 어떤 다행감(euphoria)·황홀감(恍惚感)을 느끼게 함으로써 사람들로 하여금 쉽게 탐닉하게 한다. 이러한 약물에 처음 접근할 때에는 반드시 향락목적에서가 아니라 각종 병질의 고통을 덜 목적으로 사용되나 특수 소질자는 이에서 벗어나지 못하고 중독상태로 빠져들게 되는 것이다. 최근에는 청소년을 포함한 젊은 사람들이 향락의 목적으로 사용한 결과 각종 약물의 중독자로 타락하는 예가 증가하고 있어 크게 사회문제화되고 있다.[14]

이러한 중독자들은 그 금단증세 때문에 약물을 계속 사용하게 된다. 그 가격은 대개 고가이다. 그들은 수입의 대부분 나아가서는 가산을 탕진하게 된다. 이와 동시에 사용기간의 연장으로 그 사용량이 증가하면서 정신능률의 감퇴 및 황폐화를 낳고 가정파탄과 실직 등의 원인이 된다. 이리하여 약물의 구입이 용이하지 않게 된다. 그들은 수단방법을 가리지 않고 약물의 취득에 전념하게 되어 사기·절도·위조·매음 등을 상습적으로 행하게 되고 그것으로 안될 때에는 폭력행위까지도 불사하게 되는 것이다.[15]

---

13) 逸見武光, アルコール·藥物と犯罪, 澤登俊雄·所 一彦·星野周弘·前野育三)新·刑事政策, 1993, 412面.
14) 신진규, 범죄학 겸 형사정책, 1986, 180면.
15) 우상덕, 법의학, 1977, 228면.

이와 함께 그들은 약물상용자들의 저급한 사회집단과 접촉하게 됨으로써 범죄성의 문화·가치관을 배우게 되고 그에 감염됨으로써 범죄행위를 쉽게 자행할 수 있게 된다.

그런데 약물의 사용 그 자체는 직접 범죄를 유발하는 경우가 드물다. 약물의 공급이 충분한 바로 범죄를 저지르게 되는 경우는 드물다. 이는 약물의 성격이 그 복용자로 하여금 조용히 쾌감을 누리게 하고 대인관계를 복잡하게 하지 않기 때문이다. 그러나 정신병자 또는 정신병징후를 갖고 있는 자가 복용할 때는 특이한 환상·환각으로 살상의 충동을 느껴 끔찍한 사건을 일으키게 되는 수가 있다.16)

이러한 약물중독자는 필연적으로 이들로부터 막대한 이윤을 노리는 약물밀매자를 존재케 하며 이들 밀매자와 중독자로 구성되는 범죄조직은 전국적·국제적 규모로 조직화되어 하나의 커다란 범죄문제를 형성하게 된다. 여기에서 약물중독자에 대한 대책의 복잡성이 가중되는 것이다.

이러한 중독자에 대한 대책으로는 법규에 의한 통제가 주를 이룬다. 거기서는 약물의 공급 자체를 억제하는 것이 기본을 이룬다. 그리고 중독자가 발견될 때는 일정시설에 강제수용하여 중독증상을 치료케 하고 있다.

그러나 여기에는 여러 가지 문제점이 지적된다.

첫째, 중독의 치료는 단순한 금단증상의 억지(금단요법)만에 의하여 이루어지는 것이 아니고 약물을 구하는 인격조건의 근치(根治)가 요망되는데, 이를 위해서는 충분한 시설과 「케이스·워커」(case-worker) 등 전문요원의 확보가 요구되지만 이를 갖춘 경우가 드물다.17)

---

16) 신진규, 전게서, 180면.

둘째, 약물중독자에 대하여는 그가 비록 밀매외에 각종 범죄를 자행한 경우에는 범죄자로서 보다 약화(藥禍)의 희생자로서 취급해서 치료의 대상으로 조치함이 타당한데 이를 위해서는 보안처분제도의 개발이 요구되었다. 그리하여 법률 제7655호 [공포일자 2005년 8월 4일]로 치료감호법이 제정되었다.

셋째, 약물의 거래를 너무 엄격하게 통제함으로써 그 밀매를 성행하게 하고 그 가격을 높임으로써 한편으로는 저급한 범죄자집단을 형성하고 다른 한편으로는 약물중독자에게 부담을 주어 각종 범죄를 유발하거나 그 치료의 가능성을 어렵게 하는 경우가 있다. 그리하여 차라리 약물에의 접근 통로를 넓혀 의사의 처방이 있으면 얼마든지 구할 수 있도록 하지 않으면 안 될 것이라고 한다는 견해도 있다. 이는 약물중독 그 자체로서는 범죄 등을 일으키는 경우가 드물기 때문이라는 것이다. 물론 이와 함께 치료책의 개발이 강조됨은 두 말할 필요도 없다.

생각건대 약물사용·중독자의 증대는 그 엄격한 통제가 요망되나 너무 엄격한 통제일변도의 경우에는 부작용이 너무 커지기 때문에, 그 치료시책의 합리화와 함께 이 물질에 대한 접근가능성을 전문가들의 손에 일임하는 방안을 고려할 만하다.

아무튼 약물의 남용단계없이 약물의존을 초래하는 것은 없으므로 약물의존증의 예방을 위하여서도 남용에 관하여 시민의 관심을 높이는 것이 중요하다.[18] 형사정책의 관점으로는 남용에 주의를 기울여야 한다.

---

17) 상계서, 181면.
18) 상계서, 181면.

이제 약물관련범죄를 그 약물효과 내지 중독의 관점으로부터 정리하면 다음과 같다.

1. 급성효과에 의한 행위[19]

각성제로서 「메탄바타민」 (methamphettamine)을 섭취하면 그 급성각성효과에 의거 사회상식으로부터 일탈한 행위를 나타내는 경우가 있다. 각성제를 섭취하면 그 각성효과 때문에 평소의 본인에 비하여 과잉 행동이 나타나는 것은 당연하고 평소의 본인의 성격이 조폭(粗暴)하면 조폭한 행위가 나타난다. 신나 · 본드 등의 유기용제의 급성효과가 범죄를 유발하는 경우도 있다. 유기용제는 의식장애와 더불어 착각 및 환각을 발증(發症)하고 때때로 과도한 공격적 행위를 초래한다. 어떠한 사람이 어떠한 상황에 공격적인가에 관하여서는 일반화하여 논할 수는 없다. 원칙적으로는 알콜음료와 동일하게 섭취한 사람의 인격특징과 섭취한 상황에 문제가 있다고 생각한다.

약물의 급성효과에 기인한 범죄에 대하여서는

첫째, 그것이 처음의 행위인가 아닌가,

둘째, 상해등의 인신범인가, 외설(猥褻) 등의 성범죄인가, 절도 등의 재산범인가의 구별이 필요하다. 각성제에 의한 사기 · 절도 등의 재산범이 보고된 사례가 전혀 없는 것에 오히려 기이하다고 말하는 사람도 있다. 이리하여 형사정책적으로 중요한 점은 그 사람의 행위가 최초의 행위인가, 여러 번 반복되었는가의 점이다. 당해 약물의 급성효과에 관하여서 이미

---

19) 逸見武光, 前揭書 412~413面.

체험하였는가 어떤가의 음미는 그 사람의 책임을 묻는데 필요하다고 생각한다.

2. 만성중독에 의한 행위[20]

각성제인 「메탄페타민」(methamphettamine)은 중독성 정신병을 형성하여 정신병증상 즉 환각 및 망상으로부터 방화·상해·살인 등을 행하는 자가 적지 않다. 이 경우에 범행의 동기가 정신병증상 때문에 전문적 치료의 대상이지만 법률로 그 유통기구를 취체하여도 판매하는 공급측의 교묘한 접근과 남용하는 수요측도 폭력단에 근접하고 생활하는 자가 많아 치안시설로부터 나와서 치료시설로 옮긴다고 문제가 해결되는 것은 아니다. 중독성정신병의 범죄사례를 정신병문제의 가장 곤란한 사례로 여기는 것이 보통이다. 그러나 대부분의 만성중독성정신병은 구금하여 규칙적인 생할에 들어가 생활을 하면 3개월 이내에 평정되고 공판에도 지장이 없다.

한편 한번 약물의존에 빠지면 후에 경박(輕薄)·조폭(粗暴)·무기력(無氣力)·무반성한 인격장애를 일으키는 것이 많다. 특히 유기용제(有機溶劑)에 이것이 현저하고 장기간 뇌파이상(腦波異常)과 인격장애가 치유(治癒)되지 않는다. 또 유기용제는 신체의존을 형성하지 않지만 내성을 형성하는 점에 각성제와 동일하다. 그리하여 동시에 대단히 현저한 인격장애를 일으킨다.

---

20) 上揭書, 414~415面.

Ⅱ. 비범죄화

약물사범중 약물의 남용 자체가 범죄가 되고 있는 것에 대해서 그것을 비범죄화 해야 한다는 주장이 있다.

비범죄화의 주장은 두 개의 유형으로 나눌 수 있다. 다른 사람에게 해를 주지 않는 이상 본인에게 유해하더라도 약물사용을 형벌대상으로 할 필요는 없기 때문에 그런 종류의 향정신물질에 대해서 사용 자체는 자유화해야만 한다는 것과, 오늘날 본인에게 유해하지 않는 약물 사용까지 범죄화하는 것은 적당하지 않기 때문에 비범죄화 해야 한다는 것이다.

전자는 주로 아편계 및 합성마약에 관계된 것이며 후자는 대마에 관한 것이다.

제1의 주장의 근거는 대략 다음과 같은 점에 있다.21)

첫째, 마약은 타해행위(他害行爲)와의 결부가 강하지 않다.

둘째, 남용을 처벌하는 까닭에 범죄조직을 육성해서 마약범죄 및 그 외의 범죄를 유발하고 있다.

셋째, 약물의 금지는 소외된 사람들이 반사회집단을 만드는 계기가 된다.

넷째, 피해자(고소인)가 없기 때문에 적발이 곤란하며, 경찰의 활력을 소모시키는 한편 경찰이 비열한 계책을 꾸미기 쉽다. 또한 수회(收賄)가 행해지기 쉽다.

---

21) 宮田敬一, 前揭書, 440~441面.

그러나 셋째는 범죄 일반에 대해서 말할 수 있는 것이고, 넷째도 반드시 약물사범 특유의 문제는 아니다. 적어도 현재의 우리나라에서는 약물사범과의 관계에서 특별히 중요시할 필요는 없다고 해도 좋다.

첫째에 대해서는 오늘날 볼 수 있는 약물남용처벌이 다른 범죄의 촉진요인으로서만 파악해야 하는 것인가는 근본적인 의문이 있다. 아마 종래의 약물남용처벌이유의 상당부분은 약물남용이 사회를 퇴폐시키고 국력을 쇠퇴시킨다는 우려라고 파악하였다.

비범죄화의 주장은 일면 설득력을 가지고 있는 것 같다. 그러나 타인을 해하지 않는 이상 지옥에 가는 것은 자유라는 사고방식으로 비범죄화를 주장하는 것은 곤란하다. 그렇다면 우리들은 약물 교육의 보급, 의존성이나 특성이 적은 마약의 개발, 길항약(拮抗藥)의 개발 등 형벌 수단이외의 약물남용 방지에의 수단이 구비될 때까지는 역시 형벌의 사용이라는 것도 어쩔 수 없다.

마약은 사용자 자신에게도 무해하기 때문에 사용을 허용하자는 제2의 주장에 대해서는 최근의 동물실험으로 사용상황에 따라서는 지극히 비정상적인 잔혹한 행동패턴이 사용자의 인격으로 전환될 가능성이 발견된 것에 주의하지 않으면 안 된다.[22]

따라서 약물의 자유화를 서둘러야만 할 이유는 없다고 생각한다.

---

22) 上揭書, 440~441面.

제3절 단속현황·수용현황 및 관리현황

I. 단속현황

일반적으로 마약류범죄라 함은 마약·대마 및 향정신성의약품과 관련된 법규를 위반한 범죄를 총칭하는 의미로 사용된다. 마약류사범의 확산 및 마약류사범의 국제화에 대처하기 위하여 1989. 2. 13. 대검찰청에 마약과를 신설하고 보건사회부 마약감시원을 검찰로 이관한 것을 계기로 마약류사범에 대한 검찰의 강력한 단속활동이 비로소 본 궤도에 오르게 되었으며, 2001. 4. 23. 대검찰청에 마약부를 신설되어 전국 검찰청의 마약사범 단속을 총괄 지휘하는 체제로 전환되었다. 대검찰청 마약과에서 1986년 이후의 자료를 종합한 마약류범죄백서를 1990년부터 발간하고 있으므로 이하에서는 위 백서의 내용을 토대로 마약류사범의 현황을 살펴보기로 한다.[23]

마약류사범은 1997년 6,947건을 기록한 이후 1999년까지는 증가하는 추세를 보였는데 1999년의 경우 10,589건으로 전년대비 26,8% 증가하였으나, 2000년과 2001년에는 다소 감소하는 추세를 보였다. 그러나 2002년에는 10,673건으로 전년 대비 5,7% 증가하였으나, 2003년에 들어 전년 대비 29,3%나 대폭 감소한 7,546건을 기록하였다. 2004년에는 증가, 2005년에는 감소추세를 보이다 2006년에는 전년 대비 7,8% 증가하였다.

2006년의 경우 전체 마약류사범은 7,709명이며 이중 향정사범은 6,006명으로 67%를 점하고 있다.

---

23) 범죄백서, 2007, 83~84면.

각 사범별로 범죄추세를 분석하면 다음과 같다.[24]

24) 1. 마약류사범 단속실적현황 (1997년~2006년) (단위 : 명)(2007 범죄백서)

年度 / 罪名	1997	1998	1999	2000	2001	2002	2003	2004	2005	2006
計	6,947	8,350	10,589	10,304	10,102	10,673	7,546	7,747	7154	7709
	(100)	(120)	(152)	(148)	(145)	(154)	(109)	(112)	(103)	(111)
麻 藥 法	1,201	892	923	954	661	790	1,211	1,203	768	868
	(100)	(74)	(77)	(79)	(55)	(66)	(101)	(100)	(64)	(72)
大 麻 管 理 法	1,301	1,606	2,187	2,284	1,482	1,965	1,608	1,231	1032	835
	(100)	(123)	(168)	(170)	(104)	(151)	(124)	(95)	(79)	(64)
向 精 神 性 醫藥品管理法	4,445	5,852	7,479	7,066	7,959	7,918	4,727	5,313	5354	6,006
	(100)	(132)	(168)	(159)	(179)	(78)	(106)	(1119)	(120)	(67)

註 : 1. 마약류범죄백서.
註 : 2. ( )안은 지수.
註 : 3. 2000. 7. 1.부터 마약법, 대마관리법, 향정신성의약품관리법이 마약류관리에 관한 법률로 통합
　　되었으므로 2000년 이후의 통계는 마약류관리에 관한 법률위반 사범 중 마약사범, 대마사범,
　　향정사범으로 분류한 것임.

2. 마약류사범 연령별 현황(1997년~2006년) (단위 : 명)

年度 / 年齡	計	19歲 以下	20~29歲	30~39歲	40~49歲	50~59歲	60 以上	年齡 未詳
1997	6,947	67	1,533	2,507	1,238	500	813	289
	(100)	(1.0)	(22.1)	(36.1)	(17.8)	(7.2)	(11.7)	(4.1)
1998	8,350	77	1,936	3,270	1,667	516	509	375
	(100)	(0.9)	(23.2)	(39.2)	(20.0)	(6.2)	(6.1)	(4.4)
1999	10,589	50	2,032	4,260	2,466	622	662	497
	(100)	(0.5)	(19.2)	(40.2)	(23.3)	(5.9)	(6.2)	(4.7)
2000	10,304	30	1,658	4,155	2,697	595	708	461
	(100)	(0.3)	(16.1)	(40.3)	(26.2)	(5.8)	(6.8)	(4.5)
2001	10,102	24	1,866	4,111	2,667	560	429	445
	(100)	(0.2)	(18.4)	(40.6)	(26.4)	(5.5)	(4.2)	(4.4)
2002	10,673	79	1,903	4,350	2,796	577	527	441
	(100)	(0.7)	(17.8)	(40.8)	(26.2)	(5.4)	(4.9)	(4.1)
2003	7,546	37	1,123	2,804	2,008	608	649	227
	(100)	(0.5)	(14.9)	(37.2)	(27.8)	(8.1)	(8.6)	(3.0)
2004	7,747	18	958	2,683	2,413	696	766	213
	(100)	(0.2)	(12.4)	(34.6)	(31.1)	(9.0)	(9.9)	(2.7)
2005	7,154	30	784	2,435	2,383	622	495	405
	(100)	(0.4)	(11.0)	(34.0)	(33.3)	(8.7)	(6.9)	(5.7)
2006	7,709	32	697	2,570	2714	832	618	246
	(100)	(0.4)	(9.0)	(33.3)	(35.2)	(10.8)	(8.0)	(3.2)

註 : 1. 마약류범죄백서.
註 : 2. ( )안은 분포백분률

1. 마약사범

마약사범은 1,997년 1,201명을 기록하였으나 1,998년의 경우 892명으로 전년 대비 26% 감소하였다. 그 뒤 1,999년에는 923명, 2000년에는 954명으로 다소 증가하는 추세를 보였으나 2001년에는 661명으로 전년 대비 30,7%나 감소하였다가 다시 2002년에는 790명으로 전년 대비 19,5% 증가하였다. 2003년에는 1,211명으로 전년 대비 53,3%로 대폭 증가하였으나 2004년에는 1,203명으로 전년 대비 0,7% 감소하였고, 2005년에는 768명으로 전년 대비 36,2% 크게 감소하였다. 그러나 2006년에는 868명으로 전년 대비 13% 증가하였다.

2. 대마사범

대마사범은 1997년 1,301명이 발생한 이후 증가하기 시작하여 1999년에는 2,187명으로 전년 대비 36,2%, 2000년에는 2,284명으로 전년 대비 4,4%, 2002년에는 1,965명으로 전년대비 32,6% 증가하는 등 2001년을

3. 마약류사범 유형별·연령별 현황(2006년) (단위 : 명)(2007 범죄백서)

年齡 類型	計	19歲 以下	20~29歲	30~39歲	40~49歲	50~59歲	60 以上	年齡 未詳
計	7,709 (100)	32 (0,4)	697 (9,0)	2,570 (33,3)	2,714 (35,2)	832 (10,8)	618 (8,0)	246 (3,2)
麻藥事犯	868 (100)	－ (0,0)	29 (3,3)	58 (6,7)	123 (14,2)	183 (21,1)	458 (52,8)	17 (2,0)
大麻事犯	835 (100)	8 (1,0)	134 (16,6)	225 (26,9)	276 (33,1)	97 (11,6)	71 (8,5)	24 (2,9)
向精事犯	6,006 (100)	24 (0,4)	534 (8,9)	2,287 (38,1)	2,315 (38,5)	552 (9,2)	89 (1,5)	205 (3,4)

註 : 1. 마약류범죄백서.
註 : 2. ( )안은 분포백분률.
4. 마약류사범 성별 현황(1997년~2006년)(2007 범죄백서)

제외하고 2002년까지는 계속증가하였다. 그러나 2003년에는 1,608명으로 전년대비 19,2%, 2004년에는 1,231명으로 전년대비 23,4%, 2005년에는, 1,032명으로 전년대비 16,2%, 2006년에는 835명으로 전년대비 19,1% 감소하는 등 2003년 이후 계속 감소추세를 보이고 있다.

罪名 / 性別 / 年度	計		麻藥事犯		大麻事犯		向精事犯	
	男	女	男	女	男	女	男	女
1997	5,532 (79,6)	1,415 (20,4)	498 (41,5)	703 (58,5)	1,221 (93,8)	80 (6,2)	3,813 (85,8)	632 (14,2)
1998	6,683 (80,0)	1,667 (20,0)	362 (40,6)	530 (59,4)	1,474 (91,8)	132 (8,2)	4,847 (82,8)	1,005 (17,2)
1999	8,263 (78,0)	2,326 (22,0)	395 (42,8)	528 (57,2)	1,959 (89,6)	228 (10,4)	5,909 (79,0)	1,570 (21,0)
2000	8,105 (78,7)	2,199 (21,3)	403 (42,2)	551 (57,8)	2,050 (89,8)	234 (10,2)	5,652 (80,2)	1,414 (20,0)
2001	8,097 (80,2)	2,005 (19,8)	331 (50,1)	330 (49,9)	1,350 (91,1)	132 (8,9)	6,416 (80,6)	1,543 (19,4)
2002	9,096 (85,2)	1,577 (14,8)	416 (52,7)	374 (47,3)	1,857 (94,5)	108 (5,5)	6,823 (86,2)	1,095 (13,8)
2003	6,112 (81,0)	1,434 (19,0)	542 (44,8)	669 (55,2)	1,505 (93,6)	103 (6,4)	4,065 (86,0)	662 (14,0)
2004	6,166 (79,6)	1,581 (20,4)	596 (49,5)	607 (50,5)	1,111 (90,3)	120 (9,7)	4,459 (83,9)	854 (16,1)
2005	6,201 (86,7)	953 (13,3)	442 (57,6)	326 (4,4)	959 (92,9)	73 (7,1)	4,800 (89,7)	554 (10,3)
2006	6,553 (85,0)	1,156 (15,0)	443 (51,0)	425 (49,0)	754 (90,0)	81 (9,7)	5,356 (89,2)	650 (10,8)

註 : 1. 마약류범죄백서.
註 : 2. ( )안은 분포백분률.

3. 향정사범

향정사범은 1997년에 4,445명이 발생하였고, 1998년 5,852명, 1999년 7,479명으로 계속 증가하였다. 2000년에는 7,066명으로 5,5%감소하였으나 2001년 7,959명으로 전년에 비해 12,6% 다시 증가하였다. 2002년에는 7,918명으로 전년에 비해 0,5%감소하였고, 2003년에는 4,727명으로 전년대비 40,4% 대폭 감소하였으나, 2004년에는 5,313명으로 전년 대비 12,4% 증가, 2005년에는 5, 354명으로 전년 대비 0,8%증가, 2006년에도 6,006명으로 전년대비 12,1%증가 하였다. 다른 마약류사범과 달리 최근 증가하고 있는 향정사범에 대한 지속적인 단속과 과학적인 수사방법의 개발, 범죄확산방지교육의 중요성이 계속 요구된다고 할 수 있다.

II. 수용현황

마약류범죄가 2000년 이후 감소추세를 보이는 것과 같이 마약류사범의 연도별 수용현황도 2001년 이후 지속적으로 감소하고 있으나 투약 수형자의 경우는 그 특성상 재투약 가능성이 높다. 전체 마약류사범 수형자 1,466명 중 투약자가 996명으로 67.9%나 되며, 이들은 타 마약류사범인 제조·판매, 교부, 알선사범보다 현저히 높은 비율을 보이고 있다. 마약류사범 수형자 중 투약자(996명)의 범수별 현황을 살펴보면 초범은 163명(16.4%)이며, 2범 이상의 재범자가 833명으로 83.6%를 차지하여 재범비율이 높음을 알 수 있다.

마약류 중독 수형자 중 투약자의 형기별 현황을 살펴보면 1년 미만이

203명으로 20.4%, 1년 이상 3년 미만은 587명으로 59.0%를 차지하고 있다. 따라서 투약사범은 3년 미만의 단기형이 전체 투약사범 996명 중 790명(79.4%)이나 차지하고 있다. 이와 같은 사실은 최소한 마약류 중독 수형자 중 투약자들에 대한 비효과적인 관리 및 처우는 재범율을 그만큼 높이게 된다는 것을 나타내고 있다.[25)]

  마약류사범 수형자 중 투약자의 비율이 높고, 이들의 재범율이 높다는 것은 마약류 투약에 따른 재활치료가 얼마나 중요한 것인가를 알 수 있다. 그러나 시설에 수용되어 있는 자들은 시설에 수용되지 않은 마약류 범죄자 보다 사회적·개인적으로 마약으로 인한 폐해 외에도 범죄성으로 인한 위험성이 높음에도 불구하고 교정시설 내에 이들을 치료할 수 있는 진료시설과 인력의 확보 등 치료체계가 제대로 갖추어져 있지 않아 치료를 제대로 받지 못하고 있기 때문에 이들에 대한 교정처우의 어려움이 많다. 즉 마약류 투약 수형자에게는 전문적인 재활교육을 통해서 건전한 의식을 배양하도록 하여야 하며, 출소 후 안정적인 사회정착과 재범을 방지하기 위해서는 마약류 중독 수형자에 대한 면밀한 분석과 관리 노력이 요구된다. 그러나 의정부교도소 등 5개 기관 이외에는 전문적인 재활교육 없이 외부강사의

---

25) 마약류사범 수형자 유형별 현황(2006. 5. 1. 현재)

(단위 : 명)

합 계	투 약	제조·판매	교 부	알 선
1,466명(100%)	996(67.9%)	354(24.1%)	83(5.7%)	33(2.3%)

자료 : 법무부 교정국, 2006: 3.]

마약류사범 수형자중 투약자(996명) 현황(2006. 5. 1. 현재)

(단위 : 명)

합 계	투 약	제조·판매	교 부	알 선
1,466명(100%)	996(67.9%)	354(24.1%)	83(5.7%)	33(2.3%)

특강 또는 자매결연 형식의 마약류사범 상담에 머무르고 있는 실정이다.

교정시설 내의 마약류 중독 수형자에 대한 재범방지 대책을 강구하는 것이 중요한 문제임에 틀림없다. 그럼에도 불구하고 이들을 위해 특별히 실시되고 있는 교정처우 프로그램은 자체적인 교육과 의정부교도소에서 시범적으로 운동을 통한 재활교육 등을 실시하고 있다. 그러나 대부분의 교정시설은 치료중심이 아닌 구금중심의 시설구조로 되어 있으며, 마약류 사범의 재활을 위한 자금확보의 어려움 등 현실적인 제약으로 인해 여전히 마약류사범에 대한 교정처우가 곤란한 실정이다.26)

III. 관리현황

1. 교정치료제도

마약류 남용자에 대한 교정치료제도란 교정시설에서 범죄를 저질러 자유형이 선고된 수형자와 구금상태에서 수사와 재판을 받고 있는 미결수를 대상으로 마약류 환자를 치료하는 제도를 말한다.

수형자를 사회에 복귀시키기 위해서는 우선 건강한 신체와 정신을 갖게 하는 것이 무엇보다도 중요하다. 특히 마약류 중독자는 단순 구금보다는 적정한 치료가 우선되어야만 마약류를 끊을 수 있으며 재범을 하지 않게 된다. 이를 위하여 「형의 집행 및 수용자의 처우에 관한 법률 시행령」에서 수형자의 건강 유지를 위해 여러 규정을 두고 있다. 즉 제 30조 (위생 ·

---

26) 최응열, 마약류중독수형자의 관리와 처우, 교정31, 2006, 46면.
　　송방식, 마약류 수형자 처우실태에 관한 연구, 교정연구, 2002, 172면.

의료 조치의무)에서 「소장은 수용자가 건강한 생활을 하는 데에 필요한 위생 및 의료상의 적절한 조치를 하여야 한다」고 규정하고, 제51조(건강검진횟수)에서 「① 소장은 수용자에 대하여 1년에 1회 이상 건강검진을 하여야 한다. 다만 19세 미만의 수용자와 계호상 독거수용자에 대하여는 6개월에 1회 이상 하여야 한다. ② 제1항의 건강검진은 「국민건강보험법」상의 검진기관에 의뢰하여 할 수 있다」고 하고 있다.

그런데 실제로 교도소 내에서 행해지는 마약류 중독자에 대한 치료프로그램은 그다지 많지 않다. 따라서 마약류 중독자을 치료하기보다는 단순구금에 그치고 있으며 이들을 치료할 수 있는 의료인력도 부족하여 마약류 중독자를 위한 전문치료를 교도소 내에서 기대하기는 곤란하다.

2. 치료감호제도

법률 제7655호 [공포일자 2005년 8월 4일]로 치료감호법이 제정되었다. 심신장애 또는 마약류·알코올 그 밖에 약물중독 상태 등에서 범죄행위를 한 자로서 재범의 위험성이 있고 특수한 교육·개선 및 치료가 필요하다고 인정되는 자에 대하여 적절한 보호와 치료를 함으로써 재범을 방지하고 사회복귀를 촉진하는 등 종전의 「사회보호법」에 의하여 규율되어 온 치료감호제도를 보완·개선하려는 것이었다.

치료감호제도는 범죄를 저지른 마약류 남용자에 대한 강제치료를 위하여 금고 이상의 형에 해당되는 죄를 범하고 재범위험성이 있는 마약류 남용자를 검사의 청구와 법원의 판결에 따라 치료감호소에 수용하여 치료하는 제도이다.27) 치료감호소에서 행하고 있는 각종 치료활동은 정신과적 치료,

특수치료활동(소집단치료 · 집단치료), 의료재활치료, 직업능력개발훈련
실시, 외래진료제 운용 등이 있다.28)

3. 보호관찰 · 사회봉사명령 및 수강명령

1995년 12월 29일 개정된 현행 형법은 형의 선고유예시 보호관찰, 형의
집행유예시 보호관찰과 사회봉사 · 수강명령, 가석방시 보호관찰제도를 도
입하여 1997년 1월 1일부터 시행하고 있다. 본래 보호관찰제도는 비행소
년에 대하여 1987년부터 시행해 오다가 1997년 이후 성인범에게까지 확대
하여 실시하고 있다. 약물사범에 대한 보호관찰은 주로 환각물질(유해화학
물질) 위반 소년 약물사범을 대상으로 시행된 것을 1997년 1월 1일부터
성인의 약물사범에까지 확대 실시하였다. 최근에는 환각물질 위반사범보
다는 마약류사범에 대한 보호관찰이 증가하고 있다.

사회봉사명령은 법원이 범죄인이나 비행소년에 대하여 형의 집행유예나
보호처분의 조건으로서 일정시간동안 무보수로 봉사할 것을 명하는 제도
이다. 사회에 대한 배상적 · 속죄적 기능, 화해 내지 재통합적 기능을 수행
하는 데, 마약이나 알코올중독 등 약물범죄자들에 대하여 한 때는 적합하지
않은 제도라 여겨졌으나 현재는 실무에서 부과되고 있다.29)

수강명령은 특정한 교육 프로그램의 수강을 통해 자신의 범죄성향을 극
복하고 과거의 범행을 반성토록 하는 범죄대응수단이다. 약물사범의 약물
의존성향을 깨닫게 하고 이에 대처할 수 있는 능력을 갖추도록 교육하여
치료 · 재활을 도모한다는 점에서 수강명령은 약물사범에 매우 적합한 제

---

27) 장진경, 약물사범에 대한 약물교육 프로그램의 전문화 방안모색. 2003. 7면.
28) 이경재, 약물중독자에 대한 합리적 처우방안, 보호관찰, 3, 2003, 29면.
29) 윤옹장, 보호관찰처분의 유형에 따른 약물재남용 예방효과에 관한 연구, 2002, 54면.

도라 할 수 있다.

보호관찰소는 수강명령을 선고 받은 약물사범을 대상으로 지역사회의 약물전문 치료기관이나 교육기관과 협력하여 약물관련 교육 및 치료프로그램을 운영하고 있다. 보호관찰소에서 수강명령을 받은 약물사범을 대상으로 실시하고 있는 약물교육 「프로그램」 의 목적은 약물교육을 통해 약물남용자가 약물에 대한 올바른 인식과 약물의 약리작용에 대한 정확한 지식을 습득하고, 약물 없이 원만한 대인관계를 형성하여 사회생활을 기능적으로 할 수 있도록 도와주는데 있다.

4. 치료보호제도

치료보호제도는 범죄를 저지르지 아니한 마약류 중독자에 대한 강제치료를 위하여 행정기관의 장인 보건복지부장관 또는 시·도지사가 의료기관인 치료보호기관으로 하여금 마약류 남용의 중독여부를 판별 검사하여 마약류 남용자를 치료 및 보호하도록 명하는 것을 말한다.[30] 치료보호제도는 보건복지부장관 명의로 23개 병원(정부에서는 전국 23개 병원을 마약류 중독 전문치료기관으로 지정하고 전액을 국고에서 지원하여 무료로 치료하고 있다. 국립부곡병원 부설 약물중독진료소가 가장 대표적인 전문치료기관이며, 국립정신병원으로 3개 기관[국립 부곡병원 부설 약물중독진료소, 국립서울병원, 국립나주병원])이 있고, 16개 시·도에 20개 치료병원이 지정되어 있다. 마약류 중독 전문치료기관에서는 마약류 사용자가 자진하여 입원치료를 받는 경우에는 사법처리에 있어 자수자에 준하여 최대한 관용처리하고 있으므로 안심하고 치료를 받을 수 있다. 치료비용 역시

---

30) 장진경, 전게논문, 7~20면

국가에서 전액 지원함으로써 환자나 가족의 부담이 전혀 없다.31)

이 마약류 치료 전담 지정병원으로 지정되어 검찰청에서 조건부 기소유예로 의뢰하는 경우(「마약류 중독자 치료보호규정」 제9조 제1항)와 자진 신고(「마약류 중독자 치료보호규정」 제9조 제3항)로 치료를 원하는 자에게 병원 입원치료를 최장 12개월까지 받게 하고 있다. 「마약류관리에 관한 법률」 제40조와 「마약류 중독자 치료보호규정」 제2조 제2호에 따라 마약류 중독자를 처벌 일변도에서 탈피하여 치료를 시행할 수 있는 법적 근거를 마련하였다. 이러한 치료보호제도는 마약류범죄의 재범방지 목적을 지닌 특별예방의 성격과 함께 사회일반인을 보호하기 위한 보안처분 또는 보호처분의 성격을 가진 것으로 평가되고 있다.32)

현행법상 약물관련규제법규로는 「마약류관리에 관한 법률」[일부개정 2008. 3. 28 법률 제9024호] 과 「유해화학물질 관리법」[일부개정 2008. 3. 21 법률 제8951호] 이 있다. 아울러 「마약류관리에 관한 법률」 은 의료인이 중독자를 치료하거나 발견하였을 때 신고의무규정을 폐지하여 이들에 대한 형사처벌 위주의 정책에서 치료보호로의 전환을 용이하게 하였다. 이 제도에 의하여 국가는 치료보호를 받게 되는 마약류 중독자에게 치료비용을 전액 지원하여 치료를 받게 하고 있으나 그 이용실적은 극히 저조하다.

---

31) 김상기, 마약류 수형자의 수용실태 및 처우 개선방안 : 대전교도소를 중심으로. 「교정」, 2006. 91~92면
32) 신의기 · 강은영 · 이민식, 마약류사범 처리 실태, 수사 및 재판기록을 중심으로, 연구총서 2002 -26, 한국형사정책연구원, 69面.

제4절 대책

I. 일반적 대책

마약사범은 남용자체와 불법공급의 두가지로 대별할 수 있지만 ① 방범 ② 적발 ③ 처우 ④ 「애프터 · 케어」 (After Care)의 각 단계별로 대책을 병행적으로 검토하여야 한다.

우선 ① 「방범」적 대책에 대해서는 오늘날 우리나라와는 비교도 되지 않을 정도로 약물남용이 문제시되고 있는 구미에서 가장 기대되는 수단이 약물교육이다. 이것은 단순한 홍보활동에 그치는 것이 아니고 지역사회에서 조직적으로 이루어지고 있다. 또한 의료과정에서 의존자가 발생할 수 있으므로 의료과정의 규제도 중요하다.[33]

② 「적발」 조치에 관해서 보면 범죄는 공급자와 남용자가 함께 일체가 되어 적발을 피하려고 하는 잠행성(潛行性)이 있고 또한 일단 검거되더라도 입증이 곤란한 경우가 많기 때문에, 다른 범죄의 적발과 비교해서 특별한 연구가 필요하게 된다. 그 점에서 특히 마약단속관 등 특별사법경찰직원이 설치되고 수사방법도 함정수사의 합법성이 인정되는 범위가 크지만 새롭게 이른바 「밀고보상제도」가 요청되고 있다. 이것은 남용자를 포착한 연후에 내버려 두었다가 밀고자로서 이용한다. 문제의 중요성 · 특수성과 오늘날의 수사기술에서 보면 한정된 범위에서는 어쩔 수 없는 것으로 인정하고 있다. 밀수입의 적발을 위해서는 국제협력이 필요하며 우리나라에서

---

33) 宮田敬一, 前揭書, 438面.

도 밀수가 많은 나라에 마약단속관을 파견하는 것도 고려할 만하다.34)

③「처우」에 관해서는 예컨대 마약환자의 마약에의 의존성 제거 특히 정신적 의존성의 제거가 문제가 된다. 제도적으로는 치료감호소의 증설이 필요할 것이다. 오늘날 조치입원의 제도가 제정되어 있지만 이것도 신체적 의존의 제거 이상인 조치를 충분하게 취하기 어려운 면이 있다.

처우의 실시면에서는 전력자를 치료에 관여시키는 방법이 최근 주목되고 있다. 전력자는 의사의 치료를 환자에게 받아들이게 하기 위한 보조자로서 유용한 것으로 되어있다.

전력자의 활동이 기대되는 것으로서 「시내논·하우스」(Synanon House)방식도 생각할 수 있다. Synanon방식은 환자를 46시간 내내 전력자가 중심이 되어 운영되는 그룹의 「서포트」(surport) 아래에 두어 매일 열광적인 분위기의 집회를 열면서 환자에게 철저한 자기고백을 하게 시키며 강렬한 비난·공격·격려를 집중하는 일종의 세뇌방식이다.35)

④「애프터·케어」에 대한 우리나라의 마약상담원 제도는 그 운용에는 개선의 여지가 많다. 마약을 섭취하더라도 그 부작용을 생기게 하지 않는 길항약(佶抗藥)의 효과가 그런대로 「애프터·케어」에 상당히 유용하다. 따라서 이러한 면의 개발을 촉진하는 것도 충분히 고려할 가치가 있다.36)

---

34) 上揭書, 439面.
35) 森下忠·須須木主一, 刑事政策, 1990, 439−440面.
36) 宮田敬一, 前揭論文, 440면.

Ⅱ. 실무적 대책

약물남용은 남용자 개인의 신체 및 정신적인 건강과 정상적인 생활의 파괴를 가져옴은 물론, 그 가족과 사회에 더욱 심각한 문제를 야기하는 것이므로 이를 치유하고 예방할 수 있는 효과적인 처우방안을 개발하여 시행함으로써 약물남용의 확산을 방지하여야 할 것이다.37) 현재 우리나라는 국민 보건의 향상을 도모하기 위하여 약물남용자에 대한 정책으로서 약물관련규제법등에 의한 약물중독자의 치료보호와 치료감호 그리고 형사처벌 등을 하고 있다.

이러한 추상적 처우이념에도 불구하고 다음의 구체적 처우방법에 유의하지 않으면 안 된다.

1. 치료중심의 교정처우

수형자는 구금이라는 형벌집행대상인 동시에 교화·개선의 대상이다. 그런데 우리나라의 교정행정은 신병확보라는 구금작용과 처우를 통한 교화개선이라는 대립관계에서 구금을 우선적으로 강조하여 왔다. 우리나라에서는 당초부터 마약류남용의 문제를 사회문제나 보건문제로 다루기보다는 범죄행위의 한 형태로 다루어 왔다. 즉 마약류남용자 내지 중독자를 치료 받아야할 정신질환자로 인식하기보다는 사회질서를 파괴하는 범죄자로 인식하였으며 이들을 엄벌에 처하여 사회와 격리시키는 것만이 마약류문제를 해결하는 유일한 수단으로 보았다고 한다. 더구나 의료요원 1명당

---

37) 변동윤, 시설내에서의 약물남용자처우, 교정연구 제4호, 1994, 329면.

수용자 1,500여명을 담당하고 있는 현실에서 수형자에 대한 의료처우는 실로 비관적이다. 특히 마약류 중독자들의 치료는 구금중심이 아닌 치료중심의 교정처우가 병행되어야 함은 물론이다.[38]

최근 법무부 교정본부에서 발표한 대책에 따르면 마약류사범 중 투약자가 입소할 때에는 의무관의 진료 및 상담을 통해 재활치료 방안을 강구하고 일반수용자 및 타 마약류사범(제조, 판매, 알선 등) 등과 악성감염(투약 전파, 제조방법 및 구입처 공유 등)을 근원적으로 차단하고자 철저히 분리·수용함은 물론, 형 확정 후 잔형기가 1년 이상 남은 투약자는 모두 단기재활 교육기관으로 1개월 이내에 이송하도록 한다고 한다.

또한 지금까지 전국 교도소 및 구치소에 산발적으로 흩어져 있던 마약류사범 중 투약자를 안양교도소 등 9개 기관으로 집금하여 일반사범과 사동을 분리하여 처우하는데 대상기관으로는 안양·원주·안동·마산·진주·청주·청주(여)·목포·군산교도소 등 9개 기관을 지정 운영하고 있다. 여기에서는 약물에 대한 이해와 집단상담 등 3~4개월간의 단기재활교육을 집중적으로 실시한 후 잔형기 6월 이상자 중 투약자 스스로 재활의욕이 있고 계속적인 재활교육이 필요하다고 인정된 자는 1년 과정의 제2단계 장기재활교육 대상자로 선정하여 집중재활 교육을 실시하게 된다고 한다.[39]

2. 직원의 전문화, 의료진 및 예산의 확보

약물남용의 원인과 동기 그리고 과정 등을 분석하고 그에 적정한 전문인

---

38) 약물중독자에 대한 처우는 치료적인 문제라기 보다는 「사회적이고 행동적인 문제」(Social and behaviorrial problem)로 보고 처우방향을 강구하는 것이 보다 효과적이라는 견해(변동윤, 상게논문, 330면)도 있다.
39) 최응열, 전게논문, 49~50면.

력으로서 사회학자·의학자·심리학자·행동과학자 및 카운슬러 등이 확보되어야 한다.40) 수용자의 경우 정신병리학에 대한 지식을 겸비한 유자격 의료요원이 진료를 하여야 하나 현재의 각 교정시설에서는 진주교도소의 정신과 의사 1명을 제외하고 거의 전무한 실정이므로 약물사범을 치료하기 위해서는 정신과 의사 등 전문가의 확보가 절실히 요구된다. 차선의 방법으로서 군복무를 대신하고 있는 정신과 전공의를 활용하는 방안도 생각할 수 있다.

법무부 교정본부 대책에 따르면 미결단계에서부터 미결수용전, 기관에서 투약자가 입소 시에는 의무관의 진료 및 상담을 통한 재활치료 방안을 강구하도록 하고 있다. 그렇게 되면 충분한 의무관의 확보가 중요한 관건이 될 것으로 예상되는 데, 한정된 의료관계 종사자들에 대한 수형자들의 지나친 진료요구에 따른 업무과다 및 낮은 보수체계 등 구조적인 문제점들로 인한 높은 이직률과 재 채용의 어려움 등에 대해서도 심각하게 고민해 보아야 할 것으로 생각된다. 따라서 이러한 의무관의 확보를 위해서는 군복무를 대신하고 있는 정신과 전공의를 활용하는 방안도 고려해 볼 수 있다.41)

마약류에 대한 전문적 지식과 식견을 갖추고 마약류 중독 수형자의 신체적·정서적·심리적 제반 현상들을 이해하고 분석함으로써 이를 토대로 치료할 수 있는 심리요법전문가 등의 양성 및 확보는 마약류 중독 수형자의 성공적 치료·재활의 필수적 조건이라 할 수 있으며, 특히 일반수형자와는 달리 전문적인 치료가 필요한 마약류 중독 수형자를 위한 충분한 의료직 공무원의 확보는 더욱 중요하다. 마약류와 관련된 관계자들조차도 마약류

---

40) 변동윤, 전게논문, 332면.
41) 송방식, 전게논문, 182면.

와 관련된 전문교육이 결여되어 정확한 내용을 잘 모르는 상태로 근무에 임하고 있는 문제점이 있다. 따라서 이러한 의료직 공무원의 확보 및 마약류 관련 기초적인 지식함양을 위해서 관련 업무를 담당하는 직원을 선발하여 국내대학원의 관련학과에 위탁교육을 실시하여 전문적 식견을 함양시키고, 법무연수원 교정연수부에는 마약류관련 교육과정을 개설하여 마약류 전문가를 양성함으로서 마약류사범의 교육을 전담하게 하도록 할 필요가 있다.[42]

요컨대 행정적·재정적 문제점이라 할 수 있다. 재범 위험성이 높은 대상자의 경우 현장감독 위주의 집중적인 지도·감독이 필요하다.[43] 또한 보호관찰소에서는 직원의 전문성 향상을 위해 약물상담전문가 과정, 각종 심리검사 과정 등 각 교육기관에서 실시하는 업무 관련 전문화 교육과정에 직원이 교육을 받을 수 있도록 정책적으로 지원하고 있으나 아직까지는 미흡한 수준에 있다.[44]

동시에 약물남용사범의 치료를 위한 전문 의료 인력의 부족을 들 수 있다. 약물사범 치료를 위하여서는 전문시설과 전문인력확보가 급선무이다. 현재 마약사범에 대한 치료시설은 국립정신병원을 비롯하여 전국의 치료보호시설이 연간 약 2,000명을 수용할 수 있는 규모를 갖추고 있지만, 이의 이용실적이 적은 것은 전문 인력의 부족과 치료프로그램의 미비에서 그 원인을 찾을 수 있다.

한편 약물사범을 효과적으로 처우하기 위해서는 약물검사나 다양한 수강명령교육이 필요하지만 이를 유지할 수 있는 예산이 부족하다.[45] 수강명

---

42) 김상기, 전게논문, 118면.
43) 이경재, 약물중독자에 대한 합리적 처우방안, 보호관찰, 2003, 20면.
44) 박성수, 약물사범 재범분석에 관한 연구, 법조, 588, 2005, 182면.

령 집행에 소요되는 경비에 대한 정부의 예산 편성이 극히 저조하여 교육의 질이 저하될 가능성을 내포하고 있다는 점이다. 즉 경비절감을 위해 교육을 담당하는 다양한 강사들을 자원봉사로 상당 부분을 구성함에 따라 교육자의 교육에 대한 적극적 참여가 이루어지지 않아 교육자와 피교육자 간의 신뢰성 형성에 큰 장애요인으로 작용하고 있다.[46]

3. 처우시설의 소규모화

마약류사범은 특별히 엄격하게 독거수용하여 전문가로 하여금 각종 프로그램에 따라 치료 및 개별적인 재활훈련에 임하여야 한다. 현재 과밀수용으로 인하여 개별화가 어려운 실정이다.

약물남용자 처우에 대한 전문적인 처우프로그램을 계획적이고 효과적으로 적용하기 위하여는 그 처우대상자를 일반수형자와 분리하여 일정한 수형시설에 집합수용 하여야 한다. 전국 여러 시설에 분산되어 일반수형자들과 같이 수형생활을 하게 됨으로 인하여 전문가에 의한 적당한 처우가 불가능하게 된다.[47]

약물사범에 대한 일반적인 전문적 프로그램을 이행하고자 하는 경우에 교정시설 내에 일반수용자와 분리된 별도의 사동 내지 시설을 갖추어 50명 이내 소규모로 운영되는 것이 바람직하다.

4. 구치소 교정처우 활성화

구치소의 경우 교도소와는 달리 교정시설에 수용되어 있는 기간이 짧고

---

45) 이경재, 전게논문, 20면.
46) 장진경, 전게논문, 50면.
47) 변동윤, 전게논문, 331면.

재판의 진행에 따라 불시석방 등으로 전문적인 처우프로그램을 실시하는 데 많은 어려움이 있다. 따라서 미결단계의 수용자에 대하여서도 수형자에 준한 조치가 필요하다.

5. 시설의 효과적 운영과 타 기관과의 협력

약물수형자의 성공적 치료를 위하여서는 약물과 관련된 사회 및 여타의 유관 정부단체와 긴밀한 협조체계를 구축하는 것은 매우 주요하다. 특히 강제성을 띠는 교정시설 내에서는 약물류와의 접촉이 어느 정도 단절된다 하더라도 출소하게 되면 약물중독자에 대한 사회적 편견에 의한 소외감이나 경제적 여건 등에 의하여 약물의 유혹을 받으므로 유관단체와의 정보교환 및 협력이 필요하다.

현재 각 소에 분산 수용되어 있는 수형자를 대분류하여 청 단위로 마약전문 교정시설을 운영하고 출소한 수형자들이 사회복귀를 대비하여 「중간교도소」 (Halfway House)가 있어야 한다.

지금까지 교정시설은 마약류 중독 수형자를 일정기간 격리시키는 기능이 강하였으며, 치료 및 재활교육의 목적을 기대하기에는 시설이나 프로그램·인력 및 예산 등 모두 열악한 조건을 가지고 있었던 것이 사실이다.[48]

마약류 중독 수형자로서 장기간 복역을 한 후 출소하게 되면 하루가 다르게 급변하는 사회에서 원활하게 적응하면서 살아간다는 것은 매우 어려운 일이다. 특히 주변의 전과자에 대한 부정적인 시선으로 말미암아 재범률도 높아지게 되는 것인데, 마약류 중독 수형자들도 사회 전체에 피해를 주지만 근본적으로는 우리의 이웃이고 환자이다. 따라서 마약류 중독 수형자를

---

48) 송방식, 전게논문, 185면.

무조건 격리시키기보다는 사회 내에서 교정이 이루어질 수 있도록 마약류 중독 수형자를 위한 중간교도소의 설립을 고려해 볼 필요가 있다. 또한 마약류사범의 가석방 등 개방처우의 기회를 확대시켜 나갈 필요가 있는데, 치료가 최우선이 되는 마약류사범에 대해서는 보호관찰을 조건부로 하는 가석방을 실시하여 사회에 복귀시키는 것이 비용면이나 마약류 중독 수형자의 치료와 재활을 위해서도 매우 중요하다.[49]

그리고 석방 후 일정기간 보호관찰아래 직업알선 등 효율적인 추가적 지도를 위해서는 마약류와 관련된 사회 및 여타의 유관 정부단체와 긴밀한 협조체계를 구축하는 것은 매우 주요하다.

요컨대 국가나 지방자치단체가 관리하는 기존의 인적·물적 자원뿐만 아니라 지역의료자원과의 협력망을 확대·구축하는 전략도 중요한데 이러한 협력망 구축에 있어서도 많은 한계를 가지고 있는 것이 현실이다.[50]

6. 치료·재활에 관한 다양한 프로그램 개발 및 약물관련 교육프로그램 운영

현대의 교정이념이 수형자가 교정·교화되어 정상적으로 사회에 복귀하는 것을 궁극적인 목표로 하고 있으므로 교정시설 내에서의 다양한 치료와 아울러 사례교육·시청각교육 등 재활프로그램이 적극적으로 개발되어 운영되어야 한다.[51]

현재 약물류와 관련된 전문교육의 결여로 관계자들조차도 정확한 내용

---

49) 김상기, 전게논문, 120면.
49) 김상기, 전게논문, 120면.
50) 김은경, 「마약류 수요억제 및 마약류 사범 처우합리화를 위한 종합대책」, 한국형사정책연구원. 2005, 96면.
51) 하근수, 마약류수형자의 치료재활에 관한 연구, 교정연구 10, 2000, 250면.

을 모르는 상태로 근무에 임하고 있는 실정이다. 법무연수원 등 교육기관에 마약관련 학과를 신설하여 다양한 교육프로그램으로 각 교정시설의 의료관계자에게 마약류와 약물 남용에 관한 전문교육을 수시로 실시하여 하며, 아울러 전체 교도관들에게도 주기적인 약물관련 보수교육을 하여야 한다.52)

그 이외에 특히 처우프로그램 상의 문제점으로 다음의 사항에도 유의하여야 한다.

① 집단교육으로 인한 문제점이다. 집단교육을 실시하는 경우 수강명령에 반감을 가지고 있거나 적극적인 참여의지를 보이지 않는 대상자들이 강의분위기를 저해하거나 다른 대상자들에게 약물복용을 전파하는 악영향까지 발생하고 있다.53)

② 병리적 모델에 기초한 프로그램 상의 문제점으로 약물남용의 병리성을 강조한 나머지 가족·문화·동료집단과의 관계 등 다양한 사회 문화적 측면들을 포함하지 못함으로써 약물교육이 약물사범에게 범법자라는 사회적 낙인을 부여할 뿐만 아니라 약물사범으로 하여금 약물교육에 대한 반감을 불러일으킨다는 것이다.54)

③ 인간발달 상의 특성에 대한 고려 부족을 들 수 있는바, 약물을 남용하는 청소년과 성인 역시 약물교육에 대한 요구는 다르게 나타나게 되는데, 기존의 약물교육 프로그램은 이에 대한 고려 없이 청소년과 성인을 대상으로 획일적인 약물교육 프로그램을 적용하고 있다는 것이다.55)

---

52) 송방식, 전게논문, 185면.
53) 이경재, 전게논문, 21면.
54) 장진경. 전게논문, 51면.
55) 상게논문, 51면.

④ 약물교육 프로그램의 구성이 백화점식 교육내용으로 편성되어 있거나 효율성이 검증되지 않은 기존의 프로그램을 그대로 운영하게 됨으로써 교육내용의 체계성 및 적합성이 결여되어 있다. 결국 마약 수강명령자들을 고려한 적절한 치료·재활 프로그램이 없기 때문에 약물에 대한 위험성 인식과 단약의지가 생기지 못하는 것이라 할 수 있다.[56]

마약류 중독자들의 치료는 약물에 대한 신체적 의존 못지 않게 정신적 의존이 해소되어야 함으로 교정시설 내에서는 치료에 대한 다양한 프로그램이 필요하며 이제는 구금중심이 아닌 치료중심의 교정처우가 병행되어야 한다.[57]

아울러 마약류 남용예방 및 재범방지에 대한 교육도 강화시켜야 하는데 일반적으로 약물류의 오·남용자는 투약의 방법은 알지만 약물류와 단절하는 방법은 잘 모르는 경우가 많다. 따라서 약물류 중독 수형자뿐만 아니라 일반수형자에 대해서도 약물류범죄예방 교육을 실시하여야 한다. 즉 정기적이며 지속적으로 방송매체와 강연 등 여러 가지 방법들을 동원하여 마약류의 오·남용으로 인한 신체적·심리적 폐해와 더 나아가서는 가정파괴와 사회적 비용부담의 증대 등 마약류의 폐해에 대한 홍보와 교육을 실시함으로써 마약류 중독 수형자는 재범방지, 일반수형자는 마약류를 오·남용하지 않도록 하는 예방교육 등을 실시하도록 해야 한다.[58]

---

56) 박성수, 전게논문, 182면.
57) 최응열, 마약류중독수형자의 관리와 처우, 교정 31, 2006, 52면.
58) 김상기, 전게논문, 119면.

7. 사후관리 및 제재 관련 문제점

치료과정에서 약물의 재사용, 즉 「재발」(relapse)현상은 치료의 실패가 아니라 매우 정상적인 치료과정의 하나로서 이해되어야 하나 우리의 현행 법제상 「재발」현상은 「재범」과 구분되지 않는다. 형사사법체계내에 치료적 개입을 적극화하기 위해서는 「재발」을 일반적인 「재범」과 차별하고 구별해 낼 수 있는 원칙과 실무적 지침개발이 선행되어야 할 것이다.59)

한편 약물중독은 의료적인 약물치료 뿐만 아니라 개별 범죄자를 둘러싼 사회경제적 요소·가족환경·취업 등 총체적인 환경변화를 통해서만 치유될 수 있으나 현행 법제는 사후관리 서비스를 연계할 수 있는 실질적인 근거가 미약하다. 또한 실제 인적·물적 자원과 네트워크가 구조화되어 있지 않으므로 이에 대한 제도적 보완이 요구된다.60)

Ⅲ. 금후의 전망

이상에서 본 바와 같이 약물범죄에 관해서는 여러 문제가 있으며 해결해야 할 과제가 많이 남아있다.61)

일반적으로 약물범죄에 대한 대책으로 첫째 국민계몽, 둘째 공급「루트」의 근절 그리고 남용자대책을 들고 있다. 대책으로서 고려되는 것은 폭력단을 중심으로 하는 밀매조직의 괴멸이다.

다음 중대한 대책은 각성제사범의 박멸을 위해서는 그 공급선을 차단하

---

59) 김은경 ,전게논문, 90면.
60) 상게논문, 94면.
61) 각성제사범의 격증요인에 관해서는 1981년의 일본 『범죄백서』에서 ① 해외의 풍부한 공급원이 있으며 대규모인 동시에 조직적인 밀수입이 이루어지고 있는 것, ② 각성제를 중요한 자금원으로 하는 폭력단이 빌매조직을 형성하여 시장을 지배하고 새로운 수요층의 확대에 적극적으로 몰두하고 있는 것, ③ 근년에 사회의 향락적 풍조가 일반국민의 약물에 대한 경계심을 약화시키고 안이한 흥미를 일으키고 있다는 것 등을 들고 있다(日本 法務省法務總合研究所,1981, 89面).

는 것과 함께 수요의 근절을 도모할 필요성이 있다는 것이다. 그를 위해서는 말단의 활용자라 할지라도 이것에 대해서 엄정한 처분으로 대처해야 한다.

일찍이 우리나라에서 약물범죄대책의 상투수단은 ① 법 개정에 의한 벌칙의 강화, ② 경찰·마약단속관·세관·해상보안관 등 단속기관의 강화, ③ 폭력단조직의 철저한 단속, ④ 엄정한 검찰처분과 과형의 실현, ⑤ 마약중독자이 강제치료제도의 현실, ⑥ 마약의 해악에 대한 국민적 「캠페인」 (campaign)의 실시 등이었다. 그 중에서도 가장 중시되는 것이 국민적 「캠페인」이다.62)

그러나 약물활용문제의 본질은 약물을 구하려고 범죄를 행한다는 파생적 범죄의 문제가 있는 동시에 환각 등의 정신기능의 착란에 의해서 범죄를 행하는 것에 당초부터 문제가 있다는 것을 고려할 때 어떤 의미에서 약물활용자는 가해자인 동시에 피해자라는 것을 인정하지 않을 수 없다. 이와 같은 사실의 인식하에서 유효한 대책을 강구할 필요가 있다.

법무부는 마약류사범의 확산 및 마약류사범의 국제화에 대처하기 위하여 1989. 2. 13. 대검찰청에 마약과를 신설하고 보건사회부 마약감시원을 검찰로 이관한 것을 계기로 마약류사범에 대한 검찰의 강력한 단속활동이 비로소 본 궤도에 오르게 되었으며, 2001. 4. 23. 대검찰청에 마약부를 신설되어 전국 검찰청의 마약사범 단속을 총괄 지휘하는 체제로 전환함과 동시에 대검찰청 마약과에서 1986년 이후의 자료를 종합한 마약류범죄백서를 1990년부터 발간하는 등63) 마약退치에 전력을 기울이고 있음은 다행한 일이 아닐 수 없다.

---

62) 藤本哲也, 刑事政策概論 1996. 356~357面.
63) 범죄백서, 2002, 88면.

제 13 장
여성범죄자처우의 과제

제1절 머릿말

I. 여성범죄의 원인

종래 범죄원인론에서는 주로 남성들에 의한 남성의 범죄를 연구하였다. 남성이든 여성이든 그 원인에 있어 공통적인 것도 있을 수 있다. 그러나 그 이론을 바로 여성범죄에 적용함은 불합리를 초래한다. 왜냐하면 여성과 남성은 여러 가지 점에서 다르기 때문이다.

1. 생물학적 원인

「롬브로조」(Lombroso)는 생물학적 특징에 착안하여 여성범죄를 연구하였다. 그는 여성범죄자의 두개골은 일반적인 여성과도 다르다고 한다. 오히려 여성범죄자의 두개골은 남성의 그것과 유사한 구조로 되어 있고 남성에 가까운 특이한 존재라고 한다.

「폴락」(Otto Pollak)은 여성범죄의 특성을 「은닉성」・「사기성」・「면식성」・「비폭력성」・「배후관련성」이라고 한다. 여성범죄는 실제보다 은폐되거나 축소 보고되는 경향이 있어서 남성에 의한 범죄보다 적은 것으로 이해되고 있을 뿐이라고 한다.[1]

「코위」(J. Cowie. V. Cowie)와 「슬래터」(E. Slatter)에 따르면 여성범죄의 원인은 염색체의 차이 때문이라고 한다. 염색체가 부족하다든지

---

[1] 신진규, 범죄학 겸 형사정책, 1993, 184면 ; 이존걸, 여성범죄의 원인과 대책에 관한 연구, 교정연구 제9호, 한국교정학회, 1999, 131면; 장석헌, 여성범죄에 관한 고찰, 한국공안행정학회보 제2호, 1993, 202면.

비정상적인 염색체를 가진 여성이 범죄자가 된다는 것이다.[2]

2. 심리학적 원인

심리학적으로 범죄현상을 설명하는 논자들은 질투·원한·히스테리 및 망상 등과 같은 것이 특히 여성의 폭력범죄의 중요한 심리적 요인을 이루고 있다고 본다.[3]남편이나 애인으로부터 신뢰를 배반당한 데서 느끼게 되는 「배신감」과 사랑이 다른 여성에게 간 것으로부터의 성적인 질투가 원한으로 이어지면 큰 분노를 일으키고 이러한 질투나 원한과 같은 심리적 요인은 살인·상해·방화와 같은 폭력적인 범죄를 저지른다는 것이다.[4] 「히스테리」는 심한 정신적 「감동발작」(感動發作)으로 정신병적 현상과 의식의 혼탁상태에 빠지게 되는 만큼 심한 욕설이나 기물파괴나 폭행을 하게 되는 등 각종의 범죄를 자행하게 되며 범죄와 관련성이 깊은 것으로 보아야 한다는 것이다.[5] 「망상증」(妄想症)은 특수피해 혹은 과대망상증에 빠져 피해망상과 과대망상을 반복하다가 갑자기 공격적인 범죄로 이어진다는 것이다.[6]

정신분석학적 입장에서 여성의 심리를 연구하고 범죄를 설명하는 견해에 따르면, 여성은 심리형성과정에서 자기가 갖지 못한 남성생식기에 대한 열등감이 있는 데 이것이 여성범죄의 원인이라는 것이다.[7]

---

2) J. Cowie, V. Cowie and E. Slatter, Delinquency in Girls, London Heinemann, 1968, p. 171.
3) 박상기·손동권·이순래, 형사정책 제5판, 한국형사정책연구원, 2001, 121면. ; 宮澤浩一·藤本哲也·加藤久雄, 犯罪學, 1995, 177面.
4) 정진연, 여성범죄에 관한 연구, 형사정책 제8호, 한국형사정책학회, 1995, 184면.
5) 신진규, 전게서, 222 ~ 223면.
6) 상게서, 211면.
7) 최인섭, 여성범죄의 실태에 관한 연구, 한국형사정책연구원, 1993, 48 ~ 49면.

3. 사회학적 원인

여성범죄의 사회학적 원인에 「사회경제적 조건이론」 과 「역할 기회이론」 이 있다.8)

「사회경제적 조건이론」 은 여성의 빈곤과 과도한 경제적 부담이 인내심의 한계를 가져오고 자포자기로 이어지며 결국 경제적 대안으로 비합법적인 행동 즉 범죄로 나온다고 한다.9) 매음도 성적인 것이 아니라 경제적인 동기에서 행해진다고 설명한다.10)

종래 여성은 성장과정에서 사회적으로 의존적이고 생존경쟁에 뛰어드는 경우가 적어 활동범위가 좁고 가정을 위주로 생활하기 때문에 범죄의 기회나 필요성이 줄어든다고 보는데11), 반대로 「역할 기회이론」 은 여성범죄가 증가하는 것은 여성의 사회적 역할의 확대에 기인한다는 것을 기초로 하는 시각이다. 「사이몬」 (R. J. Simon)에 따르면 여성이 남성의 보조 없이 생활하는 경우 여성의 운명은 여성 자신이 결정하게 되고, 사회적 활동이 여성에게 제공됨에 따라 그러한 여성들이 노동에 참여하는 기회가 증대되고, 경제적 범죄를 범하는 기회의 가능성이 증대한 것으로 본다.12)

---

8) 이영란, 여성과 범죄연구, 현대형사법론, 죽헌 박양빈교수 화갑기념논문집, 1996, 1054면.
9) D. Klein, "The Etiology of Female Crime : A Review of the Literature", Issues in Criminology, Vol. 8, 1986, p. 6. ; R. B. Flowers, Women and Criminality, New York : Greenwood Press, 1987, pp. 98~100.
10) 최인섭, 전게서, 25면.
11) 박상기 · 손동권 · 이순래, 전게서, 261면.
12) 송광섭 · 점승헌, 여성범죄의 현황과 그 대처방안, 조선대 법학논총, 1998, 434면 : F. Adler, Sister in Crime, Mcgraw-Hill, New York, 1975, pp. 12~13.

II. 여성범죄를 고려하기 위한 관점

1. 여성범죄의 희소성

형사정책학에서는 「여성범죄」라는 카테고리를 설정하여 그 특징 등을 분석하고 있다. 그것에 대하여 「남성범죄」라는 카테고리를 설정하여 그것에 관하여 설명하고 있는 경우는 없다. 이것은 여자라는 성별을 가진 자는 범죄를 행하는 것이 전통적으로 적었다는 것에서, 형사정책학이나 범죄학이 「범죄자」를 대상으로 하면서 실은 「남성범죄자」를 대상으로 한 것을 나타내고 있다고 할 수 있다.

종래 여성범죄는 정신장해자에 의한 범죄나 조직범죄와 같은 특수한 범죄유형의 하나로서 논해져 왔다. 그 때문에 지금까지 행해진 범죄에 관하여 설명의 대부분이 「남성범죄」에 관하여 진행되어 왔던 것이다. 따라서 여성범죄를 논할 때에는 그 희소성 때문에 관대하게 평가되었던 여성이라는 속성에서 어디까지 주목해야 하는가에 관하여 주의하지 않으면 안 된다.

2. 형사사법에 있어서 남성중심주의

형사정책학에 있어서 「남성중심주의」는 여성범죄의 희소성에만 그 이유가 있는 것은 아니다. 그것에는 「페미니스트」(Feminist)법학이 주장한 것처럼 근대나 근대법의 구조 자체가 극히 「남성중심적」이었던 것에 연유한다.[13]

근대법이 전제로 한 「합리적 인간」은 성별과의 관계에서는 「합리적 남성」인

---

13) 後藤弘子, 女性犯罪, 加藤久雄・瀬川 晃 編, 刑事政策, 1998, 294~295面.

것이다. 따라서 이것은 근대법을 전제로 하고 있는 현재의 범죄성립요건이나 형사사법시스템 자체에도 당연하게 나타난다. 이 「남성중심주의」는 시스템만이 아니라 그 담당의 대부분이 남성이라고 하는 것에 의하여 보다 강화되어 왔다.

「남성중심주의」는 범죄를 행한 것 자체가 남성적이라고 하는 견해에도 관계되어 왔다. 여성범죄에 관해서 1895년에 「롬브로조」(Lombrozo)가 「여성범죄자」를 저술한 이후, 생물학적·정신의학적인 견지 및 사회학적인 견지에서 다양한 분석을 행하여 왔다. 그것들에 공통하는 것은 「범죄는 남성이 행하는 것=남성적인 현상이라고 하는 것」, 그리고 범죄를 행하는 것은 「여성답지 않은 여성」이라고 하는 여성에 대한 일면적인 견지이다. 이들의 지적을 1970년대 이후에 학문에서 일분야를 형성하기에 이른 「페미니스트 범죄학」이라고 한다.

결국 여성범죄를 고찰할 때는 형사사법이 「남성중심주의」이며, 전통적인 여성관을 전제로 하고 있다는 것을 염두에 두지 않으면 안 된다.

3. 문제의 제기

여성범죄의 특징은 그 수가 적다는 것이다. 그 희소성 때문에 여성범죄에 관한 연구는 범죄연구의 「주류」가 될 수 없었으며 형사정책의 중심적 과제로도 되지 않았다. 여성범죄가 남성에 비교하여 적은 이유에 관해서는 결혼이나 양육 등 전통적인 성역할을 다할 것이 기대되었기 때문에 범죄의 기회가 적거나 법집행기관에 의한 관대한 취급이 그 이유이다.[14]

그러나 최근 모친의 자살이나 여성은행원의 빈번한 횡령사건, 중·고교

---

14) 後藤弘子, 上揭書, 295面.

생의 매춘사범 등과 여성범죄의 남성화·조폭화와 함께 여성범죄는 증가 경향에 있고, 양적으로 질적으로 변화되고 있다.15) 이와 같은 현상이 여성의 사회진출의 기회의 증가에 의한 것이든, 남녀평등사상의 고조에 의한 것이든 우리 나라의 여성범죄도 양적·질적으로 변화되고 있다.

여성범죄가 증가하는 이유로는 두 개의 가능성이 제기된다.

첫째, 여성이 가정으로부터 사회에로 진출해가는 것에 의하여 범죄기회가 증대한다는 것이다.

둘째, 여성의 사회진출을 촉진한 「페미니즘」(feminism)운동에 의한 여성의 성역할의 변화이다.16) 활동여성이 증가하고 가정이외에서의 「활동의 장」이 가능한 것이 여성의 사회진출이라고 하면, 지금까지 가정을 중심으로 한 범죄행위에 비하여 범죄행위의 장소나 기회가 증대한 것은 확실하다. 여성의 성역할의 변화에 관해서는 그것이 어디까지 범죄와 관련하고 있는 것인가에 관해서는 증명이 곤란하지만, 종래 범죄억지적으로 작용한 결혼에 관한 사고방식의 변화는 여성범죄에 대한 어떠한 변화를 예측할 수 있다. 여성범죄에 대한 문제의 제기가 바로 여기에 있다.

---

15) 「폴락」(Otto Pollak)은 『여성범죄론』에서 여성범죄는 「은폐성」을 기본 특징으로 한다 하면서, 이 때문에 범죄통계표에 잘 부상되고 있지는 않지만 그 범죄적 성향 자체는 남성에 별로 못지않다고 설명한다. 한편 여성범죄자들에 관한 「롬브로조」의 관찰결과가 주목된다. 그에 의하면 여성범죄자들의 경우에는 남성범죄자들에게서 흔히 발견되는 「신체상의 특이예」를 거의 발견할 수 없고, 대개가 정상(도덕적) 여성과 비슷하다고 한다. 즉 여성범죄자의 대다수는 다른 사람에 의한 「암시」나 「저항할 수 없는 유혹」에 의하여 이루어지며, 전적으로 「도덕적 의미에서의 결함」에 의한 경우는 드물다는 것이다. 이태리의 격언에 「여성은 악한 경우가 드물지만 악한 자인 경우에는 남성을 능가한다」는 말이 있는데, 이 말이 꼭 그대로임을 「롬브로조」는 인정한다. 그들의 잔인성은 남성보다 「더 심하고 더 세련되고 더 악질적」이라는 것이다. 여성범죄자는 여성 중에서도 특이하고 범죄자 중에서도 특이한 「괴물」(monster)로 볼 수 있다는 것이다. (신진규, 전게서 184면)

16) 後藤弘子, 前揭書, 295面.

제2절 여성범죄의 특징

Ⅰ. 특징 일반

남성과 여성은 정신적·육체적으로 현저한 차이를 나타낼 뿐 아니라 사회적 지위나 가정생활상의 임무에 있어서도 큰 차이를 나타내고 있다. 이와 같은 차이는 범죄의 양 및 질에서도 차이가 나타난다. 또한 여성범죄에 대한 처분의 특징이나 교정처우상 문제의 기본방침에도 반영되어야 한다. 따라서 여성범죄를 이해하고 이것에 대해서 유효한 예방이나 처우방책을 꾀하기 위해서는 범죄의 대부분을 점하는 남성범죄의 단순한 「아날로지」(analogy)로는 불충분하다.

Ⅱ. 양적 특징

여성범죄의 양적 특징은 여성범죄가 전체적으로 남성범죄와 비교해서 현저히 적다는 것이다.[17]

여성범죄가 남성범죄에 비해서 두드러지게 적은 이유는, 첫째 여자의 사회적·경제적 지위가 낮고 공적인 생활면에 관여하는 면이 적은 점, 둘째 여성의 약한 체력이 범죄억제적으로 작용하고 있음이 주요한 것이지만, 그 외에도 남자의 범죄에 있어서는 현저한 동기를 이루는 음주가 여자에 있어서는 자극이 적은 점, 여자는 일반적으로 성적으로 금욕을 하기 쉬운

---

17) 森下忠·須須木主一一, 刑事政策, 1955. 409面 ; 後藤弘子, 上揭書,295面.

점, 여자에게는 모성애가 있고 이것이 범죄를 억제하는 면이 강한 점 등도 지적되고 있다.18)

그러나 우리나라에서의 여성범죄는 변화하고 있다.

첫째, 사회구조의 변화 측면이다. 여성의 의식구조가 개방화되는 등 급변하고 있고, 사회진출도 많아지고 남성 못지 않게 활발한 활동을 하게 되는 등 여성들의 사회참여와 경제활동을 할 수 있는 기회가 증가한 것도 범죄면에 반영되어 여성범죄의 양상을 변화시키게 되었다.

또한 과거보다 풍요로운 경제생활에 힘입어 여성들의 교육수준도 크게 향상되었으며 여성범죄 역시 생활비를 마련하기 위한 매춘과 유사한 행위, 음란행위 등 도덕심의 저하로 인한 범죄와 열악한 경제상태 등이 원인이 되었던 빈곤형 범죄로부터 「놀아리형」 범죄로 전환되었다.19)

둘째, 여성의 사회참여 측면 및 여성의 경제활동 측면이다. 여성들의 풍요로운 생활환경으로 인하여 시간적인 여유가 많아지게 되었다. 여성들이 「스트레스」 해소를 위한 돌파구로서 계·사기·도박·성문란 등을 유발시키기고 또 여성의 재산상의 범죄인 절도·사기·횡령 등이 많아지고, 고용기회도 확대됨에 따라 이와 관련한 여성범죄가 우려되고 있다고 할 수 있다.

셋째, 가족제도의 변화 측면이다. 한국사회에 있어 가족제도의 변화는 범죄로부터 여성들이 쉽게 유혹을 받을 수 있는 환경을 제공하게 되었으며,

---

18) 森下忠·須須木主一一, 上揭書, 410面.
19) 70년대로 접어들면서 경제성장으로 여성범죄는 제3차 산업에 취업하는 인구가 증가되었으며, 이로 인해 절도 등 재산범의 수가 남성에 비해서 크게 늘기 시작하였으며 「빈곤형」에서 「놀아리형」으로 범죄의 양상이 점차 변화하게 되었으며, 최근에 와서는 여성범죄 형태는 각성제 사용 및 성범죄 관련 여성들의 수가 점차 증가하고 있는 추세가 되고 있다(이영란, 전게논문, 1054면).

이로 인해 여성범죄 증가요인이 되었다. 실제로 지금까지의 각종 통계를 살펴보면 기혼녀가 미혼녀보다 범죄의 증가율이 크다는 것을 부정할 수 없다.

Ⅲ. 질적 특징

범죄중의 여성비를 죄명별로 보면 아기의 출산이나 양육에 관련된다고 생각할 수 있는 영아살인·유기·과실치사상 등의 범죄에서는 여성이 점하는 비율이 극히 높다. 이에 반해서 폭행·상해·공갈 등의 폭력적인 범죄는 현저하게 적지만 이것은 어느 것이나 여성이 신체적·심리적 특성에 의한 것으로 볼 수 있다. 또한 방화나 명예에 관한 범죄를 점하는 여성비가 비교적 높은 것은 폭력적 범죄의 대상적인 행동으로 이해할 수 있다. 여성 범죄중 살인·존속살인이 비교적 많은 것도 눈에 띄지만 이것은 약한 입장에 있는 여성으로서는 갈등을 적절하게 해결할 수 없는 경우가 많고 막다른 지경에 까지 몰린 상태에서 행하는 경우가 많기 때문이다.

여성범죄 중에서 대다수를 점하는 것은 절도이다.[20]

이러한 절도의 수법은 「소매치기」·「들치기」 및 「치기배」가 태반이다. 「서더랜드」에 의하면 「시카고」의 백화점에서 들치기에 의해 체포된 범인 중 약 7할은 여성이라고 한다.[21]

---

20) 이영희, 여성수형자를 위한 교정프로그램의 기대효과에 관한 연구, 교정, 2006.6. 101~102면
   ; 김두섭·전영실, 여성수형자의 수형생활실태, 한국형사정책연구원, 1996, 62 ~ 63면.
21) 森下忠·須須木主一一, 前揭書, 411面..

VI. 여성범죄자의 특징

첫째, 여성범죄자의 대부분이 피해자적 특징이 있다는 점이다. 여성범죄자의 배후에는 대부분의 경우에 남성이 있고 그 남성이 진정한 원인자라는 것이다. 또한 여성범죄에는 남성범죄와 달라서 일반적으로 공격적인 범죄는 적지만 그 중에서도 살인과 존속살인은 비교적 높은 편이다.[22] 이러한 것에는 남녀간 애정관계의 갈등이나 가정내의 막다른 궁지에 몰린 상태에서 격정적으로 행해지는 것이 많다. 게다가 빈곤으로부터 행해지는 범죄도 경미한 절도 뿐만 아니라 영아살인이나 유아살인에 이르기까지 상당히 많아서 남성범죄의 경우와 비교해서도 궁지에 몰린 빈곤이 직접적인 범죄원인을 이루고 있는 경우가 많다.[23]

둘째, 여성범죄자는 남성범죄자보다도 지능과의 관계가 밀접하다. 남성에서는 지능지수와 범죄의 사이에 명확한 관계는 보이지 않지만 여성범죄자는 저지능자에게 많다. 특히 여자 누범자에 있어서 현저하다.

셋째, 여성범죄자에 있어서는 일반적으로 중·고연령층의 비율이 높다. 남성의 경우 연령이 높아감에 따라 급속히 범죄율이 감소하지만, 여성의 경우는 연령이 증가해도 급속하게 감소하지 않기 때문에 고연령층에 달할수록 범죄자중에 여성이 점하는 비율이 높아진다.

그렇지만 여성 누범자의 초발연령에 대해서 보면 남성의 경우보다도 한층 저연령층에서 시작되고 있는 경우가 많다. 여성 누범자의 대부분이 극히 이른 시기에 성경험을 가지는 것도 공통점이다.

---

22) 上 揭書, 410面.
23) 최인섭·전영실, 여성범죄의 실태에 관한 연구, 한국형사정책연구원, 1993, 51~59면.

V. 신 동향

최근 여성범죄에도 새로운 동향을 볼 수 있다.24)

첫째, 여성범죄의 「난폭화」 또는 「남성화」 현상이다. 죄명별로 한편으로는 전통적 여성범죄인 영아살인이나 유기도 증가하고는 있지만, 다른한편으로는 폭행이나 공갈 등 폭력적 범죄에도 여성의 진출을 볼 수 있다. 예컨대 비행화한 여자고교생 등이 그룹으로 동성의 피해자에게 폭행하고공갈한다는 것이다.

또한 종래부터 전통적인 여성범죄가 되어왔던 영아살인이나 유기에 대해서도 「곤궁범」 적인 성격이 약화되고, 조혼이나 동거에 따른 무책임한부모의 행동이 젊은 모친에 의한 영아살인이나 유기라는 형태로 나타나는케이스가 증가하고 있다. 이는 결국 소년비행에 있어서 「곤궁형」 의 비행이 감소하고 「유흥형」 의 비행이 증가해 온 점의 연장상에서 생각할 수있는 문제인 것이다.25)

둘째, 여성범죄는 남성과 비교하여 상대적으로 그 수가 적은 것이 특징이다. 여성범죄가 적은 것은 여성에 대한 형사사법과정에서의 취급이 관대하기 때문이라는 것이다. 이것은 이미 「폴락」 에 의하여 「기사도정신」 의 현상이라고 표현되어 있다.26) 그러나 여성의 사회진출로 그 현상은 달라졌다.

활동하는 여성이 증가하고 가정이외에서 「활동의 장」 이 가능한 것이

---

24) 森下忠・須々木主一一, 前揭書, 412面.
25) 한경화, 여성범죄의 사회정책적 함의 – 여성수형자 심층면담을 통한 사례연구 –, 교정, 07.09. 112~116면.
26) 中谷瑾子編・女性犯罪, 272面.

여성의 사회진출이라고 하면, 지금까지 가정을 중심으로 한 범죄행위의 장소나 기회가 증가한 것은 확실하다.

제3절 우리나라의 현황

I. 발생 및 검거 현황

우리나라 전체 범죄중 약 15%내외를 차지하는 여성범죄는 지난 10년 동안 꾸준히 증가하였다.

범죄유형별로는 재산범, 죄명별로는 사기범이 가장 많은 비율을 차지하고 있다.

연령별로는 41세이상 50세 이하,[27] 교육정도는 고등학교 졸업 또는 중퇴자, 생활환경으로는 하류의 기혼자가 가장 많은 비율을 차지하고 있다.[28]

1998년에 339,104명이던 여성범죄자수는 2006년에는 301,366으로 감소하였으나 조금씩은 증감추세를 보이고 있다. 그간의 증감을 보면 1997년 이후 전반적으로 증가하였으나 2005년, 2006년에는 감소세를 보이고 있다. 범죄유형별로는 2006년에 재산범죄가 86,623명으로 60.79%, 풍속범죄기 89,23명으로 6.3%, 강력범죄가 26,166명으로 18.3%를 나타내어 세 유형의 범죄가 전체의 85.9%에 이르고 있다.[29]

---

27) 최근의 경향에 의하면 여성범죄의 특징으로서 20세 미만의 약연령층 및 50세 이상의 고연령층이 점하는 비율이 증대경향에 있다고 한다(이영희, 전게논문. 108면~110면 ; 한경화, 전게논문. 112면)(이를 「여성범죄의 이극화 현상」으로도 불리운다.(藤本哲也, 刑事政策槪論, 2000, 327 面).
28) 이영희, 상게논문, 103~104면 ; 범죄백서, 2007, 129면.
29) 범죄백서, 2007, 125면.

또 2006년 현재 여성범죄자의 죄명별 인원 및 구성비는 다음과 같다.30)

죄명별로는 사기가 68,350명(22.7%)으로 가장 많고, 그 다음이 교통사고처리특례법위반 29,989명(9.9%), 폭력행위등 처벌에 관한 법률위반 21,221명(7%)이고, 식품위생법위반 19,127명(5.5%)의 순으로 나타나고 있다. 2005년도와 비교하면 몇몇 죄명에 있어서 감소한 것을 알 수 있는데 그 감소율이 큰 죄명 부터 순서대로 살펴 보면, 폭력행위등 처벌에 관한 법률위반 51.5%, 식품위생법위반 24.3%, 배임 6.8%, 사기 6.2% 간통 5.5%로 감소하였다.

II. 수형 현황

현재 우리나라에서는 1989년에 만들어진 500명 수용규모의 청주여자교도소가 유일한 여자전용교정시설(1989년에 만들어졌다. 당초 500명 수용규모였으나 그후 증축하여 2004년말 1,814명 수용, 2006년말 전체여자수형자 1336명)이다.31)

2002년부터 2006년까지의 연도말 죄명별 수형자수는 사기·횡령이 가장 많고, 다음은 살인이 많다. 2006년말 사기·횡령이 472명(35.3%), 살인이 257명(19.27%)이다.32)

또 여성수용자의 대부분은 징역형인 데, 2002~2006까지의 1년이상~3년

---

30) 상게서, 126면.
31) 여자수형자는 일반교도소내 분계된 장소에 수용하여 식당의 취사부 등으로 작업지정을 하여 처우하는 경우와 청주여자교도소에 수용하여 처우하는 경우로 나누인다 .범죄백서에는 2004년 까지만 청주교도소의 수용인원이 나와 있고 2005년 부터는 전체여자수형자의 수용인원으로 표시된다.
32) 범죄백서, 2007, 314면.

미만이 38.4%로 가장 많다.

동시에 10년이상의 장기수(무기수포함)도 14.4%를 넘는 것도 특징적이다.[33]

여성범죄에 관하여 통계에서 본 최근의 경향으로서는 여자형법범검거인원중 여자소년이 점하는 비율이 높다는 것이다. 최근 10년간 여자소년범이 꾸준히 증가하여 2001년에는 20,448명을 기록하였고 전체소년범중 차지하는 비율도 18.4%로 증가 하였다. 그러나 2002년부터 감소하기 시작하여 2006년에는 10,501 으로 감소추세에 있다.

제4절 여자수형자처우의 문제점과 과제

I. 처우

종래 여성에 대한 시설내처우에는 범죄를 행한 여성이 「여자다움」을 결하고 있다는 인식 하에, 전통적인 여성의 역할인 「현모양처」를 목적하는 교육을 하였다.

특히 그것은 여자소년에 관하여는 현저하였다.

한편 여성범죄자가 피해지적 특징을 보다 강하게 가시는 것은 종래부터 지적되어 왔지만, 최근에는 「남편으로부터의 폭행」(domestic violence)에 대한 반격으로서의 살인행위에 정당방위를 인정하여야 한다는 주장이 제기되는 실정이다. 범죄발생의 「메카니즘」(mechanism)에 관하여 새로

---

33) 상게서, 315면.

운 관점에서 「피해자로서의 여성」의 범죄를 고려할 필요가 있다.34)

여성범죄에 대한 이러한 사정을 고려하여 각국에 있어서 여자수형자에 대한 처우는 다음과 같은 특색이 있다.35)

① 정서의 안정성을 키우는 것
② 가정생활에 관한 지식과 기술을 습득시키는 것
③ 교양과 취미를 몸에 체험하게 하는 것
④ 건강의 관리에 유의하는 것
⑤ 보호인수인과의 관계의 유지에 노력하는 것

또한 여자수형자에 대한 직업훈련도 가사·미용·봉재·양재 등의 여러 종목에 걸쳐 실시되고 있다. 특히 최근에는 각성제사범으로 입소하는 자의 급격한 증가에 따른 생활지도의 일환으로서 약해방지를 위한 교육도 활발히 이루어지고 있다.

우리나라의 경우도 다행히 여자수형자를 위한 학과교육·생활지도교육·교도작업·직업훈련 등의 처우프로그램을 실시하고 있다.36) 여자수형자의 의료 및 모자보건에는 특별히 배려하고 있다.

---

34) 後藤弘子, 前揭書, 294面.
35) 藤本哲也, 前揭書, 331-332面.
36) 범죄백서, 2007, 318면(초중고교육을 위한 학과교육, 분재, 합창, 사물놀이와 같은 Recretion Program, 종교집회, 사회복지시설에의 봉사활동·외부통근·한복·양장·미용·조리·기계자수 등의 직업훈련, 21세기 지식정보화사회에 대비한 콤퓨터교육 등이 실시되고 있다).

Ⅱ. 문제점

여자수형자의 처우에 관해서는 수형자의 수가 적고 시설이 적어 여러 문제가 제기되고 있다.

첫째, 시설이 하나이므로 여자수형자는 대부분 거주지에서 상당히 멀리 있는 장소에서 형의 집행을 받게 된다. 이 점에 관해서는 한편으로는 비교적 교류범위가 좁아지는 여성수형자를 거주지의 주민으로부터 격리시키고, 좁은 지역사회의 간섭 내지 「낙인찍기」(stigma)를 피해서 사회복귀 훈련을 실시하는 것이 가능하다는 의미에서 「장점」이라는 견해도 있지만, 그 반면에 가족과의 접촉이 용이하지 않다는 것 내지 시설의 직원이 수형자의 사회복귀의 준비를 하기 위해서 지역사회와의 조정을 꾀하는데 현저한 곤란이 있다는 「단점」이 있는 것도 지적되고 있다.[37]

둘째, 시설의 수가 적은 것은 다시 분류처우의 점에서 문제가 제기된다 (우리나라의 경우는 청주교도소 하나뿐이다).[38] 남자라면 시설에 의해서 연령, 형기의 장단, 교정의 난이도, 업무상과실사건 등 여러 관점에서 시설 나름대로 분류가 가능하지만, 여자의 경우에는 모든 종류의 자가 동일시설에서 혼재하고 있다는 문제가 있다. 요컨대 여자수형자의 경우 그 수가 소수이므로 남자수형자와 같은 처우분류급에 기초해서 각자에게 어울리는 시설과 처우를 부여하는 배려는 없고 시설과 함께 특수·전문화도 이루어

---

37) 諸擇英道, 女性犯罪, 宮擇浩一,藤本哲也 編, 1986, 335面
38) 일본의 경우, 여자수형자를 수용하는 시설로서는, 和歌山(화가산), 笠松(입송), 및 岩國(암국)등 5개소의 형무소가 있고, 그 외에 札幌(찰황)형무지소가 있다. 어느 것이나 300명 전후를 수용하는 소규모인 시설이다(藤本哲也, 前揭書, 331面).

지지 않고 있다. 말하자면 악풍감염의 우려가 있다.

셋째, 사회복귀를 위한 직업훈련 내지 교도작업의 종류가 적다.

III. 과제

이상과 같이 여성범죄에는 여성범죄 특유의 문제가 있으며, 그 처우에서도 여성 고유의 문제가 있다.[39] 여기에서 그 과제가 나온다.

1. 직업훈련의 강화

① 여자수형자의 교정과 일반사회에의 복귀라는 목표를 위해서 생활능력의 부여를 중점사항으로 행하여야 한다.

② 입소후 일정한 기간까지는 취미 내지 교양보다 우선적으로 직업능력의 부여를 고려하고 노동의 가치 내지 책임을 몸소 체험케하여 관습화시켜야 한다.

③ 가정인과 동시에 직업인인 여성의 양육을 목적으로 처우하여야 한다.

④ 전문적인 직업훈련의 강화

결국 직업훈련의 강화가 문제된다.

---

39) 새로운 법률에서는 여성수용자 처우규정을 신설하였다(제50조 내지 제52조) (2007년 12월 21일 69개조의 현행 「행형법」 이 133개조의 「형의 집행 및 수용자의 처우에 관한 법률」 로 다시 태어났다).
   즉 여성수용자에 대하여는 여성의 신체적·심리적 특성을 고려하여 처우하도록 하고, 이에 대한 구체적인 내용으로 건강검진 항목에 부인과 질환의 포함, 생리 중인 수용자에 대한 위생물품의 지급, 미성년인 자녀와의 개방접견, 임산부수용자에 대한 정기적인 검진 등을 규정하였으며, 여성수용자에 대한 성폭력 방지를 위하여 여성교도관이 여성수용자를 전담하여 처우하도록 하는 등의 유의사항을 신설하였다(김재술, 「개정행형법」 해설 – 형의 집행 및 수용자의 처우에 관한 법률」 에 관하여 –, 2008.8, 교정, 112면).

현재 청주여자교도소는 전통적인 성역할, 가정주부의 역할에 충실한 미용·양장·조리·한복·기계자수 등을 중심으로 직업훈련을 실시하고 있는데 사회복귀라고 하는 직업훈련의 목표에 즉응하지 못한다고 볼 수 있다. 오늘날 다양성의 사회에서 여성의 사회진출의 확대와 더불어 여성의 지위가 향상됨에 따라 여성의 일과 남성의 일이라고 하는 전통적인 역할의 경계가 허물어져 가고 있음이 현실인데 유독 교정시설에서만 남자의 일과 여자의 일을 구분하고 있는 듯한 느낌을 직업훈련의 프로그램을 통해서 받게 된다. 이 정도의 직업훈련도 여자전용교정시설인 청주여자교도소에서 실시된다는 것이고 전국 각지의 교도소나 구치소에 분산 수용되어 있는 여성수형자는 이마저도 안되고 있다.40)

　직업훈련은 여성수형자에게도 수형자들의 형기·연령·학력 등을 고려하여 자립할 수 있는 기술을 습득하도록 하기 위하여 정보처리·광고디자인·유아관리·건강체조지도자·공예품제작·실내장식·첨단영농 등과 같은 유망직종을 개설하여 현재의 형식적이고 빈약한 직업훈련을 지양하고 여성수형자에게 실질적인 도움을 줄 수 있도록 하여야 하며 이것이 출소 후에 다시 시설로 돌아오는 수형자의 수를 줄일 수 있는 여성범죄의 대책이라 할 수 있다.

---

40) 현재 여자수형자에게 실시하고 있는 직업훈련 종류는 그 직종에서 극히 소수이다. 교도소 복역경험이 있는 여자수형자가 출소후 가장 어려웠던 문제로 경제적인 문제를 들고 있다. 이러한 결과를 보더라도 여성수형자들의 출소후 생계를 위해 교도소내에서 현실성 있는 직업훈련이 필요함을 알 수 있다. 여성수형자들의 경우 출소후 경제적인 지원을 해 줄 수 있는 가족이 있다는 것과 여성의 전통적인 역할이 주로 가정에 한정된 것이기 때문에 의미있는 직업훈련 프로그램이 제공되지 않으면 안 된다(김두섭·전영실, 전게서, 132면).

2. 여성전용교정시설의 증설

여성수형자는 남자수형자에 비해서 소수이고 교정시설 내에서 폭력이 별로 없으며 범죄유형도 강력범죄가 아닌 재산범죄가 대부분이라는 점에서 독립된 전용교정시설조차 마련되지 못하고 있었다.[41]

현재 우리나라에서는 1989년에 만들어진 500명 수용규모의 청주여자교도소가 유일한 여자전용교정시설이다. 그 후 증축하여 청주여자교도소에 2004년말 1814명이 수용되어 있고, 2006년말 전체여자수형자 1336명이다.[42]

현재 청주여자교도소에는 여자수형자의 대부분이 수용되어 있고 나머지는 각 교정시설에 적게는 2명에서 많게는 10여명에 이르기까지 분산 수용하고 있는 실정이다. 남자와 여자는 가능한 한 분리된 시설에 구금하여야 한다는 「UN피구금자처우최저기준규칙」 제68조에도 반하는 것이다. 전국 각 교정시설에 흩어져 수용되어 있는 여성수용자에게는 여성수용자에게 걸맞은 사회복귀를 위한 교정프로그램이 제공되지 못하고 있다.

교정시설당 적정수용인원은 500명이라는 연구보고를 감안할 때 대규모의 수용시설을 신축하기보다는 작은 규모의 시설을 전국 각지에 설치하는 것이 바람직할 것이다.[43] 더욱이 문제되는 것은 여성범죄자전용교정시설

---

41) 새로운 행형법에서는 처우전담시설 운영규정을 신설하였다(제57조제5항).
  학과교육생·직업훈련생·외국인·여성·장애인·노인·환자 그 밖에 별도의 처우가 필요하다고 인정되는 수형자는 법무부장관이 특히 그 처우를 전담하도록 정하는 시설, 즉 "전담시설"에 수용하여 그 특성에 알맞은 처우를 받도록 하였다.
  현재 「전국 교정시설 수용구분 등에 관한 지침(법무부예규)」에 따라 전국 교정시설이 어느 정도 기능별로 수용구분은 되어 있지만, 기능에 걸맞은 설비가 갖추어져 있지 아니하고, 전문직원도 부족한 실정이어서 전담시설로서의 기능을 제대로 하지 못하고 있다는 비판을 고려하여 실질적인 처우전담시설로 운영될 수 있도록 그 근거를 법률에 명문화한 것이다(김재술, 전게논문, 136면).
42) 범죄백서에는 2004년 까지만 청주교도소의 수용인원이 나와 있고 2005년 부터는 전체여자수형자의 수용인원으로 표시된다.
43) 서울·부산·대구·광주 등 대도시 지역에 여성교도소를 설치를 제안하는 견해도 있다(최응열, 여성범죄자의 교정에 있어서의 형평성 문제, 교정연구 제8호, 한국교정학회, 1998, 357면).

이 아닌 교도소나 구치소에 수명씩 혹은 수십 명씩의 소수 인원이 흩어져 수용되어 있으면 분류처우의 면에서도 지장을 초래한다는 것이다.[44]

3. 교정시설의 개방화

여성은 남성에 비해서 가족 특히 자녀에 대한 애착이 강하고 자신의 구금으로 인해 자녀의 교육과 양육문제를 걱정하고 두려워함으로써 여성수형자의 교정에 상당히 영향을 미친다고 한다.[45] 따라서 구금으로 인한 여성수형자의 가족과의 유대단절을 최소화하는 일이 특히 여성수형자에게 필요한 것이다.[46] 현재 시행중인 합동접견·전화접견·귀휴제도 등은 주로

---

[44] —여성수형자의 처우상 특유의 문제—(森下 忠·須須木主一 第48 女性犯罪と その對策, 刑事政策 410~411面, 1980, 414면~415面에서 발췌)
여성수형자의 처우상 특유의 문제로서 분류처우의 불철저에 있다. 「분류처우」라 함은 서로 비슷한 처우를 필요로 하는 수형자를 조로 나누고 그것에 상응한 처우를 하는 것인 데, 여자수형자는 수가 적고 전국에 1개 밖에 여자시설이 없기 때문에 남자에 대해서 행해지고 있는 것과 같은 분류가 여자에 대해서는 행해지고 있지 않다. 그렇다고 여자에 대해서도 다른 분류급인 자를 수용하기로 하면 분류가 불가능하지는 않다. 그러나 그렇게 하면 수형자 귀주지의 환경조사를 포함하는 갱생보호의 면에서 오히려 큰 지장이 생긴다. 갱생 보호의 면에서는 귀주지와 시설이 될 수 있는 한 가까워 수형자도 친족과의 면회 및 그 외에 귀주지 사회와의 접촉 유지를 할 수 있다. 그 때문에 여자교도소에 있어서의 이급혼금(異級婚禁)은 어쩔 수 없는 것이 된다. 하지만 실제 여자시설의 관리에서 혼금에 의한 적극적인 폐해는 느끼지 못한다. 다만 각급에 부응해서 요청되는 처우를 생각한대로 추진할 수 없는 점이 문제인 것이다. 여자수형자는 불공평한 취급이나 그렇지 않아도 수형자에게 불공평하다고 느끼게 하는 것이 같은 취급을 대단히 꺼리므로, 동일 시설 내에 혼금하는 이상 각급의 처우 중점 사항을 충실하게 실행하는 것은 곤란하다. 하기야 동일시설에 여자의 다양한 이급(異級)을 혼금하더라도 물적·인적 설비를 갖추면 어느 정도 분류 처우를 실행할 수 있다.
다음으로 여성 누범자의 처우에 문제가 있다. 여자에게도 남자 이상으로 누범자가 많은 반면 범수를 거듭함에 따라 재입소는 오히려 남자를 능가한다. 즉 여자수형자에게는 한번 수형경험을 가지는 것에 의해서 남성의 경우 보다도 철저하게 사회생활의 제관계에서 배척되어 버리기 때문에 누범에 몰아붙여지는 경우가 많다. 남성 수형자의 대부분은 가정으로 돌아가 가정을 위해서 활동할수 있고 또한 처자도 환영해 주는 것이지만, 여성수형자를 기다리고 있는 남편 등은 거의 없다. 여성은 범죄를 범했기 때문에 남편으로 부터나 가정으로 부터나 자식들로부터 포기 당하는 것이 통상이다. 이같은 사정에서 여성 누범자는 특히 회수를 거듭하게 되는 것이다. 이같은 사태를 피하기 위해서 여성초범자는 원칙적으로 집행유예로 해야만 한다는 의견이 있다. 또한 시설내의 처우에 있어서도 석방후의 생계를 위한 직업훈련이 특히 중요하다. 하지만 비교적 재범율이 낮은 살인·방화등은 형기가 길어 직업훈련을 행하기는 쉽지만, 반대로 재범율이 높은 절도·사기·매춘방지법위반에 대해서는 형기도 짧으며 직업 훈련을 행하기 어렵다는 문제가 있다.

[45] 미국의 경우에는 「자녀들이 정기적으로 방문하는 프로그램」(children's visitation program)을 실시하여 수형자 어머니와 자녀의 유대를 회복시키고 있는데 우리나라에서도 이러한 프로그램들을 고려해 보는 것이 필요할 것이다(김두섭·전영실, 전게서, 134면).

모범수를 중심으로 가족과의 유대강화를 위한 것이지만 가족과의 잦은 접촉을 통해서 여성수형자의 정서적 안정을 확보함으로써 수용관리가 용이하다는 잇점도 있다. 따라서 수형중인 여성범죄자와 그 자녀들이 함께 할 수 있는 제도를 발굴하고 기회를 제공하는 프로그램의 개발이 시급한 과제라 하겠다.47)

4. 사회내처우의 확대

여성범죄자는 남성에 비해 강력범보다는 재산범이 많고, 여성의 본성 등에 비추어 위험성이 낮고 비폭력적이기 때문에 남성범죄자에 비해서 여성범죄자가 사회내 처우를 받을 가능성이 크다. 그리하여 여성범죄자에게는 시설내 수용보다는 보호관찰·사회봉사명령 및 수강명령과 같은 사회내처우가 적당하며, 사회내처우는 교정시설의 개방화를 통한 여성수형자의 가족과의 유대단절을 최소화할 수 있는 가장 효과적인 방법이라 하겠다.48) 여성수형자에게는 특히 현재 시행중인 사회내처우제도를 더욱 확대적용하여야 할 것이고, 나아가 전자감시제도에 의한 가택구금과 같은 제도의 도입도 적극 검토할 단계라고 하겠다.49) 아울러 미성년의 자녀를 둔

---

46) 이존걸, 전게논문, 131면
47) 수형중인 어머니와 사회의 자녀들이 통합을 도와주는 방안으로서 다음과 같은 것이 제안되고 있다. 교도소로부터 멀리 떨어져 있는 경우 어머니와 자녀가 함께 살 수 있게 해주는 지역사회에 기초한 프로그램, 교도소 내에서 어린 자녀로 하여금 구금된 어머니와 함께 살 수 있도록 하는 특수한 「독채」(cottage)를 마련하는 프로그램, 가족구성원을 위한 방문접견의 확대로서 부모 역할훈련이나 상담 등을 동시에 제공하는 프로그램 등이 있다(이존걸, 상게논문, 151면).
48) 우리나라에서는 여성을 돕기 위한 갱생보호회의 프로그램이 아직 제한적인 실정이다. 출소후에 「전과자에 대한 사회의 냉대」와 「사회생활에의 적응」이 힘들 것으로 생각하는 사람이 비교적 많은 편이었는 데, 이러한 점을 감안할 때 여성 출소자가 스스로에게 자신감을 갖도록 하고 또 가족과의 관계를 유지·개선시킬 수 있도록 하여야 하며, 나아가 직업 알선 등을 위한 갱생보호단체들의 활동이 보다 활성화되어야 할 것이다(최인섭·전영실, 전게서, 17면).
49) 윤옥경, 미국 교정프로그램에 있어 「성 인지적 접근」(gender-specific approach)의 도입배경과 프로그램 사례, 교정연구 제14호, 한국교정학회, 2002, 87면.

여성수형자들의 경우 자녀와의 관계를 유지시키기 위한 프로그램이 필요할 것으로 생각된다. 자녀양육은 부모의 특권이 아니라 책임이라고 생각한다면 특히 자녀양육을 담당해야 하는 어머니의 경우에는 이러한 책임을 담당할 수 있도록 최소한의 배려라도 해 주어야 할 것이다.50)

5. 여성전문 의료서비스의 확충

여성은 신체적·생리적으로 남성과 여러 가지 점에서 다른 특징을 가지고 있으므로 여성수형자들은 남성에 비해 더 많은 의료서비스를 필요로 한다. 우리나라는 국가수준에 걸맞지 않게 의료서비스부재가 현재의 교정시설의 모습이다.51) 특히 산부인과와 같은 과목의 여성전문의료진과 의료장비의 확보와 같은 교정시설내에서의 여성전문 의료서비스확충은 시급하고도 필수적인 요청이라 하겠다.

결국 여성에 의한 범죄를 방지하고, 범죄자를 개선·갱생시키기 위해서는 범죄에 대한 일반적인 대책외에 여성범죄의 실태와 특질을 충분히 고려하는 이외에 구체적인 시책이 필요하다.

---

50) 김두섭·전영실, 전게서, 134면.
51) 교정에 관한 국제인권원칙으로 다음의 것에 유의할 필요가 있다(물론 이 규정은 여성수용자에 대한 것만은 아니다).
「국제연합 피구금자 처우에 관한 최저기준규칙 제22조」에서는 「상당한 정신의학 지식을 가진 1명 이상의 자격있는 의사의 의료를 진료를 받을 수 있도록 하여야 한다」, 「의료업무에는 정신이상의 진찰과 적절한 경우 그 치료업무가 포함되어야 한다」, 「병원 설비가 시설 내에 있을 경우, 의료 장비·비품 및 의약품은 환자의 간호 및 치료에 적합한 것이어야 하며 적절히 훈련된 직원이 배치되어야 한다」, 「모든 피구금자는 자격 있는 치과의사의 치료를 받을 수 있어야 한다」고 규정하고 있고, 「유럽형사시설규칙 제26조」에서는 「적어도 1명의 일반의를 배치해야 한다」, 「병원 설비가 시설 내에 있을 경우, 의료 장비·비품 및 의약품은 환자의 간호 및 치료에 적합한 것이어야 하며 적절히 훈련된 직원이 배치되어야 한다」고 규정하고 있다.

6. 피해자로서의 여성(피해자학적 관점에서 접근)

여성범죄자는 가해자인 동시에 피해자다.[52] 여성범죄자 중에는 범죄피해자였던 자가 상당한 정도로 존재한다는 연구보고가 있으며, 특히 여성강력범죄자 중에 그러한 경향은 현저하다. 실제로 1990년 미국에서 여성수형자를 대상으로 조사한 연구결과에 따르면, 조사대상 여성의 반 이상이 신체적 학대의 피해자였고 36%가 성적 학대를 받았다는 것이다.[53]

피해자가 범죄동기를 제공하기 때문에 피해를 보기 쉬운 개인적 특성을 중심으로 피해자를 유형화함으로써 범죄대책 수립에 중요한 역할을 할 수 있다는 것이다.[54]

이러한 점에서 여성범죄를 피해자학적 관점에서 접근해나가면서 여성범죄자가 범행실행 이전에 피해를 받았던 상황을 검토·분석을 통해서 피해자화 과정에서 나타나는 개인적인 요인과 환경적 요인을 유형화하고 그 제거를 위한 방안을 모색함으로써 여성피해자가 여성범죄자화할 가능성을 차단할 수가 있을 것이다.[55]

다른 한편 최근에는 「남편으로부터의 폭행」(domestic violance)에 대한 반격에 의한 살인행위에 정당방위를 인정해야 한다고 하는 주장이 제기되고 있다. 범죄발생의 「메카니즘」(Mechanism)에 관하여 남성과의 관계를 고려해 넣으면서, 새로운 관점에서 「피해자로서의 여성」의 범죄를 고려할 필요가 있다.

---

52) 齊藤靜敬, 刑事政策の諸問題, 1999, 85面.
53) 심영희, 여성범죄와 여성범죄자의 특성 – 여성학적 관점에서-, 제8회 한국교정교화사업연구소 세미나자료집, 1993, 12면
54) 宮澤浩一, 被害者學の 現況, 被害者學硏究 創刊號, 日本被害者學會, 1992. 3, 28面 以下.
55) 박광섭, 한국여성범죄의 실태 및 연구동향, 교정연구 제8호, 한국교정학회, 1998, 396면 ; 이존걸, 전게논문, 146면.

7. 성인여성 멘토링 프로그램의 실시

여자비행청소년과 같이 어려움이 있었지만 이를 극복하고 건전하게 성장한 성인여성과 접촉하는 기회는 여자비행청소년들에게 실제적인 도움을 줄 수 있을 것이다. 아무 문제없이 성공한 여성과 만나는 것은 여자비행청소년들에게 거리감과 자괴감을 갖게 할 수도 있을 것이다. 그러나 어려움을 극복한 여성과의 만남은 이들도 할 수 있다는 자신감을 갖게 해 줄 것이다. 여자비행청소년의 경우 자아존중감이 낮다는 논의들을 고려해 볼 때 이런 프로그램을 통한 자신감 형성이 필요할 것이다.56)

8. 여성교육의 강화

① 학교 및 가정 교육의 개선을 통한 예방

우리나라 현실에서 학교에서 담당하는 제도교육은 입시 및 성적위주의 교육으로 인해 인격형성의 발달과정에 많은 제약이 있다. 따라서 제도교육에서 소외되지 않도록 가정교육의 역할은 매우 중요하다. 그러나 가정이 고유의 기능을 다하지 못하고 결손이 발생하게 되면 범죄와 비행성이 유발될 수 있다. 특히 남성에 비해 더욱 감수성이 빠르고 예민할 수 있는 여성들에게는 학교와 가정에서 사랑과 관심속에 성장할 수 있도록, 새로운 교육방법과 교육제도를 수립하고 제도교육의 한계를 보완할 수 있는 가정환경을 개선하여야 한다.57)

---

56) 전영실, 여자비행청소년의 교정처우실태에 관한 연구, 한국형사정책연구원, 2002, 182면.
57) 한휘선, 여성범죄에 관한연구, 조선대학교 박사학위 논문, 1993, 118면 ; 김두섭·전영실, 전게서, 133면.

② 사회교육 개선을 통한 예방

사회교육은58) 정규학교 교육이외에서 실시하는 교육을 지칭한다. 그러
므로 여성들의 일탈행위를 줄이고 각종범죄를 예방하기 위한 사회 재교육
을 실시하여 여가를 최대한 활용하고, 여성들의 특성에 맞는 프로그램을
개발하여 교육을 위한 주부클럽·시민대학·여성단체·종교단체 등에서
책임있는 교육의 운영이 요구된다.59)

---

58) 사회교육은 독일에서는 「민중교육」(Volksbildung), 프랑스에서는 「공중교육」(education
   publique),영국에서는 「성인교육」(adult education) 이라고 한다.
59) 한휘전, 전게논문, 119면 .

제14장
외국인수형자 교정처우의 개선방안

제1절 머릿말

외국인 입국자의 증가는 국내에 체류하는 외국인수의 증가를 가져오고 결과적으로 외국인범죄 발생의 증가 원인으로 되고 있다.[1][2]

그런데 「교정의 국제화」 라는 문제는 이러한 외국인 수형자처우라는 것에 한정된 것이 아니라 「외국인 수형자처우」 라는 문제를 통하여 한국 교정의 본연의 자세가 문제가 된다.[3]

사실 그 동안의 교정이론은 내국인 수형자에 관한 것이었다. 따라서 문화·언어 그리고 풍습이 상이한 외국인 수형자의 처우에 대하여는[4] 외국인 범죄가 급증하고 있는 현실을 고려할 때 이에 대한 합리적 대책이 요망된다.[5]

이러한 현상은 한국의 급격한 경제성장에 따른 임금상승 및 노동력부족 현상과 맞물려 상대적으로 저임금 노동자들인 외국인들에 대한 수요증가에 그 원인이 있다.[6]

---

1) 鈴木眞梧, 外國人犯罪, 澤登俊雄·所 一彦·星野周弘·前野育三, 新·刑事政策, 2005. 330面.
2) 교통·통신수단의 비약적 발달과 경제·사회 등의 제 분야에서 국제교류의 활성화 등으로 인하여 많은 분야에서 국제화가 진전되고 있으며 우리 나라에 입국하는 외국인의 수도 과거에 비하여 비약적으로 증대되고 있다. 범죄와 범죄자도 국제화되고 특히 외국인 불법체류 등의 출입국위반사범과 외국인에 의한 일반범죄가 증가하고 있을 뿐만 아니라 범죄자가 국외로 도피하는 사례도 증가하고 있다. 그 범죄유형도 종래의 절도·소매치기 등의 단순범죄에서 은행털이·성폭행 등 강력범죄로 옮아가고 있으며 범죄수법도 계획적이며 기상천외한 수법까지 동원되고 있다(양문승, 외국인범죄의 실태와 그 대책, 죽헌 박양빈교수 화갑기념논문집, 1997, 979면에서 발췌).
3) 青木武門, 外國人 被收容者의 處遇, 變動期의 刑事政策, 森下 忠 先生 古稀祝賀, 2005, 879面.
4) 太田達也, 來日外國人犯罪·高齡者犯罪, 加藤久雄··瀨川 晃 編, 刑事政策, 2002, 366面 ; 太田達也, 來日外国人犯罪者に対する刑事政策的対応の基本的視座, 罪と罰, 第42卷3号, 日本刑事政策研究会, 2005. 6. 5面.
5) 박광섭, 외국인 수형자 처우의 과제, 형사정책연구,제19권 제4호(통권 제76호, 2008·겨울호), 195면 ; 竹中樹, 外国人收容者の処遇上の問題等にいて, 犯罪と非行 第141号, 日立みらい財団, 2004, 50面 以下.
6) 「제조업체의 인력난이 가속화되면서 외국인의 불법취업이 증가했고, 1992년 한중수교로 중국동포들의 국내입국이 가능해지면서 불법체류자 수가 증가하였다. 2006년을 기준으로 6,241,256명인 입국 외국인과 211,988명에 달하는 불법체류자는 외국인 범죄의 증가를 수반하게 되었다」 (이창한, 외국인 범죄자의 교정처우 현황과 과제, 교정연구 40, 2008. 106면에서 발췌).

동시에 외국인의 입국이 급격하게 증가함에 따라 국내의 불법체류자가 증가하여 이에 대한 대책도 중요한 형사정책적 과제가 되었다.7)8)

현재 우리나라 외국인 수형자 처우의 현황은 일반 교도소의 일부 시설을 지정하여 사용한다는 의미일 뿐 외국인의 문화나 언어 등을 고려한 특별 관리시스템을 도입한 것은 아니다. 따라서 향후 국제관계의 빈번한 교류와 함께 외국인 국내 체류에 따른 범죄증가를 예상할 때 외국인 수형자에 대한 적극적이고 다양한 실천적 대안이 요청된다.9)

그리하여 외국인 범죄의 현황을 살펴본 후 문제점을 분석하여 그 개선방안을 제시하고자 한다.

---

7) 최영신, 외국인의 불법체류와 외국인 범죄, 형사정책연구, 제18권 제3호(통권 제71호, 2007 · 가을호) 1320면~1321면.

8) 외국인범죄의 국적별 순위 (1986, 1992, 2000, 2004)(최영신, 전게논문, 1326면에서 재인용)

순위	1986		순위	1992		순위	2000		순위	2004	
1	미국	1,535	1	미국	1,064	1	중국	1,727	1	중국	5,724
2	타이완	230	2	타이완	300	2	미국	1,048	2	미국	1,395
3	일본	116	3	일본	299	3	일본	306	3	러시아	635
4	필리핀	10	4	중국	194	4	타이완	305	4	몽골	609
5	파키스탄	2	5	이란	69	5	몽골	221	5	타이완	450
6	홍콩	8	6	필리핀	65	6	러시아	216	6	일본	377
7	영국	14	7	파키스탄	57	7	파키스탄	171	7	베트남	377
8	프랑스	10	8	러시아	34	8	베트남	126	8	우즈베키스탄	347
9	독일	8	9	홍콩	26	9	필리핀	114	9	필리핀	323
10	캐나다	6	10	타이	21	10	우즈베키스탄	83	10	파키스탄	310
11	이란	5	11	방글라데시	19	11	캐나다	70	11	타이	275
12	중국	4	12	영국	17	12	인도네시아	63	12	타이	275
13	인도네시아	3	13	인도네시아	16	13	방글라데시	54	13	방글라데시	263
기타		139	기타		187	기타		630	기타		1,461
합계		2,090	합계		2,368	합계		5,134	합계		12,821

9) 1950년 「행형법」 (현재 형의 집행및 수용자의 처우에 관한 법률[시행 2008.12.22] [법률 제9136호]제정에 이어 1961년 감옥이나 형무소가 심어준 응보적 색채를 불식시키고 교정교화의 이념을 분명하게 하기 위해 「형무소」 를 「교도소」 로 개칭하였고 수용자 권익보호와 이들의 성공적인 사회복귀를 위해 다양한 교화프로그램을 시행하고 있고, 2005년 제7차 국제교정협회(ICPA) 총회에서도 한국은 교정행정 선진국으로 분류되었다(「법무부 변화전략계획 – 희망을 여는 약속–」 법무부, 2006, 117면). 그러나 한국의 현 교정제도가 선진화되기 위하여서는 아직도 해결해야할 문제들이 있다(장복희, 국제법상 수용자 처우와 국내법제도 개선,1)교정연구 32, 2006, 55면).

제2절 현 황

I. 외국인 범죄

'외국인'이란 대한민국 국적을 가지지 않은 자를 말하며, 헌법 제2조제1항은 "대한민국의 국민이 되는 요건은 법률로 정한다"고 규정하고 있다. '외국인 범죄'는 범죄의 주체가 대한민국의 국민이 아닌 외국인이 행한 범죄로서 대한민국의 형벌법규에 어긋난 행동을 한 자를 말한다. 북한주민의 경우에는 우리나라의 대법원 판례 (대판 2008. 4. 17, 2004도 4899)에 의하면 북한주민에 의한 범죄는 외국에 준하여 취급하고 있다.

외국인 수형자란 사법집행시설 내지 교도소에 구금된 외국인을 말한다. 외국인이라고 하여 내국인과 달리 취급되지 아니함은 헌법상의 요청이기도 하다. 외국인이 교정시설에 구금된 사유는 내국인과 동일한 엄격한 요건하에 이루어져야 하며, 법적으로 명시된 불가피한 사유가 없으면 외국인도 구금할 수 없다. 따라서 외국인 수형자에 대한 처우는 내국인과 차별없는 처우로서 뿐만 아니라, 외국인 수형자도 내국인이 누리는 법적 처우를 실질적으로 동등하게 받을 수 있도록 언어적 소통의 해결을 위한 특별한 배려를 해야 함과 동시에 외국인 수형자에 대한 국제법상의 관례나 협약을 준수해야 할 특수성이 있다.10)

한국에 입국하는 외국인의 증가에 수반하여 외국인범죄가 큰 사회문제로 되고 있다. 1980년대의 대외개방정책, 1986년 아시안 게임, 1988년

---

10) 허일태, 형벌과 인간의 존엄, 동아대학교출판부, 2001, 282~284면 발췌.

올림픽게임 그리고 1990년대 중국과 동남아 각국으로부터의 산업기술연수인력의 유입 등으로 불법체류자와 외국인범죄가 사회문제로 등장하게 되었다.

동시에 1987년 이후 본격화된 노사분규는 임금의 상승을 가속화시켰고 아시아 저소득 국가의 값싼 노동인력이 국내에 유입됨과 동시에 빈번해진 중국과의 교통으로 취업을 목적으로 한 한국계 중국인의 입국이 계속 증가하여 불법체류외국인의 문제가 커다란 사회문제로 부각되기에 이르렀다.[11]

등록외국인수는 해마다 크게 증가하여 1998년에 IMF 구제금융관리체제하의 경기침체로 일시 감소한 것을 제외하고는 1999년부터 경기가 다소 회복되면서 증가하여 2002년에는 271,666명 전년대비 18.3%, 2003년에는 437,954명 전년대비 61.2%, 2004년에는 468,875명 전년대비 7.6% 증가하였다.

최근 5년간 외국인의 등록인원·불법체류인원 및 출입국관리위반인원의 추이를 정리해 보면 등록인원이 급증함에 따라 불법체류인원 및 출입국관리인원도 전반적으로 증가세를 보였다. 즉 범죄가담 가능성이 높은 불법체류자 및 출입국관리위반자 수의 증가는 당연히 큰 사회문제로 이어질 가능성이 높다.[12]

최근 5년간 검찰의 외국인 범죄 처리인원을 보면 2002년 5,317명에서 2003년 6,217명, 2004년 7,173명, 2005년 8,313명으로 계속 증가하다가

---

11) 박양빈, 21세기 교정의 진로와 과제, 21세기 교정비전과 처우의 선진화방안. 한국형사정책연구원 연구보고서, 2003, 239면.

12) 2007년 외국인 입국자의 통계를 보면 승객과 승무원을 포함하여 6,425,257명으로 2006년에 비해 2.9% 증가하였고 2003년도 4,657,595명에 비해 1,767,662명이 늘어났다. 이와 같이 최근 외국인의 입국이 급격하게 증가함에 따라 국내 불법체류자의 증가 및 해외 범죄자의 입국 증가 등의 우려를 낳고 있다(이창한, 외국인 범죄자의 교정처우 현황과 과제, 교정연구 40, 2008. 108면).

2006년에는 11,421명으로 급증하였다. 이는 한국 전체범죄의 발생건수와 비교해 보면 그 심각성을 알 수 있다. 즉 전체범죄의 발생건수가 2002년 1,977,665건에서 2006년 1,829,211건으로 오히려 감소하고 있음에도 외국인 범죄건수는 급증하고 있기 때문이다.13)14)

II. 외국인 범죄자의 재판

한국어에 능숙하지 못한 외국인 범죄자의 숫자도 늘어나고 있고, 이에 따라 공정한 재판의 실현을 위하여는 피고인이나 증인에게 정확하고 공정한 통역이 이루어져야 한다.

그런데 법원조직법 제62조 제1항은 "법정에서 국어를 사용한다"라고

---

13) 범죄백서, 2007, 28면.
14) 참고로 일본에서의 「외국인범죄 현황」을 본다(太田達也, 來日外國人犯罪·高齡者犯罪, 362~363面에서 발췌).

「일본에서의 외국인범죄자의 대부분은 중국·베트남·필리핀·태국·란 등 아시아 출신자가 차지하고 있지만, 근년에 남미출신자도 증가하는 추세에 있다. 그러나 외국인범죄의 증가는 단기체재등의 명목으로 일본을 방문한 외국인에 의한 범죄의 증가가 원인이어서 특별영주자 등 일본에서 생활의 기반을 가진 정주외국인에 의한 범죄의 상황은 안정되고 있다.

그러나 당초부터 범죄를 목적으로 입국한 외국인그룹에 의한 범죄가 다발하고 있는 것도 사실이며 국내에 정착하여 범죄활동을 반복하는 국제적 직업범죄자집단의 존재도 지적되고 있다. 이 중에는 남미계나 동남아시아계의 마약밀매조직, 아시아의 집단절도·강도그룹, 위조·도난크레디트카드사용사기그룹, 러시아마피아 등이 포함되는 외에 중국계나 동남아계의 밀항청부인조직의 암약도 행해지고 있다. 근년에 외국인범죄자의 검거인원의 증가율보다 검거건수의 증가율이 높은 것은 외국인범죄자의 누범화·직업화가 진행되고 있음을 알 수 있다. 외국인에 의한 범죄를 죄종별로 보면 형법범은 절도가 가장 많지만 텔레폰카드 등 유가증권변조·행사사건의 증가도 주목된다. 특별법범에는 불법잔류나 여권불휴대 등의 출입국관리 및 난민인정법위반이 대부분을 차지하지만 특히 약물범죄 전반에 걸쳐서 이란인의 관여가 현저한 외에 각성제는 필리핀인, 코카인은 콜롬비아인, 헤로인은 베트남인이라는 것처럼 출신국과 대상약물과의 사이에 일정한 관계가 있다. 그런데 외국인에 의한 범죄에서는 피해자도 동일한 외국인인 것이 적지 않고 특히 살인사건에서는 동국인을 피해자로 하는 케이스가 과반수를 차지하고 있다. 외국인은 일본의 문화나 습관에 익숙하지 않으며 경제적 기반도 약하기 때문에 집단생활을 영위하고 있는 경우가 많으며 분쟁의 원인으로 될 기회도 많다. 문제는 외국인의 경우 범죄의 피해를 받았다고 하여도 사법제도에 대한 부지나 불신감, 더욱이 불법잔류자 등의 경우 수사기관이나 출입국관리국에 의한 적발의 두려움 등에서 통보나 피해의 신고를 주저하는 결과 현재 실시되고 있는 외국인을 대상으로 한 방범교실이나 팜플렛의 배포, 상담업무 등을 가능한 확대·충실이 필요하다」.

규정하고 있고, 국제인권 보장이 자국어로 조사와 재판을 받을 권리까지 인정하지는 않고 있기 때문에 체제국의 언어로 재판을 받도록 하고 있다.

그러나 「시민적 및 정치적 권리에 관한 국제규약(B규약) 제14조 제3항 (f)」는 "법정에서 사용되는 언어를 이해할 수 없는 경우에는 무료로 통역의 조력을 받을 권리"를 인정하고 있다.

우리 법원은 외국인 범죄자의 재판에서 통역에 들어가는 비용은 당사자가 부담하기 때문에 통역을 포기하는 경우가 있다.[15]

따라서 개인 통역인이 아닌 법원에서 교육을 받은 법적 지식을 갖춘 통역인의 양성도 필요하다고 생각한다.[16]

Ⅲ. 외국인 수형자

2006년도 현재 외국인 수용자는 621명으로 기결 348명, 미결 273명이 수용되어 있다. 그리고 남자는 579명, 여자 42명이다. [17]

형이 확정된 348명의 형기를 보면 1년 미만 21명, 1년 이상 64명, 3년 이상 71명, 5년 이상 75명, 10년 이상 85명, 20년 이상 3명, 무기가 29명이

---

15) 류여해, 외국인범죄자의 교정처우의 문제점과 개선방안, 교정연구 43호, 2009, 176~177면.
16) 상게논문, 177면, 주 23.
17) (범죄백서, 2007년, 321면~322면)

연 도	계(남, 여)	소 계		중 국		미 국		일 본		기 타	
		기결	미결	기결	미결	기결	미결	기결	미결	기결	미결
2002	508(472,36)	285	223	122	97	17	12	6	5	140	109
2003	657(559,98)	308	349	149	182	14	10	3	6	142	151
2004	621(548,73)	313	308	139	154	4	6	24	15	146	133
2005	698(620,78)	392	306	171	209	6	0	14	11	201	86
2006	621(579,42)	348	273	177	131	8	1	13	10	150	131

다.18) 이 중 135명은 살인, 78명이 강도, 폭행·상해가 24명으로 강력범죄가 큰 비중을 차지하고 있고, 절도 24명, 사기·횡경 8명, 강간 18명, 마약류 23명, 기타가 38명으로 분포되어 있다.19)

외국인 범죄자의 증가현상은 교정시설에 외국인 수용인원의 증가로 이들 외국인 재소자를 처우하는 데 여러가지 해결해야 할 과제들이 제기됨은 물론이다.

매년 그 수가 증가현상을 보이고 있는 점으로 미루어 21세기 가속화할 세계화·개방화의 물결속에 외국인 국내체류인원은 더욱 급격히 늘어날 전망이고 이에 따른 외국인 범죄 및 수용인원의 증가추세도 예측하기 어렵지 않다. 따라서 이들에 대한 교정처우책을 국제적기준에 맞추어 수립하여야 한다.20)

---

18) (범죄백서, 2007년, 323면)

형기\년도	계	1년 미만	1년 이상	3년 이상	5년 이상	10년 이상	20년 이상	무기
2002	287	7	49	107	59	40	5	20
2003	308	34	64	71	66	47	6	20
2004	313	21	63	62	81	57	6	23
2005	392	75	61	72	76	74	6	28
2006	348	21	64	71	75	85	9	29

19) 범죄백서, 2007년, 324면.

20) 현재 외국인이라고 하여 내국인과 다른 특별한 취급을 하는 것은 아니다. 단지 수형장소와 분류처우규정이 있을 뿐이다. 수형 장소는 「외국인 수용자 처우지침」(예규보일 제598호) 제4조 1항에 의하여 외국인 수형자 전담소로 대전교도소가 지정되어 있다. 외국인처우에 관하여서는 「수형자분류처우규칙」상 이른바 수용급중 F급 즉 「외국인수형자」(Foreigner)로 취급하고 있을 뿐이다. 우리나라 「수형자분류처우규칙」은 분류급을 「수용급」, 「개선급」, 「관리급」및 「처우급」등으로 구분하여 각 분류급에 따라 엄중경비시설·중간경비시설·완화경비시설 또는 개방시설에 분류수용하고 시설별로 단계처우를 실시한다(규칙 제 19조). 그리고 「수용급」은 절대적인 기준으로서 각 수형자를 어떤 교도소에 수용할 것인가 그리고 수용할 교도소가 결정 된 후에는 어떤 거실 등에 수용할 것인가를 정하는 데 있어 기준이 되는 분류급이다. 「수용급」은 일반적으로 성별·국적·형명·연령 및 형기에 의한 수용급과 정신장애, 신체상의 질환 및 장애에 의한 수용급 등으로 나누인다. 「수형자분류처우규칙」 15조는 이러한 절대적인 기준에 의거 ①. W급: 「여자수형자」(Woman), ②. F급: 「외국인수형자」(, Foreigner), ③. I급: 「금고수형자」(Imprisonment), ④. J급: 「20세미만의 소년수형자」(Juvenile), ⑤. Y급: 「23세미만의 성년수형자」(Youth), ⑥. L급: 「10년이상의 장기수형자」(Long-term-prisoner), ⑦. M급: 「정신장애수형자」(Mental retardation) ⑧. P급: 「신체상의 질환 또는 장애가 있는 수형자」(Physical retardation), ⑨. 삭제 <2003.11.24>로 분류한다. (박영규, 수형자에 대한 분류처우와

일본도 이미 오래전부터 입국 외국인의 증가에 따라 외국인 범죄가 계속 증가하여 교정시설에서 일본인과 다른 처우를 필요로 하는 외국인 수형자가 증가하게 되었다. 따라서 이에 대한 적정한 처우를 위하여 법무성 교정국에 국제기획관을 설치하고 외국인재소자의 처우와 관련한 번역 및 통역, 조사 및 관계기관과의 연락조정에 관한 업무를 관장하도록 하고 있다.[21][22]

미국은 외국인 범죄자의 수용관련 업무를 내국인 범죄자와 구별하여 「이민국」(Immigration and Naturalization Service)에서 관리하는 데 이들 외국인 범죄자를 수용하는 교정시설은 대부분 민간에 의해 운영이 되고 있다.[23]

그리고 미국인 범죄자의 처우문제로 어려움을 겪고 있는 나라들과 이들 범죄자를 미국으로 이송하고 그 대신 미국에 수용되어 있는 외국인 재소자는 그 나라로 이송하는 「수형자이송조약」을 체결하고 있다.[24]

누진처우, 교정연구, 2006, 14~16면).

21) 日本 法務省, 矯正の 現狀, 法務省 矯政局, 2007, 171面.

22) 형법범에 있어서 외국인의 기소율이 조금 높다. 한편 외국인의 집행유예율은 9할을 넘고 있으며 6할 정도의 일본인보다 상당히 높다(평성9년판 범죄백서). 형무소(교도소)에 수용된 외국인수형자중에서 일본인과 다른 처우를 필요로 하는 자는 소화47년의 수형자분류규정(법무대신훈령 557호)상 F급(Foreign)으로 분류되어 남자에 관해서는 부중형무소(府中刑務所)와 대판형무소(大阪刑務所), 여자에 관해서는 방목형무소(枋木刑務所)에 집급되고 있는 외에 미군 및 국제연합군 군인·군속 및 그 가족은 횡빈형무소(橫須賀刑務所)에 수용되고 있다.
   (太田達也, 來日外國人犯罪·高齡者犯罪, 366~368面).
   단 외국인수형자중에서도 일본에서 오래 거주하는 자나 일본인과 다른 취급을 필요로 하지 않는 자는 F급으로 분류되지 않고 일반수형자와 같은 시설에 수용되고 있다. 더욱이 근년에 F급 판정을 엄격하게 행하는 경향이 있으며 종래 외국인수형자의 대부분이 F급에 판정되는 비율이 낮아지고 있다. 역시 F급 수형자의 대부분이 초입자이지만 형기가 상대적으로 긴 것이 특징이다.

23) Dougls C. NcDonald, Public Imprisonment by Pribate Means : The Re—emergence of Private Prisons & Jails in the U. S. the United Kingdom and Australia, British Journal of Criminology Volume 34, No4(Autumn, 1994), pp, 29~48.

24) 수형자이송제도는 외국에서 범죄를 범하여 자유형의 확정판결을 받은 자의 신병을 범죄지국(재판국)에서 본국(집행국)으로 이송하여 재판의 집행을 하는 제도를 말한다. 원칙적으로 당사국간에 수형자의 이송에 관한 조약이 체결되어 있는 것이 전제로 된다. 1983년에 유럽이사회주재하에서 체결된 수형자이송조약이 다국간조약의 전형이지만 이외에도 많은 국가 사이에서 쌍무간조약이 체결되어 있다. 제도의 내용은 조약마다 다르지만 대부분 수형자가 집행국의 국민인 것, 집행력이 있는 확정판결의 존재, 재판국과 집행국의 합의, 수형자본인의 동의, 쌍방가벌성(이송의 원인인 수형자의 행위가 재판국과 집행국의 쌍방에 있어서 가벌성을 가지는 것), 자유형의 집행기간이

이것은 외국인 교정시설에 수용된 자국인 재소자의 문제를 해결하는 방법으로 현재 세계 여러나라에서 널리 이용되고 있다.[25]

제3절 문제점

I. 실질적 불평등

우리나라의 현행 교정관계법 중에 외국인수형자 처우에 관한 특별규정은 없으므로 법적용상으로는 평등주의가 채택되고 있다고 할 수 있다.

그러나 각국은 그들 고유의 생활풍습·풍속·문화·생활양식 등을 달리하므로 우리나라 사람과 동일하게 취급하는 것은 결과에 있어서 처우의 실질적 불평등을 초래할 우려가 있다.[26]

II. 전담기구의 결여

현재 우리나라에는 외국인 수형자를 위한 전담기구가 없다. 이는 증가하고 있는 외국인 수형자에 대한 정책적 배려가 없다는 것을 말하여 주고 있다.

외국인 교정시설로 지정 운영되고 있는 대전교도소의 경우 단지 1명의

6월(내지 1년) 이상인 것이 이송의 기본적 요건으로 되고 있는 외에, 형벌불가중 및 일사부재리의 원칙의 적용이 있다(천진호, 수형자이송제도의 현황과 발전방향, 형사정책연구, 제18권 제3호(통권 제71호, 2007·가을호), 1399면).

25) 천진호, 상계논문, 1399면~1400면.
26) 박양빈, 전게논문, 235면.

교도관이 시설수용자를 전담 관리하고 있다는 현실을 미루어 보아도 외국인 수용자 관리에 얼마나 소홀한가를 웅변하고 있다.27)

1995년 법무부는 외국인수형자의 처우상 특례를 위하여 대전교도소를 외국인수형자 전담기관으로 지정했다. 그리고 ① 외국인수형자에 대한 전문적인 처우기법의 개발 ② 외국인처우에 적합한 시설의 구비 ③ 전문직원의 배치 ④ 급식 등 처우상 특례 등의 조치를 취하였다.28) 그러나 ① 국가별 문화 및 관습의 상이 ② 언어장벽에 의한 의사소통의 곤란성 등의 문제가 있다.29)

Ⅲ. 전담 인적 자원의 부족

현재 대전교도소에는 영어 외에 외국어 구사능력을 가진 전담직원이 배치되어 있지 않다. 박광섭 교수는 외국인 전담교도소인 대전교도소에는 "중국어 · 러시아어 · 아랍어 등을 구사할 수 있는 직원이 배치되지 않아 교도관 사이에서도 외국인 전담직은 기피대상"이라고 하였다.30)

수형자 처우효과를 극대화시키는 가장 효율적인 방법은 수형자 각자에 대한 개별처우가 이상적이다. 그런데 여기에는 교정에 현실적 한계가 있다.31) 외국인 수형자 관리에 필요하는 인적 자원의 부족은 결국 외국인

---

27) 박광섭, 전게논문, 208면.
28) 이창한, 전게논문, 118면.
29) 상게논문, 119면.
30) 류여해, 전게논문, 173면 주5.
31) 교정처우 뿐만 아니라 한국말을 이해할 수 없는 외국인피의자의 수사 또는 참고인의 진술 청취에 있어 통역인의 확보가 큰 문제인데 1992년부터 경찰청 외사1과에 중앙 통역센터를 설치 운영하여 영어는 비교적 큰 문제가 없으나 그 이외의 언어에 대하여는 경찰 내에서 통역요원 확보가 어려워 외부의 협력에 의존하고 있으며 그 중에서도 최근 수요가 많아지고 있는 아시아계 언어 외부통역인의 경우 대도시권에는 어느 정도 해결이 가능하나 지방에서는 절대적으로 부족한 곳이 많다(양

수형자 처우를 방치하는 것이라 할 수 있다.[32]

VI. 교정프로그램의 전무

현재 운용되고 있는 교정프로그램은 내국인에만 적합한 것이다. 따라서 외국인의 범죄유형에 맞는 적절한 프로그램을 운영하고 있지는 못하다.[33]

시설내 교정처우의 대상이 되는 외국인 대부분은 국내 체류과정에서 경제적으로 궁핍하여 절도나 강도 등 재산범죄를 범하는 경우가 많았다. 그리하여 외국인 수형자가 출소한 후 국내에 체류한 경우를 대비한 지원 프로그램의 운영이 필요하다.[34]

V. 전용교도소시설의 부실

현재 사용되고 있는 외국인 지정 수용시설은 내국인에 맞는 시설이다. 따라서 시설 측면에서의 문제점을 해소하는 것이 무엇보다 중요하다.[35][36]

문승, 전게논문, 992면) ; 박광섭, 전게논문, 206면.
32) 박광섭, 전게논문, 202면.
33) 이창한, 전게논문, 49면.
34) 최영신외, 「수형자의 사회복귀와 처우연계」, 한국형사정책연구원, 2007, 258면.
35) 박광섭, 전게논문, 205면.
36) Internet(Daum)-불로그(외국인범죄자), 경기일보(2009.01.13) 「외국인 범죄자 수용시설 개선
돼야 한다」.
「외국인 범죄 증가와 함께 수형자 수가 늘면서 이들을 수용할 수 있는 교정시설 확충 및 개선이
시급해졌다. 우선 수용시설이 포화 상태다. 최근 국내 교도소 및 구치소에 수감돼 있는 외국인이
2007년 말보다 400명 가까이 늘어난 1천423명이나 된다. 이 가운데 형이 확정된 기결수가 840명
이다. 대부분 외국인 전담 교도소인 대전교도소와 천안지소·청주여자교도소에 분산 수용돼 있는
데 1년 전보다 2배가량 늘어난 숫자다.
30여개국 출신 600여명을 수감하고 있는 대전교도소의 경우 외국인 수용자 정원 270명을 초과한
지 오래됐다. 1인 1실을 원칙으로 하는 「외국인수용자처우지침」 준수는 커녕 6인실에서 내·외
국인과 함께 지내는 경우도 적지 않다. 외국인 재소자에게 맞춤형 교정을 제공하고 내국인 수감자

여기서 외국인 전용교도소시설의 부실에 대체하기 위한 수형자 이송제도의 문제가 제기된다.

수형자 이송제도는 형사사건에 관하여 국가 간의 상호 협력을 통하여 외국교도소에 수용되어 있는 자국민을 자국으로 이송하여 잔형을 마치게 함으로써 자국에의 사회복귀를 통한 재통합을 달성하기 위한 국가간의 약속이다.37) 동시에 수형자 이송제도는 이러한 재외 수형자들의 문제점을 최소화하기 위한 인도주의적 요청과 함께 외교적 분쟁을 사전에 예방하고 국가 간의 긴장을 해소하고자 하는 의도를 담고 있는 것이다.38)

우리나라는 2003년 12월 31일 국제수형자이송법을 제정하여 수형자 이송을 위한 상대국과의 조약체결을 위한 국내의 준비를 거쳐 2005년 7월 20일 유럽평의회 사무국에 「수형자이송협약(Convention on the Transfer of Sentenced Person, ETS NO.112)」 가입서를 제출하여 발효되어 2005년 11월 1일부터 유럽평의회 회원국과 별도의 개별조약을 체결할 필요도 없이 미국·캐나다·일본·호주 등 61개 국가와 수형자의 이송이 가능하게

와의 문화적 갈등을 예방한다며 1995년부터 운영해 온 외국인 전담 교도소 제도의 취지가 빛을 잃었다. 시설 부족으로 종교와 문화적 배경에 따른 분리 수감이 어려워 재소자 간 충돌도 많다. 다른 문화권 사이에 반목이 있고 특히 숫자가 많은 중국 출신과 다혈질의 러시아권 재소자 사이에 집단싸움이 늘 우려된다. 예배 장소가 마련되지 않아 이슬람권 재소자들이 작업장에서 기도하다가 다른 이들과 마찰을 빚는 등 종교 갈등도 심각하다.
무엇보다 수형자를 관리할 인력이 턱없이 부족하다. 외국인 전담 교도관이 있지만 영어만 구사할 수 있는 경우가 많아 비영어권 출신 수감자들은 기본적 의사소통에 불편을 겪고 있다. 중국어·러시아어·아랍어 등을 구사할 수 있는 직원이 배치되지 않아 교도관 사이에서도 외국인 전담직은 기피 대상이 되고 있다.
그러나 재소자 인권을 배려하는 교도소 운영과 외국인 수형자 급증 문제를 해소할 근본 대책이 아직 없다. 법무부는 "유엔의 피구금자 처우 기준에 맞게 외국인 수형자를 관리하고 있다."는 입장이지만 다인종·다문화 시대에서 범법자라 하더라도 외국인을 경시할 수 없다. 예컨대 법무부 내에 외국인 수용자 전담부서를 설치하고 범죄자가 본국에서 형기를 치르게 하는 「수형자 이송협약」을 동남아 국가 등과 조속히 맺어 교정 행정을 효율화해야 한다.

37) 천진호, 국가간 수형자이송제도연구, 한국형사정책연구원, 2006, 105면 ; 천진호, 수형자이송제도의 현황과 발전방향, 1398면.
38) 西本仁久, 国際受刑者移送制度導入の意義と諸問題, 犯罪と非行 第128号, 日立みらい財団, 2001, 123面.

되었다.

이러한 국제수형자이송제도는 외국인 수형자가 외국에 받은 자신의 형을 모국에서 집행함으로써 수형자에 대한 인도주의 및 원활한 사회복귀를 그 기본 목적으로 하고 있다.

선고국에 대해서는 교정시설의 과밀화 해소 및 비용절감의 효과를 가져다주며, 집행국에게는 외국 교정시설에 수용중인 자국민 보호라는 명분을 가지게 해준다.[39] 그러나 국제수형자 이송제도에 대하여는 많은 문제점이 노출되고 있는 실정이다.

첫째, 국제수형자 이송은 선고국과 집행국 양자의 동의가 있어야 하는데, 명시적인 이유 없이 선고국 또는 집행국이 수형자의 이송을 거부하더라도 이에 대한 구제방법이 없다는 것이다.[40]

---

39) 김학성, 국제수형자 이송제도의 문제점과 해결방안, 교정연구 44호, 2009, 175면.
40) 상게논문, 175면.
　① 「Brancaccio V.Reno 判決」(상게논문, 175면)
　　「연방마약법 위반 혐의로 유죄판결을 받아 수용 중이던 캐나다 국적의 Brancaccio는 1994년 10월 캐나다와 미국 양국이 가입하고 있는 「유럽 평의회 국제수형자 이송협약」을 근거로 하여, 효과적인 수용 생활 영위 및 원활한 사회복귀를 위해 자신의 모국인 캐나다로 이송해 줄 것을 미국 법무부에 요청하였다. Brancaccio의 이송요청에 대하여 캐나다 법무부는 1995년 9월 이를 승인하였으나, 같은 해 10월 미국은 Brancaccio의 범죄 및 행위자체가 중대하다는 이유로 Brancaccio의 이송요청을 거부하였다. 이에 Brancaccio는 미국 법무부의 결정을 부당하다며 「워싱턴DC 지방법원」에 소를 제기하였으며, 이에 대하여 동 법원은 「유럽평의회 이송협약」의 가맹들은 수형자의 이송에 대하여 무제한의 자유재량권을 가지고 있으며, 법원은 미국 법무부장관의 자유재량행위에 대하여 판단할 권한이 없다는 이유로 각하 결정을 내렸다.」
　② 「Pfeifer V. U.S Bureau of Prisons」判決 (상게논문,179면)
　　「마약류 및 위조지폐 소지 혐의로 멕시코 법원에서 유죄판결을 받은 Pfeifer는 자신의 동의하에 잔여형기를 본국인 미국에서 집행받기 위해 미국으로 이송된 후, 멕시코에서 선고받은 형은 due process가 결여된 상태에서 이루어진 것이므로 이를 바탕으로 한 미국정부의 자신에 대한 구금은 불법이며, 또한 멕시코에서 선고된 유지판결에 대하여 미국법원에서 다투지 못하도록 한 조약의 규정은 위헌이라고 주장하며, 자신에 대한 연방정부의 인신보호영장발부거부에 대하여 「캘리포니아남부지방법원」에 이의를 제기하였으나, 동 법원은 Pfeifer의 주장을 기각하였으며, 이에 불복하여 항소를 하였다. 이에 대하여 항소법원은 "수형자 이송조약의 주요 목적은 외국에서 선고받은 형을 수형자 자신의 모국에서 집행하도록 하는 것이지, 외국에서 받은 판결에 대하여 모국에서 재심할 권한을 주는 것은 아니며", 따라서 외국의 법원에서 선고받은 형이 미국 헌법이 규정하고 있는 개인의 기본권리가 보장되어 있지 않은 상태에서 이루어진 것

둘째, 이송 신청부터 결정까지 많은 시일이 소요된다는 것이다.

셋째, 수용자의 이송요건 중의 하나인 동의와 관련하여 동의 및 철회의 진정성 여부에 대하여 주요 쟁점으로 부각되고 있다.[41]

제4절 개선방안

I. 관계법령의 정비

외국인재소자에 대한 급식·의류·보건·의료·종교·작업·외부교통·도서 등 이들의 생활조건에 맞는 내용을 폭넓게 담은 「외국인재소자 처우준칙」 같은 것을 부령으로 시급히 제정·시행하도록 함과 동시에 장기적으로는 「UN 피구금자처우최저기준규칙」 등 국제적 처우기준에 부합하도록 행형법(형의 집행 및 수용자의 처우에 관한 법률)의 합리적 개정·검토가 이루어져야 할 것이다.[42]

「U.N. 피구금자처우최저기준준칙」 제38조에는 「외국인인 수형자는

이라 하더라도 그 형의 미국에서의 집행은 위헌이 아니라고 판시하였다.」

③ 「Mitchell V. United States」 판결 (상게논문, 179~180면)
「Mitchell은 멕시코에서 선고받은 자신의 형은 due process가 결여된 상태에서 받는 것이므로 무석절할 뿐만 아니라, 본국인 미국으로의 이송에 대한 자신의 동의도 자발적인 것이 아니라 열악한 멕시코의 수용 환경을 벗어나기 위해 어쩔수 없는 상황에서 이루어진 것이라는 이유로 연방정부에 인신보호영장의 발부 를 청구하였다. 이에 대하여 「위스콘신 동부지방법원」 은 "미국 헌법이 효력을 발휘하는 외의 지역에서 그 나라의 법을 위반한 범죄행위에 대하여까지 미국헌법이 보호 주지는 않을 뿐만 아니라, 본국으로의 이송에 대한 동의가 열악한 수용환경을 회피하기 위한 유일한 수단이었다는 사실만으로는 동의의 자발성 이 의심받지는 않는다"는 이유로 멕시코 법원에서 확정된 형이 미국에서의 집행은 위헌이 아니라고 판시 하였다.」

41) 상게논문, 177면.

42) 박양빈, 전게논문, 245 면; 다만 부령으로 「외국인 재소자 주부식급여규칙」 (1967.3.15 법무부령 제95호. 1986.4.18 법무부령 제285호 전문개정), 예규로서 「외국인 수용자 처우지침」 (1995.1.11, 예규일보 제415호)은 있다.

소속 국가의 외교대표 또는 영사와 교통하기 위한 상당한 편의가 허용되어
야 한다」고 규정하였고, 「유럽 형사시설준칙」 제45조에는 「구금된 국가
의 언어를 이해하기 어려운 외국인 수형자의 필요성을 충족하기 위해 특별
조치가 강구되어야 한다.」 라고 규정되어 있다.43)

외국인이라하여 내국인 수형자보다 무조건 우대하는 치외법권적인 처우를
하여야 한다는 것은 아니다. 다만 내외국민 평등처우원칙에 위반되지 않는
한도내에서 외국인수형자의 처우를 배려하는 것이 타당하다 할 것이다.44)

II. 전담기구의 설치

독일의 경우에는 연방법무부 제2국에 국제형법담당부가 설치되어 있으
며, 각 주의 법무부 및 각급 검찰청에는 「국제형사사법 공조사건 전담부」
가 설치되어 있다.45)

우리나라도 법무부내에 외국인 범죄를 관리하는 전담부서를 설치·운영
하는 것이 필요하다고 생각한다.

우리의 경우에 일본의 경우 46)와 같이 외국인 재소자에 대한 교정처우업
무의 효율화를 위하여 법무부 교정국에 이른바 「국제담당관제」 를 그리고
한·미 행정협정(SOFA)관련 미국인 수형자의 수용관리시설인 천안소년

---

43) 독일의 Hessen주에 있는 Schwalmstadt 교도소의 경우 외국인 수형자를 위한 독일어코스와 영어
코스가 마련되어 있고, 외국인 수형자도 독일학제의 기초과정 내지 인문고등교육과정과 기술고등
교육과정에 참여할 수 있도록 하고 있으며, 터키인 수형자는 그들의 모국어인 터키어로 이러한
과정을 이수하고 있다(허일태, 전게논문, 309면). 따라서 외국인 수형자에 대한 한국어 교육은
이를 원하는 수형자 모두에게 교육기회를 제공하는 것이 바람직하다(상게논문, 307면).
44) 小柳武, 外国人犯罪者に対する矯正処遇, 法律のひろば 第48券1号, ぎょうせい. 1995, 42面.
45) 류여해, 전게논문, 192면.
46) 田中秀樹, 府中刑務所における来日外国人受刑者の現状及び課題, 罪と刑 第42巻3号, 日本刑事政
策研究会, 2005, 31~32面.

교도소와 기타 일반 외국인수형자의 집결수용 관리시설인 대전교도소 등 외국인 수용전담 교정시설에 「국제대책실」을 각각 설치·운영하도록 하는 것이 바람직하다.

동시에 외국인 수용전담 교정시설로 지정운영하고 있는 천안소년교도소와 대전교도소 등에 외국어 능력을 갖춘 전담 직원의 배치가 요망된다.[47]

교정의 세계화·개방화에 대비하여 교정직원의 어학능력의 제고와 통역 및 번역 업무를 지원할 자원봉사자 등의 확보가 무엇보다도 긴요하다.

연간 외국인범죄자 수용인원이 1,000명을 넘고 있는 현실에서 특정 교정시설에 수용하기 보다는 특성화된 교정시설에 분산하여 수용하는 것이 오히려 교정의 목적을 달성할 수 있다.[48]

특히 외국인 전담 교도소인 대전교도소와 천안지소 및 청주여자교도소에 분산 수용되어 있는데 이들 교도소의 수용시설은 이미 포화상태이다. 현재(2009년) 20여개국 출신 600여명을 수감하고 있는 대전교도소는 외국인 수형자 전용의 3개동의 정원(270명)을 초과한지 오래다. 1인 1실을 원칙으로 하는 '외국인 수용자 처우 지침'을 준수하기는 커녕 6인실에서 내·외국인이 함께 지내는 경우까지 있다고 한다.[49]

류여해 박사는 현재 시설부족으로 종교와 문화적 배경에 따른 적절한 분리수감은 어려운 현실이고 그로 인한 재소자 사이의 충돌도 빈번하게 발생하고 있다고 한다.[50]

시설내교정처우와는 달리 최근 외국인 보호관찰대상자가 급증하고 있는

---

47) 박양빈, 전게논문, 246면.
48) 이창한, 전게논문, 119면.
49) 상게논문, 172면 주 3.
50) 상게논문, 173면.

데 보호관찰기관은 외국인에 대한 관심이 매우 저조하다.51) 시설수용자의

처우 못지않게 가석방된 외국인 범죄자에 대한 사회내처우는 매우 중요하

다. 실제 2002년 6명에 불과하던 외국인 보호관찰대상자가 2003년 17명,

2007년에는 66명으로 5년간 10배 증가하였음을 볼 때 그 중요성이 강조되

고 있다. 그러나 현실은 외국인 보호관찰대상자에 대한 교정정책적 관심이

매우 미흡하다. 외국인에 대한 사회내처우는 보호관찰제도의 특성상 죄질

이 상대적으로 가벼운 범죄자를 관리하는 데에 그 원인이 있지만52), 사회

적으로 얼마만큼의 보호와 관심을 가지느냐에 따라 재범방지효과가 좌우

될 정도이므로 외국인 범죄자 사회내처우 전담 기구의 신설을 고려하여야

할 것이다.53)

Ⅲ. 전문직원의 확충

외국어 전공자 등 외국어를 구사할 수 있는 적정수의 전문직원의 배치가

필요하다. 아울러 교정직 공무원의 외국인 상담업무능력을 제고시킬 방안

을 강구할 것이 요망된다.

현재 외국인 수용자는 미국·일본·중국·몽골 등 24개국에 걸쳐 다양

한 국적을 가지고 있다. 물론 각 국가별 외국어 구사 능력자의 채용을 통한

관리는 현실적으로 불가능하다 하더라도 최소한의 공통언어 구사가 가능

---

51) 상게논문, 119면.

52) 박광섭, 전게논문, 205면.

53) 日本 法務省, 矯正の 現狀, 法務省 矯政局, 1977, 171面. ; 太田達也, 來日外國人犯罪·高齡者犯罪, 364面 ; 太田達也, "來日外国人犯罪者に対する刑事政策の対応の基本的視座", 罪と罰, 6. 13面. Dougls C. NcDonald, Public Imprisonment by Pribate Means : The Re-emergence of Private Prisons & Jails in the U. S. the United Kingdom and Australia, British Journal of Criminology Volume 34, No4(Autumn, 1994), pp, 29~48.

한 직원 배치조차 고려하지 않고 있는 실정이다.54)

VI. 사회적 기본권의 배려

1. 일용용품 등

의류 · 침구 및 일용품 등도 국내 수형자와 동일하게 지급되는 외에 침대를 반드시 사용하는 나라의 수형자에게는 이를 대여하도록 하고 침구(寢具)의 증 · 대여(贈 · 貸與) 등의 조치를 처우준칙에 명시되어야 할 것이며, 목욕에 대해서도 「샤워」를 사용하게 하고 머리의 형은 위생상 및 규율상 지장이 없는 한 그 나라의 관습을 참작해서 조발을 허용하도록 하여야 할 것이다.55)

'형의 집행 및 수용자의 처우에 관한 법률 시행규칙' 제57조②항에 의하면 "소장은 외국인 수용자에 대하여는 그 생활양식을 고려하여 필요한 수용설비를 제공하도록 노력하여야 한다"라고 규정하고 있는 데, 모든 시설이 내국인 중심으로 계획 건설된 것이어서 외국인의 신체나 잠자리 문화 등을 고려하지 않아 적응하는 데 어려움이 있다. 현재 SOFA협정에 의한 미군 범죄자 수용환경에 비추어 보면 일반 외국인 수용자들 역시 역차별 문제를 제기할 수 있다.56)

또한 외국인 수형자가 원하는 정보에 접근하기 위해서는 필요하고 충분한 도서가 구비되어야 하는 데 그리 용이한 일이 아니므로, 장서가 불충분

---

54) 나진영, 외국인 수용자의 효율적인 수용관리방안, 교정, 2000. 8, 78면.
55) 박양빈, 전게논문, 247면.
56) 박광섭, 전게논문, 205면 ; 小柳武, 外国人犯罪者に対する矯正処遇, 法律のひるば 第48券1号, ぎょうせい. 1995, 42面.

한 경우에 그 외국인이 소속한 국가의 대사관이나 영사관을 통하여 도움을 줄 수 있도록 해야 한다. 그리고 외국인 수형자 자신이 이해할 수 있는 라디오 방송이나 TV시청을 통하여 정기적으로 중요한 뉴스를 접할 수 있도록 해야 한다. 물론 외국인 수형자도 누진계급에 따라 이러한 처우를 받을 수 있게 되어 있지만, 이는 어디까지나 내국인 수형자를 위한 것 이어서 한국어를 모르는 외국인 수형자에 대해서는 적절한 정보매체가 되지 못하고 있다. 그리하여 외국인 수형자의 소속 국가의 방송은 우리나라에서 쉽게 수신되고 있는 현실에서 그들 자신이 소속한 국가의 라디오 청취나 TV시청은 그들의 재사회화에 큰 영향을 미칠 수 있을 것이다.[57]

2. 통신 및 종교

영어를 모르는 외국인수형자에게는 종교·교화위원 등 교정참여인사의 지원을 받도록 하며 자국 대사관 등으로 부터 도서나 신문 등의 배려도 있어야 할 것이다. 종교행위에 대해서는 권리로서의 성질상 최대의 배려가 있어야 한다.[58]

종교적 보호와 관련하여 예컨대 회교도를 신봉하고 있는 외국인 수형자가 회교도에서 절대적으로 신성시한 라마단 기간 동안 노역에서 해방되어 종교의식에 참여할 수 있느냐가 문제가 된다. 이에 관하여 독일에서는 라마단 기간 동안 회교인에게 노역을 시키지 않고 있다.

우리의 「형의 집행 및 수용자의 처우에 관한 법률」 에 비추어 보면 기본

---

57) 허일태, 전게서, 314~315면.
58) 濱克彦, 來日外国人犯罪と刑事政策, 罪と罰 第42巻3号, 日本刑事政策研究会, 2005, 26-27面 ; 中島富美子, 外国人受刑者処遇の実際と諸問題, 犯罪と非行 第128号, 日立みらい財団, 2001, 85面.

적으로 수형자의 종교의식의 자유를 보장하고 있지만, 「형의 집행 및 수용자의 처우에 관한 법률 시행규칙」 제32조(종교행사의 참석대상) 및 제92조(사회적처우)의 규정에 비추어 보면 의문시되고 있다. 그러나 UN피구금자처우최저기준규칙 제42조 "모든 구금자는 …… 종교생활의 욕구를 충족할 수 있도록 허용되어야 한다"고 명시하고 있고, 독일의 예에 의하더라도 이를 인정하고 있음을 볼 때, 회교도의 라마단기간이나 유태교의 페샤축일에는 그 기간 동안 노역에서 면제될 뿐만 아니라 그들의 종교의식에 참가할 수 있도록 배려해야 할 것이다.[59]

그리고 통신교육·학과교육·직업훈련·운동회·생일집회·여가활동으로서의 클럽활동·TV시청 등 각종 처우프로그램에의 참가 등은 국내 일반수형자와 차별을 두어서는 안 될 것이며 특히 이들 외국인재소자에 대하여는 한국어 강좌의 개설운영도 고려하는 것이 좋을 것으로 생각한다.[60]

3. 가석방제도의 활용

이들의 효율적 사회복귀를 위해서는 모국에서 자립갱생할 수 있도록 일찍 그 환경을 조성해 주는 것이 적절한 방법이라 생각되므로 가석방제도의 탄력적 운영을 통해 이들을 조기 석방하도록 하는 것이 좋을 것으로 생각한다.[61]

4. 귀휴문제

외국인 수형자의 대부분은 한국에 사는 친인척이나 친구가 대체로 없기 때문에 귀휴문제는 거의 대두되지 않는다. 그러나 외국인 수형자의 경우에

---

59) 허일태, 전게서, 312~313면.
60) 박양빈, 전게논문. 247면.
61) 상게논문, 248면.

도 귀휴요건이 충족되면 귀휴가 허용되어야 함은 물론이다.62)

우리나라의 경우에는 귀휴를 개방처우자에게도 엄격한 기준을 적용하여 극히 예외적으로 실시하고 있다. 선진외국의 귀휴는 원칙적 처우이고 아직도 우리나라의 귀휴는 예외적 처우의 성격을 지니고 있다. 그리하여 이러한 성격상의 차이로 인하여 선진 외국에서와는 달리 귀휴허가요건 · 귀휴허가기간 · 귀휴심사절차 · 귀휴지선정 등에 있어서 매우 제한적이고 그 절차도 복잡하다. 따라서 귀휴허가요건을 대폭 완화하여 도주사고를 일으킨 전력이 있는 수형자 등 특별히 귀휴를 제한할 사유가 있는 경우 이외에는 특히 1 · 2급의 모범수형자에게는 원칙적으로 귀휴의 혜택을 많이 누릴 수 있도록 하여야 한다. 환언하면 제한규정을 대폭 완화하여 사회적응훈련의 효과를 제고하여야 한다.

또한 '형의 집행 및 수용자의 처우에 관한 법률 시행규칙' 제129조에 규정된 귀휴허가사유는 무려 10개 항목에 걸쳐 병렬식으로 나열되어 있다. 이 규정에 나열된 사유에 해당하지 않더라도 인륜상 또는 도의상 귀휴를 허가해야할 필요성이 있는 경우도 있을 수 있기 때문에 동규정은 귀휴의 본래 목적인 수형자의 교정교화를 위하여 귀휴를 탄력적으로 시행하는 것을 가로막는 규정으로 밖에 볼 수 없다.

따라서 10개항에 걸친 귀휴허가 사유를 하나로 통합하여 「수형자의 교정교화를 위하여 필요한 때」로 포괄적으로 규정하는 것이 좋다고 본다.63)

이처럼 수형자에 대한 형의 완화로서 수형자에 대한 귀휴제도는 재범의 가능성이 거의 없는 한 외국인 수형자를 포함한 모든 수형자에게 폭넓게

---

62) 허일태, 전게서, 316면.
63) 박영규, 수형자 귀휴제도의 문제점과 개선방안, 교정연구 37호, 2007, 49~50면.

인정되는 것이 타당하다고 생각한다.[64)]

그리고 귀휴 외에 형의 완화형식으로 '사회견학'을 들 수 있는데, 이는 급속히 변화하는 사회의 실상을 몸소 체험하기 위하여 문화유적지나 사회시설 등을 견학하는 현장 교육의 일환으로 시행되고 있다. 그런데 외국인 수형자는 사회견학의 혜택을 누릴 수 있는 가능성이 높지 않다고 보여진다.[65)] 재범의 우려가 없는 자에 대해서는 광범위하게 사회견학을 할 수 있도록 하는 것이 우리 헌법정신과 UN피구금자 처우최저기준규칙에도 어울리게 될 것이다.[66)]

5. 처우에 적합한 「프로그램」의 개발

2007년을 기준으로 전년도에 비해 성범죄·폭력범죄·교통범죄 외국인 보호관찰대상자 수가 급증하고 있다. 범행의 중독성 및 치료필요성이 높은 성범죄는 2006년 12명에서 2007년 27명으로 2배가 넘는 증가추이를 보이고 있는 데, 이는 언어·문화·풍습 등의 차이로 이성과 원만한 교제가 힘든 외국인들이 최근 성을 매수하고 있으며 재범가능성이 매우 높다고 볼 수 있다. 따라서 보호관찰기관은 이들에 대한 특별교육 및 재범관리의 필요성을 재인식해야 할 것이다.[67)]

한편 경제적인 궁핍과 애로로 인하여 재산범죄인 절도·강도·사기·횡령을 범하는 외국인 교정대상자 수의 증가에 대한 대책수립이 매우 필요하다. 우선 시설내교정의 경우 전문적인 기술과 지식의 습득 위주로 하여야

---

64) 허일태, 전게서, 318면.
65) 상게서, 317면.
66) 상게서, 323면.
67) 이창한, 전게논문, 120면.

한다.68)

동시에 외국인 수형자도 출소 후 우리 사회에의 적응능력을 위하여는 고용된 사람을 고용상태 계속 유지 등을 가능하게 하는 조치가 요망된다.69)

그리하면 외국인 재범률을 줄이는 데 도움을 주리라 생각한다.70)

6. 형사절차상의 문제

외국인에 의한 범죄의 경우 피해자·피고인외에, 사건관계자도 외국인인 경우가 많다. 또 한국국적을 가지지 않는 등의 이유에서 형사절차상상 곤란이 생김과 동시에 적정절차의 보장을 위한 국내인과는 다른 배려가 필요하다.71)

또한 외국인 범죄에 대해서는 관련 형법과 특별법이 모두 적용되며, 형사소송법과 출입국관리법 등의 절차에 따라 외국인 범죄자의 신병이 처리되고 있다. 이와같이 많은 규정이 여기저기 흩어져 있어 외국인 범죄자의 처리과정에서 적정절차를 위반하는 결과를 가져올 수도 있다.

따라서 모든 관련 법령을 하나로 체계화시키는 것이 필요하다. 예컨대 형사소송법에 "외국인에 관한 죄는 특별법에 의한다"라고 명문화 한 후 "외국인 범죄에 관한 법률"을 제정하는 것이 필요하다고 본다.72)

---

68) 상게논문, 120면.
69) 박광섭, 전게논문, 205면.
70) 류여해, 전게논문, 190면.
71) 藤永辛治外 編·, 國際·外國人犯罪, <特集> 外國人事件と刑事司法」刑雜 33 卷 4號 773面 以下). ; 특히 언어의 문제에 관해서는 통역능력을 마련한 공평·중립의 통역인·번역인의 확보가 수사에서 기소·공판·형의 집행에 이르는 형사절차 전체의 과제로 되고 있다. 번역문 또는 통역인 없이 행해진 강제수사의 위법성, 수사관에 의한 통역의 시비, 모국어 내지 제일언어이외의 통역인을 통한 조사에 있어서 작성된 진술조서의 증거능력, 번역문이 첨부되지 않은 진술조서의 증거능력이나 기소장등본송달의 위법성, 법정통역의 정확성이나 공평성 특히 수사단계와 동일의 통역인 또는 모국어 이외의 통역인을 법정통역인으로 하거나 피고인에 대한 통역비용의 부담을 명하는 것의 시비(인권 B규약 14조 3항 f)가 다투어진 케이스가 있다(太田達也, 來日外國人犯罪·高齡者犯罪, 加藤久雄·瀨川 晃 編, 刑事政策, 365面).

7. 수형자 이송제도

수형자 이송을 위한 외국과의 협약의 확대는 외국인 범죄자 처우상의 문제점을 해결할 뿐만 아니라 교정의 경제적 측면[73]에서도 유용한 방법의 하나가 될 수 있다. 또한 외국인 범죄자는 범죄지 국가가 아닌 국적국이나 생활근거가 있는 국가에서 형벌을 집행하자는 의견도 제시되고 있다.[74]

그러나 우리나라 범죄지표상 외국인 범죄 중 많은 비중을 차지하고 있는 중국·태국·베트남·몽골 등은 우리와 수형자 이송협약이 체결되어 있지 않으므로 그 협약체결을 위한 노력이 더욱 필요하다고 생각한다.[75]

또한 앞에서 문제점으로 언급한 수형자 이송조약의 위헌성 문제는 결국 정책적으로 해결할 수밖에 없다고 할 것이다. 그리하여 정책적 판단을 함에 있어서 이송조약의 본래 목적인 수형자에 대한 인도주의 및 원활한 사회복귀에 중점을 두어야 할 것이다.[76] 정부차원에서 입법 등 적극적인 조치가 따라야 한다고 생각한다.

8. 외국인 수용자의 범위 문제

우리나라 사람과 결혼하여 한국 국적을 취득한 외국인의 경우에는 국적으로는 한국국민으로 분류되지만, 정서적·언어적 측면에서는 아직 한국인으로 분류하기에는 문제점이 있어 보인다.

따라서 외국인 수용자의 범위에 이들을 명시하는 것이 바람직하다는 주

---

72) 류여해, 전게논문, 191면.
73) 西本仁久, 前掲論文, 117面 ; 천진호, "국가간 수형자 이송제도 연구", 한국형사정책연구원, 2006, 107面.
74) 濱克彦, 來日外国人犯罪と刑事政策, 罪と罰 第42卷3号, 日本刑事政策研究会, 2005, 28面.
75) 박광섭, 전게논문, 211면.
76) 김학성, 전게논문, 182면.

장이 제기되기도 한다.[77]

앞으로의 많은 검토가 요망된다.

제5절 맺는 말

외국인의 범죄는 세 유형이 있다.

첫째, 국내에 합법·비합법으로 체재하는 사이에 범죄를 범하게 되는 「기회적 범죄유형」

둘째, 오로지 우리나라에서의 취업을 목적으로 하여 불법입국 내지 불법잔류하여 그 자체가 「출입국관리법상 범죄를 구성하는 범죄유형」

셋째, 당초부터 범죄목적으로 입국하여 범행에 도달하는 「직업적 범죄유형」이다.[78]

이 글의 「외국인수형자에 대한 처우」는 첫째의 「카테고리」에 속한다.

---

77) 류여해, 전게논문, 183면.
78) 외국인 범죄의 세 유형은 다음과 같다(박양빈, 전게논문, 245~244면).
　　첫째, 「기회적 범죄유형」에 대하여서는 내국인과 다른 별도의 대책은 없다. 다만 외국인이 때문에 특례를 인정한다는 것이다. 본 주제의 「외국인수형자에 대한 처우」는 이 「카테고리」에 속한다.
　　둘째, 「출입국관리법상 범죄를 구성하는 범죄유형」에 대하여서는 그들 국가와의 경제격차가 그 범죄요인으로 됨은 물론이다. 불법잔류나 불법취업이 외국인범죄의 또 다른 요인이 될 수도 있고 또 이로 인하여 근년에 집단밀항사건이나 악질브로커가 개재하는 고용관계사범이 빈발하고 있다. 따라서 이러한 불법입국이나 불법취업을 조장하는 행위에 관해서는 관계제기관과의 연계를 도모하면서 철저한 대응을 취할 필요가 있다.
　　셋째, 직업적 범죄유형도 범행직후에 출국하는 이른바 hit-and-run형, 또는 국내에 장기간 체재하면서 조직적으로 범행을 반복하는 정착형 등이 있다.
　　이러한 범죄유형에 대하여서는 종래의 체제로는 대응할 수 없는 경우가 많다. 따라서 이에 대해서는 새로운 수사기법이나 불법수익박탈제도의 효과적인 적용이 기대되고 있다.

외국인범죄수는 1988년에 2.532명이었던 것이 2004년도에는 12,821명으로 증가하여 5.1배 정도 증가하였다. 외국인 입국자수가 2.6배 정도 증가한 것과 비교하여 외국인범죄수의 증가가 입국자수 증가의 두 배 정도로 나타난다.79) 이는 외국인 입국자수와 외국인범죄자수가 비례하지 않는다는 것이다.80)

국내에서 발생하는 외국인범죄는 외국인 입국자수의 증가에 의한 영향도 있지만 국내에서 일정 기간 이상 체류하는 외국인수의 증가와 보다 깊은

79) 최영신, 외국인의 불법체류와 외국인 범죄, 형사정책연구, 제18권 제3호(통권 제71호, 2007·가을호) 1327면.
80) 외국인 입국자수와 외국인범죄수(최영신, 전게논문, 1328면)

연도	외국인 입국자		외국인범죄	
	입국자수(명)	1988년 기준 증가율(%)	발생인원(명)	1988년 기준 증가율(%)
1988	2,172,469	100.0	2,532	100.0
1989	2,488,937	114.6	2,915	115.1
1990	2,719,850	125.2	2,243	88.6
1991	2,942,063	135.4	2,415	95.4
1992	3,008,973	138.5	2,368	93.5
1993	3,092,088	142.3	2,320	91.6
1994	3,373,925	155.3	2,495	98.5
1995	3,564,539	164.1	2,346	92.7
1996	3,564,966	164.1	2,746	108.5
1997	3,780,990	174.0	2,982	117.8
1998	4,109,997	189.2	3,645	144.0
1999	4,530,401	208.5	4,597	181.6
2000	5,212,729	240.0	5,134	202.8
2001	5,027,951	234.4	6,788	268.1
2002	5,204,670	239.6	8,046	317.8
2003	4,657,595	214.4	9,338	368.8
2004	5,750,545	264.7	12,821	506.4

(2004년도 외국인 입국자수와 외국인범죄자의 국적별 비교)(최영신, 전게논문, 1329면)

국적\연도	일본	중국	미국	타이완	필리핀	러시아	홍콩	타이	말레이시아	기타	합계
입국자수 (%)	2,452,800 (42.7)	686,368 (11.9)	615,811 (10.7)	346,171 (6.0)	216,196 (3.8)	158,146 (2.8)	154,431 (2.7)	103,613 (1.8)	94,113 (1.6)	922,896 (16.0)	5,750,545 (100.0)
범죄발생 인원(%)	377 (2.9)	5724 (44.6)	1395 (10.8)	450 (3.5)	323 (2.5)	635 (4.9)	27 (0.2)	275 (2.1)	38 (0.3)	3577 (27.9)	12821 (100.0)

연관이 있을 것으로 보인다.

최근 국내 외국인 입국자수의 증가에 비하여 외국인 체류자수의 증가가 더욱 급속하게 진행되고 있으며, 외국인 체류자수의 증가율이 외국인 입국 자수의 증가율에 비하여 상대적으로 보다 높은 외국인범죄자의 증가율을 보인다.[81]

교정시설에 있어서의 수형자처우의 기본목표는 수형자를 사회로부터 격리 수용하여 교정교화하며, 건전한 국민의식과 근로정신을 함양하고, 각종 교육과 훈련을 통하여 수형자로 하여금 사회에 용이하게 복귀할 수 있도록 하는데 있다.[82]

여기서 복귀하는 「사회」 라는 것은 어떠한 사회를 상정하고 있는가. 오늘의 역사적 과제는 「교정의 국제화」 라 할 수 있다.[83] 이미 교정현장에서

---

81) 외국인 체류자와 외국인범죄수의 증가 추이(최영신, 전게논문, 1331면)

연도	외국인 체류자		외국인범죄	
	체류자 (등록외국인+불법체류자)	1992년 기준 증가율(%)	발생인원(명)	1992년 기준 증가율(%)
1992	86,721	100.0	2,368	100.0
1993	121,196	139.8	2,320	98.0
1994	133,136	153.5	2,495	105.4
1995	178,248	205.5	2,346	99.1
1996	252,924	291.7	2,746	116.0
1997	291,948	336.7	2,982	125.9
1998	222,150	256.2	3,645	153.9
1999	275,068	317.2	4,597	194.1
2000	359,441	414.5	5,134	216.8
2001	484,854	559.1	6,788	286.7
2002	541,696	624.6	8,046	339.8
2003	576,010	664.2	9,338	394.3
2004	677,948	781.8	12,821	541.4

82) 범죄백서, 2008, 293면.
83) 정부는 외국인과 함께 하는 세계 일류국가 추진을 위한 5개년 계획으로서 「제1차 외국인정책 기본계획」 을 심의·확정한 바 있다(「재한외국인 처우 기본법」 에 근거를 둔 최초의 5개년 국가 계획(「대상기간 : 08년~12년」). 이는 「외국인과 함께 하는 세계 일류국가」 를 외국인 정책의 비전으로 설　정하고 이를 달성하기 위해 ① 적극적인 개방을 통한 국가경쟁력 강화 ② 질 높은 사회통합 ③ 질서 있는 이민행정 구현 ④ 외국인 인권옹호를 4대 정책목표로 설정하고

는 현실적 과제로서 외국인 수형자의 증가와 그 처우에 관한 문제가 나타나고 있다. 그러나 「교정의 국제화」 라는 문제는 이러한 「외국인 수형자처우」 라는 것에 한정된 국면에 그치는 것은 아니다. 「외국인 수형자처우」 라는 문제를 통하여 실은 교정 그것의 본연의 자세가 문제가 된다.[84]

외국인 수형자중 많은 사람은 외국으로부터 와서 외국으로 돌아간다. 귀국 후 한국의 교도소에 대하여 이야기 한다. 그 중에는 자국의 교도소에 있었던 자도 있을지 모른다. 환언하면 한국이외의 교도소에서 수형생활을 경험한 자는 자연히 자국과 외국의 수형자처우를 비교하게 된다. 이것은 국제화의 진행 중에 한 국가의 교정이 세계의 씨름판 위에서 재검토되고 재평가된다는 것을 의미한다.[85]

오늘날 「외국인 수형자처우」 의 문제는 단순한 「처우」 에 그쳐서는 않되고 우리나라 교정 전반의 총 점검이 필요하다. 또 외국인수형자 증가에 수반하여 수형자 이송조약의 문제를 절실히 음미해야 한다. 검토를 요하는 과제이다.[86]

이를 위한 13대 중점과제를 확정하였다.

외국인정책의 기본방향은 첫째, 개방을 통해 국가경쟁력을 강화, 둘째, 우리 사회를 인권이 존중되는 성숙 한 다문화사회로 발전, 셋째, 법과 원칙에 따른 체류질서를 확립 등이다. 둘째의 「우리 사회를 인권이 존중 되는 성숙한 다문화사회로 발전」 은 국내 정착 이민자의 증가에 따른 「다문화사회」 의 도래에 대비하고 「개 방된 사회」 의 보편적 가치로서 외국인의 인권을 보장하겠다는 것이다.

84) 靑木武門, 前揭論文, 879面.

85) 上揭論文, 879面.

86) 우리나라 영역내에서 범죄를 범한 것이기 때문에 유죄의 경우 한국의 법률에 따라서 복역할 필요가 있는 것은 말할 것도 없다. 그러나 형벌은 단순히 응보가 아니라 범죄자의 사회복귀나 개선갱생을 위하여 행해지는 것이므로 외국인범죄자의 귀주지(歸住地)가 한국이 아니라 각국의 모국인 이상 한국에서 범죄를 범하고 자유형을 선고한 경우에도 그 본국에 이송하여 그곳에서 형을 복역시켜 처우를 받게 하는 쪽이 본인의 사회복귀면에서 바람직하다. 이것이 수형자이송제도라 불리우는 것으로 유럽이나 태국 등 아시아의 일부 국가에서는 오래 전부터 수형자이송에 관한 조약이 체결되어 있으며, 1985년에 이탈리아 「밀라노」 에서 개최된 제7회 「국제범죄방지회의」 에서는 외국인수형자의 이송에 관한 모범협정이 채택되었다. 더욱이 집행유예나 가석방 등에 수반하는 보호관찰의 대상자를 그 본국에 송환하는 것외에 「보호관찰의 이관」 도 오래 전부터 유럽의 일부의 나라에서는 실현되고 있다(太田達也, 來日外國人犯罪·高齡者犯罪, 368面).

따라서 외국인노동자의 문제에 관심을 갖고 외국인 수형자의 동향에 주의를 기울이어야 하며 그 처우의 본연의 자세에 관하여 고려하여야 한다.[87]

---

87) 외국인 불법체류 노동자와 공존할 수밖에 없는 현실이라면 이들에 의한 범죄발생을 감소시키고 함께 공존할 수 있는 방법을 찾아야 한다. 이를 위해서는 무엇보다도 외국인 노동자나 불법체류 노동자를 범죄인과 동일시하거나 부정적인 선입견을 갖고 대함으로써 발생할 수 있는 인권침해 요인을 제거하는 방향으로 관련 정책이 전환되어야 하며 내국인이 외국인의 불법체류자 신분을 악용함으로 인해 야기되는 여러 가지 범죄를 억제시킬 수 있는 방향으로 외국인범죄에 대한 정책이 전환되어야 할 것이다.
(최영신, 전게논문,1338~1389면 발췌).

제 15 장
고령범죄자처우의 개선방안

제1절 고령범죄자의 현황

21세기 교정운영에 있어서 급속도로 증가하고 있는 고령범죄자에 대한 수용관리 및 처우문제가 중요과제로 부상되고 있다.1)

「고령자」란 65세 이상의 자로 하는 것이 국제적인 경향이다. WHO를 비롯하여 국제적으로는 고령자의 연령을 65세 이상으로 하고 있는 곳이 많고, 우리나라의 수형자분류상으로도 종전 60세 이상에서 처우분류급 연령을 상향조정하여야 하고2), 교정분야 통계도 60세 이상을 고령자로 파악하던 것을 65세 이상을 대상으로 고령수형자 처우대책을 수립하여야 할 것이다.3)

우리나라에서는 평균수명의 신장에 따라 고령화가 진행되고 있다. 이러

---

1) 우리나라는 2000년에 「고령화 사회」(aging society)에 진입한 이래 2019년에는 19 년이라는 짧은 시간에 「고령사회」(aged society)로 이행하며, 그 이후에도 7년 후에는 다시 선진국들과 같은 수준의 「초고령사회」(super aged society)로 이행하게 된다(이태언·김상균·신석환·조미숙, 신형사정책, 2007, 452면에서 발췌).

2) 수용자 분류수용 지침- 2002. 6. 7, 예규보일 제636호 - 제4조(미결수용자의 기본분류) 미결수용자의 기본분류 대상은 다음과 같다.
   1. 남자와 여자
   2. 성년과 소년
   3. 공범자간
   4. 내국인과 외국인
   5. 고령자(만 60세 이상)와 비고령자

3) 우리나라 「고령자 고용촉진법(1991.12.31 법률 제4487호)」에서는 55세이상을 고령자로 하고 있다.
   고령자고용촉진법 [시행 2008. 1. 1] [법률 제8472호, 2007. 5.17, 일부개정]
   제2조 (정의) 이 법에서 사용하는 용어의 정의는 다음과 같다. <개정 2006.12.28, 2007.4.11>
   1. "고령자"라 함은 인구·취업자의 구성 등을 고려하여 대통령령이 정하는 연령이상인 자를 말한다.
   1의2. "준고령자"라 함은 대통령령이 정하는 연령 이상인 자로서 고령자가 아닌 자를 말한다.
   고령자고용촉진법 시행령[시행 2008. 1. 1]
   [대통령령 제20484호, 2007.12.28, 일부개정]
   제2조 (고령자 및 준고령자의 정의)
   ① 「고령자고용촉진법」(이하 "법"이라 한다) 제2조제1호에 따른 고령자는 55세이상인 자로 한다. <개정 2007.6.29>
   ② 법 제2조제1호의2에 따른 준고령자는 50세이상 55세미만인 자로 한다. <개정 2007.6.29>

한 고령화 사회의 진전에 수형자수에서 차지하는 고령자의 비율도 상승의 길을 걷고 있다.

유엔세계보건기구(WHO)는 한나라의 총인구에 차지하는 65세이상 인구의 비율이 7%를 초과하는 사회를 '고령화사회'라고 하고 있다.4)

우리나라도 현재「고령화사회」로 접어들고 있는 데, 65세 이상 고령층의 인구추세를 보면 2000년 3.394.896, 2001년 3,579,213, 2002년 3,772,454, 2003년 3,969,036(추계), 그리고 인구구성비로 보면 각각 7.2%, 7.6%, 7.9%, 8.3%(추계)로 나타나고 있다.5)

---

4) UN은 전체 인구 중 만 65세 이상의 고령인구 비율이 7% 이상인 사회를「고령화 사회」(aging society), 14% 이상을「고령사회」(aged society), 20% 이상을「초고령사회」(super aged society)로 분류하고 있다(장민석, 노인범죄의 특성과 대책에 관한 연구, 치안정책연구소, 연구보고서, 2002-12, 1면). 통계청 자료(통계청 : 에 의하면 우리나라도 2000년에 이미 65세 이상 고령 인구 비율이 7.2%로「고령화 사회」로 진입하게 되었으며 2019년에는 14.4%로「고령사회」가, 2026년에는「초고령 사회가 될 것으로 예측된다. 특히 우리나라가 고령화 사회에서 고령사회로 이행하는 데에 소요될 것이라고 예측되는 시간은 19년에 불과하여, 프랑스의 115년, 스웨덴의 85년, 일본의 24년에 비하여 상당히 빠른 편이다(상게논문 1면, 주 2).

	2000년	2005년	2010년	2018년	2026년	2030년	2050년
총인구	47,008	48,294	49,220	49,934	49,771	49,329	42,348
65세이상인구	3,395	4,383	5,354	7,162	10,357	11,899	15,793
65세이상구성비	7.2	9.1	10.9	14.3	20.8	24.1	37.3

5) ① 우리나라 전체인구 중 65세 이상이 차지하는 비율은 1970년대까지는 3.3%을 유지하다가 1989년에는 4.7%이던 것이 2000년 7%를 넘어섰으며, 이러한 추세라면 2020년경부터는 인구의 14% 이상을 65세 이상의 노인인구가 차지하게 되는 고령사회가 된다고 한다(남상철,신연희, 노인수용자의 효율적 처우방안, 교정연구, 제19호, 2003, 165면)
이 논문에서는 우리나라의 고령인구를 60세 이상으로 보면서 그 증가율을 다음과 같이 보고 있다(한국통계연감, 통계청, 2002, 46면).
우리나라 60세 이상 인구비율의 추계

연도 노인구성비	1980	1985	1990	1995	2001	2020
	5.6%	6.3%	7.1%	9.27%	11.2%	15.1%

② 평균수명의 연장
우리나라 사람들의 평균수명은 1960년부터 지난 40년동안 22.5세 증가하였다. 2005년 현재는 남자 74.8세, 여자 81.5세로 평균 77.9세에 이르고 있으며, 2015년부터는 평균 수명이 80세에 이를 것으로 예측되고 있다. 이런 점을 근거로 하여 볼때 '인생은 60부터'라는 말은 옛말이 되었으며 '인생은 70부터'라는 말이 이미 현실이 되었고, '인생은 80부터'라는 말 역시 조만간 현실이 될 것이다(노인돌봄기본서비스교육교재, 보건복지부가족부 2009, 25면).
③ 고령인구의 증가
평균수명의 증가는 고령인구의 절대 수와 상대적 비율에 있어서의 급격한 증가로 이어지고 있다. 1970년에 100만명에도 못 미치던 65세 이상 고령인구는 2000년에는 339만명, 2006년에는 459만

그리하여 세계 여러나라가 당면하고 있는 「초고령화사회」에 대응하여
야 할 문제가 우리나라에서도 이미 목전에 달하고 있다.6)

이와 같은 「고령화사회」의 진전에 따라 고령자의 범죄도 점차 많아지
고 있는 추세이고, 그 결과 교정시설내의 고령자 수형자의 수도 아래 표에
서 보는 바와 같이 매년 증가추세에 있으나, 아직까지 우리나라에서는 고령
수형자의 수용관리 및 처우문제가 관심밖에 놓여 있고 이들의 수용통계마
저 불비한 실정이다.7)

명으로 증가하여 지난 30여년동안 고령인구의 절대수가 4배 이상 증가하였다. 1980년까지 3%
수준에 불과하던 고령인구의 비율이 2000년에 7.1%, 2006년 9.5%, 2020년 15.6% 그리고 2050
년에는 38% 수준에 이를 것으로 전망되어 고령인구의 비율이 빠르게 증가할 것으로 예측되고
있다(상게서, 25면).

6) (이태언·김상균·신석환·조미숙, 전게서, 453면에서 발췌)
1999년 인구는 60억을 넘어섰고 60세 이상의 인구가 약 10%이며 2050년에는 19억을 넘어서
세계 인구의 21%를 차지할 것으로 추정되고 있다. 1998년 60세 이상의 인구비율은 선진국에서
가장 높게 나타나 평균 19%에 달하고 있으며, 개발도상국의 경우는 7%로 고령화 초기 단계에
들어서고 있고, 후진국의 경우는 그 비율이 5%로 가장 낮다. 개발도상국가 중에 그리스와 이탈리아
가 고령인구비가 가장 높아서 60세 이상 비율이 23%에 달하고 있다. 그 추세로 보면 2050년에는
선진국의 경우 31%, 개발도상국은 19%, 후진국은 12%를 차지할 것으로 추계되고 있다.
우선 고령화의 속도가 의미하는 것은 급격한 연령구조의 변화로 인하여 적응하기가 어렵기 때문에
더 큰 정책적 과제 수행과 연금제도, 의료서비스와 같은 국가적 지원체계가 보다 많이 요구된다는
것이다. 이러한 고령화의 속도는 개발도상국의 경우 훨씬 빠르게 진행되어 7%에서 14%가 되는
데 25년 내지 28년이 소요될 것으로 추정한다.
고령사회 진입에 소요되는 기간

고령인구 비율	일 본	미 국	영 국	프랑스	서 독	스웨덴	한 국
7%	1970	1945	1930	1865	1930	1890	2000
14%	1996	2020	1975	1980	1975	1975	2022
소요 연수	26	75	45	115	45	85	22

자료: Japan Aging Research Center(1996), Aging in Japan.

7) 본문의 표는 1998년부터 2007년까지의 수용인원 중 수형자의 연령별 분포상황을 나타낸 것이다.
범죄백서는 아직 고령자를 60세 이상으로 하는 듯 하다. 일본법무성은 60세 이상을 고령자로 하고
있다. 「고령자」란 65세 이상의 자로 하는 것이 국제적인 정의 이며 따라서 일본에서도 총무청이나
후생성의 통계에서는 이 정의를 채용하고 있으나, 법무성에서는 60세 이상의 자를 고령자로 하고
있다(太田達也 來日外國人犯罪·高齡者犯罪, 加藤久雄·瀨川 晃 編, 刑事政策, 1998, 362面).

– 수형자 연령별 인원 및 구성비 –

( ) 안은 %

연 도 / 연 령	1998	2001	2004	2007	증감율 (1998-2007)
계	36,811 (100.0)	38,521 (100.0)	36,627 (100.0)	31,478 (100.0)	85.5 %
20세 미만	309 (0.8)	115 (0.3)	34 (0.09)	37 (0.12)	11.9 %
20세-29세	14,904 (40.5)	13,297 (34.5)	9329 (25.5)	6,600 (21.0)	44.2 %
30세-39세	12,013 (32.6)	12,434 (32.3)	11,581 (3.10)	9,348 (29.6)	77.8 %
40세-49세	6,821 (18.5)	9,146 (23.7)	9,909 (27.0)	9,849 (31.2)	144.3 %

연 도 / 연 령	1998	2001	2004	2007	증감율 (1998-2007)
50세-59세	2,190 (6.0)	2,699 (7.0)	3,359 (9.0)	4,375 (13.9)	199.7 %
60세 이상	574 (1.6)	830 (2.2)	935 (2.6)	1,269 (4.0)	221 %

* 자료출처: 법무연수원, 2007, 『범죄백서』
* 증감율은 1998년을 기준(100%)으로 하였음.

1998년부터 2007년까지의 수용인원중 수형자의 연령별 분포상황

年度 / 年齡	1998	1999	2000	2001	2002	2003	2004	2005	2006	2007
計	36,811	38,737	38,224	38,521	37,646	37,692	35,627	32,969	30,145	31,478
16歲未滿	10	10	2	20	3	4	2	0	1	1
18歲 〃	299	208	143	95	70	66	32	29	22	36
20歲 〃	1,276	1,143	901	773	541	525	324	201	156	214
25歲 〃	6,985	7,092	7,007	6,348	5,568	5,515	4,637	3,770	3,086	2,519
25歲以上	6,643	6,495	6,169	6,176	5,971	5,845	4,868	4376	3,877	3,867
30歲 〃	12,013	12,290	12,353	12,434	12,217	11,987	11,581	10,423	9,262	9,348
40歲 〃	6,821	8,125	8,246	9,146	9,416	9,755	9,909	94,71	9,045	9,849
50歲 〃	2,190	2,688	2,667	2,699	2,982	3,088	3,339	3,667	3,651	4,375
60歲 〃	574	686	736	830	878	907	935	1,032	1,043	1,269

주 : 1. 법무부 교정국 통계.
註 : 2. 피보호감호자 및 노역장유치자 포함.

제2절 고령범죄자의 유형 및 특색

I. 유형 및 특색 일반

고령범죄의 죄종으로서는 절도·횡령·사기 등 재산범이 대부분을 차지하고 있고[8], 특히 여자고령자의 경우 이 경향이 높다.[9]

고령범죄자에는 두 종류의 유형이 존재하고 있다.

첫째, 초발범죄·비행연령이 비교적 낮고 전과가 많은 고령누범자이다.[10]

둘째, 현저한 범죄비행경력이 전혀 없다가 고령에 달하여 비로서 범죄를 범하는 고령초범자이다.

양자를 비교한 일본의 현황은[11]우리에게 시사하는 바 크다.

---

8) 2007년말 재산범 15,339 중 절도 1466 사기 9578 횡령 1336 그리고 배임 727이다(「범죄자범행시 연령」 범죄분석, 대검찰청, 2007, 239면) ; 장준오·유홍준·정태인·이완수·노용준, 노인범죄 및 범죄피해와 노인환경의 유해성연구, 연구총서, 08-08, 2008, 형사정책연구원 232면.

9) 2007년말 여성의 재산범중 61세-70세의 재산범 2937 중 절도 550, 사기 1926 그리고 71세 이상의 재산범 554 중 절도 119 사기 331 횡령 36 배임23으로 나타난다; 「여성범죄자 범행시 연령」, 범죄분석, 대검찰청, 2007, 405면.

10) 소년비행은 성인범죄로 연결되는 경우가 많으나 오늘의 비행소년은 반드시 내일의 성인 범죄자라 말할 수 없다. 이것은 모든 비행소년이 성인범죄자로 되지 않는 사실과 고연령 층에서 초범자가 되는 율이 높다는 사실로 증명된다. 25세 이상자로 초범자가 되는 경우는 연령이 높을수록 증가하는 편이다(신진규, 범죄학 겸 형사정책, 1990, 189면).
    우리나라 수형자 전체에 대한 전과율은 2007년의 경우 52.3%이다(범죄백서 법무연수원, 2008, 290면).
    한편 고령수형자의 누범율은 조사에 따라 차이가 있기는 하지만 높은 것으로 나타났다. 한 조사에서는 조사대상자의 43.1%가 전과경험이 있으며 56.9 %가 전과가 없는 것으로 되어 수형자 전체를 대상으로 할 때의 누범율과 비슷하다(이건종·전영실, 노인의 범죄 및 범죄피해에 관한 연구, 한국형사정책연구원, 1995, 61면), 또 다른 조사에서는 60세 이상의 조사대상자 중 누범자는 77.7%이고 무전과자는 22.3%에 불과한 것으로 나타나 고령수형자의 재범율이 높다(강은영, 노인수형자의 특성 및 처우실태에 관한 연구, 한국형사정책연구원, 2001,122~123면).
    이러한 결과는 연령이 올라 갈수록 전과의 경험이 축적된다는 사실을 감안하더라도 고령수형자들의 높은 재범율을 확인하기에 충분하다. 고령 재범 수형자 중 특히 상습범인 경우가 많은 것이 고령 수형자의 특징이다(남상철·신연희, 전게논문, 171면).

11) 太田達也, 前揭書, 362面

첫째, 고령누범자에는 절도·사기의 재산범이 많고,

둘째, 고령초범자의 경우 절도에서는 경미한 범죄의 비율이 높으나 살인이나 방화 등 중대범죄도 많이 있는 것이 특징이다.

고령누범자는 거듭되는 범죄의 결과 고령초범자와 비교하여 무직으로 생활능력이 낮고, 주소불명의 자의 비율이 높고, 가족관계가 파탄하고 있는 것이 많다.12)

일본의 경우 고령자가 범하는 범죄의 대부분은 절도·유실물횡령 등의 경미한 재산범이기 때문에 경찰단계에서 절차가 종료하는 경우가 적지 않다. 또 검찰의 단계에서도 우리나라 현행법상 「범인의 연령」이 기소유예처분의 한 기준으로 될 수 있는 것처럼(형사소송법 제247조 제1항, 형법 제51조)13) 실무상도 형법범(업무상 과실범을 제외한)의 공소제기율은 피의자의 연령이 높아질 수록 낮아지고, 60세 이상의 고령피의자에 대한 기소유예가 가장 높게 나타나고 있다.

그러나 고령범죄자 중에는 실형전과자가 적지 않아 기소유예가 어려운 경우도 많고, 기소유예가 가능한 사안에서도 가족관계가 이미 파탄에 이르고 있고, 직업이나 귀주지도 없는 고령자를 단순히 기소유예로 하는 것만으로는 자립갱생할 수 없고 재범에 이를 가능성이 높다. 그렇다고 해서 고령

---

12) 平成3年 日本犯罪白書, 西村春夫外 「高齡犯罪者の生活意識と犯罪經歷(1)(2)」 中央學院大學總合研究所紀要 10券 2號·11券 2號.
13) 형사소송법 제247조 「기소편의주의와 공소불가분」
   ① 검사는 형법 제51조의 사항을 참작하여 공소를 제기하지 아니할 수 있다.
   형법 제51조 「양형의 조건」 형을 정함에 있어서는 다음 사항을 참작하여야 한다.
   1. 범인의 「연령」, 성행, 지능과 환경
   2. 피해자에 대한 관계
   3. 범행의 동기, 수단과 결과
   4. 범행 후의 정황

자를 소추하여 형벌을 과하는 것만으로는 다시 회복할 동기를 잃게 하여 범죄에 빠지게 할 위험성도 있다. 그래서 「다이버전」(diversion)의 이점을 살리면서 사회내에서의 자립갱생을 촉진하는 제도로서 보호적 조치를 전제로 한 기소유예처분의 도입이 요망된다. 갱생보호조치부 기소유예와 같은 제도를 고령범죄자에게 적용하는 것도 필요하다.

한편 법원에서 실형판결이 선고되는 고령자의 비율이 높다. 이것은 기소유예에 친숙하지 않고 공소제기된 고령범죄자 중에는 누범자나 상습범이 많이 포함되어 있기 때문에 집행유예의 적용을 받지 못하기 때문이다.

II. 범죄별 특색

1. 강력범죄의 변화 추이

우리나라의 강력범죄(살인·강도·강간·방화)에 있어서 최근 10년간 전체살인범은 1996년 776명에서 2005년 1,178명으로 약 1.52배 증가한 반면, 그 중 61세 이상 고령자살인범은 1996년 18명에서 2005년 96명으로 무려 약 5.33배나 증가한 것을 볼 수 있다. 강도범의 비율을 보면 전체강도범은 1996년 5,098명에서 2005년 5,084명으로 오히려 약간의 하락추세를 보였지만(0.99배), 그 중 61세 이상의 고령강도범은 6명에서 75명으로 급증하여 무려 10배가 넘는 12.5배나 증가하였고, 성폭력범은 1996년 총 6,788명에서 2005년 총 10,942명으로 1.61배가 증가하였고, 그 중 61세 이상 고령성폭력범은 91명에서 430명으로 4.72배 증가 하였다. 방화범은 1996년 전체 685명에서 2005년 1,454명으로 2.35배가 증가하였고, 그 중 61세 이상 고령 방화범은 8명에서 59명으로 7.37배가 증가하였다. 이는 전체인구 중 고령인구의 증가추세를 감안하더라도[14] 고령자에 의한 강력범죄 특히 강도범죄의 경우 심각한 수준으로 증가하고 있음을 알 수 있다. 또한 검찰청 범죄분석에 의한 고령자 10만 명당 강력범죄율은 1970년 23.7에서 2000년에 75.9로 220% 증가하여 청소년층(96%) · 성인층(72%)에 비해 크게 늘어난 것으로 분석된다.[15]

2. 절도범죄의 변화 추이

일반적으로 고령범죄의 특징 중 하나로 높은 재산범죄율을 들 수 있는데, 재산범죄 중에서도 사기 · 횡령 · 절도 · 배임 등의 범죄가 가장 높은 비율을 보이고 있다.[16] 절도범죄의 추이를 보면 1996년 총 52,030명에서 2005년 총 72,149명으로 1.39배가 증가하였고, 그 중 61세 이상 고령절도범은 317명에서 2,092명으로 무려 6.6배 증가하였다. 또 고령인구 10만 명당 고령자 재산범죄율은 1970년 89.5에서 2000년에 192.5로 115% 증가하였는데, 청소년(129%) · 성인(94%)의 재산범죄율 변화와 비교하면 세 집단의 재산범죄율 변화는 큰 차이를 보이지 않는다.[17]

3. 폭력범죄의 변화 추이

폭력범죄자는 1996년 총 336,094명에서 2005년 총 435,765명으로

---

14) 60세 이상 고령인구는 1971년 179만 명에서 2000년 521만 명으로 고령인구가 전체인구에서 차지하는 비중은 1971년 5.3%에서 2000년 11.1%로 2배가량 증가하였다(장준오 · 유홍준 · 정태인 · 이완수 · 노용준, 전게논문, 83면).

15) 장준오 · 유홍준 · 정태인 · 이완수 · 노용준, 상게논문 83면 ; 장민석, 전게논문, 21면

16) 澤登俊雄, 4-1, 2. 高齢化社會と犯罪, 年齢と犯罪, 澤登俊雄 · 所 一彦 · 星野周弘 · 前野育三)新 · 刑事政策, 1993, 309面.

17) 장준오 · 유홍준 · 정태인 · 이완수 · 노용준, 전게논문, 87 면. ; 장민석, 전게논문, 23면.

1.29배가 증가하였고, 그 중 61세 이상 고령폭력범은 4,707명에서 16,930명으로 3.59배 증가하였다. 검찰청 자료에 따르면 인구 10만 명당 노인에 의한 폭력범죄율도 1971년 12.5에서 2000년 20.9로 늘어났다.[18]

4. 고령자범죄 죄종별 증가 추이 비교

고령자범죄에 있어 가장 급격한 증가추이를 보이고 있는 것은 살인범죄이며 그 이외에 지능범・성폭력범・폭력범 등도 높은 수치로 나타나고 있다.[19]

강도의 경우는 가장 증가율이 높았는데, 1996년에는 불과 0.12%에 불과하던 것이 2005년에는 1.5%를 차지하여 약 12배가 증가하였다.

다른 범죄유형은 모두 증가추세를 나타내었지만 마약범죄는 61세 이상 고령자가 차지하는 비율은 1996년 약 10%에서 증감을 반복하다가 2005년에는 8.8%로 다소 낮아진 경향을 보이고 있다.[20]

---

18) 장준오・유홍준・정태인・이완수・노용준, 상게논문, 83 면.
19) 전 범죄 및 각 죄종에 있어 범죄발생율은 「최고범죄연령기」(the age of maximum criminality)에 서 인생의 마지막 때에 이르기 까지 꾸준히 감소한다. 그리고 그 감소율은 죄종에 따라 다르다. 가령 절도범죄는 성범죄 보다 고령에 이를수록 더 크게 감소한다(신진규, 전게서, 189면).
20) 장민석, 전게논문 23면 ; 퇴행기를 거쳐 고령기에는 기억의 감퇴를 특징으로 한다. 그 밖에 시력・ 체력・판단력의 감퇴, 의지・감정방면의 쇠약 등 노쇠 현상을 나타낸다. 고령치매자가 되면 고령 기현상은 극단의 형태를 취한다. 이 시기에 있어서는 쇠약함에 대한 불안감에서 쉽게 격노하고, 타인에 대해 모독적 언사(명예훼손)을 잘 발하여 문제를 일으키는 경우가 적지 않다. 일시 재연되 거나 지속적인 성욕을 성인여성에게서는 충족시킬 수 없어 어린 소년에게 덤벼들어 강제추행 등을 행하는 경우도 적지 않아 주목된다. 고령기범죄의 특징을 「약함에서 범죄」로 규정한 「엑 스너」의 주장은 이런 의미에서 이해된다(신진규, 전게서, 196면). 또한 이런 의미에서 강도의 경우는 가장 증가율이 높다는 것은 이해가 가지 않는다.

제3절 고령자범죄의 특성

I. 일반적 특성

1. 고령자의 특성
① 신체적 특성
고령자의 신체적 특징은 불안·욕구불만 등 심리적 특성을 가져오며, 활동성 감퇴 및 적응력 감퇴 등과 같은 사회적 변화를 초래한다.[21]

② 경제적 특성
경제활동기간이 단축되고 복지혜택의 취약 및 효사상의 약화로 보살핌도 제대로 받고 있지 못한 형편이다.[22]

③ 정신적 특성
배우자의 사별, 지각기능의 변화, 우울증경향의 증가 및 의존성의 증가를 들 수가 있다.[23]

④ 사회적 특성
일반적으로 「사회화」(socialization)는 고령기에 있어서 기대되는 역할이나, 사회적으로 바람직한 역할규범이 일반적으로 확립되어 있지 않으

---

21) 전게논문, 28면.
22) 상게논문, 28면.
23) 상게논문, 29면.

므로 사회화과정에는 어려움이 많다.24)

2. 남성의 고령화와 가정폭력

남성인 고령범죄자가 많이 저지르는 범죄는 폭력범죄라고 할 수 있으며, 이 중 가정폭력이 상당부분을 차지하고 있다. 그리고 대부분 음주상태였음을 알 수 있다. 그리고 스스로 폭력성을 심각하게 생각하지 않고 있다는 것이다.25)

3. 여성고령자의 자기중심성26)

여성고령자들은 능동적이고 권위적이며 공격적·자기중심적으로 되는 경향이 있다.

4. 고령자 격정

은퇴 후에 사회로부터 점점 유리되어 이른바 「사회유리이론」 (disengagement theory)에 의하여 살인을 한다.27)

5. 고령자의 우울증

노령화에 따른 「우울증」 (depression) 경향의 증가는 자살을 가져 온다.28)

---

24) 박성정·오은진·김미경·박성희, 고령층여성의직업능력개발의 지원방안, 연구보고서 4 , 2008 한국여성정책연구원. 15면.
25) 신진규, 전게서, 195면.
26) 박성정·오은진·김미경·박성희, 전게논문, 20면 ; 신진규, 전게서, 195면.
27) 장준오·유홍준·정태인·이완수·노용준, 전게논문, 84면.
28) A.A. マリソチャック 著, 辻本義男·西村春夫 監譯, 老人と犯罪 − せまりくる老齡化社會 のために−, 1990. 167面.

6. 고령자빈곤과 절도

노인들의 절도범죄의 경우 대체로 은퇴나 실직과 같은 경제적인 빈곤이 원인이 된다.29)

7. 고령자의 사회적 지위상실과 폭력범죄

배우자의 죽음이나 가족해체와 같은 이유에서 스스로의 역할을 상실했다고 느끼며, 이러한 상실감과 변화들은 고령자에게 좌절을 가져 온다.30)

8. 고령자의 자존감과 성범죄

「황혼동거」 라는 이름으로 고령자의 동거가 암암리에 확산되고 있지만 이 또한 경제적으로 취약하여 이런 상황이 성범죄로 된다. 특히 정신지체 여성이나 어린아이들이 그들에겐 쉬운 상대가 된다.31)

---

29) 「緊張理論」(Strain Theory)적 관점에서도 경제적 하위 계층의 경우 개인의 기대와 그 기대를 합법적 수단을 통해 이룰 수 없다는 생각에 터 잡아 불법적 수단을 이용하여 목표를 성취하려는 경향이 있다고 설명한다(장민석, 전게논문, 37면).

30) 「아노미(Anomie — 가치관이 붕괴되고 목적이시이나 이상이 상실됨에 따라 사회나 개인에게 나타나는 불안정 상태.이 말은 프랑스의 사회학자 「에밀·뒤르켐」 (Emile Durkheim)의 자살 연구에서 유래한다)이론」 은 산업화와 도시화의 영향으로 분업화된 사회와 해체된 가족제도를 조장하였으며 이는 전통적 규범이 약화되어 노인층에 대한 존중감과 배려감도 함께 낮아지고, 해체된 가족제도에서 나아가 사회 내에서도 그 결속력을 창출해내지 못하는 노인의 경우 스스로에 대한 낮은 가치평가에 대하여 좌절하게 되어 이러한 좌절의 대응방식으로 폭력범죄가 발생할 수 있다(장민석, 상게논문, 37면).

31) 이러한 경우를 남성성 「확인형」 (Power-assurance rapist) 또는 「권력형(Power-assertive rapist)으로 설명되고 있다. 남성성 「확인형」 은 가장 흔한 유형으로서 여성에게 자신이 남성임을 과시하기 위해 성범죄를 저지르는 사람들이 이에 속한다. 「권력형」 으로 분류되는 성범죄자는 자신의 우월성을 내세워 성적인 범죄행위를 저지르며 이로서 자신의 힘을 과시한다(장민석, 상게논문, 41면).

Ⅱ. 만성적 특성

만성적 직업범죄는 범죄 자체를 생활의 수단으로 활용하는 상습적인 소매치기와 전문적이고 조직적인 절도 · 조직범죄 · 도박 등의 범죄와 마약 · 매춘 등 피해자가 없는 범죄가 포함될 수 있을 것이며, 생계의 수단으로 범죄자체를 활용하는 범죄들이 다수를 이룬다. 또한 만성적 직업범죄자의 특징으로 사회화과정은 이미 범죄화되어 있으며, 가족과의 유대관계도 결핍되어 있으며, 일탈 및 비행의 경험에 대한 별다른 죄의식을 느끼지 못하는 특징을 가지고 있다.

그 특이성으로는[32] 수법의 전문성, 범죄의 체계성, 범죄원인의 내부성(성격의주벽성, 부모의 이혼 및 사별, 나쁜 친구의 유혹), 범죄개시의 연소성 및 범죄의 공범성 등이다.

제4절 고령자범죄의 문제점

Ⅰ. 빠른 증가

고령화됨에 따라 고령범죄자의 비율이 높아지고 있다. 우리나라 전체인구 중 65세 이상이 차지하는 비율은 1970년대까지는 3.3%을 유지하다가 1989년에는 4.7%이던 것이 2000년 7%를 넘어섰으며, 이러한 추세라면 2020년경부터는 인구의 14% 이상을 65세 이상의 고령인구가 차지하게

---

32) 상계논문, 41면~48면.

되는 고령사회가 된다.33) 유럽에서는 이미 교도소의 고령화 문제를 제기하고 이에 대한 대책을 세우고 있다. 우리나라도 고령화추세를 볼 때 21세기 고령사회에서는 고령범죄 증가의 심각성이 대두되고 있다.34)

인구의 고령화 추세에 따라 수형자 인구가 증가하고 있는 것은 대부분의 나라에서 일반적인 현상이다. 교도소의 고령화를 이미 경험한 유럽에서는35) 고령수용자의 처우는 교정정책의 새로운 쟁점이 되고 있다.

우리나라에서도 수형자 인구는 점차 증가하는 추세에 있다. 그러나 이를 자세하게 보면 전체 수형자 중 20대 미만과 20대가 차지하는 비율은 점차 감소하는 반면, 40세 이상의 연령층은 계속 증가하고 있어 우리나라 수용자 인구가 고령화되고 있음을 알 수 있다. 우리나라의 경우에는 2025년에는 전체 수형자중 60세 이상의 수형자가 차지하는 비율은 4% 가까이 될 것으로 추정된다.36)

II. 불량한 건강

고령수형자들은 다른 연령층의 수형자들에 비하여 신체적·정신적으로

---

33) 한 사회의 고령화지수는 전체인구 중 65세 이상의 고령인구가 차지하는 비율을 기준으로 하고 있으며, 고령문제에 관한 연구들로 이에 근거하여 65세 이상을 연구대상으로 하고 있는 것이 일반적이다(남상철,신연희, 전게논문, 151면).

34) 오홍수, "한국노인범죄의 실태에 대한 고찰". 「노인복지연구」, 제11호, 2002, 217~234면.

35) 미국에서 고령수형자의 인구가 증가한 것은 첫째, 사회 전체적으로 고령인구가 증가하였으며, 둘째, 형사정책에서 범죄에 대한 강경대책의 경향(예: 삼진아웃제도)으로 형량이 길어진 것, 셋째, 일부범죄에 대해 법정최소형을 의무화하였기 때문이다(상게논문, 151면, 주 5).

36) 1990년의 60세 이상의 수형자인구가 1.6%(우리나라 전체 인구중 60세 이상 인구는 7.1%), 2001년의 60세 이상의 수형자인구가 2.2%(우리나라 전체 인구중 60세 이상 인구는 11.2%)이므로 단순산술적으로 볼 때 Y=X/4.43 + 0.66(Y=전체 수형자중 60세 이상 인구비, X=우리나라 전체인구 중 60세 이상이 차지하는 인구비)라는 공식을 얻을 수 있다. 이 공식에 입각해 볼 때 2025년에는 우리나라 전체인구중 65세 이상 인구가 14.1%라는 통계청의 발표를 근거로 2025년의 우리나라 60세 이상 수형자인구는 4%(65세이상 인구비율을 적용할 경우에는 3.84%)이상이 될 것으로 본다(상게논문, 155면 주 10).

건강하지 못하다. 이는 교도소의 열악한 환경이 건강을 악화시키기도 하고 수감전부터 건강하지 못한 경우가 많기 때문이다. 37) 고령수형자의 건강상태는 연령이 높을수록 질병율은 높다. 고령수형자 중 60~64세는 62.4%, 65~70세는 60.6%, 70~74세는 82.4%, 75세 이상은 88.9%가 질병이 있으며, 질병으로 인하여 병동 또는 병실에 입실하였거나 외부진료를 받고 있다.38)

III. 높은 재범율

고령수형자는 다른 연령층의 수용자들에 비해 전과의 경험이 훨씬 많다.

전과의 경력과 관련하여 네 가지 유형이 있는 데,

첫째, 고령이 되어 초범을 한 경우,

둘째, 누범을 계속하다 고령화된 경우,

셋째, 고령기에 초범을 하였지만 출소 후 적응실패로 단기간에 재입소를 반복하는 경우,

넷째, 장기간의 수감생활로 고령이 된 경우이다.39)

결국 고령수형자는 전과경험이 있으며40) 누범자가 많고 재범율이 높다41)고 할 수 있다.

---

37) 상계논문, 153면.
38) 강은영, 전게논문, 178~179면.
39) 남상철.신연희, 전게논문, 155면.
40) 이건종 · 전영실. 노인의 범죄 및 범죄피해에 관한 연구, 한국형사정책연구원, 1995, 61면.
41) 강은영, 전게논문, 122~123 면.

이러한 결과는 연령이 올라 갈수록 전과의 경험이 축적된다는 사실을 감안하더라도 고령수형자들의 높은 재범율을 확인하기에 충분하다. 고령 재범 수형자 중 특히 다수 내지는 상습범인 경우가 많은 것은 고령수용자의 특징이다.

VI. 적응능력의 취약

고령수형자의 높은 재범율은 출소 후 사회적응력의 부족으로 재범을 하게 됨으로써 다시 수감되는 악순환이 반복된다.[42]

V. 가해자이기 전에 피해자

고령자의 경우 가해자인 범죄자가 되는 경우 이외에 피해자가 되는 것도 문제이다. 최근 외국의 문헌에서는 범죄에 대한 공포와 관련해 여성과 함께 고령자도 실제로 피해를 받을 가능성 훨씬 크다고 지적되고 있다.[43]

VI. 정년으로 인한 격리

우리사회가 급격히 산업화와 도시화로 진행됨에 따라 정년퇴직제도가 공공기관과 대부분의 민간기업에서 일반화되었다. 이러한 인위적인 역할

---

42) 상게논문, 124면.
43) 이태언·김상균·신석환·조미숙, 전게서, 458면 ; 장준오·유홍준·정태인·이완수·노용준, 전게논문 111면.

수행에서의 은퇴는 「사회로부터의 격리」(social disengagement)를 가져와 자기정체감의 상실과 외향성의 감소 등 고령자로 하여금 부정적인 태도를 가지게 한다.[44]

Ⅶ. 정책적 배려의 결여

고령범죄는 우리나라에서 규모가 크지 않고 강력범죄보다는 경미한 범죄가 많다는 이유로 그 동안 형사사법기관의 고령범죄에 대한 특별한 대책은 마련되지 않았다. 그러나 일본 같은 국가에서는 고령범죄자의 절대수 및 그 구성비에 있어서 증가하고 있으며 강력범죄인 살인의 비율도 전체범죄자 중에서 증가하는 추세를 보이고 있다.

우리나라도 고령인구가 급속히 증가하고 고령범죄자의 수도 증가하고 있는 현실에서 고령범죄에 대한 일반적이고 체계적인 정책수립이 필요하다.[45]

제5절 개선방안

Ⅰ. 교정처우의 개선

고령범죄의 대응과 관련하여 형사사법단계에서 중추적인 기능을 담당해야 할 조직으로는 교정기관이라 할 수 있다. 따라서 교정기관에 제시될

---

44) A.A. マリソチャック 著, 辻本義男・西村春夫 監譯, 前揭書, 171面 ; 이태언・김상균・신석환・조미숙, 전게서, 459면.
45) 이태언・김상균・신석환・조미숙, 전게서, 460면.

수 있는 다양한 방안들에 대하여 검토하기로 한다.[46]

1. 고령수형자의 특성에 적합한 처우

기존의 대부분 수형자 관련 연구는 젊은 수형자에 초점을 맞추어 왔다. 그러나 고령 수형자의 사회, 인구학적인 특성과 범죄관련 특성, 수형 생활 실태에 대한 정보를 보다 체계적으로 수집하여 축적해 나가는 노력이 필요하다. 특히 고령수형자의 건강상태 및 의료비용에 대한 정확한 자료를 수집하고 분석할 필요가 있다.[47]

2. 교정시설의 전문화

고령자는 범죄경력이나 범죄경향, 의학적 등급 등을 고려하여 수용한 후 각 유형에 적합한 처우기준을 마련하여 시행하는 것이 필요하다. 특히 고령수형자들은 초범·누범·장기복역수의 각 유형에 따라 적응상태에서 뚜렷한 차이가 있기 때문에 더욱 그러하다. 고령수형자 처우에 대하여 요양소나 복지관의 형태를 띠어야 할 것으로 생각한다.[48]

일본의 경우 각 지방교정청별로 특정교도소를 고령수형자 수용장소로 지정하여 운영하고 있으며, 미국은 특별사동을 운영하고 있다.[49]

---

46) A.A. マリソチャック 著, 辻本義男·西村春夫 監譯, 前揭書, 196 面.
47) 澤登俊雄, 4-1, 2. 前揭書, 311面 ; 장민석, .전게논문, 67면.
48) 澤登俊雄, 上揭書, 311面 ; 강은영, 전게논문, p. 87.
49) 고령수형자 처우시설에 있어서 미국은 각 주에 따라 고령자전문교정시설이 있거나 고령자를 위한 특별 사동을 운영하는 것, 교도소 내에서 고령수형자를 위한 특별 방들을 부속진료소 가까이에 두는 것, 의료전문교정시설에서 고령수형자를 위한 특별프로그램을 운영하는 형태이다. 이러한 시설을 중심으로 고령수형자에 적절한 처우프로그램을 운영하고 있는데 호스피스(Hospice), 「레크레이션」(Recreation), 직업훈련, 건강교육 등 고령수형자 인구의 특성을 고려한 프로그램들이 실행되고 있다(남상철,신연희, 전게논문, 163면, 주51).

3. 개별처우의 강화

① 전과별 처우

고령수형자는 수용상태에 따라 기본적으로 세 가지 유형으로 나누어 볼 수 있는데, 초범자·누범·상습범·장기수이다.

초범자들은 수형생활에 쉽게 적응하지 못하여 자살을 시도하기도 하고, 누범·상습범·장기수들은 가족이나 친척관계가 단절되어 사회적응력이 상실되고 있다.[50] 따라서 이들에게는 지역사회와의 연계, 기술의 습득, 사회적응능력을 향상시키는 프로그램들이 마련되어야 한다.

② 수형자의 성별처우

여성수형자들의 건강상태는 다른 연령대의 여성이나 같은 연령대의 남성수형자에 비해 신체적으로 취약한 것은 물론이고 비슷한 연령대의 일반 여성들에 비해 노후하다.[51] 그러므로 수형자 처우는 남녀의 획일적인 적용보다는 여성수형자의 특성을 고려한 처우가 별도로 마련되어야 한다.

II. 시설내처우의 개선과 사회내 처우

1. 시설내 처우

일본은 수용분류급이 Pz급(연령이 60세이상으로 노쇠현상이 상당정도 인정되는 자) 및 S급(특별한 양호적 처우를 필요로 하는 자)으로 심신이

---

50) 남상철, 상계논문, 332면 주 58, 주 59.
51) 澤登俊雄, 前揭書, 319면.

쇠약하여 특별한 원호를 요하는 고령수형자에 대하여 작업시간을 단축해 주고 보청기나 노안경의 대여 및 겨울철 의류·침구의 증·대여를 인정하는 등 연령에 상응한 처우가 이루어지고 있는 외에는 통상 이들은 공장이나 거실에서 정해진 일과에 따라 수형생활을 하고 있을 뿐이다. 이들에 대한 작업은 지세공(紙細工)이나 의류의 보철 등 경작업에 취업하는 경우가 많으나, 문제는 이들 고령수형자를 집결 수용할 특정시설이 아직까지는 없고, 다만 「히로시마」(廣島)교정관구내의 「오노미지」(尾道)형무지소에서 동 관구의 분류준칙에 의거 작업을 할 수 있는 Pz급 수형자에 대한 집결수용처우가 행하여지고 있는 데 불과하다.[52]

그러나 우리나라에서는 고령수형자에 관한 규정으로, 「형의 집행 및 수용자의 처우에 관한 법률」 제54조 제1항에 「소장은 노인수용자에 대하여 나이·건강상태 등을 고려하여 그 처우에 있어 적정한 배려를 하여야 한다」고 규정하고, 동 부령 제43조(전담교정시설)에 ① 법 제57조제5항에 따라 법무부장관이 노인수형자의 처우를 전담하도록 정하는 시설(이하 "노인수형자 전담교정시설"이라 한다)에는 「장애인·노인·임산부 등의 편의증진보장에 관한 법률 시행령」 별표 2의 교도소·구치소 편의시설의 종류 및 설치기준에 따른 편의시설을 갖추어야 한다. ② 노인수형자 전담교정시설에는 별도의 공동휴게실을 마련하고 노인이 선호하는 오락용품 등을 갖춰두어야 한다고 규정하고 있을 뿐 현행 교정관계법령상 특별처우규정이 발견되지 않는 실정이다.

따라서 교정시설에 수용된 고령수형자는 형사법상의 기소유예나 형의

---

52) 太田達也, 前揭書, 371面.

집행유예, 자유형의 집행정지 대상에도 해당되지 아니하는, 환언하면 수형생활 능력이 있는 것으로 인정이 되는 사람들이라고 하여 이러한 법적 지위 하에서 대체로 일반재소자와 동등한 처우를 하고 있을 뿐이다.53)

그 동안 지금까지 청소년은 소년원이나 소년교도소에 중환자는 의료교도소에 수용 처우하는 방향으로 충실한 조직의 정비내지 정책적 추진을 도모해 오면서 고령수형자에 대해서만은 소홀히 해 온 것이 사실이다.54)

금후 우리나라에서 고령자처우에 관한 중장기대책을 수립하는 데 있어서는 일본의 「오노미지」(尾道)형무지소의 예와 같이 각 지방교정청별로 특정교도소의 1개 사동 정도를 이들 고령수형자의 집결수용장소로 우선 지정 운영하여 점차 그 적절한 처우프로그램을 확립해 나가도록 하는 것이 좋을 것으로 생각된다. 그리고 교정시설의 전문화 내지 특수화의 일환으로 여자교도소·소년교도소·의료교도소와 같이 고령수형자교도소를 별도로 신설하여 전국적으로 이들 고령수형자를 집결 수용처우 하도록 하는 방향으로 정책의 검토가 이루어져야 한다.

2. 사회내처우(갱생보호)

고령수형자(특히 누범자)는 가족관계가 붕괴하고 있는 경우가 많기 때문에 보호관찰관에 의한 환경정비는 곤란하며, 그 결과 인수인을 요구하는 가석방이 인정되지 않고 만기석방이 많게 되는 경향이 있다. 갱생보호시설이 귀주예정지로 되는 것이 많지만 시설측의 사정에 의하여 고령대상자의 수용에는 소극적으로 되지 않을 수 없는 경우도 적지 않다. 그러나 그 때문

---

53) 박양빈, 21 세기 교정의 진로와 과제, 21세기 교정비젼과 처우의 선진화방안」,한국형사정책연구원 연구보고서, 2003, 137면.
54) 상게논문, 130면.

에 갱생의욕이 있으나 문제를 가진 고령수형자가 만기석방으로 되는 불합리도 있다. 가족과의 관계회복이나 유지는 단순히 가석방을 위하는 것만이 아니라 형의 집행종료후의 자립갱생에 큰 영향을 주는 것이기 때문에 가능한 한 귀주처의 환경정비에 노력하고 가석방에 있어서도 충실한 준비조사를 행하는 것이 요구된다.

고령수형자 중에 출소시 그 배우자 등 친족의 곁으로 돌아가는 사람은 초범자 중에는 많이 있으나 누범자의 대다수는 주로 갱생보호시설에 위탁되고 있는 실정이므로 앞으로도 이들 고령수형자의 사회복귀시 최초 거점시설로서는 갱생보호기관의 사회적 유용성이 더욱 높아질 전망이다.

그리고 이들 고령수형자의 대부분은 교정성적이 양호하나 보호관계의 조정에 시간이 걸리고 출소후의 생활설계가 충분하지 않은 등의 이유로 만기출소하는 경우가 많아 이것이 또한 재범의 악순환을 가져오는 요인이 되기도 하므로 앞으로 이들에 대한 가석방을 적극 고려하는 것도 형사정책적으로 그 의미가 크다.[55]

고령수형자에 대한 적절한 처우문제는 아직까지는 교정처우 전반에서 이루어지지 않고 있는 실정이나 초고령화사회로의 진행이 가속화될 21세기 복지사회를 맞이하게 되면서부터는 우리나라에서도 이들 고령수형자의 처우문제가 교정처우 전반에 있어서 매우 중요한 위치를 점유하게 될 것이므로 이에 대한 교정대책이 점진적으로 이루어져야 할 때가 되었다.[56]

입법론으로서 위탁기간을 장기화하는 복지적 기능이나 직업보도기능을

---

55) 澤登俊雄, 前揭書, 311면.
56) 澤登俊雄, 上揭書, 311면 ; 「다이버전」(diversion)의 이점을 생기게 하면서 사회내에서의 자립갱생을 촉진하는 제도로서 보호적 조치를 전제로 한 기소유예처분의 도입이나 갱생보호조치부 기소유예와 같은 제도를 고령범죄자에게 적용하는 것도 검토의 여지가 있다(남상철·신연희, 전게논문, 181면).

가진 고령자전문 민간 갱생보호시설 내지 국립 갱생보호시설을 설치하는 등의 장기적 대책이 요망된다.

3. 가석방제도의 활성화와 집행유예의 확대

형법상 집행유예의 요건을 고령수형자의 경우에는 완화해 주어야 한다. 즉 고령자의 경우에는 누범자라 할지라도 집행유예가 가능하도록 할 것이며 만약 이들 출소자로 인한 사회안정이 문제가 된다면 집행유예 판결과 함께 보호관찰을 병행하면 될 것이다.57)

유럽에서는 여성고령수형자 처우에 있어 신체적인 상태를 배려한 시설내 처우와 출소 후를 대비한 지역사회와의 연계 프로그램을 병행하고 있다.58)

III. 금후 처우의 방향

1. 정책적 개발

현재 우리나라에서는 고령수형자 처우에 관한 제도적인 장치는 미흡한 단계이다. 유럽에서는 고령수형자 처우문제의 심각성을 인식하고 이에 대한 대책을 마련하고 있다. 그 방향은 시설의 적절한 운영을 기하는 것과 인도적인 차원의 처우프로그램의 실시이다. 59) 민간의료교도소의 설립,

---

57) 左佐木 滿, 高齡受刑者の處遇上の 諸問題, 變動期の刑事政策, 2001, 852면 ; 지광준, "노인범죄의 특성과 그 대책", 「한국노년학」, 21(3), 2002, 1~14면.

58) 여성출소자들(특히 여성고령출소자 포함)은 구금기간 중 가족관계가 단절되는 일이 많아 출소 후 돌아 갈 가정이 없는 경우가 남자 출소자에 비해 많다. 이들 여성출소자를 위해 지역사회에서는 다양한 Group Home이 있으며 이곳에서 일정기간 단기보호와 함께 사회적응 및 취업을 알선하는 외국의 예가 있다. 한 예로 「버지니아」(Viginia)의 「알렉산드리아」(Alexandria) 시의 주택가에 위치한 "Guest House"에서는 오갈데 없는 여성 출소자들 6~7명을 보호하는 민간시설이 있다. 물론 주와 「카운티」(Couty)로부터의 지원으로 재원의 대부분이 충당된다(남상철・신연희, 전게논문, 181면, 주55).

조기석방, 구금대체처분의 확대 등 고령수형자 처우를 위한 다양한 노력이 진행되고 있다. 우리나라에서도 고령수형자처우를 위한 교정당국의 정책적 배려가 있어야 한다. 그리고 고령수형자 처우는 무엇보다도 「교화」 (rehabilitation)에 기초하여야 한다.60)

2. 사회복지적 대책과 정서적 지원

현실적 문제 상황에 효율적으로 대처할 수 있도록 현행의 고령자복지정책을 보다 체계적으로 확립하여야 한다.61)62)

구체적인 방안으로는63) 연금제도의 확충, 고령보호제도의 확대, 고령수당 및 경로 연금제도의 확립, 취업 알선 및 고령자 고용촉진 등이다.

한편 정서적 지원을 통한 범죄예방에 힘써야 한다.64) 소외감과 고립감을 해소하기 위한 프로그램의 창안, 이른바 「역할없는 역할」 (roleless role) 속에서 원치 않는 「계속되는 여가」 (full-time leisure)로 고통을 받지 않도록 여가활동을 통한 역할상실의 회복에 힘써야 한다.

---

59) 남상철·신연희, 전게논문, 182면 주 37.
60) 일본에서 고령범죄에 대한 대응책으로 범죄자에 대한 직접적인 프로그램보다는 범죄발생의 원인이 되는 상황을 개선하는데 주력하는 것도(이영남, 일본의 노인범죄에 관한 연구, 관동대학교 사회과학논총, 제3집, 1998, 143~155면) 이와 같은 맥락에서 이해할 수 있다·
61) 左佐木 滿, 前揭書, 854면 ; 장민석, 전게논문, 55면 주116
62) 장민석, 전게논문, 55면, 주 117(홍백의, 우리나라 노인 빈곤의 원인에 관한 연구, 한국사회복지학회, 제57권, 2005. 26~31면).
63) 장민석, 전게논문, 60면 주 123, 주 124, 주 126 (이종원, 노인범죄 및 범죄피해에 관한 실증적 연구, 대전대 대학원박사학위논문, 2004. 84~91면)
64) 장민석, 전게논문, 63면, 주 130, 주131, 주 132, 주 133(서은숙, 노인여가 활용실태와 영향요인, 사회과학연구 제25집, 조선대학교 사회과학연구소 2004, 28~31면; 고양곤, 현대사회의 노인문제와 노인의 역할, 교육인적자원부 평생학습사회와 노인교육, 1998, 75~81 면; 김은원·이은정·주애란, 노인대학 프로그램이 노인의 일상생활능력과 건강노화능력에 미치는 영향, 노인복지연구, 통권20호 2003, 37~39 면; 서은숙, 노인여가 활용실태와 영향요인, 사회과학연구 제25집, 조선대학교 사회과학연구소 2004, 28~31면).

제16장
개정 소년법의 문제점과 개선방안

제1절 머릿말

그동안 소년법은 소년범죄가 저연령화되고 흉포화되고 있음에도 소년사법이 이에 적절히 대응하지 못한다는 비판에 따라 개정요구의 목소리가 높아졌다. 이에 따라 2007.12. 개정된 소년법의 주요 개정내용은 소년사법에 회복적 사법의 도입, 수사단계에서의 다이버전(diversion)의 확대, 보호처분의 다양화·내실화, 소년연령·촉법소년 및 우범소년의 연령인하 및 소년범의 인권보장을 강화하기 위한 규정 등을 마련하였다.

소년사법제도가 시작된 것은 「국친사상」 (parens patriae)에 입각하여 형벌과는 그 내용이 다른 독특한 제재수단과 일반형사절차와 다른 별도의 처리절차를 마련하기 시작한데서 비롯되었다.

영미의 소년법은 「형평법」 (Equity)의 사상에서 유래한다. 형평법이론에 의하면 국가는 보호를 요하는 아동·소년에 대하여 「어버이」 로서 보호하고 육성해야 한다는 것이다. 이러한 형평법 사상을 「국친」 (Parens patriae)이론이라고 한다.[65]

그 후 대륙법계의 소년법에서는 사회복지·아동복지라는 측면을 도입하

---

[65] 일찌기 영국에서는 법률상 범죄소년 또는 우범소년만을 관할하는 전담법원이 설치되어 있지 않고, 소위 「약식재판소」 (Magistrates' Courts)가 이를 담당하고 있었다. 미국에서는 이미 19세기 중엽부터 범죄소년에 대해서는 엄격한 형사재판을 수정하여 특별한 처우를 할 것을 제창하였고, 독지가들의 헌신적인 노력과 「프로베이션」 (Provation) 활동의 좋은 성과에 자극을 받아 독립한 소년법원을 설립하는 운동이 일어났다. 그리하여 1899년 「일리노이」 (illinois) 주에서 세계 최초로 「소년재판법」 (An Act to Regulate the Treatment and Control of Defendent, Neglected and Delinquent Children, Law of Illinois, 1899)이 제정되었고, 동년 7. 1. 최초로 「시카고」 (Chicago) 소년법원이 개설되었다(신진규, 형사학 겸 형사정책, 법문사, 1987, 535~539면). 소년법원은 그 후 미국의 소년법원의 모범으로 되었을 뿐만 아니라 유럽 각국에도 많은 영향을 미쳤고, 비행소년 및 요보호소년에 대한 법률적·사회적 및 과학적인 종합처우에 대한 획기적인 전기로 되어 소년보호제도에의 새로운 길을 열어 놓았다. 「로스코 파운드」 (Roscoe Pound)는 이를 「마그나 카르타(Magna Carta) 이래 재판 사상 최대의 진보」 라고 찬사를 하였다.

고, 영미법계의 소년법에서는 소년심판에 내재하는 사법기능을 강조하게 되었다. 특히 미국에서는 전통적으로 사법이 중시해 온 「적정절차」(due process of law)가 확보되어야 한다고 주장하고 있다.66)

현행 소년법 제1조에서는 소년에 대해 교육과 원조를 통한 개선과 형사 처분을 함에 있어서도 성인과 다른 특별한 조치를 함으로써 소년을 보호하며 국가에 대하여 소년을 건전하게 육성해야 할 책임을 부과하는 등 교정주의 내지 보호주의 이념에 기초하고 있음을 천명하고 있다.

즉 현행 소년법은 제1조에서 「반사회성이 있는 소년의 환경조정과 품행 교정을 위한 보호처분 등의 필요한 조치를 하고, 형사처분에 관한 특별조치를 함으로써 소년이 건전하게 성장하도록 돕는 것을 목적으로 한다」[전문개정 2007.12.21]고 규정하고 있다.

여기에 규정되어 있는 보호처분은 환경조정과 품행교정을 내용으로 하는 것으로 비행소년에 대한 보안처분의 성격을 지닌 특수한 형사제재라고 할 수 있다. 이러한 보호처분과 달리 형사처분은 촉법소년과 우범소년에게는 행해질 수 없고 범죄소년에게는 성인에 비하여 완화된 형태로 행하여진다. 이에 따라 소년사건에 대한 사법처리절차는 비행소년에 대하여 보호처분을 행하는 보호절차와 범죄소년에 대하여 형사처분을 행하는 형사절차로 나누어져 있고, 소년법도 보호처분에 관한 제2장과 형사사건에 관한

---

66) 한때 미국에서 소년법의 보호처분에 관한 새로운 동향으로는 소년을 교정하기 위한 소년법원이나 보호시설은 소년들을 개선하는 대신 깊은 낙인을 찍어 더 심한 비행에 빠지게 한다는 「낙인이론」 (格印理論, labeling theory)과 이에 따른 4D이론이 있었다. 즉 소년이 범죄가 아닌 부도덕하거나 탈법적 행동을 했을 경우 가능한 한 범죄화하지 말자는 「비범죄화」 (decriminacriminalization), 소년범이나 형사 경범죄의 소년을 통상적인 소년법원에 보내지 말고 비정형적인 선도기관에 맡기자는 「소년재판 절차의 회피」 (diversion), 「적법절차의 보장」 (due process), 소년을 소년원 등 시설 속에 수용하는 것을 피하고 사회 내에서 교정교육을 실행하자는 「비시설수용화」 (deins -titutionalization)등이 이를 말하여 주고 있다(오영근, 범죄인의 사회내 처우에 관한 연구, 박사 학위 논문(서울대), 1988, 50~54면).

제3장으로 구분되어 있다.

국제적으로도 청소년사법의 운영에 대한 문제가 계속 논의되어 왔는데, 특히 1985년의 제7차 유엔 범죄방지 및 범죄자처우 회의는 청소년사법 운영에 관한 「유엔최저기준규칙」(United Nations Standard Minimum Rules for the Administration of Juvenile Justice : 북경규칙)을 마련하였고, 1990년 제8차 회의에서는 각종 구금시설내에서의 청소년 보호를 위해 「자유를 박탈당한 청소년 보호를 위한 유엔 규칙」(United Nations Rules for the Protection of Juveniles Deprived of their Liberty)을 마련하는 데 이르렀다.[67]

제2절 개정 소년법의 내용

I. 주요 개정내용

정부는 소년법개정안을 2007.11.1. 국회에 제출, 2007.1.21. 공포(6개월의 경과기간) 2008.6.22.부터 시행되었다. 그 주요내용을 요약·나열하면 다음과 같다.[68]

---

[67] 소년사법의 영역에 있어서 인권보장을 위한 국제적인 노력이 계속되고 있다. 소년사법운영에 관한 「UN최저표준규칙」(United Nations Standard Minimum Rules for the Administration of Juvenile Justice (The Beijing Rules), G.A. Res. 40/33, Annex, U.N. GAOR, 40th Sess., Supp. No. 53, U.N. Doc. A/40/53/Annex (Nov. 29, 1985))에서는 범죄소년의 기본적 권리를 보호하고 그들의 다양한 욕구를 충족시키기 위한 노력을 할 것을 규정하고 있다. 「자유를 박탈당한 소년의 보호에 관한 UN규칙」(United Nations Rules for the Protection of Juveniles Deprived of their Liberty: JDL규칙)(United Nations Rules for the Protection of Juveniles Deprived of Their Liberty, G.A. Res. 45/113, Annex, U.N. GAOR, 45th Sess., Supp. No. 49A, U.N. Doc. A/45/49/Annex (Dec. 14, 1990))에서는 구금된 소년의 보호 및 소년시설 운영에 있어서의 미결구금 원칙, 소년분리구금, 교육·의료 등을 받은 권리 등의 인권보장 규정을 두고 있다.

[68] 소년법 주요개정사항(한영선·이영호, 개정소년법의 실효성확보방안, 1개월이내 소년원송치(8

① 회복적 사법의 도입이다. 재판이 진행중인 단계에서 피고인이 자백을 하는 경우 법관이 회복적 사법 프로그램에 회부하고, 그 합의에 따라

호)처분을 중심으로, 한국범죄학, 제2권 제2호 2008, 대한 범죄학회, 67면-68면에서 발췌)

구분			개정전	개정후
소년법의 목적			소년의 건전육성	소년이 건전하게 성장하도록 돕는 것
통고기관			보호자, 학교·사회복리시설의 장	'보호관찰소의 장' 추가
보호의 대상 연령 및 기준	적용연령	범죄소년	14세 이상 20세 미만	14세 이상 19세 미만
		촉법소년	12세 이상 14세 미만	10세 이상 14세 미만
		우범소년	12세 이상 20세 미만	10세 이상 19세 미만
	우범소년 기준		· 보호자의 정당한 감독에 복종하지 않는 성벽이 있는 것 · 정당한 이유 없이 가정에서 이탈하는 것 · 범죄성이 있는 자 또는 부도덕한 자와 교제하거나 자기 또는 타인의 덕성을 해롭게 하는 성벽이 있는 것	· 집단적으로 몰려다니며 주위 사람들에게 불안감을 조성하는 성벽(性癖)이 있는 것 · 정당한 이유 없이 가출하는 것 · 술을 마시고 소란을 피우거나 유해환경에 접하는 성벽이 있는 것
전문가 진단			정신과의사·심리학자·사회사업가·교육자나 그 밖의 전문가의 진단, 소년분류심사원의 분류심사	보호관찰소의 조사 결과 추가
인권보장	국선보조인		보조인 선임 가능	· 보조인 선임 허가 취소 가능 · 국선보조인 규정 신설
회복적 사법	피해자보호		의견진술권 보장	· 피해자 등의 진술권 보장 · 화해권고제도 도입
보호처분 다양화·내실화	보호처분 종류		· 1호 처분 : 보호자 또는 보호자를 대신 하는 자에게 감호 위탁 · 2호 처분 : 단기보호관찰 · 3호 처분 : 보호관찰 · 4호 처분 : 아동복지시설, 기타 소년보호시설 감호 위탁 · 5호 처분 : 병원, 요양소 위탁 · 6호 처분 : 단기 소년원 송치 · 7호 처분 : 소년원 송치	· 1호 처분 : 보호자 또는 보호자를 대신 하는 자에게 감호위탁 · 2호 처분 : 수강명령 · 3호 처분 : 사회봉사명령 · 4호 처분 : 단기보호관찰 · 5호 처분 : 장기보호관찰 · 6호 처분 : 아동복지시설, 기타 소년보호시설 감호 위탁 · 7호 처분 : 병원, 요양소 위탁, 소년의료보호시설 위탁 · 8호 처분 : 1개월 이내 소년원 송치 · 9호 처분 : 단기소년원 송치 · 10호 처분 : 장기소년원 송치
	부가처분		· 사회봉사명령 또는 수강명령	
검찰단계 다이버전			-	· 검사 결정 전 조사제도 · 조건부 기소유예제도 명문화
비행예방정책			-	· 비행예방정책 규정 신설

재판을 종결하는 회복적 사법의 제도를 도입하였다.

② 소년범에 대하여 사법절차 회부로 인한 낙인효과를 배제하기 위한 조건부 기소유예제도를 명문화하였다(법 제49조의3).

③ 대상연령의 인하이다. 소년법의 적용 상한 연령을 20세 미만에서 19세 미만으로 인하하고, 촉법소년 및 우범소년의 하한연령을 12세 이상에서 10세 이상으로 인하하였다(법 제2조, 법 제4조제1항 제2호·제3호).

④ 보호처분의 종류와 내용의 다양화이다(법 제32조, 법 제32조의2, 법 제33조).

⑤ 검사선의주의의 존치이다.

⑥ 소년의 인권보장이다. 즉 소년 및 피해자의 인권을 보장하기 위하여 「검사의 결정전 조사」, 「국선보조인제도」와 「화해권고제도」를 도입하였다(법 제49조의2 법 제17조의2, 법 제25조의3).

⑦ 청소년 비행예방에 관한 기본규정을 신설하였다.

Ⅱ. 회복적 사법의 도입

개정 소년법 제25조의3은 소년보호사건의 경우 판사가 소년에게 피해자와의 화해를 권고할 수 있고, 화해가 되었을 경우 보호처분의 결정에 이를 참작할 수 있도록 함으로써 회복적 사법제도를 도입하였다.[69]

---

69) 개정 소년법 제25조의3(화해권고)
　① 소년부판사는 소년의 성행교정 및 피해자 보호를 위하여 필요하다고 인정하는 때에는 소년에 대하여 피해변상 등 피해자와의 화해를 권고할 수 있다.
　② 소년부 판사는 제1항의 화해를 위하여 필요하다고 인정하는 때에는 기일을 지정하여 소년, 보호자, 참고인을 소환할 수 있다.
　③ 소년부판사는 소년이 피해자와 화해하였을 경우 보호처분 결정 시 이를 참작할 수 있다).

재사회화는 소년을 효과적으로 교화함으로써 법공동체에 재통합시키는 것이지만, 현실은 그 이념을 완전히 구현하지 못하고 있다.[70] 1980년대부터 나타난 「회복적 사법」(restorative justice)의 문제도 이러한 전통적인 재사회화의 한계를 극복하려는 노력의 일환으로 이해될 수 있을 것이다. 처우의 새로운 「패러다임」(Paradigm)으로서의 「회복적 사법」의 문제가 바로 여기에 있다.

이러한 새로운 대안적 사법모델은 종래의 「응보적 사법」(retributive justice)에 대하여 「회복적 사법」(restorative justice)이라고 명명되고 있다.[71]

회복적 사법에서는 피해자와 가해자가 중심적 역할을 하기 때문에 범죄의 처벌에 초점을 맞추는 것이 아니라 범죄로 인해 깨어진 모든 관계를 회복하고 치유하기를 시도한다. 한국사법제도에서의 교정목적의 새로운 「패러다임」(Paradigm)은 이러한 회복적 사법과 방향을 같이 하여야 한다.[72]

그런데 회복적 사법의 이념은 범죄에 대한 인식 및 갈등해결에서 기존의 형사사법체계와는 전혀 다르기 때문에 실천적으로 회복적 사법을 종래의

---

70) 김용세·류병관, 교정단계에서의 회복적 사법의 가능성, 06-43, 한국형사정책연구원, 10면.

71) 「회복적사법」이란 1970년대 이후 북미와 유럽에서 시행되고 있는 다양한 형태의 「피해회복 및 형사화해 프로그램」(victim-offender-mediation program)을 통한 새로운 범죄대응방식이다. 「회복적 사법」에서 추구하는 「회복적 정의」(restorative justice)는 「회복하나」라는 뜻의 동사 「회복」 「restore」에서 나온 말로써, 현재의 형법제도를 사회정의의 달성을 위한 「응보적 심판제도」(retributive punishment)로 보고 이와 비교되는 의미를 지니고 있다(이호중, 한국의 형사사법과 회복적 사법, 학회창립 50주년기념 학술대회 자료집, 한국형사법학회, 2006, 317면 ; 이승호, 회복적 사법과 우리나라의 형사제재체계, 학회창립 50주년기념 학술대회 자료집, 한국형사법학회, 2006, 346면).

72) 이미 우리나라의 형사절차에도 오래전부터 가해자-피해자-화해제도와 유사한 이른바 「가해자-피해자-합의」가 비공식적으로 인정되어 왔다. 「친고죄」나 「반의사불벌죄」의 경우에는 「화해」가 절대적인 의미를 지닐 수 있거니와, 그 밖의 경우에도 흔히 「합의」라고 불리는 가해자와 피해자의 「화해」는 기소단계에서 「양형」에 이르기까지 형사절차의 모든 단계에서 실질적인 의미가 인정되고 있다(김용세, 한국의 형사사법체제와 회복적 사법, 형사법연구 제20호, 한국형사법학회, 2003, 363~365면).

형사사법체계와 어떻게 연계시킬 것인가가 문제된다. 따라서 회복적 사법
은 수사단계·재판단계 및 재판의 집행단계의 세 가지로 볼 수 있다.

가. 수사단계에서 회복적 사법은 「다이버전」(Diversion)과 결합할 수
있다. 현행 형사절차에서 검사는 회복적 사법 프로그램에 사건을 위탁하고
그 합의에 따라 검사는 기소유예처분을 할 수 있다.[73]

나. 재판단계에서의 회복적 사법 프로그램이다. 재판이 진행중인 단계에
서 피고인이 자백을 하는 경우 법관이 회복적 사법 프로그램에 회부하고
그 합의에 따라 재판을 종결하거나, 재판에서 유죄가 인정된 이후에 법원이
양형의 전단계로서 당사자의 동의하에 회복적 사법 프로그램을 활용하는
것이다.[74]

다. 형선고 이후의 단계에서는 징역형 등 자유형의 집행과정에서 수형자
「개선프로그램」으로 하는 방안[75]과. 보호관찰의 집행과정에서 보호관
찰로서 회복적 사법의 방법에 의하는 것이다.[76]

이번 개정은 재판단계에서의 회복적 사법 프로그램이다. 재판이 진행중
인 단계에서 피고인이 자백을 하는 경우 법관이 회복적 사법 프로그램에

---

73) 김용세, 상게논문, 368면 ; 김성돈, 형사법상 회복적 사법의 가능성과 과제, 21세기 형사사법개혁
   의 방향과 대국민 법률서비스 개선방안(Ⅱ), 한국 현사정책연구원, 2004.12, 347면.
74) 이호중, 형법상의 원상회복에 관한 연구, 서울대학교 박사학위논문, 1997, 204면.
75) 김용세/류병관, 교정단계에서 회복적 사법의 가능성, 한국형사정책연구원, 2006.12, 62~68면.
76) 이창한, 보호관찰에 있어 회복적 사법 적용가능성 검토, 피해자학연구 제12권 제2호, 2004.10,
   75면 ; 도중진/원혜욱, 보호관찰단계에서 회복적 사법이념의 실천방안, 한국형사정책연구원,
   2006.12, 221~222면.

회부하고 그 합의에 따라 재판을 종결하거나, 재판에서 유죄가 인정된 이후에 법원이 양형의 전단계로서 당사자의 동의하에 회복적 사법 프로그램을 활용하는 것이다.

회복적 사법을 도입한 것은 회복적 사법이 소년사건에서 먼저 도입되고, 또 효과적으로 운용되고 있는 외국의 예를 참고한 것이다.[77] 그러나 화해권고와 같은 회복적 사법이 효과적으로 운용되기 위해서는 화해절차의 담당자·절차·내용 등 여러 가지 인적·물적 자원이 갖춰져야 한다.

Ⅲ. 수사단계에서의 다이버전

「다이버전」((Diversion))이라 함은 법원판결 이전에 형사사법기관이 통상의 사법처리절차를 중지하는 조치를 의미한다.[78] 이러한 「다이버전」 제도는 형사사법기관에 의하여 체포되어 처벌받아 낙인찍힌 사람이 이러한 낙인에 의하여 오히려 상습범죄자가 된다는 이른바 「낙인이론」(labeling Theory)을 이론적 출발점으로 하여 형벌이 갖는 기능상의 한계와 과잉처벌의 문제점을 해결하기 위하여 등장한 제도이다.[79]

개정소년법은 경찰의 훈방이나 선도조건부 훈방에 대해서는 규정하지 않고 검사의 조건부 기소유예에 관한 근거규정만을 두었다.

선도조건부 기소유예 제도에 대해서는 위헌 문제가 있으나 낙인효과를

---

77) 외국의 입법례로서는 미국의 조정·회합·써클모델, 캐나다의 피해자–가해자–화해모델, 호주의 와가와가회합모델, 뉴질랜드의 가족집단회합모델, 독일의 가해자–피해자–화해모델 등 현재 외국에서는 회복적 사법의 개념에 근거하여 다양한 모델을 운영하고 있다(원혜옥, 법무부 소년법개정안의 개요, 소년법 개정법률안 공청회자료, 7면).

78) 오영근, 선도조건부기소유예제도의 실태와 개선방안, 형사정책연구원 제17회 학술세미나 자료집, 1995, 115면.

79) 이기헌, 낙인이론에 대한 비판적 고찰, 서울대 박사학위논문, 1988, 참조.

방지하기 위해 그 필요성도 인정된다.[80] 그리하여 개정 소년법 제49조의3
은 검사의 선도조건부 기소유예제도에 대한 근거규정을 두고, 선도조건이
아닌 다른 형태의 조건부 기소유예제도의 근거를 마련하기 위해 제목을
「조건부 기소유예」로 하였다.[81]

VI. 소년사건의 범위

개정 소년법에서는 소년보호 대상의 상한연령을 19세로 낮추었다. 또한
우범소년을 계속존치하고 소년법 제4조의 우범사유를 보다 상세히 규정하
였다. 한편 촉법소년과 우범소년의 하한연령을 기존의 12세에서 10세로
하향조정하였다.[82]

가. 소년연령 상한의 인하
소년연령 상한을 20세에서 19세로 낮추었다.[83] 현재 소년의 정신적·

---

[80] 제도의 취지에 대하여 「소년범에 대하여 사법절차 회부로 인한 낙인효과를 차단하면서 선도·보
호를 하는 선도조건부 기소유예가 실무상 행하여지고 있으나 그 법적 근거가 약하다는 지적이
제기되었다. 선도조건부 기소유예의 근거를 소년법에 명문화함과 동시에 선도의 내용을 범죄예방
자원봉사위원 선도, 소년 선도·교육과 관련된 단체·시설에서의 상담·교육 등으로 다양화하였
다. 사안이 비교적 경미한 소년범에 대하여 사법절차 회부 및 재판의 장기화로 인한 낙인효과를
차단하면서 선도·보호를 통한 비행예방에 기여할 것으로 기대되고 있다」고 한다(이윤호, 개정
소년법시행에 따른 신설제도의 성과분석, 소년보호 정책용역논집, 법무부, 2009, 108면에서 발
췌). ; 박재윤, 선도조건부 기소유예제도, 한독간의 비교연구, 국민대학교 법학논총, 제9집, 1997,
37~66면 ; 임안식, 보호관찰제도와 선도조건부 기소유예제도, 형사정책연구소식, 제12호, 1992,
18~27면 ; 신동운, 다이버전운동과 선도조건부 기소유예, 형사정책, 제2호, 1987, 5~14면.
[81] 제49조의3(조건부 기소유예)
검사는 피의자에 대하여 다음 각 호에 해당하는 선도(善道)등을 받게 하고, 피의사건에 대한
공소를 제기하지 아니할 수 있다. 이 경우 소년과 소년의 친권자·후견인 등 법정대리인의 동의를
받아야 한다.
1. 범죄예방자원봉사위원의선도
2. 소년의선도·교육과 관련된 단체·시설에서의 상담·교육·활동 등.
[82] 이윤호, 개정소년법시행에 따른 신설제도의 성과분석, 97면.
[83] 소년연령 상한을 20세에서 19세로 낮추는 것에 대해 찬성론과 반대론이 있었다. 반대론의 가장

육체적 발육상태가 빨라졌고 서울가정법원 가사제도개혁위원회의 공식입장도 19세로 인하하는 것이 타당하다고 한다.[84]

나. 촉법소년 연령인하

촉법소년과 우범소년의 하한연령을 10세로 낮추는 것에 대해서는 소년연령 상한의 인하 문제보다 많은 논란이 있었다.[85] 다수의견은 촉법소년의 연령 하한을 인하함으로써 조기처우에 따른 낙인효과를 방지할 수다는 데 의견이 일치하였다.

다. 우범소년 규정의 존치 및 하한인하

종래부터 우범소년 규정을 존치할 것인가에 대해서는 견해의 대립이 있었다.[86] 우범소년 규정을 존치하되 우범사유를 좀더 구체적으로 규정하기

주요한 논거는 ⅰ) 소년연령을 낮추는 것이 소년범에 대한 형사처벌의 강화를 의미할 수 있는데, 이는 바람직하지 않고, ⅱ) 소년사건의 대상을 독일에서는 21세 미만, 일본에서는 20세 미만이라고 규정하고 있는 것과 비교할 때 굳이 우리나라에서 19세로 낮출 필요가 없다는 것 등이었다. 찬성론에서는 ⅰ) 만 19세는 이미 대학생이 되는 연령으로서 이미 사회적으로도 성인으로 취급받고 있고, ⅱ) 오늘날의 소년들은 과거에 비해 정신적·육체적 발육의 상태가 빨라졌고, ⅲ) 서울가정법원 가사제도개혁위원회의 공식입장도 19세로 인하하는 것이고, ⅳ) 영미에서는 18세 미만 등으로 규정하기도 한다는 것 등을 근거로 제시하였다(오영근, 개정소년법의 과제와 전망, 형사정책연구 제19권 제2호, 2008, 11면에서 발췌).

84) 외국의 입법례 : 미국은 표준소년법상 소년법원관할 대상은 18세 미만이나 주에 따라 다양하며, 영국은 형사사법상 18세 미만이나, 17세 소년을 성인과 동일시하는 예외적 규정 존재하며, 독일은 소년법원법상 18세 미만의 소년과 21세 미만의 청년으로 하고, 일본은 소년법상 20세 미만으로 규정하는 등 각국의 입법례는 소년의 연령에 대해 서로 다른 기준을 정하고 있다 (원혜욱, 법무부 소년법개정안의 개요, 소년법 개정법률안 공청회(자료), 법무부 소년법개정특별위원회, 2007.4.20.10면에서 발췌 ; 원혜욱, 개정소년법의 주요쟁점에 관한 검토 - 보호대상을 중심으로 - 소년보호연구 제11호, 한국소년정책학회, 2008, 47~48면).

85) 한숙희, 촉법소년 연령인하에 따른 가정법원의 역할과 과제, 형사정책연구, 제19권 제2호, 2008, 66~67면

86) 원혜욱, 소년비행 예방을 위한 입법정책 : 우범소년에 대한 규정을 중심으로 형사정책 제13권 제2호 2006, 375~398면 ; 송광섭, 우범소년의 우범사유와 우범성, 한일형사법의 과제와 전망(이한교 교수 정년기념논문집), 화성사, 2000, 485~504면; 최종식, 소년법상 우범소년에 관한 연구, 강원법학, 제8권, 1996, 457~474면.

로 하였다.[87] 동시에 촉법소년과 같이 우범소년의 연령하한도 10세로 인하하였다.[88]

5. 보호처분의 구체화

보호처분의 효율성제고를 위하여 보호처분의 규정(소년법 제32조 내지 제33조)을 구체화하였다.[89] 1988. 제3차 개정 이후 학계와 실무에서 지적되어 왔던 보호처분의 문제점을 개선하기 위하여 보호처분에 대한 소년법의 규정을 대폭 개정하였다.[90] 즉 개정 소년법 제32조 제1항은 보호처분의 종류를 10종류로 하여 3종류를 추가하였다.[91][92] 또 신설된 개정 소년법

---

87) 개정소년법 제4조 제3호,
    다음 각 목에 해당하는 사유가 있고 그의 성격이나 환경에 비추어 앞으로 형벌 법령에
    가) 집단적으로 몰려다니며 주위 사람들에게 불안감을 조성하는 성벽(性癖)이 있는 것,
    나) 정당한 이유 없이 가출하는 것,
    다) 술을 마시고 소란을 피우거나 유해환경에 접하는 성벽이 있는 것

88) 외국의 입법례 : 미국의 경우 비행소년 · 요부조소년 · 방임소년 모두 소년법원의 관할대상이 되고, 영국의 경우 우범성 또는 반사회성 소년은 가정법원관할대상이 되고, 독일의 경우 우범소년은 소년법원법 적용대상에서 제외하고 아동 및 소년원조법에 의한 원조의 대상이 되며, 일본의 경우는 우리나라와 같이 우범소년이 소년법의 적용대상이 된다 (원혜옥, 법무부 소년법개정안의 개요, 소년법 개정법률안 공청회(자료), 법무부,2007.4.20.10~11면에서 발췌).

89) 오영근, 개정소년법의 과제와 전망, 15~16면, 원혜옥, 법무부 소년법개정안의 개요, 소년법 개정법률안 공청회(자료), 16~18면(최종식, 소년법상 보호처분제도의 개선방안, 소년법연구. 제1호, 2002. 41~68면 참조; 정희철, 현행 소년법의 보호처분의 문제점과 개선방안, 안암법학, 제21호, 2005, 86~106면 참조).

90) 이윤호, 개정소년법시행에 따른 신설제도의 성과분석, 98면.

91) 제32조(보호처분의 결정) ① 소년부 판사는 심리 결과 보호처분을 할 필요가 있다고 인정하면 결정으로써 다음 각 호의 어느 하나에 해당하는 처분을 하여야 한다. 1. 보호자 또는 보호자를 대신하여 소년을 보호할 수 있는 자에게 감호 위탁 2. 수강명령 3. 사회봉사명령 4. 보호관찰관의 단기(短期) 보호관찰 5. 보호관찰관의 장기(長期) 보호관찰 6. 「아동복지법」에 따른 아동복지시설이나 그 밖의 소년보호시설에 감호 위탁 7. 병원, 요양소 또는 「보호소년 등의 처우에 관한 법률」에 따른 소년의료보호시설에 위탁 8. 1개월 이내의 소년원 송치 9. 단기 소년원 송치 10. 장기 소년원 송치

92) 제32조 제 1항 제5호, 제6호에 사회봉사명령과 수강명령을 주된 처분으로 변경하여 규정하였으며, 제4항에서는 사회봉사명령은 14세 이상, 수강명령은 12세 이상으로 대상연령을 하향조정하였으며, 제33조 제4항에서는 사회봉사명령은 200시간을, 수강명령은 100시간을 초과할 수 없도록 시간을 변경 하여 규정하였다(사회봉사명령과 수강명령의 보다 상세한 것은; 김성언, 소년보호처분의 실효제고 및 실천방안, 형사정책연구 제19권 제2호, 2008, 28면, 36면 참조).
    제32조 제8호에 1월 이내의 소년원 송치를 신설하여 소년원 송치를 종래의 2 종류에서는 3종류로 세분화하여 규정하였다. 이는 사회내처우를 부과하기에는 적합하지 않지만 단기소년원에 송치하는 것 역시 적합하지 않은 소년에 대해 쇼크구금을 통해 집중적인 비행예방프로그램을 실시하기

제32조의2는 대안교육·상담명령, 외출제한명, 보호자에 대한 특별교육명령 등을 보호관찰의 부수처분으로서 규정하였다.[93] 이는 보호관찰을 통해 소년의 인격과 환경을 효과적으로 개선할 수 있는 집중적 보호관찰 프로그램의 가능성을 열어 놓기 위함이다.[94]

Ⅳ. 검사선의주의의 존치

종래 검사선의주의에 대해서는 많은 문제가 제기되었다.[95][96]

위한 처분이다.

[93] 제32조의2 (보호관찰처분에 따른 부가처분 등) ① 제32조 제1항 제4호 또는 제5호의 처분을 할 때에 3개월 이내의 기간을 정하여 「보호소년 등의 처우에 관한 법률」에 따른 대안교육 또는 소년의 상담·선도·교화와 관련된 단체나 시설에서의 상담·교육을 받을 것을 동시에 명할 수 있다(제32조의2 제2항, 제3항). ② 제 32조 제1항 제4호 또는 제5호의 처분을 할 때에 1년이내의 기간을 정하여 야간 등 특정 시간대의 외출을 제한하는 명령을 보호관찰대상자의 준수 사항으로 부과할 수 있다. ③ 소년부 판사는 가정상황 등을 고려하여 필요하다고 판단되면 보호자에게 소년원·소년분류심사원 또는 보호관찰소 등에서 실시하는 소년의 보호를 위한 특별교육을 받을 것을 명할 수 있다.

[94] 제32조의 2를 신설하여 제1항에서는 보호처분의 실시를 국가가 운영하는 시설과 청소년상담시설과 연계하여 보호처분을 다양화하고 그 실효성을 확보 하였다.
제32조의2 제2항·제3항에서는 외출제한명령과 보호자에 대한 교육명령을 명문화함으로써 보호처분을 다양화하고 그 실효성을 확보하였다.

[95] 김성돈, 우리나라 소년법의 검사선의주의 모델의 개선방안, 저스티스, 제88호, 2005, 189-210면 ; 이옥, 검사선의주의와 법원선의주의, 소년보호연구, 제8호, 2005, 89-132면.

[96] 검사선의주의의 문제점과 법원선의주의의 문제점(원혜욱, 법무부 소년법개정안의 개요, 소년법 개정법률안 공청회(자료), 18~19면에서 발췌)
  1. [검사선의주의의 문제점]
  ① 검사의 직무영역과 소년보호이념 구현과의 상충성 – 소년전담검사는 소년사건만 전담하여 전문성을 발휘할 수 있는 처지에 있지 않기 때문에 범죄소년의 환경, 범죄원인 등에 대한 상세한 조사절차 없이 범죄소년의 장래를 결정하는 것은 소년의 개선·교화라는 소년법의 근본이념에 반할 소지가 있다.
  ② 절차변경으로 인해 소년에 대한 악영향 – 검사의 결정에 따라 소년부에 송치되지 않고 형사재판부에 기소된 소년피고인이 미결구금된 상태에서 재판을 받던 중 다시 소년부에 송치될 경우, 소년은 형사재판부와 소년부를 오고가면서 좌절감을 겪으며 범죄문화에 악영향을 받을 수 있다.
  ③ 처분의 형평성 위반 – 이와 같은 과정을 거쳐서 결국 최종적으로 소년부에 송치된 범죄소년에 대해서 부과되는 보호처분이 결국 그 소년에 대해 훨씬 더 강한 강도의 국가의 개입이라는 결과로 귀결될 수 있다.
  ④ 법적 안정성의 저해 – 현행 소년법 제49조 제1항, 제50조 및 제49조 제2항에 의하면 검사와 일반형사부의 판사 및 소년부판사는 모두 재량에 따라 소년보호 처분의 해당성 여부를 판단할 수밖에 없다. 이러한 재량권 행사는 법적안정성 과 예측가능성을 저해하는 결과를 가져온다.

현행 소년사건 처리절차는 검사가 경찰이 송치한 사건이나 직접 인지한 소년사건을 수사하여 소년보호절차 또는 소년형사절차를 진행할 것인지를 판단하는 검사선의주의를 취한다. 현행 소년사법체계에서는 검사선의주의를 유지하는 것이 보다 타당하다는 입장이 반영되어 개정소년법에서도 검사선의주의를 유지하는 것으로 규정하였다. 대신에 검사선의주의의 단점을 보완하기 위하여 개정 소년법 제49조의2에서 이른바 「검사의 결정전 조사제도」(후술 7. 나. 참조)를 신설하였다.[97]

VII. 소년의 권리보장

가. 국선보조인제도

누구든지 체포 또는 구속을 당한 때에는 즉시 변호인의 조력을 받을 권리를 가진다.[98] 보조인이라 함은 소년보호절차에서 형사절차의 변호인에 해당하는 역할을 하는 자를 말한다.[99] 특히 소년사건에서 이러한 제도가

---

2. [법원선의주의의 문제점]
　① 절차지연 및 중복 – 수사기관에서 수사한 결과 명백히 형사사건으로 심리하는 것이 타당한 경우에도 일단 법원에 송치해야 하고, 법원에서 다시 절차에 대한 판단을 하는데 일정한 기간이 소요될 수 있고, 검찰에 대한 역송 등의 절차를 다시 거쳐야 하기 때문에 절차지연 및 절차중복의 부작용이 제거되지 않는다.
　② 독일식 일원주의(소년사법제도) 도입의 한계 – 독일식 소년법원 제도를 도입하는 것은 현행 소년법의 체계에 부합하지 않는 소년사건에 대한 해결방안을 형사절차에 접근하는 모델로 바꾸는 방향의 대전환이 전제되어야 한다.
　③ 일본에서의 검찰역송제도의 문제점 – 법원선심(의)주의를 채택하고 있는 일본에서 소년피의자사건에 대해 가정재판소로의 전건송치를 원칙으로 하지만 가정재판소에서 형사절차를 거치기 위해서는 검찰로 역송하여 검사가 일반형사재판소에 기소하는 이중의 과장을 밟고 있어 절차중복과 절차지연의 문제가 해결되지 않고 있다.
97) 제49조의2(검사의 결정전 조사)
98) 헌법 제12조 제4항
99) 소년보호절차에서 보조인은 법원의 협력자 역할과 소년의 후견인 및 옹호자 역할을 수행하는 이중적 지위를 갖는다(최병각, 변호인이 조력을 받을 권리와 소년사법, 소년법연구 창간호, 한국소년법학회, 2002, 522면). ; 소년보호사건의 보조인이 형사소송의 변호인과 마찬가지로 보호소년이 가지는 권리를 행사하는 외에 독자적인 입장에서 보호소년의 이익을 옹호하는 고유의 권리

필요함은 말할 필요도 없다.100) 개정 소년법은 국선보조인에 대하여 비교적 상세한 규정을 하고 있다.101)

이 제도는 소년법원의 심리와 결정의 적정을 보장하여 소년심판에 대한 신뢰감을 확보하고, 소년의 권익을 보장하며 적법절차의 준수하는 데 기여할 것으로 예상된다.102)

나. 검사의 결정전 조사제도

결정전 조사제도는 형사절차에서 유죄가 인정된 자에 대하여 판결 전에 소질·환경에 대한 과학적 조사 내용을 적합한 처우를 하기 위한 기초자료로 이용하는 보호관찰소의 판결전 조사제도를 모델로 한 제도이다.

소년사법체계 가운데 검찰단계에서 일차적으로 소년의 처분형태가 결정된다는 측면에서 결정전 조사제도는 소년사건처리의 객관성담보에 기여할수 있을 것으로 본다. 따라서 개정 소년법은 검사가 소년사건을 처리할 때에분류심사관·보호관찰관 등 전문가가 조사한 소년의 품행·환경 등 분석자료를 토대로 사건을 처리하도록 하는 결정전 조사제도를 도입하였다.103)

를 갖는다(대법원 1994.11.5. 선고 94트10).

100) 곽병선, 미국의 소년심판절차에 있어서 변호사의 역할, 형사법연구 제19권 제3호(하), 2007, 835면.
101) 소년법 제17조의2
① 소년이 소년분류심사원에 위탁된 경우 보조인이 없을 때에 법원은 변호사 능 적정한 자를 보조인으로 선정해야 하고, ② 소년이 소년분류심사원에 위탁되지 않은 때에도, 소년에게 신체적·정신적 장애가 의심되는 경우, 빈곤이나 그밖의 사유로 보조인을 선임할 수 없는 경우, 그밖에 소년부판사가 보조인이 필요하다고 인정하는 경우에 법원이 직권 또는 소년·보호자의 신청에 의해 보조인을 선정할 수 있다.
102) 오영근·최병각, 소년사건처리절차의 개선방안에 관한 연구, 한국형사정책연구원, 1995, 109면.
103) 소년법 제49조의2(검사의 결정 전 조사)
① 검사는 소년피의사건에 대하여 소년부 송치, 공소제기, 기소유예 등의 처분을 결정하기 위하여 필요하다고 인정하면 피의자의 주거지 또 는 검찰청 소재지를 관할하는 보호관찰소의 장, 소년분류심사원장 또는 소년원장(이하 "보호관찰소장 등"이라 한다)에게 피의자의 품행, 경력, 생활환경이나 그 밖에 필요한 사항에 관한 조사를 요구할 수 있다.
② 제1항의 요구를 받은 보호관찰소장 등은 지체 없이 이를 조사하여 서면으로 해당 검사에게

다. 소년원 수용기간의 제한

개정 소년법에서는 소년원의 수용기간을 최대 2년으로 명시하였다 (제33조 제6항).

구 소년법에서는 제7호 처분(장기 소년원 수용처분)자의 수용기간이 법률에 규정되어 있지 않았기 때문에 최장 21세까지 수용이 가능하였다(소년원법 제43조 제1항). 제7호 처분은 상대적 부정기인 보호처분으로 때로는 소년에게 형벌을 선고하는 것보다 더 가혹한 경우도 있어 소년의 신체적 자유가 박탈되고 인권이 침해될 위험이 있었다.104)

Ⅷ. 청소년 비행예방에 관한 기본규정 신설

그동안 소년법에는 소년사건의 사후적 처리절차만 규정하고 있었다. 따라서 소년법의 이념을 달성하기 위하여서는 소년비행에 대한 사전통제 및 예방의 필요성이 제기되어 왔다. 더구나 소년사법제도와 소년복지제도를 구분하는 현행 소년법법체계에서 소년비행을 예방하고 대처할 수 있는 특별한 규정이 소년법이나 기타의 소년복지 관련법에서도 결여되어 있었다. 이에 개정 소년법에서는 소년의 상담 및 교육을 담당할 수 있는 기관에 대한 사항을 규정하여 비행소년의 건전한 육성을 보장하게 되었다.105)

통보하여야 하며, 조사를 위하여 필요한 경우에는 소속 보호관찰관·분류 심사관 등에게 피의자 또는 관계인을 출석하게 하여 진술요구를 하는 등의 방법으로 필요한 사항을 조사하게 할 수 있다.

③ 제2항에 따른 조사를 할 때에는 미리 피의자 또는 관계인에게 조사의 취지를 설명하여야 하고, 피의자 또는 관계인의 인권을 존중하며, 직무상 비밀을 엄수하여야 한다.

④ 검사는 보호관찰소장 등으로부터 통보받은 조사 결과를 참고하여 소년피의자를 교화·개선하는 데에 가장 적합한 처분을 결정하여야 한다.[본조신설 2007. 12. 21]

104) 이승현, 한국 개정 소년법상 소년의 권리보장, 소년보호연구 제11호, 2008. 8면.

105) 3장의2 비행 예방 <신설 2007.12.21>

제3절 개선방안

I. 형사제재로서의 성격 탈피

현재 소년법상의 보호처분도 형사제재의 일종이라고 이해하는 견해가 있다. 그러나 소년법상의 보호처분을 형사제재의 일종이라고 할 경우 낙인 효과를 피할 수 없다. 이를 회피하기 위하여서는 보호처분을 복지적 처분이라고 이해하게 된다. 개정소년법이 촉법소년이나 우범소년의 연령을 낮춘 것은 비행의 초기단계에서 형사제재를 과하려 하기 보다는 비행의 초기 단계에서 교육적·복지적 처분을 함으로써 비행성의 고착화와 이로 인한 범죄소년 혹은 성인범죄인으로의 전락을 미리 예방하자는 것이라고 할 수 있다. 보호처분을 형사제재가 아닌 복지적 처분·교육적 성격의 처분으로 전환하기 위해서는 보호처분의 선고기관, 선고절차, 보호처분의 내용, 집행 기관, 집행방법 등에서 근본적인 변화가 필요하다.106)

소년사법의 역사를 보면 청소년범죄의 대응에 있어서 두 가지 대립되는 관점이 존재하였다. 즉 「복지모델」(welfare model)과 「사법모델」 (justice model)이다. 그러나 형사법체계에서 「소년보호」 이념에 따라 성

제67조의2 (비행 예방정책) 법무부장관은 제4조제1항에 해당하는 자(이하 "비행소년"이라 한다)가 건전하게 성장하도록 돕기 위하여 다음 각 호의 사항에 대한 필요한 조치를 취하여야 한다.
　1. 비행소년이 건전하게 성장하도록 돕기 위한 조사·연구·교육·홍보 및 관련 정책의 수립·시행
　2. 비행소년의 선도·교육과 관련된 중앙행정기관·공공기관 및 사회단체와의 협조체계의 구축 및 운영
　[본조신설 2007.12.21]
106) 오영근, 개정소년법의 과제와 전망, 20~21면.

인과 구분하여 별도로 「소년사법」이 등장한 것은 그리 오래되지 않았다. 두 가지 이념모델은 상호 영향을 미치면서 오늘날 각국의 소년사법체계를 형성·발전시켜왔다. 금후 연구의 과제이다.107)

II. 검사의 결정전 조사제도의 보완

사실 소년법이 개정되기 이전인 2006.부터 법무부는 이미 서울보호관찰소를 중심으로 검사의 결정전 조사제도를 시범실시 하였다. 이후 서울남부 보호관찰소에서도 2006.4.부터 피의자의 성향·경력·가정상황 기타 환경 등을 구명하여 검사의 기소 및 불기소 결정에 반영하고 기소되는 피의자에 대해 양형자료로 활용하기 위해 검사결정전 환경조사제도를 실시하고 있었다.108)

결정전 조사제도는 소년사법 전문가의 의견을 들어 선의권을 행사한다는 점, 소년 「다이버젼」에 기여한다는 점에서 일응 합리적이다. 그러나 소년에 대한 조사가 임의적이고 주관적 판단이 문제점이며, 소년의 비행사실이 확정되지 않은 상태에서 소년에 관한 광범위한 조사를 보호관찰소의 장이나 소년분류심사원장·소년원장에게 요구할 수 있는 권리를 가짐은 문제가 될 수 있다는 비판도 있다.109)

---

107) 김은경, 21세기 소년사법 개혁과 회복적 사법의 가치, 형사정책연구 제18권 제3호, 2007, 1167면 ; 김은경 외, 21세기 소년사법개혁의 방향과 과제 I, 한국형사정책연구원 보고서 07-13, 137~138면.
108) 정유희, 검사 결정전 조사 실무기법제언, 보호 통권 제19호, 법무부, 2007, 185면.
109) 최종식, 소년비행의 대책에 관한 연구, 형사정책 제19권 제2호, 2007, 107면.

III. 보호처분절차에서의 소년의 권리 보장

소년 형사사건에 있어서도 특별한 규정이 없는 한 형사소송법상의 원칙을 그대로 적용하도록 하고 있다.110) 물론 소년의 특성을 고려하여 몇 가지 특별한 처우를 하고 있다. 그러나 소년에 대한 특별한 처우가 소년에게는 오히려 자유가 박탈되는 결과가 초래되기도 한다. 현재 소년분류심사원 위탁에 있어서는 형사소송법상 구속요건과 같이 구체적으로 규정하여야 한다.111)

VI. 전문가 중심의 소년사법

소년사법이 소년의 인권을 보장하면서도 소년에 대한 보다 확실하고 적절한 처우를 하기 위해서는 소년사법 전문가(소년경찰, 소년전담검사, 소년전담 법관 및 소년조사관 등) 제도의 정비가 요망된다.

소년경찰의 경우 수사단계에서부터 전문성을 가지고 체계적으로 요보호성에 관한 판단을 해야 하며, 검찰단계에서 검사는 범죄소년의 개선가능성을 고려하여 판단하도록 하여야 하고, 법원단계에서도 소년사건만 전담할 수 있는 소년판사를 두어 소년의 특성에 대한 충분한 지식을 가진 법관이 요망되며 특히 전문적 소년사법을 지향하기 위해서는 금후 소년법원의 설치검토가 연구의 과제이다.112)

---

110) 소년법 제48조,
    소년에 대한 형사사건에 관하여는 이 법에 특별한 규정이 없으면 일반 형사사건의 예에 따른다
    [전문개정 2007.12.21].
111) 이승현, 한국 개정소년법상 소년의 권리보장, 소년보호연구, 제11호, 2008, 11면.

V. 국제협약 이행을 위한 노력

2003. 「UN아동권리위원회」(Committee on the Rights Of the Child) 는 우리나라 정부에 연소자를 형사절차에 회부할 것인지 보호처분을 할 것인지를 결정하는 검사의 선의주의 등, 「UN아동권리조약」 및 소년사법 집행에 관한 「UN최저표준규칙」 등의 위반에 대하여 다양한 시정·권고 를 하고 있다.113)

Ⅳ. 수사단계에서의 「다이버전」 확대 문제

일반적으로 「다이버전」(Diversion)이 시설내 처우를 사회내 처우로 대체하는 것과 같이 형사제재의 최소화를 뜻하는 개념으로 이용되는 경우 도 있지만, 대개는 법원의 판결이 내려지기 전에 비공식적절차를 중시하는 조치를 말한다.114)

「다이버전」은 사소한 범죄를 저지른 사람을 통상의 형사절차에 의해 처리하는 범죄자로부터 분리시키는 등의 장점을 가지고 있다.115) 따라서

---

112) 상게논문, 12-13면.

113) 상게논문, 13면(국제준칙에 반하는 대표적인 예로는 본문의 문제 외에 사형규정이 문제된다. 「아동권리조약」 제37조에 의하면 소년에 대한 사형을 금지하도록 하고 있는 반면에 소년법 제59조에서는 사형을 처할 수 있는 최소연령을 18세로 하고 있으며, 18세 미만인 소년이 죄를 범하여 사형 또는 무기징역으로 처할 경우는 15년의 유기징역으로 한다고 규정하고 있다. 이 규정은 범죄행위시에 18세 미만이었으나 과형 당시에 성인이 된 때에도 적용된다. 14세 이상 17세까지의 소년에 대하여는 사형을 과할 수 없고, 최근 소년법이 개정되면서 대상소년 연령이 19세 미만으로 그 하한이 낮아지긴 하였지만, 여전히 18세의 범죄소년은 사형의 대상이 된다. 따라서 소년에 대한 사형규정은 폐지되어야 할 것이다 ; 상게논문, 14면에서 발췌).

114) 「다이버전」에 대한 보다 더 상세한 내용에 관하여는 ; 원혜욱, 소년범 「다이버전」(Diversion) 의 실태와 개선방안, 보호 제17호(2005.12), 법무부, 12면 이하 ; 이승헌, 소년법상 「다이버 전」의 새로운 동향에 관한 연구, 박사학위논문, 한양대 2010. 6~9면.

115) 이순래, 소년전환처우의 활성화방안에 관한 연구, 소년법연구, 한국소년법학회, 2002, 283면.

명확한 법적근거 없이 그 동안 검찰단계에서의 「다이버전」이라 할 수 있는 「선도조건부 기소유예」 제도가 개정 소년법에서 법적 근거를 가지게 되었음은 일응 긍정적인 면이 있다.

그러나 검사의 재량으로 기소유예를 하면서 실질적으로 보호처분을 하는 것은 헌법상 「적법절차의 원칙」과 「재판을 받을 권리」에 위배된다는 비판이 제기되고 있다.116) 검찰의 기소독점주의 및 기소편의주의와 관련하여 금후 연구과제이다.

Ⅶ. 우범소년 규정의 문제

우범소년의 경우 소년법의 적용대상으로 하기 보다는 오히려 아동복지법의 적용대상으로 하는 것이 적절하다는 견해도 있으나, 소년법 제1조에 규정된 소년법의 이념은 비행소년을 보호·육성한다는 측면에서 비행예방의 기능까지 포함하는 바, 이는 소년보호절차가 반드시 범죄의 성립을 전제로 하는 것이 아니라는 점을 나타내는 것이므로 이런 점을 감안하면 우범소년을 존치시키는 것이 보다 타당하다고 생각한다.117)

다만 현행법상 명시된 우범사유 또한 추상적이고 불명확한 점이 없지 않으므로 우범사유를 보다 구체화할 것이 요구된다.

---

116) 최병각, 소년법개정과 소년사법의 건전한 육성, 형사정책연구 제18권 제3호, 2007, 31~32면.
117) 최종식, 우범규정의 재해석, 소년법연구 제2호, 한국소년법학회, 2007, 92면.

제4절 맺는 말

I. 소년사법의 문제점

현행 소년법 제1조에서 소년에 대해 교육과 원조를 통한 개선과 형사처분을 함에 있어서도 성인과 다른 특별한 조치를 함으로써 소년을 보호하며 국가에 대하여 소년을 건전하게 육성해야 할 책임을 부과하는 등 교정주의 내지 보호주의 이념에 기초하고 있음을 천명하고 있다.

이러한 소년법의 이념에도 불구하고 현재 다음과 같은 기본적 문제가 제기되고 있다.

첫째, 소년법원의 형사사건관할이다.

현재 우리나라에서는 소년의 형사사건은 형사법원에서, 소년의 보호사건은 가정법원 소년부에서 전담하고 있다.

소년사법제도의 전문적 운영을 위하여 소년형사사건과 소년보호사건을 모두 관할하는 소년법원(소년법원제도-juvenile court system-)을 설치하자는 견해가 제시되고 있다. 이 경우에도 보호절차를 일원화하자는 견해와 관할은 통합하고 절차는 이원화하자는 견해로 나누어진다.

현실적으로 소년법원의 설치가 어려우므로 가정법원에서 원래의 소년보호사건도 관할하면서 소년범에 대한 형사재판도 전담하게 하여 소년비행의 전문가적 입장에서 형사 피고사건 중 보호사건으로 처리함이 적합한 것인지를 형사정책적 차원에서 일관성 있게 판단하도록 하자는 견해가 현

재 유력하다.118)

생각건대 소년에 대한 보호주의이념에 충실하고자 하는 소년법원의 순수성을 지키기 위해서는 소년법원에서는 보호사건만 관할하게 하고, 형사사건은 일반 형사법원에서 관할하게 하는 것이 타당하다고 생각된다.119) 일반 형사법원에서는 소년사건을 성인사건과 분리하여 심리하게 하면 된다. 이런 의미에서 우리 소년사법의 태도가 합리적이다.

둘째, 소년법원의 관할대상이다.

범죄소년 외에 이른바 「촉법소년」 과 「우범소년」 을 함께 포함시키도록 한 것이 과연 타당한가 하는 것이다. 이것이 문제로 되는 이유는 촉법소년과 우범소년은 아직 「범죄소년」 은 아니며, 더구나 우범소년의 경우에는 아직 아무런 뚜렷한 반사회적 행위, 즉 형벌법령 저촉행위를 한 일이 없고, 단순히 불량성을 어느 정도 나타내었을 뿐인데도 불구하고 이들을 범죄소년과 함께 동일한 심판기관에서 조사와 심리를 받게 하고 그 결과 「범죄소년의 낙인」 을 받게 하는 것은 죄형법정주의 원칙에 어긋나고 인격옹호상 용납되지 않는다는 것이다.120) 그러므로 범죄소년과 우범소년·촉법소년은 서로 다른 별개의 기관에서 다루도록 함이 타당하다.

생각건대 우범소년과 촉법소년은 소년법원의 직접적인 관할 대상에서 제외하고 특수한 행정기관에서 그 보호를 담당하도록 하고 소년법원에서

---

118) 정진연, 소년사법제도의 역사적 배경과 최근의 동향, 65면.
119) 신진규, 전게서, 557면.
120) 「탑판」 교수는 애매한 법규정에 의한 비행소년 낙인의 위험으로부터 소년들을 보호하는 문제를 강력히 제기하였다. 그에 의하면 소년법원에서 받는 비행소년의 낙인 및 그로 인한 명예심의 손상은 일반형사법원에서 받는 것과 조금도 다를 것이 없다고 한다(P. Tappan, "Unofficial Delinquency," Nebraska Law Review, Vol. 29, 1950, pp. 547~558).

는 그 기관에 대한 사법적 감독을 하는 데 그치게 하는 것이 타당하다.121)

셋째, 검사선의주의의 문제이다.

「검사선의주의」 하에서는 범죄의 경중에 의존하여 선의권이 행사되기 때문에 소년의 보호·육성을 위한 구체적·개별적 처우라는 소년법의 이념에 배치된다는 주장은 오래전부터 제기되고 있다.

생각건대 소년사법의 구조를 검사선의주의로 하느냐 법원선의주의로 하느냐 하는 문제에 있어서 누가 선의권을 적절히 행사할 것인가 하는 것도 중요하지만, 오히려 선의권 행사에 대한 사전제한과 사후통제를 철저히 하는 것이 더욱 중요하다. 따라서 검사선의주의의 장점을 최대한 살리고 문제점을 극소화하는 방향으로 운영하는 것이 전제된다면 현행대로 검사선의주의를 유지하더라도 큰 문제는 없을 것이다.

넷째, 기본권과 관련되는 문제이다.122)

---

121) 단순한 우범소년을 범죄소년과 함께 소년법원의 관할 대상으로 규정한 것은 1899년 미국 「시카고」(chicago) 소년법원의 예에 연원하며, 이곳에서는 유기된 소년 등 요보호소년 일반을 그 관할 대상으로 하였으며, 그 이론적 근거는 형평법원제도상의 「국친사상」에 두고 있었다. 즉 정당한 친권자가 없는 경우 국가가 그 후견자가 되어(국가후견자, parens patriae) 요부조소년에 대한 재산, 기타를 보호하는 것이 형평법원의 이론적 기초였는데, 이 사상을 범죄소년에게까지 확대한 것이 「시카고」 소년법원제도였다. 단 이러한 국가후견자의 사상은 순수한 소년복지시책을 강구할 때에나 적용될 수 있는 것이지 사회방위적 성격을 띤 현행소년법제도에 이 사상을 도입할 가능성은 적어진다. 미국에서도 현행 소년법원제도에 대한 비판론이 흔히 이 국친이론의 잘못적용을 중심으로 논의되는데, 반대론에서는 이를 기본적으로 배격하는 것이다. 즉 단순한 요부조·요보호소년에 대한 임의적 처분(소년원송치 등 강제처분 아닌)의 행사에 있어서나 이 이론이 적용될 수 있을 뿐 비행소년 등에 강제처분권에 있어 이를 적용함을 불가하다는 것이다(S.M. Herman, "Scope and Purposes of Juvenile Court Jurisdiction," J. of Crim. L. Crimino., 48: 591-592, 1958 ; 참조. - 신진규, 전게서, 551면 주16에서 요약·발췌).

122) 일본의 소년사법개혁에 대해서는 국제인권법의 관점에서 엄격한 시선이 향해지고 있다는 것이다. 첫째, 「UN아동권리위원회」는 2004년에 「아동권리조약」의 시행상황에 관한 일본정부의 제2회 보고서에 대한 최종소견에서 2000년의 제1차 개정에 의한 「개혁의 대부분이 조약 및 소년사법에 관한 국제기준의 원칙과 규정의 정신에 따르고 있지 않다」는 것에 대해서 우려를 나타내고 있다.
둘째, 이것과도 관계되지만 「아동에 대한 권리보장」의 기본적인 생각에 관한 과제이다. 일본에

보호처분도 자유제한적 강제처분이므로 우범소년이 그 적용대상이 된다는 것은 소년의 기본권에 대한 지나친 제약이다. 또한 우범사유가 「장래 형벌법령에 저촉되는 행위를 할 우려」 등과 같은 불확정한 용어로 이루어져 있어 이는 「명확성의 원칙」 에 반한다.

II. 소년법의 과제

비행소년에 대한 처우에 대하여 소년법 제1조에서 처우의 목적을 「소년의 건전육성」 에 둔다고 규정하고 있다.

소년법 자체가 미국 소년재판소법의 강한 영향아래에 제정된 관계로 「국친」 (Parens Patrie)사상에 의한 설명이 많이 행하여지고 있다.

이러한 사상은 잉글랜드 형평법재판소에 기원을 가지며 미국을 효시로 하는 소년재판소운동의 기초이념이 되었다.[123]

그러나 미국은 1950년을 지나서 부터 전통적 「보호주의」 내지 「국친」 (Parens Patrie)사상은 수정되기에 이르렀다.

국친 사상은 「파타날리즘」 (Paternalism) 그것으로서 「무제약성」 (無制約性)이 비판의 대상이 된다. 그리하여 정당한 「파타날리즘」 을 둘러싼 논의가 전개되었다. 「긴진육성」 내지 그것에 관련된 「사회복귀」 의 문제가 바로 그것이다.[124]

서는 최근 소년에 대한 권리보장이 성인과 동질이어도 괜찮은 것일까라는 문제의식에서부터 소년에 대한 권리보장의 올바른 모습의 재인식이 모색되고 있는 상황에 있다(武內兼治·강경래 (역), 소년법개정과 소년의 권리보장자료, 소년보호11, 2008, 207~208면).

123) 澤登俊雄, 少年法入門 [第2版] , 2002, 35면.

124) 김은경 외, 21세기 소년사법개혁의 방향과 과제 I, 한국형사정책연구원 보고서, 2007, 159-160면.

비행소년의 「건전한 육성」 이라는 것은 「소년이 비행을 극복하고 성장 발달을 수행하는 것이다」 라고 한다. 125) 「사회복귀」 라는 것은 「그 소년범이 가지고 있는 문제를 해결하고, 평균적인 내지 보통사람의 상태로 이르게 하는 것이다」 라고 설명할 수 있다고 생각한다.126)

소년법 제1조는 「소년의 건전한 육성을 기하고, 비행소년에 대하여 성격의 교정 및 환경의 조정에 관한 보호처분을 행한다」 고 하고 있지만, 여기에서도 비행의 사회적 요인에 대한 적극적인 조치만을 요구하고 있다.

생각건대 소년법은 비행과 처분에 관하여 규정한다는 점에서 실체법이지만 동시에 형사절차와 다른 특례절차를 규정한다는 점에서 절차법도 된다.

보호절차의 본질은 범죄를 포함하여 「비행」 을 하였다는 것을 이유로 제재를 가하는 것을 목적으로 하는 것이 아니고, 비행을 저지른 소년이 지니고 있는 문제를 해결하는 것을 목적으로 하는 점에 있다.

여기에서 비행중 범죄를 범한 소년에 대하여서도 범죄의 책임을 묻는 의미의 형벌은 될 수 있는 대로 회피하고, 소년의 요보호성이 강제처분을 요구될 때에는 소년원송치 또는 보호관찰 등의 「보호처분」 을 사용하고, 다시 강제처분이 필요하지 않을 경우에는 적절한 보호적 조치를 가하는 것만으로서 사건의 처리를 종결하는 것이 예정된다.

이와 같이 소년사건처리의 기본원칙은 「보호처분우선주의」 인 동시에 「불처분우선주의」 이기도 하다. 또 촉법소년 및 우범소년에 대하여서는 소년에 대하여 강제를 예정하지 않는 아동복지법상의 조치를 우선하고 있다.127)

---

125) 荒木伸治, 少年執行機關による動きかけと その 限界についての一 考察, ジュリト 總合特輯 [青少年-生活と 行動, 1982年] , 289面.
126) 澤登俊雄, 前揭書, 36面.

보호절차에 있어서는 종국결정까지 대상소년에 대하여 「처우」가 행하여 지고, 그 처우효과 그것이 종국결정의 판단의 기초가 된다는 점에서 보호절차와 형사절차간에는 본질적 차이가 있다.

결국 동일한 범죄를 범하였음에도 범죄자의 연령 및 환경을 고려하여 그것에 가장 걸맞는 처우수단을 강구하는 것이 구체적 정의에 적합하다는 사고방식에서 소년법이 발생하였다. 미국의 법학자 「로스코·파운드」 (Roscoe Pound, 1870-1964, Harvard 대학 교수)는 「소년법의 제정은 「마그나·카르타」(Magna Carta, 1215)가 서명된 이후 사법영역에 있어서 최대의 진전」이라고 표현하면서, 소년법의 제정은 전통적 사법에 대신하여 「개별화된 사법」(individualized justice)의 원칙을 천명한 점에서 혁신적인 내용을 가지고 있다.[128]

그러나 타면 소년법의 탄생은 결코 그것을 절대화하고 미화하여서는 안 된다.

소년법의 탄생은 죄형법정주의의 원칙을 타파하고 범죄자에 개입할 수 있는 구실을 주게 되었다.[129]

첫째, 소년은 교육가능성이 있고 가소성(可塑性)이 풍부하므로, 교육적인 방법을 가미한 개별적 처우를 하는 것이 목적에 보다 적합하다.[130]

---

127) 上揭書, 38面.

128) 이러한 소년법원제도의 발전에 대해 미국의 「로스코 파운드」(Roscoe Pound)는 「1215년 영국의 「마그나 카르타」(Magna Carta)이후 사법제도상 최대의 발전」이라고 극구 찬양했었다(G. L. Schramm, "Philosophy of the Juvenile Court," Annals of the American Academy of Political and Social Science, 261 : 101-108*1949)(권순빈 역, "소년법원의 정신", 사법행정 1964년 8월호)(소년법원제도는 「로스코 파운드」가 그렇게도 강조한 「사법의 개별화」 (individualization of justice) 및 「사법의 사회화」(socialization of justice)의 이념을 실천하는 데 선험적 역할을 담당한다고 그는 믿었다 - 신진규, 전게서, 538면).

129) 森田宗一, 「少年保護の 基礎理念」 小川太郎外編 ·少年非行と少年保護, 1960년, 3面 以下.

둘째, 비행소년은 「사회의 적」으로 보는 것이 아니고 「사회의 아들」로 보아야 한다는 사상은 국친사상으로부터 발상되는 소년재판소운동을 가져 온 것으로서, 금일의 소년심판 내지 소년의 처우를 사회화의 방향에 이론짓는 유력한 사상적 배경이 되었다.131) 이러한 국친사상은 가부장적 지배의 과거의 유물로서 결코 정당하지 않다.132)

그러나 실제의 소년재판은 반드시 본질적으로 양자가 판연히 구분될 수 있는 것은 아니다. 「소년보호제도는 발명이 아니고 발전이다」고 일컬어지고, 각국에 있어서 관행 및 제도의 통폐합에 의하여 발전되어 온 것이다.133) 따라서 그 이념에도 당연히 발전과 성장이 있겠지만, 소년법의 이념에 관하여 단지 「연대성이 있는 사회에서 발생되는 비행소년을 직접의 대상으로 하고, 그 개성 및 환경에 구체적인 조치를 하며, 가장 현명하게 사회정책과 형사정책의 목적을 수행하는 것이다」라고 표현하고 있는 것은134)

---

130) 菊田幸一, 少年法槪說[第4版], 2003, 2面.
131) S.Breckinridge and Abbot, The Delinquency Child and the Home, 1970, p.247.
132) 1970년대 미국에서는 상당수의 법정에서 소년법원 절차는 「적법절차의 원칙」을 배척한 점에서 위헌이라는 주장이 전개되어 찬반양론의 판결이 지방법원 「레벨」에서의 여러 차례 반복되었다. 그러나 주 및 연방대법원에서는 언제나 현행법체제는 국가후견권의 사상 위에 입각한 소년복지를 위한 조치로서 위헌이 아니라는 견해가 다수설로서 채택되었었다. 그러나 학자들은 이에 대한 이론을 꾸준히 문제시하다가 1950년대에 이르러서는 다수의 학자가 반대론에 가담하여 현행 법제를 공격하기 시작하였다. 그리고 1967.5.15.의 연방대법원의 판결에서는 드디어 다수설의 입장이 뒤바뀌고 현행의 소년법원 절차는 소년의 인권을 옹호하기 위해 「적법절차의 원칙」을 최대한 도입하는 방향으로 수정되어야 한다는 것을 다수설로 채택하게 되었다. 이것이 저 유명한 「골트 판결」(In re Gault" decision)이다. 한편 「켓참」((O.W. Ketcham)은 보호주의에 투철한 처우내용은 형식적이고 그 실질은 구금형의 성격을 거의 벗어나지 못하고 있는 경우가 많으며 「소년법원의 약속위반」이라고 지적하면서 이러한 약속위반이 있는 상황에서는 소년의 권리보호를 위한 개혁이 철저히 추진되지 않으면 안 된다고 주장하였다(O.W. Ketcham, "The Unfulfilled Promise of the Juvenile Court." ; 신진규, 전게서, 551~554면, 요약·발췌))
133) 다만 「사회복지형으로 일컬어 지는 영국 소년재판의 실제도, 극히 형사재판적 색채가 농후하여 실무적으로는 일반약식재판과의 구별은 판연하지 않는 것이 실정이다」(出口幸男·少年非行と 司法福祉1971, 92頁)라는 지적에는 비판적이다. 상세한 것에 대하여서는,菊田「英國における 非行少年取扱의 實際와 課題」(1)-(3)法律論叢50卷一·三號參照. 또 범죄소년의 취급에 관하여서는 栢木千秋·西村克彦·少年犯罪(法律學體係·第二部法學理論篇132號)(日本評論社, 1954年)을 참조할 것.
134) 森田宗一, 「少年保護의 基礎理念」, 3面.

소년보호의 이념을 십분 추구할 수 없다는 것을 말하여 준다고 할 수 있다. 소년의 「건전한 육성」 과 「사회방위」 를 「기본적 인권」 과 「공공복지」 와의 대립관계로서 이것을 받아들일 수 있다. 그러나 이 양자를 병렬적으로 취급하는 것도 또한 위험하다.[135]

소년법은 「권리」 는 말할 필요도 없이 「사회정의」 에 의한 어떠한 제약도 받을 성격의 것도 아니다. 소년법의 이념은 「사회복지를 받을 권리」 로서 사회는 소년의 「권리를 충족할 의무를 부담」 하는 것으로 이해하여야 한다. 소년법의 이념은 거기서부터 출발하지 않으면 안 된다.[136]

---

135) 菊田幸一, 少年法槪說, 4面.
136) 이러한 것은 국제적으로도 1959년의 「어린이 권리선언」 , 1989년의 「아동의 권리에 관한 조약」 에 의하여 확인되고 있다. 다가 오는 21세기는 새로운 「어린이의 세기」 라고 일컬어지는 시대라고 말 할 수 있다.

한국 교정의 새로운 패러다임

2011년 8월 29일 초판 인쇄
2011년 9월 5일 초판 발행

저 자 · 박 영 규
발행인 · 박 우 건
발행처 · 한국생산성본부
         서울시 종로구 사직로 57-1(적선동 122-1) 생산성빌딩
등 록 · 1994. 9. 7
전 화 · 02)738-2036(편집부) / 02)738-4900(마케팅부)
팩 스 · 02)738-4902
인터넷 · www.kpc-media.co.kr
ISBN · 978-89-8258-627-9 13190
정 가 · 20,000원